Bild und Text

Barbara Friebertshäuser
Heide von Felden
Burkhard Schäffer (Hrsg.)

Bild und Text

Methoden und Methodologien
visueller Sozialforschung
in der Erziehungswissenschaft

Verlag Barbara Budrich,
Opladen & Farmington Hills 2007

Bibliografische Informationen der Deutschen Nationalbibliothek
Die Deutsche Nationalbibliothek verzeichnet diese Publikation in der Deutschen
Nationalbibliografie; detaillierte bibliografische Daten sind im Internet über
http://dnb.d-nb.de abrufbar.

Gedruckt auf säurefreiem und alterungsbeständigem Papier.

© 2007 Verlag Barbara Budrich, Opladen & Farmington Hills
www.budrich-verlag.de

ISBN   **978-3-86649-101-4**

Umschlaggestaltung: disegno visuelle kommunikation, Wuppertal – www.disenjo.de
Satz: Beate Glaubitz Redaktion + Satz, Leverkusen
Druck: Books on Demand, Norderstedt
Printed in Germany

Inhalt

III. Bildqualitäten und Bildaneignung

IV. Bildhaftigkeit von Sprache

Inhalt

III. Bildqualitäten und Bildaneignung

IV. Bildhaftigkeit von Sprache

Erziehungswissenschaftliche Perspektiven auf das Verhältnis von Bildern und Texten

Burkhard Schäffer, Heide von Felden, Barbara Friebertshäuser

In der Erziehungswissenschaft ist schon seit einiger Zeit eine Tendenz zu beobachten, die in der Konzentration auf Sprache und Schrift zum Ausdruck kommende Logoszentriertheit etwas abzuschwächen und sich mit Formen nichtsprachlichen Ausdrucks zu beschäftigen. In diesem Zusammenhang kommen Dimensionen in das Blickfeld erziehungswissenschaftlicher Forschung, die – zumindest empirisch – bisher eher ein Schattendasein geführt haben. Zu nennen sind hier etwa die Bereiche Ritual, Leib, Körper, Raum, musikalisches Erleben u.ä. Ihnen gemeinsam ist, dass sie schwer zu versprachlichen bzw. weitergehend: in Textförmigkeit zu bringen sind. Der vorliegende Sammelband beschäftigt sich nun mit dem Aspekt des Visuellen, Bildhaften, Ikonisch-Ikonologischen, der ebenfalls die Tendenz hat, sich der sprachlichen Fassung zu verschließen. Angesichts der ubiquitären Bedeutungszunahme dieser Dimension in öffentlichen und privaten Räumen gewinnt die Interpretation von bildhaftem Material im weitesten Sinne (Gemälde, Fotografien, Video, Film und Fernsehen) nicht zuletzt im Gefolge des ‚iconic' oder ‚pictural turn' (Mitchell) auch für erziehungswissenschaftliche Fragestellungen an Bedeutung.

Erziehungswissenschaft ist jedoch nicht nur konfrontiert mit der Allgegenwärtigkeit des Ikonischen – dieser Befund gilt für fast alle Sozial- und Kulturwissenschaften gleichermaßen – sondern hat darüber hinaus ein spezifisches Verhältnis zu dieser Ebene, weil gerade in pädagogischen Kontexten Bilder und Visualisierungen in unüberschaubarer Weise produziert und auch interpretiert werden. Hier bietet es sich an, zwischen dem „Bildungs"-, dem „Sozialisations"- und dem „Erziehungswert" von bildhaftem Material zu unterscheiden (Schäffer 2005): Das fängt in schulischen Kontexten bei Wandbildern und Klassenphotos an, findet seine Fortsetzung im breiten Bereich der Foto- und Videoarbeit und mündet in die vielfältigen Formen und Möglichkeiten, die die neuen digitalen Medientechnologien für institutionelle und außerinstitutionelle Formen der Sozialisation, der Erziehung, der ästhetischen Bildung und des sich Bildens zur Verfügung stellen. Gleiches gilt für alle Felder außerschulischer Bildung und Erwachsenenbildung, in denen das Visuelle bspw. in Form von allgegenwärtigen Visualisierungstechniken (Powerpoint) eine immer größere Rolle spielt.

Beide Befunde zusammen genommen – die allgemeine Zunahme des Visuellen in öffentlichen und privaten Kontexten und die spezifische Bedeutung von Bildhaftigkeit in pädagogischen Handlungskontexten – lassen die Annahme plausibel erscheinen, dass sich Bildinterpretationskompetenzen mehr und mehr zu einer Schlüsselqualifikation im Kanon erziehungswissenschaftlich relevanter Forschung entwickeln werden. Allerdings ist die methodisch-methodologische Durchdringung des Feldes von erziehungswissenschaftlicher Seite noch nicht sehr weit fortgeschritten. Zwar bearbeitet die Erziehungswissenschaft das Themenfeld des Visuellen bereits seit längerer Zeit und hat hier – beginnend mit Comenius (1658) – im Rahmen unterschiedlicher Themenstellungen bereits beeindruckende Ergebnisse vorgelegt (vgl. als erste Übersicht Schäffer 2005). Zu nennen sind hier etwa die Arbeiten im weiten Feld der pädagogischen Ikonografie und Ikonologie (etwa Mollenhauer 1983; Rittelmeyer/Wiersing 1991; Wünsche 1991; Herrlitz/Rittelmeyer1993; Schulze 1999; Gruschka 1999 und 2005), wichtige Sammelbände zum Verhältnis von Bild und Bildung (Pöggeler 1992; Schäfer/Wulf 1999) oder zur Bildungsgeschichte (Schmitt/Link/Tosch 2001; Keck/Kirk/Schröder 2004), aber auch die Bildproduktion von und für Kinder (Neuß 1999; Thiele 2000). Im Unterschied zu diesen zumeist gegenstandsbezogen angelegten Arbeiten beginnt erst in jüngster Zeit eine mehr systematisch gefasste, methodisch-methodologische Diskussion (exemplarisch: Bohnsack 2003; Ehrenspeck/Schäffer 2003; Mietzner/Pilarczyk 2005; Wulf/Zirfas 2005; Marotzki/Niesyto 2006; Rittelmeyer/Parmentier 2006; Michel 2006), die sich mit den Grundlagen erziehungswissenschaftlich relevanten Formen der Bildinterpretation beschäftigt.

Entscheidend scheint uns hierbei die empirische Tatsache, dass Bild und Text zwar eng miteinander verwoben bleiben, da die Entschlüsselung der visuellen Botschaften auf die Transformation in Sprache angewiesen ist. Wie jedoch diese Transformationen vonstatten gehen, nach welchen Regeln und/ oder Gewohnheiten also Bilder mit Texten versehen werden, wie Bilder mittels Texten beschrieben und interpretiert werden oder – wie von der Kulturkritik gemutmaßt – wie Bilder gar an die Stelle von Texten treten, über dieses ‚Wie' in erziehungswissenschaftlich relevanten Kontexten ist noch wenig bekannt. Für erziehungswissenschaftliche Forschung entstehen hier gänzlich neue methodische Herausforderungen und methodologische Fragen, denen sich dieser Band wie folgt widmet:

- Wie lassen sich bewegte und unbewegte Bilder überhaupt in erziehungswissenschaftlicher Absicht interpretieren? Welche Anknüpfungspunkte bieten hier die einschlägigen bildwissenschaftlichen Bezugsdisziplinen, etwa die Semiotik oder die Kunstgeschichte; aber auch: Welche genuin pädagogischen hermeneutischen Verfahren können genutzt werden?

- Kann das Analysepotenzial der etablierten qualitativen *textorientierten Methoden,* etwa der objektiven Hermeneutik, der dokumentarischen Methode, der Biografieanalyse, der Tiefenhermeneutik etc. genutzt werden, um sich auch der Analyse des Bildhaften zu widmen? Sind also *Bilder auch Texte* oder gibt es spezifische Anforderungen an die Interpretation von bildhaftem Material, die mit der Qualität des Bildhaften an sich zusammenhängen?

• Welche Forschungsperspektiven eröffnen sich für eine pädagogische Bildwissenschaft durch die Triangulation von bild- und sozialwissenschaftlichen qualitativen Verfahren, etwa die Triangulation von Bildanalysen mit biografisch-narrativen Interviews, Gruppendiskussionen oder teilnehmender Beobachtung?

• Und schließlich: Wie ist das Bildhafte in unsere Sprache eingegangen? Wo benutzen wir also Metaphern oder Allegorien, d.h. Sprachbilder und bildhafte Sprache, die uns dazu verhelfen, Sachverhalte auszudrücken, die ansonsten nicht adäquat zur Sprache gebracht werden? Wie verhält es sich hierbei mit längeren, historisch gewachsenen, den Horizont einer einzigen Epoche übersteigenden Traditionslinien des Verhältnisses von Bild, Sprache und Text?

Dementsprechend gliedert sich der Band in vier Abschnitte. Der erste Teil ist grundlagentheoretisch orientiert und widmet sich methodisch-methodologischen Fragen der Bildinterpretation. Im zweiten, mit „Triangulation von Bild und Text" überschriebenen Kapitel sind exemplarische Analysen von Bildhaftem versammelt, die sich dem Verhältnis von Bild und Text in vielfältiger Weise und jeweils in methodischer Triangulation von Bild und Text empirisch nähern. Im dritten Teil – Bildqualität und Bildaneignung – geht es einerseits um Eigenschaften von Bildern, die andererseits die Bedingung für spezifische Bildaneignungen bereitstellen. Im vierten Teil steht dann die Frage nach der Bildhaftigkeit von Sprache zur Diskussion, also die Frage danach, wie das Verhältnis von Bild und Text sich im Medium der gesprochenen aber vor allem: der geschriebenen Sprache darstellt und (historisch) verändert bzw. welche Funktionalität Sprachbildern zukommt.

Zu den Beiträgen im Einzelnen:

Methodisch-methodologische Fragen der Bildinterpretation

Ausgehend von der Annahme, dass Bilder in der empirischen Sozialforschung und auch den qualitativen Methoden marginalisiert sind, macht *Ralf Bohnsack* (Zum Verhältnis von Bild- und Textinterpretation in der qualitativen Sozialforschung) aus der Perspektive der dokumentarischen Methode im Rahmen der praxeologischen Wissenssoziologie (Mannheim, Bourdieu, Bohnsack) einen Vorschlag für die Analyse von bildhaftem Material, der die entscheidende Qualität von Bildern in der Simultanität des Dargebotenen auslotet. Im Gegensatz dazu sei Texten der Modus der Sequentialität eingeschrieben. Aus dieser Perspektive hat eine Bildanalyse ihre Anstrengungen darauf zu richten, der simultanen Ganzheitlichkeit von Bildern gerecht zu werden, denn eines der entscheidenden Merkmale des Ikonischen – sozusagen sein ‚Alleinstellungsmerkmal‘ – sei die Möglichkeit des Ausdrucks der „Sinnkomplexität des Übergegensätzlichen" (Imdahl). Auf diese Weise seien in Bildern implizite Wissensbestände eingelagert, die ihre Kraft auf der Ebene einer *Verständigung durch Bilder* entfalten (und nicht im Medium des Textes: *über Bilder*). Von Seiten der dokumentarischen Methode ist es insofern eine irreführende Vorstellung, Bilder wie Texte, und das hieße sequentiell, zu behandeln. Zur Stützung dieser Argumentation differenziert der Autor mit Panofsky und Imdahl zwischen vorikonografischen, ikonografischen, ikonologischen und ikonischen Ebenen der Bildinterpretation und setzt sich u.a. mit Thesen zur Polysemie und „stumpfem Sinn" (Barthes) und der „ästhetischen Botschaft" (Eco) des Bildes auseinander. Abschließend stellt Bohnsack ein Analyseformat zur Interpretation der Formalstruktur von Bildern vor.

Winfried Marotzki und *Katja Stoetzer* (Die Geschichten hinter den Bildern. Annäherungen an eine Methode und Methodologie der Bildinterpretation in biografie- und bildungstheoretischer Absicht) stellen ihr Verfahren der Bildinterpretation vor, das sich wesentlich auf das Modell der Ikonografie/Ikonologie nach Panofsky stützt, von ihnen aber anhand von Filminterpretationsmodellen wie das von Bordwell und Thompson weiterentwickelt wurde. Im Rahmen der einzelnen methodischen Schritte geben sie methodologische Rahmungen, um das Vorgehen nachvollziehbar zu machen. So diskutieren sie beim ersten Schritt – bei Panofsky vorikonografische Beschreibung – das Problem der Einklammerung von kulturellen Bedeutungsgehalten. Den zweiten Schritt – nach Panofsky ikonografische Analyse – rahmen sie zum einen durch eine Erläuterung der Bedeutungsherstellung durch Narrationen, wobei sie Anleihen bei der filmtheoretischen Unterscheidung von story und plot machen, und zum anderen durch die Diskussion der Funktion von inhaltlichen Formelementen des Films. In Hinsicht auf den dritten Schritt schließlich – bei Panofsky ikonologische Interpretation – situieren sie ihre Argumentation auf bildungstheoretischer Ebene unter Bezug auf Humboldt und den Selbst- und Weltbezug des Menschen.

Burkard Michel befasst sich in seinem Beitrag (Vermittlung und Aneignung von visuellem Wissen) mit Bildaneignungsprozessen, die er im Feld der Kommunikation zwischen Vermittlung und Aneignung verortet. Er stellt die Frage nach der Eigengesetzlichkeit von Bildaneignungsprozessen, die er zwar als autonom, aber nicht als kontingent auffasst. Unter Bezug auf Panofsky erläutert er die vorikonografische und die ikonografische Ebene der Bildbetrachtung, nimmt aber insbesondere die ikonologische Ebene in den Blick. Hier könnten Regelmäßigkeiten der Aneignung festgemacht werden, indem der Habitus des Bildbetrachtenden fokussiert werde, der auf dieser Ebene vom Habitus des Bildproduzenten zu unterscheiden sei und von daher kaum eine Entsprechung von Vermittlung und Aneignung wahrscheinlich mache. Forschungspraktisch gelinge das u.a. mit Hilfe von Gruppendiskussionsverfahren, die die kollektiven Dimensionen des habitusspezifischen Wissens zum Ausdruck bringen.

Triangulation von Bild und Text

Helmut Bremer und *Christel Teiwes-Kügler* (Die Muster des Habitus und ihre Entschlüsselung. Mit Transkripten und Collagen zur vertiefenden Analyse von Habitus und sozialen Milieus) stellen in ihrem Beitrag das Konzept der „Gruppenwerkstatt" vor, mit dem sie den Anspruch verbinden, tiefer liegende habituelle Dispositionen herauszuarbeiten. Als theoretischer Rahmen dienen ihnen hierfür Konzepte der Habitus- und Milieuanalyse von Bourdieu und Vester. Die entscheidende bildbezogene Innovation in dem Verfahren der Gruppenwerkstatt liegt in der Verwendung von Collagen in Verbindung mit Gruppendiskussionen. Collagen bieten den Autoren zufolge die Möglichkeit, „Zugang zu den Tiefenschichten, d.h. den latenten, unreflektierten unterschwelligen, emotionalen Ebenen des Habitus" zu bekommen. Die Auswertung erfolgt mittels einer „Habitushermeneutik", die es ermöglicht, das reichhaltige Material – es werden nicht nur die Collagen der Teilnehmenden interpretiert, sondern auch deren eigene Deutungen ihrer Produkte – vor dem Hintergrund der grundlegenden Kategorien Habitus- und Milieu zu interpretieren.

Iris Nentwig-Gesemann (Sprach- und Körperdiskurse von Kindern – Verstehen und Verständigung zwischen Textförmigkeit und Ikonizität) thematisiert Spiel- und Aufführungspraktiken von Kindern, in denen sprachliche und nichtsprachliche Interaktionen zum Ausdruck kommen, die mimetische, performative Prozesse Weltaneignung darstellen. Mithilfe der videogestützten Gruppendiskussion als einer Methode der dokumentarischen Videointerpretation zeigt sie anhand der Analyse von zwei Sequenzen, in welcher Weise Gemeinschaftsbildung und Differenzbearbeitung in spontanen Spiel-Situationen geschieht. Im Besonderen betont Nentwig-Gesemann dabei die Möglichkeit der Methode, innovative und experimentelle Suchprozesse einfangen zu können, die Aufschluss über Gemeinschaftsbildungen und habituelle Übereinstimmungen als konjunktive Prozesse jenseits von vorgegebener Normalität geben.

Dorle Klika und *Thomas Kleynen* (Adoleszente Selbstinszenierung in Text und Bild) nehmen die zunehmende Abstinenz von Jungen vom Fach Kunst in der Schule als Ausgangspunkt ihrer Überlegungen. Das daraus resultierende Forschungsinteresse an biografischen Wegen von Jungen in das Fach Kunst binden sie an Debatten über die Ausbildung eines geschlechtlichen Habitus bzw. doing gender einerseits und an das Verhältnis von Schülerbiografien und der Institution Schule andererseits. In der vorgestellten Pilotstudie werden Fotoerhebungen mit biografischen Interviews trianguliert, wobei das Verfahren der Fotobefragung den Probanden der Untersuchung eine spezifische Selbstinszenierung vor der Kamera ermöglicht, die von der Inszenierung in einem biografischen Interview abweicht. Dementsprechend ergeben sich Möglichkeiten, das „visuelle Selbstbild" bzw. die „figurative Selbstinszenierung" dem „sprachlichen Selbstbild" bzw. der „diskursiven Selbstinszenierung" gegenüber zu stellen. In einem ersten Werkstattbericht werden die Analysemöglichkeiten dieses sich an der dokumentarischen Methode orientierenden Ansatzes mit der exemplarischen Analyse der Selbstinszenierungen zweier Studienanfänger von kunstbezogenen Studiengängen ausgelotet. Nach einem Plädoyer für eine gesonderte Interpretation von Texten und Bildern, um vorschnelle Generalisierungen zu vermeiden und die Eigengesetzlichkeiten der jeweiligen Medien zur Geltung kommen zu lassen, äußern Klika und Kleynen abschließend die Vermutung, dass sich die Interpretationsbewegungen bei Bildern und Texten mehr ähnelten, als sie vermutet hatten.

In ihrem Beitrag (Fotografie in der ethnografischen Forschung – Soziale Gebrauchsweisen und Inszenierungen) zeigt *Antje Langer* Möglichkeiten der Fotografie für die ethnografische Forschung auf. Nicht nur die Fotografie selbst als Momentaufnahme von Inszenierungen, sondern auch das Fotografieren und die Interaktionen rund um das Fotografieren liegen dabei im Fokus ihres Interesses. Im Rahmen des Forschungsprojektes „Körperinszenierungen im Jugendalter" werden anhand der Methode des „Ethnografischen Quellentextes" unterschiedliche Dokumente miteinander in Beziehung gesetzt: Protokolle teilnehmender Beobachtung, Momentaufnahmen der Inszenierungen, bewusst inszenierte Fotografien und Interviews mit den Beteiligten. Anhand von zwei Fotografien aus diesem Forschungsprojekt, das u.a. doing gender Prozesse thematisiert, zeigt sie zum einen eine Momentaufnahme in der Vorbereitung auf ein bewusst inszeniertes Foto und zum anderen dieses Foto selbst. Deutlich wird, welche Präsentationen die Jugendlichen für ein „gelungenes" Foto wählen und damit auch, wie Jugendliche ihr Frau- und Mann- Werden im Rahmen des Schulalltags inszenieren.

Jochen Kade und *Sigrid Nolda* (Das Bild als Kommentar und Irritation. Zur Analyse von Kursen der Erwachsenenbildung/Weiterbildung auf der Basis von Videodokumentationen) nutzen die Videografie für Interaktionsanalysen von Kursen in der Erwachsenenbildung. Vor dem Hintergrund eines systemtheoretisch geprägten Interaktionsbegriffs und in Abgrenzung von einer Analysepraxis, die Videos zwar nutzt, aber sich im Wesentlichen auf die Worttranskripte bezieht, entfalten sie in Auseinandersetzung mit verschiedenen qualitativen Ansätzen (u.a. objektive Hermeneutik, dokumentarische Methode, Konversationsanalyse) eine dreistufige Vorgehensweise. Diese erlaubt ihnen das Bild/die Videos zunächst a) als „Kommentar" oder b) als „Irritation" des Worttranskripts zu fassen. Die dritte Analyseebene widmet sich den Bildern dann als „eigenständigen Daten". Dieses dreistufige Analyseformat führen die Autoren exemplarisch anhand eines Literaturkurses im Kontext der kulturellen Erwachsenenbildung einer großstädtischen Volkshochschule vor. Sie kommen zu dem Ergebnis, dass die Darstellung der Individualität der Teilnehmenden auf der Ebene des bloß Wahrnehmbaren, aber noch nicht Mitteilbaren je mehr an Bedeutung gewinnt, desto stärker Kursleitende die Sphäre der Kurskommunikation unter Kontrolle behalten.

Olaf Dörner (Comics als Gegenstand qualitativer Forschung. Zu analytischen Möglichkeiten der dokumentarischen Methode am Beispiel der „Abrafaxe") macht es sich zur Aufgabe, die Möglichkeiten der dokumentarischen Methode als Instrument für die Analyse von Comics auszuloten, die sich vor allem dadurch auszeichnen, dass sie eine durchgehende Verschränktheit von Bild- und Textelementen aufweisen. Nach einer kurzen Rekapitulation des methodisch-methodologischen Zuganges und der Darstellung der wichtigsten Analyseschritte der dokumentarischen Bildinterpretation – der „formulierenden" folgt die „reflektierende Interpretation" mit den Schritten der „planimetrischen Komposition", der „perspektivischen Projektion" und der „szenischen Choreografie" – interpretiert der Autor zwei Passagen aus der DDR-Comic Zeitschrift „Mosaic" mit den „Abrafaxen" in der Hauptrolle. Die exemplarischen Detailanalysen verdeutlichen die Komplexität des Verhältnisses zwischen narrativer Dramaturgie und formaler Bildkomposition bei dieser Form der Populärkultur, die Dörner auf die Formel eines, die Mosaic Comics insgesamt auszeichnenden, spezifischen „Harmonie-Konflikt-Harmonie-Musters" bringt.

Sonja Häder (Die Funktion des Hässlichen. Jugendliche Selbststigmatisierungen im Fokus einer Biografie) stellt vor dem Hintergrund einiger einführender Bemerkungen zur Ästhetik der Schönheit die Frage, wie sich Punk in der DDR als eine gesellschaftliche Teilkultur „radikal von vorherrschenden Schönheitsvorstellungen abwendet und gerade das als hässlich Verabscheute aufnimmt, um zu einem eigenen Ausdruck zu finden". In der theoretischen Verortung bezieht sich die Autorin auf Goffmans Stigmatheorie und rekonstruiert empirisch (mit den Mitteln der objektiven Hermeneutik) anhand eines biografischen Interviews die Metamorphose einer ostdeutschen jungen Frau in ein Punkermilieu. Ein Photo aus der Zeit der Umorientierung zur Punkerin Anfang der 80er Jahre nutzt die Autorin zur Triangulation mit den Befunden aus dem biografischen Interview und befragt das Bild nach seinem ikonologischen Gehalt: Sie kann hier eine Gleichzeitigkeit eines exemplarischen Ausdrucks von gesellschaftlicher Agonie der DDR der 80er Jahre auf der einen und dem Selbstbehauptungswillen von Jugendlichen in der DDR auf der anderen Seite herausarbeiten. Abschließend interpretiert die Autorin noch ein zweites Photo, das Anfang der 90er Jahre entstanden ist und trianguliert dies mit dem weiteren biografischen Verlauf der Protagonistin nach dem Aufnahmezeitpunkt des ersten Photos aus den 1980er Jahren.

Bildqualitäten und Bildaneignung

Ulrike Pilarczyk gibt in ihrem Beitrag (Fotografie als Quelle erziehungswissenschaftlicher Forschung) einen ausführlichen, differenzierten Überblick über Forschungsfelder und Forschungsperspektiven zum Thema Fotografie in der erziehungswissenschaftlichen Forschung. Anhand von fünf Dimensionen erläutert sie die spezifischen Eigenschaften der Fotografie. Zum einen diskutiert sie das Verhältnis von Fotografie und Wirklichkeit, das sich zwischen Indexikalität und Konstruktion bewegt. Weiter zeigt sie die Gleichzeitigkeit von Konvention und Singularität, in der sich Zeitgeschichte verbirgt. Fotografie ist darüber hinaus durch Intention und Zweifel bestimmt, sowohl für diejenigen, die fotografieren, als auch für diejenigen, die sich forschend mit Fotografie auseinandersetzen, vor allem in Hinsicht auf die soziale Bedeutung und Wirksamkeit von Fotografien. Im Weiteren setzt sich Pilarczyk mit Fotografie als ästhetischem Medium auseinander und diskutiert den Zusammenhang von Fotografie und Kunst, wobei sie auf unterschiedliche Arten von Fotografien hinweist und jeweils Gebrauch und Bedeutung differenziert. Fotografie als Medium und Massenmedium bilden einen weiteren Fokus ihrer Erläuterungen. Hier hebt sie auf das Verhältnis von Fotografie und kulturellem Gedächtnis ab, das sich in Moden, Stilen, Motivtraditionen und Klischees ausdrückt. Zum Abschluss gibt Pilarczyk einen systematischen Überblick über die spezifischen Qualitäten der Quelle Fotografie für die erziehungs- und sozialwissenschaftliche Forschung.

Margret Kraul und Adrian Schmidtke (Mädchen und Jungen in der Eliteerziehung des Nationalsozialismus. Eine Annäherung über Fotografien) sind an zeitgenössischen Erziehungsabsichten im Kontext von Eliteschulen des Nationalsozialismus („Napolas") sowie deren Antizipation durch die Subjekte interessiert. Hierzu verorten die Autorin und der Autor das Projekt zunächst in der neueren Historiografie der NS-Zeit (Fragen der Eliteerziehung) und widmen sich dann theoretisch dem Verhältnis von Körper, Erziehung und Gesellschaft. Hieran schließen sie eine genauere Beschreibung ihres methodischen Zuganges an, mit dem sich Photos als „Visualisierungen des Körpers" auffassen lassen. Im Anschluss an diese Vorbereitungen interpretieren sie je ein Bild aus einer Napola für Jungen („Fechtunterricht") und eines aus einer der seltenen Napolas für Mädchen („Antreten zum Morgenappel"). Sie kommen auf Grundlage der Interpretationen u.a. zu dem Ergebnis, dass sich ein seitens des Regimes intendierter unmittelbarer Zugriff auf den Körper der Educandi nicht herausarbeiten lässt und sehen hierin einen Beleg für die Position in der pädagogischen Historiografie, die eine Diskrepanz zwischen ideologischen Zielen und deren Umsetzung behauptet.

Dagmar Beinzger (Filmerfahrung im biografischen Rückblick. Zur individuellen Aneignung audiovisueller Geschlechterbilder) stellt eine medienbiografisch orientierte Studie vor, in der Zusammenhänge zwischen filmisch konstruierten Geschlechterbildern und deren individueller Aneignung bei sechs Frauen im Alter von zweiundzwanzig bis fünfundvierzig Jahren rekonstruiert werden. Empirisch bedient sich die Autorin eines dreistufigen Verfahrens: Einem narrativ-biografischen Interview folgen ein leitfadengestütztes Interview und eine Gruppendiskussion. Die Auswertung erfolgte aus dem

Blickwinkel verschiedener theoretischer Angebote: u.a. das der parasozialen Interaktion, der thematischen Voreingenommenheit und des Doing Gender. Als zentrales Ergebnis stellt die Autorin heraus, dass über die Filmrezeption im Kindes- und frühen Jugendalter habituelle Dispositionen hinsichtlich einer untergeordneten Position im hegemonialen Geschlechterdiskurs erworben werden, mit denen sich die Frauen in unterschiedlicher Weise auseinandersetzen. Abschließend plädiert die Autorin für eine „geschlechterreflektierende Medienpädagogik" und stellt hierfür die medienbiografische Methode als einen adäquaten Zugang heraus.

Ursula Stenger fragt in ihrem Beitrag (Bilder als Medien der Selbstkonstitution von Kindern), welche Rolle Bilder in Prozessen der Enkulturation spielen und wie der Prozess der Erfahrung als Verdichtung in Bildern in der frühen Kindheit zu erfassen sei. Mit Merleau-Ponty teilt sie einen anthropologischen Bildbegriff, bei dem das Sehen von Bildern in einem Austauschprozess von Selbst und Welt zugleich Selbstkonstitution sei. Stenger gibt einen Einblick in ein Forschungsprojekt, in dem sie Kinder im Alter von 14-20 Monaten in ihrer Begegnung mit Welt, hier am Beispiel von Schnecken, beobachtet. Die Prozesse des Aufmerksamseins, des Nachahmens, der Verinnerlichung von Eigenschaften der Schnecken und weitere Aktivitäten in diesem Zusammenhang lassen die Erfahrungen sich zu einem Bild verdichten, das die Kinder in sich aufnehmen und durch das sie etwas von sich selbst erfahren: Bildung durch Bilder. Für die Forschung seien Prozesse wie diese vor allem durch teilnehmende Beobachtung und/oder Videoanalysen zu erfassen.

Bildhaftigkeit von Sprache

Micha Brumlik (Schrift und Bild – Frühe Weichenstellungen) macht, ausgehend und anhand von frühen bildlichen Darstellungen der Ilias auf griechischen Vasenbildern, darauf aufmerksam, dass die Beziehung zwischen Schrift und Bild auch mit der Entstehung der Schrift und speziell der Beziehung von Mündlichkeit und Schriftlichkeit zu tun hat. Es geht dabei vor allem um Modi der Überlieferung: das epische Versmaß (Hexameter) sieht Brumlik vor allem in seiner Funktion als mnemotechnisches Hilfsmittel für sprachbezogene Kulturen. Der Autor streift dann wichtige Stationen der Entwicklung des Verhältnisses von Schriftlichkeit und Mündlichkeit: u.a. geht er auf die Schriftkritik Platons und auf das Verhältnis von Schrift und Gottesbegriff ein. Mit Derrida macht er darauf aufmerksam, dass auch im Sprechen ein Schriftlichkeitsprinzip walte, da im Sprechen ein Verweis auf Abwesendes möglich sei. Am Beispiel der Vasenmalerei kann er abschließend (mit Giulilani) zeigen, dass die Schriftkunst, als sie sich schließlich gegen alle Kritik durchgesetzt hatte, die bildnerische Kunst gewissermaßen überwältigte und Bildern nur noch einen Status als Illustrationen des Geschriebenen zubilligte.

Nicole Welter (Zum Verhältnis von Bild und Sprache. Eine Annäherung in erkenntnistheoretischer Perspektive) nähert sich dem Verhältnis von Bild und Sprache auf erkenntnistheoretischer Ebene. Im Anschluss an Cassirer fasst sie Sprache als Konstituens des Denkens und Gemeinsamkeiten zwischen Bild und Sprache in ihrer Verortung als jeweilige Symbolisierungsformen. Die Thematisierung der Differenzen zwischen Bild und Sprache in Hinsicht auf die Simultaneität des Bildes und die Sequenzialität der Sprache führt sie zur Diskussion von Intuition und Reflexion und damit zur näheren Untersuchung des Verhältnisses von Bild und Sprache in Biografisierungsprozessen. Auf dieser Ebene ist das Verhältnis von Erinnerungsbildern, die affektive, ästhetische und unbewusste Dimensionen enthalten, und reflexiver Selbst- und Weltbezüglichkeit bedeutend, wobei Welter wesentlich auf die Bildungsdimension der Reflexion abhebt und sie als Grundbedingung der Subjektivierung identifiziert. Auch hier also komme der Sprache in der Erfassung der Bilder entscheidende Bedeutung zu. Welter schließt ihre Betrachtungen mit vier methodologischen Überlegungen ab, die die Transformation des Bildes in Sprache noch einmal plausibilisieren.

Dieter Nittel (Bildhafte Sprache und Sprache der Bilder. Metaphorische Redeweise in beruflichen Selbstbeschreibungen von Zeitzeug/inn/en der Erwachsenenbildung) begibt sich auf die Spur der Bedeutung von Metaphern, wie sie in Selbstbeschreibungen von Professionalisierungsprozessen von Erwachsenenbildnern zu finden sind. Von der Entdeckung des gehäuften Gebrauches dieser bildhaften Sprache in diesem Sujet über die Bildung der Hypothese, nach der die gesteigerte Nutzung von Metaphern auf gelungene Formen der individuellen Professionalisierung hindeute, diskutiert Nittel die Frage der Bedeutung des Gebrauchs von Metaphern für Professionswissen schlechthin. Nittel versteht Professionswissen als Amalgam von einerseits beruflicher Routine angepasstem Wissenschaftswissen und andererseits reflektiertem beruflichem Erfahrungswissen. In dieser Hinsicht erscheine es besonders spannend, die Bedeutung bildhafter Sprache als Verallgemeinerung singulärer Ausdrücke, als „Seismografen des Neuen" und als gleichzeitiges Finden und Erfinden von Sinn und Verhüllung von Phänomenen zu betrachten. In diesem Sinn böten Metaphern Professionellen die Möglichkeit, „einen ersten Schritt in die sich erst noch formierende Wirklichkeit zu tun und damit die Flüchtigkeit und Emergenz des Geschehens einzufangen".

*Friederike Fetting*s Beitrag (Metaphern als Ausdruck ästhetischen Erfahrungspotenzials) beschäftigt sich mit ästhetischen Erfahrungen beim Theaterspielen und befragt diese Erfahrungen auf ihre mögliche Relevanz für Bildungsprozesse. In narrativen Interviews mit älteren Spielerinnen aus theaterpädagogischen Projekten arbeitet Fetting exemplarische Verwendungen metaphorischer Redewendungen heraus und ist hierbei an drei Dimensionen interessiert: Neben einem Bezug auf die Verwendung von „Metaphern des Theaterspielens" in narrativen Interviews im Sinne der Metapherntheorie von Lakoff und Johnson geht es ihr um Metaphern als „Ausdruck ästhetischer Wirkung" im Sinne von Mollenhauer und König, die sie zu ihrem eigenen Erstaunen in den Interviews nicht findet. Im abschließenden Kapitel widmet sich die Autorin Metaphern als „Seismografen der Selbst- und Weltreferenz" und arbeitet heraus, dass „Fokussierungsmetaphern" (Bohnsack) zur Bezeichnung von „Schwellenerfahrungen" dienen können, die auf Bildungsprozesse im Sinne Marotzkis Bildungstheorie mit ihrer empirisch spezifizierbaren, kategorialen Unterscheidung zwischen Lern- und Bildungsprozessen verweisen.

Die Beiträge zu diesem Sammelband repräsentieren eine Auswahl aus den Vorträgen der 2004er Herbsttagung der Kommission Biografieforschung in der Sektion Allgemeine Erziehungswissenschaft der Deutschen Gesellschaft für Erziehungswissenschaft (DGfE) an der Johann Wolfgang Goethe-Universität Frankfurt am Main. Wir danken den zahlreichen Mitwirkenden, Helferinnen und Helfern sowie dem Fachbereich Erziehungswissenschaften und dem Präsidium der Universität Frankfurt am Main für die finanzielle Unterstützung, sie alle haben entscheidend zum Gelingen des Gesamtprojektes beigetragen. Schließlich hat bei der redaktionellen Überarbeitung der Beiträge Vera Kletzsch wertvolle Hilfestellung geleistet.

Literatur

Bohnsack, Ralf (2003): Qualitative Methoden der Bildinterpretation. In: ZfE Zeitschrift für Erziehungswissenschaft, Jg. 6, Nr. 2, S. 239-256.

Comenius, Johan Amos (1658): Orbis sensualium pictus. Hoc est omnium fundamentalium in Mundo rerum et in vita actionum Pictura et Nomenclatura. Nürnberg 1658. Nachdruck der Nürnberger Erstausgabe: Die bibliophilen Taschenbücher; Düsseldorf: Harenberg-Verlag, 4. Auflage, 1991.

Ehrenspeck, Yvonne/Schäffer, Burkhard (2003) (Hrsg.): Film- und Photoanalyse in der Erziehungswissenschaft. Ein Handbuch. Opladen: Leske + Budrich.

Gruschka, Andreas (1999): Bestimmte Unbestimmtheit. Chardins pädagogische Lektionen. Eine Entdeckungsreise durch die Bildwelten des Jean-Babtiste Siméon Chardin und seiner Zeit. Wetzlar: Büchse der Pandora.

Gruschka, Andreas (2005): Der heitere Ernst der Erziehung. Jan Steens malt Kinder und Erwachsene als Erzieher und Erzogene. Wetzlar: Büchse der Pandora.

Herrlitz, H.-G./Rittelmeyer, C. (1993) (Hrsg.): Exakte Phantasie. Pädagogische Erkundungen bildender Wirkungen in Kunst und Kultur. Weinheim und München: Juventa Verlag.

Keck, Rudolf W./Kirk, Sabine/Schröder, Hartmut (Hrsg.)(2004): Bildung im Bild. Bilderwelten als Quellen zur Kultur- und Bildungsgeschichte. Bad Heilbrunn: Klinkhardt.

Marotzki, Winfried/Niesyto Horst (Hrsg.) (2006): Bildinterpretation und Bildverstehen. Methodische Ansätze aus sozialwissenschaftlicher, kunst- und medienpädagogischer Perspektive. Wiesbaden: VS Verlag für Sozialwissenschaften.

Mollenhauer, Klaus (1983): Streifzug durch fremdes Terrrain: Interpretation eines Bildes aus dem Quattrocento in bildungstheoretischer Absicht, in: Zeitschrift für Pädagogik 2, 173-194.

Mollenhauer, Klaus (1997): Methoden erziehungswissenschaftlicher Bildinterpretation, in: Friebertshäuser, B./Prengel, A. (Hrsg.): Handbuch qualitativer Forschungsmethoden in der Erziehungswissenschaft. Weinheim, München: Juventa Verlag, 247-265.

Michel, Burkard (2006): Bild und Habitus – Sinnbildungsprozesse bei der Rezeption von Fotografien. Wiesbaden: VS Verlag für Sozialwissenschaften.

Neuß, Norbert (1999): Symbolische Verarbeitung von Fernseherlebnissen in Kinderzeichnungen. Eine empirische Studie mit Vorschulkindern. München: Kopäd.

Pöggeler, Franz (1992) (Hrsg.): Bild und Bildung. Beiträge zur Grundlegung einer pädagogischen Ikonologie und Ikonographie. Wien: Lang.

Pilarczyk, Ulrike/Mietzner, Ulrike (2005): Das reflektierte Bild: die seriell-ikonografische Fotoanalyse in den Erziehungs- und Sozialwissenschaften. Bad Heilbrunn: Klinkhardt

Rittelmeyer, Christian/Parmentier, Michael/Klafki, Wolfgang (2006): Einführung in die pädagogische Hermeneutik. Darmstadt: Wissenschaftliche Buchgesellschaft, 2te Auflage.

Rittelmeyer,C./Wiersing, E. (1991) (Hrsg.): Bild und Bildung. Ikonologische Interpretation vormoderner Dokumente von Erziehung und Bildung. Wiesbaden: Harrassowitz.

Schäfer, Gerd/Wulf, Christoph (1999): Bild – Bilder – Bildung, Weinheim: Deutscher Studienverlag.

Schäffer, Burkhard (2005): Erziehungswissenschaft. In: Klaus Sachs-Hombach (Hrsg.): Bildwissenschaft. Disziplinen, Themen, Methoden. Suhrkamp, STW, Frankfurt 2005, S. 213-225.

Schmitt, Hanno/Link, Jörg W./Tosch, Frank (2001) (Hrsg.): Bilder als Quellen der Erziehungsgeschichte. Bad Heilbrunn/Obb.

Schulze, Theodor (1999): Bilder zur Erziehung. Annäherungen an eine Pädagogische Ikonologie. In: Schäfer/Wulf 1999, 59-87.

Thiele, Jens (2000): Das Bilderbuch: Ästhetik – Theorie – Analyse – Didaktik – Rezeption, Oldenburg: Isensee.

Wünsche, Konrad (1991): Das Wissen im Bild – Zur Ikonographie des Pädagogischen, in: Zeitschrift für Pädagogik, 27. Beiheft (1991), 273-290.

Wulf, Christoph/Zirfas, Jörg (Hrsg.) (2005): Ikonologie des Performativen. München: Fink.

I. Methodisch-methodologische Fragen der Bildinterpretation

Zum Verhältnis von Bild- und Textinterpretation in der qualitativen Sozialforschung

Ralf Bohnsack

Der methodisch kontrollierte Zugang zum Bild stellt eine der größten Herausforderungen für die gegenwärtige sozialwissenschaftliche Forschung dar. Während im Bereich der Geisteswissenschaften, insbesondere der Philosophie und Kunstgeschichte, wesentliche Vorarbeiten in der Auseinandersetzung mit dem Bild geleistet worden sind, steht die sozialwissenschaftliche Analyse, die ja grundlegend eine empirisch fundierte zu sein hat, noch ganz am Anfang. Zugleich ist evident, dass der hier notwendige empirisch-methodische Zugang nicht – oder allenfalls am Rande – auf der Basis standardisierter Verfahren zu bewältigen ist. Es sind vor allem die qualitativen oder rekonstruktiven Verfahren, die sich den Herausforderungen des Bildes zu stellen haben. Und es sind – wie auch im Bereich der Textinterpretation – allein die qualitativen Verfahren, welche den Anschluss der sozialwissenschaftlichen Empirie an die geisteswissenschaftlichen Traditionen der Philosophie und Kunstgeschichte sowie an deren Verstehensdebatten zu leisten vermögen. Es stellt überhaupt eine der wesentlichen Leistungen methodologisch und theoretisch anspruchsvoller qualitativer Forschung dar, dass sie zentrale theoretische Kategorien aus den geisteswissenschaftlichen Traditionen mit den Anforderungen der empirischen Sozialforschung zu verbinden vermag (s. dazu auch Bohnsack 2005a). Hier sind vor allem die Erziehungswissenschaften prädestiniert für derartige Verbindungen (s. Ehrenspeck/Schäffer 2003), da in ihnen der Diskurs zwischen geisteswissenschaftlicher Tradition und empirischer Sozialforschung schon seit längerem lebendig ist. Im Bereich der Bildinterpretation steht dieser Diskurs allerdings noch ganz am Anfang. Und er ist – im Vergleich zur Textinterpretation – immer noch von marginaler Bedeutung.

1 Die Marginalisierung des Bildes in der empirischen Sozialforschung und in den qualitativen Methoden

Es herrscht weitgehend Übereinstimmung unter den Vertreterinnen und Vertretern qualitativer Sozialforschung, dass – in deutlichem Kontrast zur gesellschaftlichen Bedeutung des Bildes – der Stellenwert, welcher ihm in der Praxis qualitativer Forschung zukommt, gegenüber dem des Textes ein marginaler ist. Allerdings hat diese Einsicht, welche in den letzten Jahren zunehmend artikuliert worden ist, bisher kaum Konsequenzen gehabt. Dies lässt vermuten, dass die Gründe für diese Marginalisierung tiefer liegender Art sind, dass sie im Kernbereich der methodologischen Grundlagen sozialwissenschaftlicher Empirie selbst zu suchen sind – und hier erstaunlicherweise gerade auch in den methodologischen Grundlagen qualitativer Forschung. Mindestens vier Gründe sind hierfür geltend zu machen:

Zunächst ist hier jene Entwicklung in Philosophie, Erkenntnistheorie und sozialwissenschaftlicher Handlungstheorie und Empirie zu nennen, die (zuerst von Richard Rorty 1967) als „linguistic turn" bezeichnet wurde. Welche Bedeutung diese Entwicklung für die methodische Marginalisierung des Bildes hatte, ist spätestens dann deutlich geworden, als dieser sprachwissenschaftlich fundierten Wende die Antizipation eines „iconic" oder „pictorial turn" (Mitchell 1994 u. 1997) entgegengehalten wurde. Zu wenig beachtet wurde in der hier geführten Diskussion allerdings, dass diese sprachwissenschaftliche Wende nicht nur philosophisch-erkenntnistheoretisch (u.a. Ricoeur 1972) und sozialphilosophisch-handlungstheoretisch (u.a. Habermas 1971), sondern auch *empirisch-rekonstruktiv* – zuerst durch die ethnomethodologische Konversationsanalyse (vgl. Sacks 1995) – eingeläutet worden ist. Die Renaissance der qualitativen Methoden in den 1970er Jahren wurde entscheidend durch den linguistic turn mit getragen. Methodologische Reflexionen und methodische Verfeinerungen sind seitdem fast ausschließlich im Medium der Textinterpretation fortentwickelt worden.

Allerdings ist diese Dominanz des Modells der Textinterpretation in den qualitativen Methoden nicht allein vom linguistic turn her zu plausibilisieren. Vielmehr ist – *zweitens* – ein weiterer Grund geltend zu machen, welcher schon vorher bzw. unabhängig vom linguistic turn die sozialwissenschaftliche Methodologie geprägt hat und auch als Voraussetzung dafür anzusehen ist, dass der linguistic turn derart nachhaltige Konsequenzen im Bereich der sozialwissenschaftlichen Empirie haben konnte. Unabhängig von ihrer spezifischen Ausrichtung gilt für alle sozial- und naturwissenschaftlichen Methoden und Methodologien die (zuerst von Karl Popper 1971 umfassend ausformulierte) Prämisse, dass soziale Wirklichkeit, wenn sie wissenschaftliche Relevanz gewinnen will, in Form von Beobachtungssätzen oder „Protokollsätzen", also in Form von Texten, vorliegen muss. Die qualitative oder rekonstruktive Sozialforschung ist dem gefolgt: Als letzte – nicht mehr hintergehbare – Grundlage des *wissenschaftlichen* Zugangs zur Wirklichkeit gelten auch hier Texte. Jegliche Beobachtung, die wissenschaftlich relevant werden soll, muss also durch das Nadelöhr des Textes hindurch.

Hieran anschließend ist dann – *drittens* – im Bereich der qualitativen Sozialforschung die Argumentation zugunsten des Textes in folgender Weise weitergeführt worden: Wenn alles, was wissenschaftlich relevant werden soll, durch das Nadelöhr des Textes muss, dann sollte man als Grunddaten der Analyse auch die *Original*texte heranziehen: also jene Texte, die von den Erforschten selbst produziert werden – im Unterschied zu jenen Texten, die als Beobachtungsprotokolle oder Interpretationstexte von den Forschern und Forscherinnen verfasst worden sind. Nur diese Art von Ursprungsdaten kann *unmittelbar* zu Grunddaten der Analyse werden. Und es erscheint insbesondere dort unerlässlich, auf die Texte der Erforschten, also deren Originaläußerungen, zurückzugreifen, wo die Analyse über die oberflächliche oder manifeste Ebene der Bedeutungen von Äußerungen hinausgreifen will auf die eher impliziten oder latenten Bedeutungsgehalte, für deren Interpretation Nuancen des Ausdrucks und die genaue Kontextuierung entscheidend sind. Vor dem Hintergrund derartiger Überlegungen ist dann eine Fixierung auf das Paradigma der Textinterpretation in den qualitativen Methoden entstanden. Bildinterpretationen mussten von vornherein weniger valide erscheinen. Denn Bilder sind, wenn sie wissenschaftlich relevant werden sollen, grundsätzlich erst einmal in Beobachtungssätze bzw. -texte umzuformulieren.

Im Fahrwasser dieser Argumentation ist (auf den ersten Blick oft unbemerkt) dann – *viertens* – noch eine ganz andere Bedeutung von „Textförmigkeit sozialer Wirklichkeit" in die methodologische Begründung qualitativer Methoden eingebracht worden: Nicht mehr nur allein die *wissenschaftlich relevante* Wirklichkeit sollte textförmig sein. Vielmehr wurde – vor allem von Seiten der „objektiven Hermeneutik" – schließlich die Sprach- und somit auch die Textförmigkeit jeglicher Verständigung behauptet, also auch der alltäglichen, der außerwissenschaftlichen Verständigung. Damit wird das Bild bzw. die Bildhaftigkeit, die Ikonizität als ein Medium der Verständigung in seiner Eigenlogik und Eigensinnigkeit gegenüber dem Text dann grundsätzlich in Frage gestellt.

Vertreter anderer Strömungen qualitativer Forschung haben diese Prämisse kritisiert. Für den Bereich der Bildinterpretation bestreitet Jo Reichertz (1992: 143) als Verfechter einer „hermeneutischen Wissenssoziologie" in Abgrenzung gegenüber der objektiven Hermeneutik, „dass die Welt nichts außer Text sei – auch wenn Oevermann die Welt gerne so sieht". Allerdings begrenzt auch Reichertz die Bedeutung und die Reichweite der Ikonizität in entscheidender Weise, wenn er den „Eindruck eines Fotos" als „Privatereignis" bezeichnet.[1] Wenn – in der Perspektive der hermeneutischen Wissenssoziologie – lediglich ein „privates", also ein individuelles oder monologisches Verstehen im Medium des Bildes möglich ist, impliziert dies aber den Ausschluss einer *intersubjektiven* Verständigung in diesem Medium. Letztere ist wiederum auf Sprache und Texte angewiesen.

---

1   Genauer heißt es dazu: „Will man sich über die Wahrnehmung und den Eindruck des Fotos mit anderen verständigen, muss man ein Protokoll des privaten Ereignisses herstellen, es in einen intersubjektiven Code übersetzen." (Reichertz 1992: 143)

Mit Bezug auf dieses Problem lässt sich generalisierend behaupten, dass es in der qualitativen Sozialforschung ganz allgemein an einer Differenzierung zwischen zwei sehr unterschiedlichen Arten der bildhaften Verständigung fehlt: zwischen der Verständigung *über* das Bild einerseits und der Verständigung *durch* das Bild andererseits. Eine intersubjektive Verständigung durch das Bild, also im Medium des Bildes und somit jenseits des Mediums von Sprache und Text, bleibt stillschweigend bzw. ohne weiter greifende Begründung aus der Methodologie und auch aus der Handlungstheorie ausgeschlossen. In den Blick gerät lediglich die im Medium von Sprache und Text sich vollziehende Verständigung *über* das Bild. Erst wenn wir der Verständigung im Medium des Bildes selbst theoretisch und methodisch gerecht werden, ermöglicht dies, wie Hans Belting (2001: 15) mit Bezug auf William J. T. Mitchell (1994) formuliert, „Bilder nicht mehr mit Texten zu erklären, sondern von Texten zu unterscheiden".

2 Implizites Wissen, Ikonologie und Habitus

Die Verständigung im Medium des Bildes, d.h. im Medium von inneren Bildern, ist weitgehend eine vorreflexive, eine implizite. Es handelt sich um eine Verständigung, die sich unterhalb der begrifflich-sprachlichen Explizierbarkeit vollzieht. Die bildhafte Verständigung ist eingelassen in die stillschweigenden oder „atheoretischen" Wissensbestände, wie sie bei Karl Mannheim (1980) genannt werden. Diese Wissensbestände strukturieren vor allem das habituelle, das routinemäßige Handeln und werden ganz wesentlich erlernt im Modus der Verinnerlichung bzw. der „mimetischen" Aneignung (vgl. Wulf 1998) von sozialen Szenerien, von Gebärden, Gestik und Mimik. Dieses Wissen wird einerseits in Form von Erzählungen und Beschreibungen vermittelt, d.h. in Form von Metaphern, von metaphorischen, also von bildhaften textlichen Darstellungen sozialer Szenerien, andererseits – und ganz wesentlich – im Medium des Bildes selbst, im Medium der Ikonizität. Das Medium der Vermittlung des atheoretischen Wissens ist also ganz allgemein dasjenige der „*Bildlichkeit*", wenn wir den Begriff der Bildlichkeit mit Gottfried Boehm (1978: 447) so fassen, dass „Bild und Sprache an einer gemeinsamen Ebene der ‚Bildlichkeit' partizipieren". Und diese Ebene der Bildlichkeit ist diejenige des impliziten oder atheoretischen Wissens. Vor diesem Hintergrund wird dann aber auch deutlich, dass nur solche sozialwissenschaftlichen Methodologien den empirisch-methodischen Zugang zur Sinnstruktur des Bildes zu eröffnen vermögen, die über einen grundlagentheoretischen Zugang zu derartigen atheoretischen oder impliziten Wissensbeständen verfügen.

Der Wechsel von der Ebene des expliziten Wissens, der Ebene von Common Sense-Theorien, hin zum impliziten oder atheoretischen Wissen ist bei Panofsky derjenige von der Ikonografie zur Ikonologie. Panofsky ist ganz wesentlich durch die sozialwissenschaftliche Diskussion beeinflusst worden, insbesondere durch seinen Zeitgenossen Karl Mannheim und dessen dokumentarische Methode. Dem Wechsel von der Ikonografie zur Ikonologie entspricht der Wechsel vom immanenten zum dokumentarischen Sinngehalt bei Karl Mannheim (1964). Hieran anknüpfend sowie im Anschluss an Heidegger (1986) und Luhmann (1990) lässt sich dieser Wechsel der Analyseeinstellung als derjenige vom *Was* zum *Wie* bezeichnen. Es geht um den Wechsel von der Frage, *was* kulturelle oder gesellschaftliche Phänomene oder Tatsachen *sind*, zur Frage, *wie* diese *hergestellt* werden.

Bei Panofsky umfasst die Frage nach dem *Was* aber nicht nur die Ebene der Ikonografie, sondern auch die *vor*-ikonografische Ebene. Die sozialwissenschaftliche Relevanz dieser Unterscheidung wird vor allem dort deutlich, wo Panofsky (1975: 38) die von ihm entworfenen Interpretationsschritte nicht im Bereich der Kunst, sondern des „Alltagslebens" und dort am Beispiel der Gebärde eines Bekannten erläutert. Diese Gebärde, die auf der vorikonografischen Ebene zunächst als „Hutziehen" identifizierbar ist, kann im Sinne von Panofsky erst auf der ikonografischen Ebene als ein „Grüßen" analysiert werden. In sozialwissenschaftlicher Fortentwicklung der Argumentation von Panofsky lässt sich dieser Schritt der Interpretation als derjenige der Unterstellung von „Um-zu-Motiven" charakterisieren: Der Bekannte zieht seinen Hut, *um zu* grüßen. Wir begeben uns – wie wir dies auch im Common Sense tun – auf die Suche nach den subjektiven Intentionen. Die Ikonografie bleibt methodisch ungesichert, da sie auf Introspektion und Unterstellungen basiert.

Im Unterschied zur ikonografischen vollzieht die ikonologische Analyseeinstellung den „Bruch mit den Vorannahmen des *common sense*", wie man mit Bourdieu (1996: 278) sagen könnte. Sie unterscheidet sich radikal von der Frage nach dem *Was* und fragt nach dem *Wie*, nach dem modus operandi der *Herstellung* bzw. *Entstehung* einer Gebärde. Nach Panofsky erschließt sich auf diese Weise „die eigentliche Bedeutung" oder der „Gehalt" einer Gebärde (1975: 40), der „Wesenssinn" oder eben „Dokumentsinn" (1932: 115 u. 118) – ein Begriff, mit dem Panofsky sich explizit auf Karl Mannheim (1964) und dessen dokumentarische Methode bezieht. Auf dem Wege der ikonologischen Interpretation werden wir an der Gebärde den „Eindruck einer ganz bestimmten Wesensart erhalten können (...), die sich in der Grußhandlung ebenso klar und ebenso unabhängig vom Willen und Wissen des Grüßenden ‚dokumentiert', wie sie sich in jeder anderen Lebensäußerung des betreffenden Menschen dokumentieren würde" (Panofsky 1975: 115f.).

Es ist eben dieser sich hier dokumentierende „Wesenssinn", der ikonologische Sinngehalt, welchen Panofsky (1989) auch als „Habitus" bezeichnet hat. Der ikonologische Sinngehalt „wird erfaßt, indem man jene zugrundeliegenden Prinzipien ermittelt, die die Grundeinstellung einer Nation, einer

Epoche, einer Klasse, einer religiösen oder philosophischen Überzeugung enthüllen" (Panofsky 1975: 40).

Die Frage nach dem ikonologischen Sinngehalt zielt im Sinn von Panofsky also auf den *Habitus* der Bildproduzent(inn)en. Allerdings erscheint es hier notwendig, grundsätzlich zwei Dimensionen oder Arten von Bildproduzent(inn)en zu unterscheiden: Auf der einen Seite haben wir die (wie ich es nennen möchte) *abbildenden* Bildproduzent(inn)en, also u.a. Fotografen oder Künstler sowie alle diejenigen, die als Akteure, als Produzenten *hinter* der Kamera und noch nach der fotografischen Aufzeichnung an der Bildproduktion beteiligt sind. Auf der anderen Seite haben wir die *abgebildeten* Bildproduzent(inn)en, also die Personen, Wesen oder sozialen Szenerien, die zum Sujet des Bildes gehören bzw. *vor* der Kamera agieren. Die sich aus der komplexen Relation dieser beiden unterschiedlichen Arten von Bildproduzenten ergebenden methodischen Probleme sind dann leicht zu bewältigen, wenn beide zu *demselben* ‚Erfahrungsraum', d.h. zum selben Milieu, gehören. Dies ist beispielsweise dort der Fall, wo ein Angehöriger der Familie ein Familienfoto produziert oder wenn (wie im Falle historischer Gemälde, die mir Aufschluss über eine historische Epoche zu geben vermögen) der Maler ebenso wie die Modelle oder die abgebildeten Szenerien zur selben Epoche gehören. Denn bei der ikonologischen Interpretation geht es darum, einen Zugang zum Erfahrungsraum der Bildproduzent(inn)en zu finden, dessen zentrales Element der individuelle oder kollektive Habitus darstellt. Methodisch komplexer wird das Problem dort, wo der Habitus der *abgebildeten* Bildproduzent(inn)en mit demjenigen der *abbildenden* Bildproduzent(inn)en, also der Fotografen oder Maler, nicht so ohne weiteres in Übereinstimmung zu bringen ist.

Die besondere Leistung der Ikonologie von Panofsky, die von Ausnahmen abgesehen (s. dazu: Pilarczyk/Mietzner 2000 u. Michel 2001 u. 2006 sowie Michels Beitrag in diesem Band) in den Sozial- und Erziehungswissenschaften bisher kaum Anwendung gefunden hat, ist darin zu sehen, dass er den Habitus bzw. den Wesenssinn oder Dokumentsinn (beispielsweise einer Epoche wie der Renaissance) aus den Analogien oder Homologien *unterschiedlicher* Medien, unterschiedlicher Darstellungsgattungen oder Kunstgattungen (von der Literatur über die Malerei und Architektur bis zur Musik) dieser Epoche hervortreten lässt.

Für Max Imdahl (1994 u. 1996a) ist aber gerade diese besondere Leistung Panofskys Ausgangspunkt für die zentrale Frage danach, wo dann noch das Besondere des Mediums Bild in den Interpretationen von Panofsky zu finden sei. Panofsky ist nicht primär an jenen Sinngehalten interessiert, die *nur* durch das Bild, sondern an jenen, die unter anderem *auch* durch das Bild zu vermitteln sind.

3   Die Eigensinnigkeit des Bildes und die Suspendierung des textlichen Vorwissens

In diesem Zusammenhang kritisiert Imdahl auch die reduzierte Bedeutung von „Formen" und „Kompositionen" bei Panofsky. Formen und Kompositionen würden auf die Funktion reduziert, die (natürlichen) Gegenständlichkeiten des Bildes und die ikonografischen Narrationen (z.b. der biblischen oder heilsgeschichtlichen Texte) wiedererkennbar zu gestalten. Dieser Reduktion auf das *„wiedererkennende Sehen"* stellt Imdahl das *„sehende Sehen"* gegenüber, welches nicht von den einzelnen Gegenständlichkeiten ausgeht, sondern von der Gesamtkomposition und der Ganzheitlichkeit des Bildes. Im Unterschied zur Ikonologie von Panofsky, die auf der Ikonografie und damit auf dem textlich-narrativen Vorwissen aufbaut, setzt Imdahl mit seinem methodischen Zugang, den er als *ikonische* Interpretation oder *Ikonik* bezeichnet, bereits auf der vor-ikonografischen Ebene an – vor allem aber bei der *formalen Komposition* des Bildes. „Der ikonischen Betrachtungsweise oder eben der Ikonik wird das Bild zugänglich als ein Phänomen, in welchem gegenständliches, wiedererkennendes Sehen und formales, sehendes Sehen sich ineinander vermitteln zur Anschauung einer höheren, die praktische Seherfahrung sowohl einschließenden als auch prinzipiell überbietenden Ordnung und Sinntotalität." (Imdahl 1996a: 92). Die ikonische Interpretation kann sich nach Imdahl vom ikonografischen Vorwissen oder von ikonografischen Sinnzuschreibungen weitgehend freihalten. Sie kann – wie es bei Imdahl heißt – „von der Wahrnehmung des literarischen oder szenischen Bildinhalts absehen, ja sie ist oft besonders erfolgreich gerade dann, wenn die Kenntnis des dargestellten Sujets sozusagen methodisch verdrängt wird" (1996b: 435).

Eine derartige Suspendierung erscheint methodisch geboten, wenn wir das Bild im Sinne von Imdahl (1979: 190) als „ein nach immanenten Gesetzen konstruiertes und in seiner Eigengesetzlichkeit evidentes System" erfassen wollen. Hinsichtlich dieser Suspendierung des ikonografischen Vor-Wissens zeigen sich gewisse Parallelen zur Semiotik mit ihren beiden prominenten Vertretern Umberto Eco und Roland Barthes, die (unabhängig von den Unterschieden zwischen ihnen) dahingehend übereinstimmen, dass wir – um zur Besonderheit und Eigensinnigkeit des Bildes vorzudringen – *unterhalb* der konnotativen Ebene anzusetzen haben. Die konnotative Ebene lässt sich aber – und dies wird bei Eco auch explizit hervorgehoben – in mancher Hinsicht analog zur ikonografischen Ebene bei Panofsky verstehen. Die Besonderheit und Eigensinnigkeit des Bildes im Unterschied zum Text, d.h. die besondere Botschaft der bildhaften, der ikonischen Zeichen, entscheidet sich also auf der *vor*-ikonografischen oder denotativen Ebene. Bei der Entschlüsselung dieser Botschaft müssen wir allerdings immer zuerst durch die darüber gelagerte Ebene des ikonografischen oder konnotativen Codes hindurch, der

sich uns gleichsam aufdrängt. So neigen wir im Common Sense beispielsweise immer dazu, nicht-abstrakte Bilder zunächst in der Weise zu interpretieren, dass wir Handlungen und Geschichten gedanklich entwerfen, die sich
auf dem Bild abspielen könnten.

Die Entschlüsselung jener Botschaft, die nur durch das Bild zu vermitteln ist, geht also immer durch den ikonografischen oder konnotativen Code
hindurch, „entledigt" sich aber, wie es bei Roland Barthes (1990: 37) heißt,
der Konnotationen und ist somit „eine Restbotschaft, die aus dem besteht,
was vom Bild übrig bleibt, wenn man (geistig) die Konnotationszeichen ausgelöscht hat".

Hier zeigen sich auch Parallelen zu Foucaults Bildinterpretation am Beispiel des Gemäldes „Las Meninas" von Velásquez (s. Abb. 1). Foucault
(1971: 38) betont dort: „Man muß also so tun, als wisse man nicht". Dabei
geht es im Sinne von Foucault nicht so sehr darum, das *institutionalisierte*
Wissen auszuklammern (also das Wissen darum, dass es sich hier im Rahmen der Institution des Hofes um Hofdamen und -fräulein, um Höflinge und
Zwerge handelt). Vielmehr geht es darum, dass wir die „Eigennamen auslöschen" müssen (wie er sagt), also das Wissen um die je *fall- oder auch milieuspezifische Besonderheit* des Dargestellten und seiner konkreten Geschichte, wenn man „die Beziehung der Sprache und des Sichtbaren offen-
halten will, wenn man nicht gegen, sondern ausgehend von ihrer Unvereinbarkeit sprechen will" (Foucault 1971: 38).

4   Die Differenzierung des ikonografischen Vor-Wissens: *kommunikatives und konjunktives Wissen*

Foucault betont also, dass nicht alle sprachlichen Vorbegrifflichkeiten, nicht
alle Namen, „ausgelöscht" werden sollten, sondern lediglich die „Eigennamen". Am Beispiel eines Familienfotos bedeutet dieses Auslöschen von Eigennamen, dass wir zwar aufgrund gesicherter Informationen oder aufgrund
von Vermutungen davon ausgehen können oder müssen, dass es sich bei den
abgebildeten Personen um eine *Familie* handelt und wir somit unser entspre-
chendes Wissen um die Institution Familie aktualisieren. Sofern wir aber
auch wissen oder vermuten, dass es sich um die Familie *Meier* handelt, sollten wir das, was wir über diese Familie mit ihrer konkreten Familienbiografie
wissen, weitest möglich suspendieren. Diese beiden Arten des Wissens lassen sich im Rahmen der dokumentarischen Methode als *kommunikatives*
Wissen einerseits und *konjunktives* Wissen andererseits bezeichnen.

Beim kommunikativen Wissen handelt es sich um generalisierte und
weitgehend stereotypisierte, genauer: um institutionalisierte Wissensbestände. Institutionen finden wir im Sinne von Berger/Luckmann (1969: 58) dort,

wo: „habitualisierte Handlungen durch Typen von Handelnden reziprok typisiert werden". Dieses Wissen betrifft das Rollengefüge der Gesellschaft, bspw. die Institution Familie. Davon zu unterscheiden ist das *konjunktive* Wissen als eines, welches sich hinter den „Eigennamen" verbirgt, ein Wissen um die Familie „Meier" in ihrer je individuellen, fallspezifischen Besonderheit einerseits und in ihrem milieutypischen Charakter andererseits.

Auch dort, wo wir über ein valides familienbiografisches Vorwissen in sprachlich-textlicher Form verfügen (etwa auf der Basis von Interviews oder Gesprächsanalysen), sollten wir dieses im Zuge der Bildinterpretation suspendieren.

Es zeichnen sich also gewisse Übereinstimmungen zwischen prominenten Ansätzen und Traditionen in der Bildinterpretation ab. Diese gehen dahin, dass spezifische Sinngehalte auf der konnotativen oder ikonografischen Ebene, welche in besonderer Weise durch (sprachliche) Narrationen, also durch unser textförmiges Wissen, geprägt sind, gleichsam suspendiert werden müssen, um auf diese Weise das (Spannungs-) Verhältnis von Bild und Sprache bzw. Text „offen halten" zu können, wie es bei Foucault (1971: 38) heißt, und somit das Bild der sprachlich-textlichen Logik nicht von vornherein unterzuordnen. Dem ist bisher im Bereich der qualitativen Methoden nicht Rechnung getragen worden.

Im Bereich der Semiotik hat Roland Barthes einige beispielhafte Interpretationen vorgelegt, die der skizzierten Suspendierung folgen, die also einsetzen, nachdem „man (geistig) die Konnotationszeichen ausgelöscht hat" (Barthes 1990: 37). Er hat jene Sinnebene, die das Resultat dieser Interpretationen darstellt, als *„stumpfen Sinn"* („sens obtue") bezeichnet. Die Signifikanz dieser Sinnebene lässt sich in sprachlich-textlicher Form allenfalls in Gegensätzlichkeiten und Ambiguitäten fassen. So zeigt Barthes an Fotos aus dem Film „Der Panzerkreuzer Potemkin" von Eisenstein, dass beispielsweise die Mimik einer weinenden alten Frau weder im schlichten Sinne eine ‚tragische Mimik' ist noch in eine ‚Komik' umkippt.

5 Die essenzielle Ambiguität des Bildes: die Sinnkomplexität des Übergegensätzlichen

Roland Barthes unterscheidet den „stumpfen Sinn" von dem wesentlich weniger komplexen „entgegenkommenden Sinn", welcher – ähnlich dem ikonografischen Sinngehalt – an stereotypisierenden Sinnzuschreibungen haftet. Den stumpfen Sinn beschreibt Barthes (1990: 54) in Kategorien der Widersprüchlichkeit, als „eine Schichtung von Sinn, die den vorhergehenden Sinn immer bestehen lässt, wie in einer geologischen Konstruktion; das Gegenteil sagen, ohne auf das Widersprochene zu verzichten". Ein evidentes Merkmal des stumpfen Sinnes ist also dessen Widersprüchlichkeit. In ähnlicher Weise charakterisiert Eco (1994: 145ff.) jene Botschaft, welche die Ebene der Konnotationen überschreitet und die er als „ästhetische Botschaft" bezeichnet, durch ihre „produktive Ambiguität" (a.a.O.: 146). Aufgrund dieser Ambiguität „beginne ich zu beobachten, *um zu sehen, wie sie gemacht ist*". Es stellt sich hier also – analog zur ikonologischen Sinnebene bei Panofsky – im Zuge einer tiefer gehenden semantischen Analyse die Frage nach der *Herstellung* dieser Botschaft, nach dem *modus operandi* des Herstellungsprozesses, die Frage nach dem *Wie*. Vielleicht kann man sagen: Während die konnotative Botschaft oder (im Sinne von Barthes) der entgegenkommende Sinn stereotypisiert, bricht die ästhetische Botschaft bzw. der stumpfe Sinn diese Stereotypisierungen durch Ambiguitäten, Widersprüchlichkeiten oder Gegensätzlichkeiten auf.

In ähnlicher Weise sieht Imdahl (1996a: 107) das Spezifische des ikonischen Sinnes in einer (wie er es nennt) „Sinnkomplexität des Übergegensätzlichen". Imdahl erläutert (1994: 312) am Beispiel des Fresko „Die Gefangennahme" von Giotto (s. Abb. 2), dass „vermöge besonderer Bildkomposition Jesus sowohl als der Unterlegene wie auch als der Überlegene erscheint". Diese Sinnkomplexität basiert ganz wesentlich auf der *planimetrischen Komposition*, der Komposition des Bildes in der Fläche (genauer dazu weiter unten). In diesem Fall ist es die Schräge, die nach Imdahl die Komposition des Bildes entscheidend bestimmt (s. Abb. 2). Diese Sinnkomplexität des Übergegensätzlichen ist sprachlich nur schwer fassbar und ihre sprachliche, intersubjektiv verständliche Vermittlung gelingt nur im direkten Verweis auf das Bild.

In einem Forschungsprojekt zum familialen Habitus haben wir Familienfotos sowie Tischgespräche und Gruppendiskussionen ausgewertet. Dabei zeigte sich (s. Bohnsack 2005b, 2008), dass wesentliche Elemente des Familienmilieus, des familialen Erfahrungsraums ihren unmittelbaren Ausdruck in adäquater Weise lediglich in *Übergegensätzlichkeiten*, in *Ambiguitäten* finden konnten. Und zwar beispielsweise in der Relation bzw. im Spannungsverhältnis zwischen dem Charakter des *Provisorischen und Ungesicherten und der (sozialen) Isolation* der abgebildeten Gruppe *einerseits* und der *Rigidität und Strenge* (in der planimetrischen Gesamtkomposition, aber auch in Mimik, Gestik und Körperhaltung) *andererseits*, welche die zentrale Stimmung des Bildes ausmacht. Der Habitus dieser Familie ließ sich somit formulieren als derjenige *der Rigidität und Strenge im Kontext des Provisorisch-Ungesicherten*. Der Zugang zu dieser Übergegensätzlichkeit hat sich uns erst über das Bild erschlossen. Die eigengesetzliche Sinnstruktur des Bildes eröffnet uns einen systematischen Zugang zur Eigengesetzlichkeit des Erfahrungsraums der Bildproduzent(inn)en, hier also zu demjenigen der Familie.

Ein anderes Beispiel für eine derartige Sinnkomplexität des Übergegensätzlichen finden wir bei Werbefotos. So zeigt die genaue Interpretation eines Werbefotos der (Bekleidungs-)Firma Burberry (vgl. Bohnsack 2007b), dass der Burberry-Style in einer Weise präsentiert wird, die nahe legt, dass es mit ihm gelingt, zugleich Zugehörigkeit und Zusammengehörigkeit und somit Gemeinschaftlichkeit zu erfahren und dennoch die Individualität zu wahren. Dabei wird in diesem Foto aber auch eine andere – für das Medium Werbefoto generell gültige – Übergegensätzlichkeit deutlich: Da die Werbung nur die Pose zur Verfügung hat (vgl. dazu Bohnsack 2001b u. Imdahl 1996c), steht sie vor dem (paradoxen) Problem, Individualität auf dem Wege des Posierens, also durch Stereotype darzustellen. Hier geschieht dies – bezogen auf die bildinternen sozialen Relationen – in der Widersprüchlichkeit von (körperlicher) Nähe einerseits und Abwendung des Blicks andererseits. Genauer bzw. von der formalen Komposition her betrachtet, handelt es sich darum, dass durch die planimetrische Komposition (also durch die für die ikonische Interpretation wesentlichste Dimension formaler Komposition) eine Zugehörigkeit der Personen untereinander hergestellt wird, die dann durch das Fehlen bzw. die Verweigerung des Blickkontakts wieder negiert oder eingeschränkt wird. In der genauen Analyse eines Fotos der Zigarettenwerbung der Firma „West" (s. Bohnsack 2001b) zeigt sich, dass in der auf dem Foto abgebildeten Person der Sennerin („Heidi") eine ausgesprochen traditionelle Rolle und Lebenswelt sich mit einem unkonventionellen Habitus eine Sinnkomplexität nach Art einer Hybridisierung von Stilelementen verbindet.

Die ikonologische oder ikonische Interpretation hat es also u.a. zu leisten, diese Sinnkomplexität des Übergegensätzlichen auf den Begriff zu bringen. Während es bei Imdahl keineswegs aussichtslos erscheint, diese zu verbalisieren, beharrt Roland Barthes darauf, dass man den stumpfen Sinn „theoretisch situieren, aber nicht beschreiben kann" (1990: 63). „Der stumpfe Sinn ist nicht in der Sprache" (a.a.O.: 58). Die Semiologie von Barthes wie die Semiotik von Eco tun sich gleichermaßen schwer, die Transzendenz der konnotativen Botschaft in systematischer Weise mit den ihnen zur Verfügung stehenden Kategorien zu erfassen. Eines der Probleme besteht sicherlich darin, dass der stumpfe Sinn (bei Barthes) bzw. die ästhetische Botschaft (bei Eco) nicht – wie der entgegenkommende oder konnotative Sinngehalt – an *einzelnen* Bildgegenständlichkeiten festgemacht werden kann, wie Roland Barthes dies versucht (was insbesondere am Beispiel des „punctum" evident wird; vgl. Barthes 1985). Vielmehr erschließt die tiefer gehende Semantik sich erst auf dem Weg über die Rekonstruktion der *Gesamt*-Komposition, die – wie ich weiter unten darlegen werde – wiederum an die Rekonstruktion der *Formal*komposition des Bildes gebunden ist.

Die Methodisierung der Bildinterpretation bedarf also der Rekonstruktion der Formalstruktur des Bildes und – wie dargelegt – der Suspendierung des *ikonografischen* bzw. *konnotativen* Sinngehalts, also des sprach- und textförmigen Vorwissens. Im Bereich sozialwissenschaftlicher Bildinterpretationen erscheint dies besonders notwendig, weil hier die Ikonografien, also die kommunikativen Wissensbestände, nicht in kodizierter Form vorliegen

– wie wir dies in der Kunstgeschichte beispielsweise in Form von Bibeltex-
ten finden.

6 Zum Problem der Polysemie: die Vieldeutigkeit des Bildes

Genauer betrachtet, ist es, wie dargelegt, nur die eine Dimension innerhalb
der ikonografischen Sinnebene, die der Suspendierung bedarf, nämlich diejenige des *konjunktiven* Wissens im Unterschied zum *kommunikativen* Wissen.
Bei letzterem handelt es sich um gesamtgesellschaftlich geteiltes, um institutionalisiertes Wissen (bspw.: „auf dem Bild ist eine Familie – Mutter, Vater,
drei Kinder – abgebildet"). Die Interpretationen oder Sinnzuschreibungen
sind hier also relativ eindeutig, eben nicht vieldeutig oder „polysem", wie es
bei Roland Barthes (1990: 34) heißt. Demgegenüber ist auf der Ebene des
konjunktiven Wissens, also im Hinblick auf die je besondere Geschichte,
welche *das Bild erzählt*, eine nahezu unendliche Polysemie möglich, wenn
der Interpret sein eigenes standortgebundenes Wissen in naiver Weise an das
Bild heranträgt. Das Problem der Polysemie ist somit eine Variante jener
Problematik des Verstehens und Interpretierens, auf die ich an anderer Stelle
mit dem Problem der Standort- oder Seinsverbundenheit der Interpretation
eingegangen bin (vgl. u.a. Bohnsack 2007a, Kap. 11).[2] Der Interpret nimmt
das Bild in den eigenen (milieu-, generations-, geschlechtsspezifischen) Erfahrungsraum hinein. Wir sprechen hier mit einem Begriff von Matthes
(1992) auch von „Nostrifizierung". Diese interpretative Beliebigkeit könnte
durch den Rückgriff auf textgebundenes Kontextwissen bewältigt werden.
Dann aber würden wir uns, wie dargelegt, den Zugang zu den aus der Eigenlogik des Bildes zu erschließenden Sinnstrukturen durch das textliche Vorwissen verstellen. Hierin liegt einer der Gründe dafür, das konjunktive Vor-
Wissen weitest möglich zu suspendieren.

   Die Differenzierung des ikonografischen Vor-Wissens in ein kommunikatives und eine konjunktives Wissen eröffnet also neue Perspektiven auf das
Problem der Polysemie und dessen Bewältigung. Weiterhin ist nun aber auch
die Polysemie auf der Ebene des ikonografischen (resp. konjunktiven) Vor-
Wissens von derjenigen auf der *ikonologischen* Ebene zu differenzieren (die

---

2 Im Bereich der Kunstgeschichte wird diese Problematik – wenn wir Gottfried Boehm
   (1985: 124) folgen – traditionellerweise kaum in angemessener Weise methodologisch reflektiert. Es dominieren hier objektivistische Zugänge: „Das Pathos historischer Objektivität lebt von der – nicht selten undurchschauten – Überzeugung, dass sich zwar alles unter
   der Sonne historisch betrachten lasse, dass alles einen historischen Index trägt, außer dem
   einen: der wissenschaftlichen Einstellung des Forschers selbst. Nur sie vermag auch jenen
   objektiven, der Zeit enthobenen Anspruch auf Richtigkeit und Wahrheit zu garantieren."

Roland Barthes allerdings nicht systematisch herausgearbeitet hat, allenfalls ansatzweise mit dem „stumpfen Sinn"). Der Unterschied zwischen der ikonografischen resp. konnotativen und der ikonologischen Ebene besteht, wie dargelegt, in einem fundamentalen Wechsel der Analyseeinstellung. Auf der ikonografischen Ebene frage ich danach, *was* dargestellt wird im Sinne der Thematik, des Sujet des Bildes. Auf der ikonologischen Ebene frage ich nach dem *Wie,* nach dem modus operandi der Herstellung der Darstellung. Hier kann ich auf ein Kontextwissen vollständig verzichten. Allerdings ist die Beobachtung des modus operandi abhängig von meinen *Vergleichshorizonten:* Wenn ich den auf einem Familienfoto sich dokumentierenden Habitus als durch „Starrheit" und „Rigidität" gekennzeichnet identifiziere, rekurriere ich zunächst auf Vergleichshorizonte, welche sich auf der Grundlage meiner inneren Bilder konstituieren. Diese sind das Produkt meiner je individuellen oder kollektiven Sozialisationsgeschichte und Element meines je spezifischen Erfahrungsraums, der sich in unterschiedliche kollektive oder konjunktive (u.a. milieu-, geschlechts- und generationsspezifische) Erfahrungsräume differenzieren lässt. Jene derart fundierten Vergleichshorizonte, welche ich in der alltäglichen Interpretation intuitiv an das Bild herantrage, lassen sich allerdings methodisch-empirisch kontrollieren. Dies gelingt insoweit, als an die Stelle imaginativer Vergleichshorizonte solche treten, die empirisch fundiert sind, uns also in Form jener Art von Bildern vorliegen, die in die empirische Analyse einbezogen werden, die selbst Gegenstand empirischer Analyse sind. Wir sprechen in diesem Fall von *komparativer Analyse* (s. u.a. Bohnsack 1989 u. 2007a, Kap. 11; Nohl 2001).

Auf dem Wege der komparativen Analyse wird die Mehrdeutigkeit nicht eliminiert, sondern methodisch kontrolliert. Auf diese Weise wird der Blick auf die Mehrdimensionalität des Bildes eröffnet. Je nach *Vergleichshorizont* geraten unterschiedliche – einander aber nicht ausschließende – Dimensionen oder Erfahrungsräume des Bildes in den Blick. In der dokumentarischen Methode wird dem (auch im Bereich des Textes) mit der *Mehrdimensionalität* der Sinn- und Typenbildung Rechnung getragen (vgl. Bohnsack 2001d). Um es an einem Beispiel zu erläutern: Wenn wir das Foto einer Kommunionsfeier Anfang der 1980er Jahre in der DDR (vgl. Bohnsack 2005b und 2008) vor dem Vergleichshorizont eines Fotos einer Kommunionsfeier aus der BRD der gleichen zeitgeschichtlichen Phase interpretieren, geraten uns *kultur*typische Merkmale in den Blick, also Unterschiede des kulturtypischen Habitus der DDR zu demjenigen der BRD. Interpretieren wir diese Fotos einer Kommunionsfeier vor dem Vergleichshorizont eines anderen Kommunion-Fotos oder eines Fotos einer Jugendweihe, welches ebenfalls aus der DDR und aus derselben zeitgeschichtlichen Phase stammt, so geraten *Milieu*differenzen in den Blick: bspw. kleinbürgerlicher vs. proletarischer Habitus. Vergleichen wir innerhalb desselben Milieus und innerhalb derselben Kultur Fotos ähnlicher Thematik aus unterschiedlichen zeitgeschichtlichen Phasen, geraten uns Differenzen generationsspezifischer Habitus in den Blick.

Die methodisch kontrollierte Bewältigung des Problems der Polysemie, des Problems der (beliebigen) Vieldeutigkeit des Bildes, ist also an die Operation mit empirisch fundierten Vergleichshorizonten, an die *komparative Analyse* gebunden. Diese liegt als methodisches Prinzip der dokumentarischen Methode der Bildinterpretation ebenso zugrunde wie der Textinterpretation. Allerdings ist die Operation mit Vergleichshorizonten dort von ganz anderer Art. Sie begegnet uns dort in Form der *Sequenzanalyse*. Beispielsweise erschließt sich uns die spezifische Sinnstruktur eines Diskurses oder einer Erzählung, indem ich alternative Diskurs- oder Erzählverläufe vergleichend dagegenhalte (Bohnsack 2001c: 337ff.).

Im Bereich der Bildinterpretation (wie auch der Textinterpretation) sind wir allerdings nicht erst auf der Stufe einer mehrdimensionalen Typenbildung auf Vergleichshorizonte angewiesen. Vielmehr erschließt sich uns, wie Imdahl (1994) gezeigt hat, bereits die formale Komposition eines Bildes in ihrer Besonderheit erst vor dem Vergleichshorizont anderer, kontingenter Kompositionsmöglichkeiten. Diese anderen Möglichkeiten können wir gedankenexperimentell entwerfen oder – besser noch – in Form von empirischen Vergleichshorizonten (also bspw. in Form von Fotos, die vom Thema, vom Sujet her vergleichbar sind) einbeziehen. Ich hatte letzteres als Kompositionsvariation bezeichnet (vgl. Bohnsack 2001a).

Im Unterschied zur *Sequenzanalyse* im Bereich der Textinterpretation gelingt der Zugang zur Eigenlogik des Bildes allerdings nur dann, wenn wir, wie Imdahl (1996a: 23) betont, dessen „*Simultanstruktur*" auf der Grundlage der formalen Komposition erfassen, als ein „kompositionsbedingtes, selbst sinnstiftendes Zugleich", bei der das „Ganze (...) von vornherein in Totalpräsenz gegeben ist". Sobald wir das Prinzip der Sequenzanalyse direkt auf das Bild zu übertragen suchen, zielen wir an dessen Eigengesetzlichkeit im Sinne von Imdahl vorbei.

7 Simultaneität, Synchronizität und Sequenzialität

Um die Differenz zwischen einer Sequenzanalyse und einer Analyse auf der Basis der Simultaneität zu präzisieren, ist es zunächst notwendig, den Begriff der Simultaneität von demjenigen der Synchronizität zu unterscheiden. Bei letzterem handelt es sich (entsprechend dem griechischen Wortstamm) um das *gleichzeitige* Zusammentreffen nicht zusammenhängender Ereignisabläufen, also unterschiedlicher Sequenzen. Der Begriff der Synchronizität bezieht sich also ausschließlich auf die *zeitliche* Dimension. Der Begriff der *Simultaneität* umfasst (entsprechend dem lateinischen Wortstamm) demgegenüber nicht allein die zeitliche Dimension, also die „Gleichzeitigkeit", sondern auch weitergehende „Gemeinsamkeiten" (Duden 1982: 705). In einer spezifischeren Bedeutung meint Simultaneität laut Duden (ebenda): „die Darstellung von zeitlich od. räumlich auseinanderliegenden Ereignissen auf einem Bild". Es ist eben genau diese Bedeutung, die bei Imdahl im Zentrum steht. Es soll deshalb der Begriff der Simultaneität als *Obergriff* zu dem – spezifischeren, weil rein zeitlichen – der Synchronizität verwendet werden. Die Simultaneität ist nach Imdahl (1994: 300) wesentliches Element der Eigenlogik des Bildes „als eine solche Vermittlung von Sinn, die durch nichts anderes zu ersetzen ist". In dem Potenzial zu einer (in diesem Sinne verstandenen) Simultaneität des Bildes ist dann auch ganz wesentlich die dem Bild eigentümliche „Sinnkomplexität des Übergegensätzlichen" (Imdahl 1996a: 107) verankert.

Auf den ersten Blick scheint es so, als sei die Simultaneität in diesem Sinne eine Besonderheit der Malerei, auf die der Begriff bei Imdahl zunächst ja auch bezogen ist, und wäre somit auf die (nicht-montierte) Fotografie nicht zu übertragen. Denn nach Imdahl (1994: 308) ist es nicht nur so, dass das, was wir auf dem Gemälde oder der Zeichnung sehen, nicht „durch sprachliche Narration ersetzt werden kann". Vielmehr hat es auch nicht „in der Empirie eines Geschehens ein Vorkommen". Mit anderen Worten: Es ist nicht schlicht die Abbildung des empirisch Beobachtbaren. Würden wir die Fotografie als die *reine Abbildung* des empirisch Beobachtbaren verstehen, so träfen die von Imdahl geltend gemachten spezifischen Gestaltungs- und Kompositionsleistungen des Bildes, an denen er besonders die Simultanstruktur hervorhebt, auf sie nicht zu. Wir würden die Fotografie dann in der Sprache von Roland Barthes als „reine Denotation" begreifen, was dieser als „Mythos" bezeichnet, also als eine in den Selbstverständlichkeiten des Common Sense verwurzelte Unterstellung oder Vorstellung (Barthes 1990: 14). Weder im Sinne von Barthes noch im Sinne von Eco, auf deren unterschiedliche Argumentationen ich hier nicht eingehen kann, ist das Foto als reine Abbildung zu verstehen. Im Sinne von Eco (1994: 244) haben wir es auch auf der denotativen Ebene mit einen „Code" zu tun. Dieser beruht zwar nicht auf verbalem Vor-Wissen, aber auf „Konventionen" und zwar „viel mehr als in der verbalen Sprache".

Das Spiel mit derartigen Konventionen und die daraus resultierenden Gestaltungs- und Kompositionsmöglichkeiten, in denen sich die Habitus der abbildenden und abgebildeten Bildproduzent(inn)en dokumentieren, sind aber nicht allein konstitutiv für die Malerei, sondern auch bereits für die Fotografie – und auch dort, wo diese nicht montiert ist. Somit ist eine auf der Simultaneität basierende Sinnkomplexität des Bildes nicht allein für die Malerei, sondern auch für die Fotografie konstitutiv. Auch Bourdieu können wir so interpretieren, dass derartige Gestaltungsmöglichkeiten der Fotografie – und auch der Amateurfotografie – offen stehen bzw. untrennbar mit ihr verbunden sind. Nach Bourdieu (1983a: 17) „wählt, jedenfalls innerhalb der theoretischen Unendlichkeit aller Fotografien, die ihr technisch möglich sind, jede Gruppe praktisch ein endliches und bestimmtes Sortiment möglicher Gegenstände, Genres und Kompositionen aus (...) so daß noch die unbedeutendste Fotografie neben den expliziten Intentionen ihres Produzenten das System der Schemata des Denkens, der Wahrnehmung und der Vorlieben zum Ausdruck bringt, die einer Gruppe gemeinsam sind".

Wenn wir (wie dargelegt) vom Foto als gemeinsamem Produkt der abbildenden und abgebildeten Bildproduzent(inn)en ausgehen, so ist der Schnappschuss nicht lediglich als Akt des Registrierens der vorgefundenen, d.h. durch die *abgebildeten* Bildproduzent(inn)en hergestellten, Simultaneität zu verstehen. Vielmehr wird aus der Fülle von Möglichkeiten gegebener Simultaneitäten durch den *abbildenden* Bildproduzenten – gemäß seiner Schemata von Präferenzen – eine spezifische ausgewählt. Anders formuliert: Die mit der Fotografie verbundene code- oder habitusspezifische Transformation oder Konstruktion umfasst – so ist weiterführend zu argumentieren – nicht allein die Selektivität der *Herstellung* des Arrangements oder der Komposition, sondern auch die Selektivität in der Situationsauswahl der Ablichtung *gegebener* Arrangements, vorgefundener Kompositionen. Es geht also nicht nur darum, *wie* die Bildgegenständlichkeiten durch die abbildenden und ggf. auch durch die abgebildeten Bildproduzent(inn)en zueinander komponiert und somit in ein Verhältnis der (zeitlichen und sachlichen) Simultaneität zueinander gebracht werden. Vielmehr geht es auch darum, *dass* (aufgrund der ‚Entscheidung‘, der intentionslosen Intention der abbildenden, aber durchaus auch der abgebildeten Bildproduzent(inn)en) gerade diese Situation abgelichtet wurde, in der die Bildgegenständlichkeiten sich in einem so und nicht anders gearteten Verhältnis der Simultaneität zu einander befanden. Bei Bourdieu heißt es dazu: „In Wirklichkeit hält die Fotografie einen Aspekt der Realität fest, d.h. das Ergebnis einer willkürlichen Wahl und somit einer Bearbeitung: Von den Eigenschaften eines Gegenstandes werden nur jene erfasst, die in einem besonderen Augenblick und unter einem besonderen Blickwinkel hervortreten." (Bourdieu 1983b: 85).

Diese Selektivität, welche die Bildgegenständlichkeiten in ein je spezifisches Verhältnis der Simultaneität zueinander bringt, konstituiert die Alltagsästhetik. Deren Rekonstruktion bietet die Möglichkeit, Ausführungen der Kunstgeschichte, die auf die ästhetischen Grundlagen der Kunst zielen, sozialwissenschaftlich relevant werden zu lassen.

Verhältnisse der Gleichzeitigkeit finden wir auch in anderen Bereichen der Darstellung als derjenigen des Bildes: so bspw. im synchronen Verhältnis von sprachlich-textlichem Ausdruck zu den sprachbegleitenden Äußerungen vokaler Art wie Intonation einerseits oder körpergebundenen Ausdrucksformen wie Gestik und Mimik andererseits. In allen diesen Fällen handelt es sich aber um (synchrone) Relationen zwischen *unterschiedlichen* Darstellungsmedien. Im Sprachgebrauch der qualitativen Methoden kann man auch sagen, dass das *eine* Medium (bspw. der körperliche Ausdruck) den *Kontext* für das *andere* Medium (bspw. den sprachlichen Ausdruck) darstellt bzw., dass die Medien wechselseitig füreinander Kontexte bilden. Die Besonderheit des Mediums der Ikonizität, des ikonischen Codes scheint darin zu liegen, dass hier die Gleichzeitigkeit, die ich mit Imdahl als Simultanstruktur oder Simultaneität bezeichne, innerhalb *desselben* Mediums möglich und konstitutiv für die Eigenlogik und Eigensinnigkeit dieses Mediums ist, wohingegen dies im Medium der Sprache und des Textes eher die Ausnahme bzw. – wie vor allem in der Konversationsanalyse (vgl. Sacks 1995) dargelegt wurde – die Abweichung darstellt.

Die bisherigen Ausführungen zur Simultaneität betrafen den Bereich der Bilderinterpretation als *Produkt*interpretation. Davon zu unterscheiden ist die Simultaneität im Bereich der *Rezeption* (welche der derart produzierten Simultaneität allerdings gerecht zu werden hat). Susanne Langer (1984: 99) betont hier, „dass visuelle Formen nicht diskursiv sind. Sie bieten ihre Bestandteile nicht nacheinander, sondern gleichzeitig dar, weshalb die Beziehungen, die eine visuelle Struktur bestimmen, in einem Akt des Sehens erfaßt werden."

Unter „Sehen" wird hier jedoch sowohl die *sinnliche Wahrnehmung* als auch die *Interpretation, die interpretative Sinnbildung,* also die *Semantik* des Visuellen, verstanden. Die Frage der Simultaneität im Bereich der sinnlichen Wahrnehmung ist als ein wahrnehmungspsychologisches Problem für unsere Betrachtung von sekundärer Bedeutung. Uns geht es um die Prozesse der interpretativen Sinnbildung, der Semantik. Der Zugang zur Simultaneität ist hier Voraussetzung für die Erfassung von Ganzheitlichkeit. Die Erfassung von Ganzheitlichkeit auf dem Wege der Simultaneität findet ihren Ausdruck auch im hermeneutischen Zirkel, in dem zirkelhaften Oszillieren zwischen Teil und Ganzem. Den Zugang zur Ganzheitlichkeit auf dem Wege der Simultaneität muss man sich aber in der Regel erst erarbeiten. Dabei kann der Weg hin zu einer die Totalität des Bildes erfassenden Simultaneität durchaus sukzessive von statten gehen. Der Unterschied von Bild- und Textinterpretation besteht aber wohl darin, dass es – aufgrund der essentiellen Simultaneität der Semantik des Bildes – nicht gelingt, diese Semantik an *Teilen* oder *Abschnitten* des Bildes festzumachen, so wie wir dies bspw. bei der Auswahl von Passagen aus Gesprächen tun. Das Bild ist eine „in seiner Ganzheitlichkeit invariable und notwendige, das heißt alles auf alles und alles aufs Ganze beziehende Simultanstruktur. Diese erzwingt keineswegs ein starres Hinsehen auf das Bildganze, wohl aber eröffnet sie ein Sehen simultan und singulariter: Das Ganze ist von vornherein in Totalpräsenz gegeben und als das sinnfällige Bezugssystem in jedem einzelnen kopräsent, wann immer jedes Einzelne in den Blick genommen wird" (Imdahl 1996a: 23).

Sofern wir es mit gegenständlichen Bildern zu tun haben, kommt den abgebildeten Objekten zwar ihre je zeichenhafte Bedeutung zu. Für die Identifikation des ikonischen (oder ikonologischen) Sinngehalts, für den ein „sehendes Sehen" (Imdahl 2003: 23) konstitutiv ist, stellen diese Objekt- oder

Gegenstandsbedeutungen, wie ein „wiedererkennendes Sehen" (ebenda) sie identifiziert, jedoch nicht die entscheidenden Elemente dar. Sie führen den Betrachter, der an jenen Sinngehalten interessiert ist, wie sie nur durch das Bild zu vermitteln sind, eher auf Ab- oder Nebenwege. Vielmehr geht es im Bereich der ikonologischen oder ikonischen Bildinterpretation darum, dass „das wiedererkennende Sehen und das sehende Sehen zu den ungeahnten oder unvordenklichen Erfahrungen eines erkennenden Sehens zusammenwirken" (Imdahl 1996a: 92).

8 Zur Rekonstruktion der Formalstruktur des Bildes

Das sehende Sehen, welches von Imdahl (ebenda) auch als „formales" Sehen bezeichnet wird, setzt den Zugang zur Formalstruktur des Bildes – insbesondere zu dessen planimetrischer Struktur – voraus. Oder anders formuliert: Es ist vor allem das (intuitive) Erfassen der Formalstruktur des Bildes, welche dem sehenden Sehen die Grundlage gibt. Und es ist die Explikation dieser Formalstruktur, welche der ikonischen Interpretation den Weg weist.

Imdahl unterscheidet drei Dimensionen der Formalstruktur, also des formalen kompositionalen Aufbau des Bildes: die *„planimetrische Ganzheitsstruktur"*, die *„szenische Choreografie"* und die *„perspektivische Projektion"*. Die *Perspektivität* dient dem Maler primär dazu, Gegenstände in ihrer Räumlichkeit und Körperlichkeit identifizierbar zu machen. Sie ist somit an den Gesetzmäßigkeiten der im Bild dargestellten Außen- oder Umwelt des Bildes orientiert. In Bezug auf die *szenische Choreografie* gilt das Gleiche für soziale Szenerien der Umwelt. Demgegenüber führt uns die *planimetrische Komposition,* also die formale Konstruktion des Bildes in der Fläche, das Bild als „ein nach immanenten Gesetzen konstruiertes und in seiner Eigengesetzlichkeit evidentes System" (Imdahl 1979: 190) vor Augen. Während wir im Common Sense dazu neigen, einzelne Elemente des Bildes herauszugreifen, zwingt uns die Rekonstruktion der formalen, insbesondere der planimetrischen Komposition gewissermaßen dazu, diese Elemente nicht isoliert, sondern grundsätzlich immer im Ensemble der anderen Elemente zu interpretieren.

Wenn es uns – u.a. mit Hilfe der Formalstruktur und ggf. auch der Farbkomposition (vgl. Imdahl 2003) – gelingt, einen Zugang zum Bild als eigengesetzlichem oder selbstreferentiellem System zu erschließen, dann eröffnet sich uns auf diese Weise auch ein systematischer Zugang zur Eigengesetzlichkeit des Erfahrungsraums der Bildproduzent(inn)en, beispielsweise zum Erfahrungsraum einer Familie mit ihrem spezifischen familialen Habitus.

Die Vorschläge zur Rekonstruktion der Formalstruktur des Bildes von Imdahl bieten erste Hinweise für die Entfaltung formaler Analysen im Bereich qualitativer Bildinterpretation, die es nun aufzugreifen gilt. Ansätze dazu sind im Bereich der dokumentarischen Bildinterpretation forschungspraktisch entwickelt worden (s. Bohnsack 2001b, 2003b, 2005b, 2006a u. b, 2007 u. 2008; Nohl 2002 sowie Nentwig-Gesemann 2007; s. auch den Beitrag von Dörner in diesem Band). Methodologische Ausführungen finden sich ausführlicher u.a. in Bohnsack 2001a und 2008.

Auch im Bereich der Textinterpretation hat sich die qualitative Methodik auf die Rekonstruktion der formalen Strukturen gestützt, um auf diese Weise den von den Textproduzenten selbst *hergestellten* (Gesamt-)*Kontexten* Rechnung tragen zu können. So kommen wir bspw. der Semantik offener Interviews dann auf die Spur, wenn wir rekonstruieren, wie die Interviews in sich durch unterschiedliche „Textsorten" strukturiert sind (s. Nohl 2006). Analog stellt im Bereich der Gesprächsanalyse und des Gruppendiskussionsverfahrens u.a. die genaue Charakterisierung der Art der interaktiven Bezugnahme der Beteiligten aufeinander im Sinne der Analyse der „Diskursorganisation" (vgl. Bohnsack/Przyborski 2006) die Voraussetzung für tiefer greifende semantische Interpretationen dar.

Für die sozialwissenschaftliche Methodik der Bildinterpretation erscheint es in analoger Weise sinnvoll, sich der umfangreichen Vorarbeiten zur formalen Ästhetik im Bereich der Kunstgeschichte zu vergewissern. So hat Klaus Mollenhauer (1983: 179) betont, „daß bereits die *nur* formalästhetischen Charakteristika inhaltliche Hinweise enthalten. In linguistischer Metapher gesprochen: Die Bild-Syntax zeigt schon der Bildsemantik ihren Weg". Die von Mollenhauer (1983: 173) in „bildungstheoretischer Absicht" vorgelegten Bildinterpretationen auf der Basis der Ikonologie von Panofsky und der Ikonik von Imdahl oder bspw. die von Parmentier (2001) in ähnlicher Absicht vorgelegten Bildinterpretationen lassen Zusammenhänge von Bildungsprozessen im Sinne der geisteswissenschaftlichen Tradition und der Vermittlung qualitativer Methoden deutlich werden: Denn die in bildungstheoretischer Absicht vorgelegten Arbeiten, die auf eine „ästhetische Bildung durch Bilder" oder ein „Sich bilden durch Bilder" zielen (Schäffer 2005: 220f.), lassen sich zugleich zu einem Teil auch lesen als Anregungen für die Entwicklung von qualitativen Methoden der Bildinterpretation. Umgekehrt betrachtet ist die Systematisierung und Verfeinerung von intuitiven Kompetenzen der Rekonstruktion formalen Strukturen der Darstellung und der Interpretation nicht nur Grundlage für die Methoden-Entwicklung und -Ausbildung. Vielmehr lässt sich die Vermittlung dieser intuitiven Kompetenzen (im Bereich der Fotointerpretation bis hin zur Gesprächsanalyse) auch als Beitrag zur ästhetischen Bildung verstehen – indem der Blick geschärft wird für die ästhetischen Grundlagen profaner, alltäglicher Darstellung und Kommunikation.

Literatur

Barthes, Roland (1983): Elemente der Semiologie. Frankfurt am Main: Suhrkamp.

Barthes, Roland (1985): Die helle Kammer. Bemerkung zur Photographie. Frankfurt am Main: Suhrkamp.

Barthes, Roland (1990): Der entgegenkommende und der stumpfe Sinn. Kritische Essays III. Frankfurt am Main: Suhrkamp.

Belting, Hans (2001): Bild-Anthropologie. Entwürfe für eine Bildwissenschaft. München: Fink Verlag.

Berger, Peter L./Luckmann, Thomas (1969): Die gesellschaftliche Konstruktion der Wirklichkeit. Frankfurt am Main: Suhrkamp.

Boehm, Gottfried (1978): Zu einer Hermeneutik des Bildes. In: Gadamer, Hans-Georg/ Boehm, Gottfried (Hrsg.): Seminar: Die Hermeneutik und die Wissenschaften. Frankfurt am Main: Suhrkamp, S. 444-471.

Boehm, Gottfried (1985): Die Krise der Repräsentation. Die Kunstgeschichte und die moderne Kunst. In: Bätschmann, Oskar/Dittmann, Lorenz (Hrsg.): Kategorien und Methoden der Kunstgeschichte 1900-1930. Stuttgart: Steiner, S. 113-128.

Bohnsack, Ralf (1989): Generation, Milieu und Geschlecht – Ergebnisse aus Gruppendiskussionen mit Jugendlichen. Opladen: Leske + Budrich.

Bohnsack, Ralf (2001a): Die dokumentarische Methode in der Bild- und Fotointerpretation. In: Bohnsack, Ralf/Nentwig-Gesemann, Iris/Nohl, Arnd-Michael (Hrsg.): Die dokumentarische Methode und ihre Forschungspraxis. Grundlagen qualitativer Sozialforschung. Opladen: Leske + Budrich, S. 67-89. (Wieder abgedruckt in: Ehrenspeck, Yvonne/Schäffer, Burkhard (Hrsg.): Film- und Fotoanalyse in der Erziehungswissenschaft. Ein Handbuch. Opladen: Leske + Budrich, S. 87-107.

Bohnsack, Ralf (2001b): „Heidi": Eine exemplarische Bildinterpretation auf der Basis der dokumentarischen Methode. In: Bohnsack, Ralf/Nentwig-Gesemann, Iris/ Nohl, Arnd-Michael (Hrsg.): Die dokumentarische Methode und ihre Forschungspraxis. Grundlagen qualitativer Sozialforschung. Opladen: Leske + Budrich, S. 323-337. (Wieder abgedruckt in: Ehrenspeck, Yvonne/Schäffer, Burkhard (Hrsg.): Film- und Fotoanalyse in der Erziehungswissenschaft. Ein Handbuch. Opladen: Leske + Budrich, S. 109-120).

Bohnsack, Ralf (2001c): Dokumentarische Methode. Theorie und Praxis wissenssoziologischer Interpretation. In: Hug, Theo (Hrsg.): Wie kommt Wissenschaft zu Wissen? Bd. 3: Einführung in die Methodologie der Kultur- und Sozialwissenschaften. Baltmannsweiler: Schneider-Verlag Hohengehren, S. 326-345.

Bohnsack, Ralf (2003a): Qualitative Methoden der Bildinterpretation. In: Zeitschrift für Erziehungswissenschaft (ZfE), Jg. 6, 2; S. 239-256.

Bohnsack, Ralf (2003b): Exemplarische Bildinterpretationen. In: Bohnsack, Ralf (Hrsg.): Rekonstruktive Sozialforschung. Einführung in qualitative Methoden. 5. Auflage. Opladen: Leske + Budrich, S. 236-257.

Bohnsack, Ralf (2005a): Standards nicht-standardisierter Forschung in den Erziehungs- und Sozialwissenschaften. In: Zeitschrift für Erziehungswissenschaft (ZfE), 7. Jg., Beiheft 4 (Standards und Standardisierung in der Erziehungswissenschaft), hrsg. von Ingrid Gogolin/Heinz-Hermann Krüger/Dieter Lenzen/Thomas Rauschenbach, S. 65-83.

Bohnsack, Ralf (2005b): Bildinterpretation und Dokumentarische Methode. In: Wulf, Christoph/Zirfas, Jörg (Hrsg.): Ikonologie des Performativen. München: Fink Verlag, S. 246-262.

Bohnsack, Ralf (2006): Die dokumentarische Methode der Bildinterpretation in der Forschungspraxis. In: Marotzki, Winfried/Niesytho, Horst (Hrsg.): Bildinterpretation in der Erziehungswissenschaft. Wiesbaden: vs-Verlag, S. 45-75.

Bohnsack, Ralf (2007a): Rekonstruktive Sozialforschung. Einführung in qualitative Methoden. Opladen: Barbara Budrich.

Bohnsack, Ralf (2007b): Dokumentarische Bildinterpretation am Beispiel eines Werbefotos. In: Buber, Renate/Holzmüller, Hartmut (Hrsg.): Qualitative Marktforschung (erscheint).

Bohnsack, Ralf (2008): Qualitative Bild-, Film- und Videointerpretation: die dokumentarische Methode. Opladen: Barbara Budrich.

Bohnsack, Ralf/Przyborski, Aglaja (2006): Diskursorganisation, Gesprächsanalyse und die Methode der Gruppendiskussion. In: Bohnsack, Ralf/Przyborski, Aglaja/Schäffer, Burkhard (Hrsg.): Das Gruppendiskussionsverfahren in der Forschungspraxis. Opladen: Verlag Barbara Budrich. S. 233-248.

Bourdieu, Pierre (1983a): Einleitung. In: Ders. et al.: Eine illegitime Kunst. Die sozialen Gebrauchsweisen der Photographie. Frankfurt am Main: Suhrkamp, S. 11-21.

Bourdieu, Pierre (1983b): 2. Kap.: Die gesellschaftliche Definition der Photographie. In: Bourdieu, Pierre (Hrsg.): Eine illegitime Kunst. Die sozialen Gebrauchsweisen der Photographie. Frankfurt am Main: Suhrkamp, S. 85-110.

Bourdieu, Pierre (1996): Die Praxis der reflexiven Anthropologie. In: Bourdieu, Pierre/.Wacquant, Loïc J.D (Hrsg.): Reflexive Anthropologie, Frankfurt am Main: Suhrkamp, S. 251-294.

Duden „Fremdwörterbuch" (1982). 4., neu bearbeitete und erweiterte Auflage. Mannheim/Wien/Zürich: Duden.

Eco, Umberto (1994): Einführung in die Semiotik. 8. Auflage. München: Fink Verlag.

Ehrenspeck, Yvonne/Schäffer, Burkhard (2003): Film und Fotoanalyse in der Erziehungswissenschaft. Ein Handbuch. Opladen: Leske + Budrich, S. 119-134.

Foucault, Michel (1971): Die Ordnung der Dinge. Eine Archäologie der Humanwissenschaften. Frankfurt am Main: Suhrkamp.

Garz, Detlef/Kraimer, Klaus (1994): Die Welt als Text. Theorie, Kritik und Praxis der objektiven Hermeneutik. Frankfurt am Main: Suhrkamp.

Habermas, Jürgen (1971): Vorbereitende Bemerkungen zu einer Theorie der kommunikativen Kompetenz. In: Habermas, Jürgen/Luhmann, Niklas (Hrsg.): Theorie der Gesellschaft oder Sozialtechnologie – Was leistet die Systemforschung. Frankfurt am Main: Suhrkamp, S. 101-141.

Heidegger, Martin (1986): Sein und Zeit. Tübingen: Niemeyer. (Original: 1927).

Imdahl, Max (1979): Überlegungen zur Identität des Bildes. In: Marquard, Odo/Stierle, Karlheinz (Hrsg.): Reihe: Poetik und Hermeneutik. München: Fink Verlag, S. 187-211.

Imdahl, Max (1994): Ikonik. Bilder und ihre Anschauung. In: Boehm, Gottfried (Hrsg.): Was ist ein Bild? München: Fink Verlag, S. 300-324.

Imdahl, Max (1996a): Giotto – Arenafresken. Ikonographie – Ikonologie – Ikonik. München: Fink Verlag.

Imdahl, Max (1996b): Wandel durch Nachahmung. Rembrandts Zeichnung nach Lastmanns „Susanna im Bade". In: Imdahl, Max (Hrsg.): Zur Kunst der Tradition. Gesammelte Schriften. Band. 2. Frankfurt am Main: Suhrkamp, S. 431-456.

Imdahl, Max (1996c): Pose und Indoktrination. Zu Werken der Plastik und Malerei im Dritten Reich. In: Imdahl, Max (Hrsg.): Reflexion, Theorie, Methode. Gesammelte Schriften Band 3. Frankfurt am Main: Suhrkamp, S. 575-590.

Imdahl, Max (2003): Farbe. Kunsttheoretische Reflexionen in Frankreich. München: Fink Verlag.

Langer, Susanne (1984): Philosophie auf neuen Wegen. Das Symbol im Denken, im Ritus und in der Kunst. Frankfurt am Main: Suhrkamp.

Luhmann, Niklas (1990): Die Wissenschaft der Gesellschaft. Frankfurt am Main: Suhrkamp.

Mannheim, Karl (1964): Beiträge zur Theorie der Weltanschauungsinterpretation. In: Mannheim, Karl (Hrsg.): Wissenssoziologie. Neuwied: Luchterhand, S. 91-154.

Mannheim, Karl (1980): Strukturen des Denkens. Frankfurt am Main: Suhrkamp.

Matthes, Joachim (1992): The Operation Called „Vergleichen". In: Matthes, Joachim (Hrsg.): Zwischen den Kulturen? (Sonderband 8 der Sozialen Welt). Göttingen: Schwartz, S. 75-99.

Michel, Burkard (2001): Fotografien und ihre Lesarten. Dokumentarische Interpretation von Bildrezeptionsprozessen. In: Bohnsack, Ralf/Nentwig-Gesemann, Iris/Nohl, Arnd-Michael (Hrsg.): Die dokumentarische Methode und ihre Forschungspraxis. Grundlagen qualitativer Sozialforschung. Opladen: Leske + Budrich, S. 91-120.

Michel, Burkard (2006): Bild und Habitus. Sinnbildungsprozesse bei der Rezeption von Fotografien. Wiesbaden: VS Verlag für Sozialwissenschaften.

Mitchell, William J.T. (1994): Picture Theory. Essays on Verbal and Visual Representation. Chicago & London: University of Chicago Press.

Mitchell, William J.T. (1997): Der Pictorial Turn. In: Kravagna, Christian (Hrsg.): Privileg Blick. Kritik der visuellen Kultur. Berlin: Ed. ID-Archiv u.a., S. 15-40.

Mollenhauer, Klaus (1983): Streifzug durch fremdes Terrain. Interpretation eines Bildes aus dem Quattrocento in bildungstheoretischer Absicht. In: Zeitschrift für Pädagogik, Jg. 30., 2; S. 173-194.

Mollenhauer, Klaus (2003): Methoden erziehungswissenschaftlicher Bildinterpretation. In: Friebertshäuser, Barbara/Prengel, Annedore (Hrsg.): Handbuch qualitative Forschungsmethoden in der Erziehungswissenschaft. Weinheim: Juventa-Verlag, S. 247-264.

Nentwig-Gesemann, Iris (2007): Der Familienurlaub: Rituelle Praxis, Differenzbearbeitung und Lernprozesse. In: Wulf, Christoph et al. (Hrsg.): Lernkulturen im Umbruch. Rituelle Praktiken in Schule, Medien, Familie und Jugend. Wiesbaden: vs-Verlag, S. 220-252.

Nohl, Arnd-Michael (2001): Komparative Analyse: Forschungspraxis und Methodologie dokumentarischer Methode. In: Bohnsack, Ralf/Nentwig-Gesemann, Iris/ Nohl, Arnd-Michael (Hrsg.): Die dokumentarische Methode und ihre Forschungspraxis. Grundlagen qualitativer Sozialforschung. Opladen: Leske + Budrich, S. 253-275.

Nohl, Arnd-Michael (2002): Personale und soziotechnische Bildungsprozesse im Internet. In: Zeitschrift für Qualitative Bildungs-, Beratungs- und Sozialforschung ZBBS, 2, S. 415-430.

Nohl, Arnd-Michael (2006): Interviews in dokumentarischer Interpretation. Wiesbaden: VS Verlag für Sozialwissenschaften (Reihe: Qualitative Sozialforschung).

Panofsky, Erwin (1932): Zum Problem der Beschreibung und Inhaltsdeutung von Werken der Bildenden Kunst. In: Logos, XXI, S. 103-119. (Wieder abgedruckt in: Panofsky, Erwin/Oberer, Hariolf/Verheyen, Egon (Hrsg.): (1964): Aufsätze zu Grundfragen der Kunstwissenschaft. Berlin: Hessling, S. 85-97).

Panofsky, Erwin (1964): Die Perspektive als „symbolische Form". In: Panofsky, Erwin (Hrsg.): Aufsätze zu Grundfragen der Kunstwissenschaft. Berlin: Hessling, S. 99-167.

Panofsky, Erwin (1975): Ikonographie und Ikonologie. Eine Einführung in die Kunst der Renaissance. In: Panofsky, Erwin (Hrsg.): Sinn und Deutung in der bildenden Kunst. Köln: DuMont Schauberg, S. 36-67. (Original: 1955: Meaning in the Visual Arts. New York).

Panofsky, Erwin (1989): Gotische Architektur und Scholastik. Zur Analogie von Kunst, Philosophie und Theologie im Mittelalter. Köln: DuMont Schauberg.

Panofsky, Erwin (2001): Die altniederländische Malerei. Ihr Ursprung und Wesen. Köln: DuMont Schauberg (ursprüngl: Early Netherlandish Painting. Harvard University Press. Cambridge (Mass.) 1953).

Parmentier, Michael (2001): Jenseits von Idylle und Allegorie: Die Konstruktion des ästhetischen Subjekts in Bruegels „Kinderspielen". In: Rittelmeyer, Christian/ Parmentier, Michael/Klafki Wolfgang (Hrsg.): Einführung in die pädagogische Hermeneutik. Darmstadt: Wiss. Buchgesellschaft, S. 89-104.

Pilarczyk, Ulrike/Mietzner, Ulrike (2000): Bildwissenschaftliche Methoden in der erziehungs- und sozialwissenschaftlichen Forschung. In: Zeitschrift für qualitative Bildungs-, Beratungs- und Sozialforschung (ZBBS), 2, S. 343–364.

Popper, Karl (1971): Logik der Forschung. Tübingen: Mohr Siebeck.

Reichertz, Jo (1992): Der Morgen danach. Hermeneutische Auslegung einer Werbefotografie in zwölf Einstellungen. In: Hartmann, Hans A./Haubl, Rolf (Hrsg.): Bilderflut und Sprachmagie. Fallstudien zur Kultur der Werbung. Opladen: Westdeutscher Verlag, S. 141-163.

Ricoeur, Paul (1972): Der Text als Modell: hermeneutisches Verstehen. In: Bühl, Walter Ludwig (Hrsg.): Verstehende Soziologie. Grundzüge und Entwicklungstendenzen. München: Nymphenburger Verlagshandlung, S. 252-283 (Wieder abgedruckt in: Gadamer, Hans-Georg/Boehm, Gottfried (1978): Seminar: Die Hermeneutik und die Wissenschaften. Frankfurt am Main: Suhrkamp, S. 83-117).

Rorty, Richard (1967): The Linguistic Turn: Recent Essays in Philosophical Method. Chicago: University of Chicago Press.

Sacks, Harvey (1995): Lectures on Conversation. Volumes I & II. Oxford UK & Cambridge USA: Blackwell.

Schäffer, Burkhard (2005): Erziehungswissenschaft. In: Sachs-Hombach, Klaus (Hrsg.): Bildwissenschaft. Disziplinen, Themen, Methoden. Frankfurt am Main: Suhrkamp, S.213-225.

Wulf, Christoph (1998): Mimesis in Gesten und Ritualen. In: Paragrana. Internationale Zeitschrift für Historische Anthropologie, Band. 7, 1, S. 241-263.

Abb. 1: Diego Velázquez, *Las Meninas*, 1656. Madrid, Museo del Prado

entnommen aus: Thierry Greub (Hrsg.) (2001): Los Meninas. Im Spiegel der
Deutungen. Eine Einführung in die Methoden der Kunstgeschichte. Berlin: Reimer, S. 295.

Abb. 2:   Giotto, *Gefangennahme*, um 1305. Padua, Arena-Kapelle
(die Schräge wurde eingezeichnet nach Imdahl)

entnommen aus: Imdahl 1996a, Abbildungsverzeichnis, S. 45

Die Geschichten hinter den Bildern. Annäherungen an eine Methode und Methodologie der Bildinterpretation in biografie- und bildungstheoretischer Absicht

Winfried Marotzki/Katja Stoetzer

1 Einleitung

Die Bedeutung der Bilder in der öffentlichen Kommunikation hat sich in den letzten Jahren stark geändert. Das gilt sowohl für die Quantität wie auch für die qualitative Bedeutung. Eine neue Information ohne entsprechende Bilder scheint in den Nachrichten des Fernsehens kaum denkbar, und wenn keine Bilder vorliegen, weil das Ereignis noch zu neu ist, entschuldigt sich die Nachrichtensprecherin oder der Nachrichtensprecher dafür. Erst das Bild scheint uns ein Ereignis wirklich nahe zu bringen, erst durch das Bild scheint uns ein Ereignis wirklich zum Ereignis zu werden. Die moderne medial vermittelte Kommunikation im öffentlichen Raum ist ohne Bilder nicht mehr denkbar. Diese Macht der Bilder haben wir längst akzeptiert. Aber wie sieht es mit unserer Fähigkeit aus, diese Bilder zur „lesen" und zu interpretieren? Wahrscheinlich müssen wir einräumen, dass diese Fähigkeit in methodischer Hinsicht nicht gut entwickelt ist. Nicht umsonst sagt W. J. T. Mitchel in seinem Buch „picture theory" (1994): „we may find that the problem of the twenty-first century is the problem of the image" (Mitchel 1994: 2).

Die Situation innerhalb der Erziehungs- und Sozialwissenschaften ist gegenwärtig eher als rezeptionsorientiert zu beschreiben, d.h. man wendet sich der Kunst- und Filmwissenschaft zu und arbeitet deren Bestände in der Hoffnung auf, hier Hilfen oder Anregungen für sozialwissenschaftliche Analysen zu finden. Insofern werden auch wir in dieser Arbeit ein Zwischenergebnis unserer Suche präsentieren. Im Folgenden stellen wir ein Bildinterpretationsmodell vor, das im Wesentlichen auf dem von Erwin Panofsky entwickelten Modell (vgl. Panofsky 1962) beruht. Der zentrale Aufsatz „Studien zur Ikonologie" erschien 1939 in Englisch und wurde erst mehr als vierzig Jahre später ins Deutsche übersetzt. Für die erziehungs- und sozialwissenschaftliche Forschung ist dieser Ansatz mehrfach aufgearbeitet und weiterentwickelt worden. Stellvertretend nennen wir die Arbeiten von Mietzner/Pilarczyk (2003) sowie Pilarczyk/Mietzner (2000) für den erziehungswissenschaftlichen und Bohnsack (2003; 2003a) für den sozialwissenschaftlichen Bereich.

Für unsere Art der Weiterentwicklung des Ansatzes von Panofsky sind Impulse aus der Filmwissenschaft grundlegend. Dem liegt die Hypothese zugrunde, dass der Film das umfassendere und komplexere Gebilde ist und das Bild ein Spezialfall. Wir folgen also nicht der klassischen von Siegfried Kracauer (1960) bereits vorgetragenen und bis heute immer wieder erneuerten Auffassung, dass das Bild das komplexere Gebilde sei und insofern im Film nichts wesentlich Neues hinzukomme (vgl. Sachs-Hombach 2003). Filminterpretation beinhaltet also Bildinterpretation, das wäre die entscheidende grundlegende These. Wir haben uns bei der Weiterentwicklung des Modells von Panofsky deshalb ganz wesentlich von Filminterpretationsmodellen inspirieren lassen, insbesondere durch jenes, das von den amerikanischen Filmwissenschaftlern David Bordwell und Kristin Thompson in ihrem zentralen Werk „Film Art" (2001) nun bereits in der sechsten Auflage vorliegt. Sie vertreten den Ansatz des Neoformalismus, der seit Beginn der 1980er Jahre in der internationalen Filmforschung immer mehr an Einfluss gewonnen hat. Während international der Bordwellsche Ansatz sehr präsent ist, findet er in der deutschen Filmforschung wenig Aufmerksamkeit. In den 70er Jahren wurde die angloamerikanische Filmwissenschaft vor allem von dekonstruktivistischen, psychoanalytischen, feministischen und semiotischen Ansätzen dominiert. Nach Bordwell berücksichtigen diese Ansätze zu wenig die formalen Elemente des Mediums Film und finden deshalb keinen Zugang zu dessen spezifischen Merkmalen, sondern interpretierten ihn aus ihren eigenen Bezugsystemen heraus. Doch dazu später mehr.

2   Das Modell

Im Folgenden stellen wir das Modell vor, das sich aus unserer Sicht und aufgrund unserer Erfahrung für die Interpretation von Bildern im Kontext qualitativer Sozialforschung eignet. Die Basis für diese Behauptung bilden unzählige Seminare und workshops, in denen wir diese Methode anhand verschiedener Bilder im Rahmen von Forschungsprojekten immer wieder ausprobiert haben. Der Hinweis auf diese praktische Evidenz soll natürlich nicht die theoretische und methodologische Konsistenz ersetzen, sondern soll nur darauf verweisen, dass das folgende Modell nicht nur auf der Basis theoretischer Auseinandersetzungen entstanden ist. Hinsichtlich der Geltung der Methode müssen einige Einschränkungen gemacht werden. Erwähnt haben wir bereits, dass es sich um Bilder im Rahmen von empirischen, sozialwissenschaftlich orientierten Forschungsprojekten handelt. Es handelt sich in der Regel um Fotografien, die von den ForscherInnen oder auch von den Informanten selbst gemacht worden sind, teilweise handelt es sich aber auch um vorgefundenes Bildmaterial, z.B. Fotoalben oder Fotos aus Zeitschriften. Allen gemeinsam ist, dass diese Fotos soziale Situationen, das bedeutet in der Mehrzahl der Fälle: Menschen darstellen. Bilder, die keine sozialen Situationen darstellen, also „abstrakte" nichtgegenständliche Fotoinhalte, lassen sich offensichtlich mit der hier vorgestellten Methode nicht gut interpretieren. Das hat Gründe, die mit der Methode selbst zusammen hängen. Wenden wir uns deshalb dem Modell zu.

2.1 Die Objekte

Bei dem ersten Schritt einer Bildinterpretation handelt es sich um eine rein wiedererkennende Identifikation der unmittelbar sichtbaren Bildgegenstände (Objekte). Verschiedene Phänomene, Gegenstände, Personen oder Ereignisse, die auf dem Bild zu sehen sind, werden benannt. Bei Panofsky handelt es sich dabei um die „vorikonografische Beschreibung". An anderer Stelle spricht er auch von dem *primären* oder von dem *natürlichen Sujet.* Auf jeden Fall führt diese Aufzählung der „natürlichen Bedeutung der Phänomene" letztlich zu den „Motiven des Bildes": „Die Welt reiner Formen, die dergestalt als Träger primärer oder natürlicher Bedeutungen erkannt werden, mag die Welt der künstlerischen Motive heißen. Eine Aufzählung dieser Motive wäre eine vorikonografische Beschreibung des Kunstwerkes." (Panofsky 1962: 32). Panofsky geht davon aus, dass eine solche Benennung und Aufzählung auf der Basis der alltäglichen Vertrautheit mit Gegenständen, Handlungszusammenhängen und Ereignissen prinzipiell möglich ist (vgl. dazu Bätschmann 2001: 114). Fehlt diese Vertrautheit, erkennen wir Dinge, Figuren oder Ereignisse nicht, weil uns die entsprechenden Kenntnisse fehlen, können diese nachträglich erworben werden. Panofsky schreibt: „Im Fall einer vorikonografischen Beschreibung, die sich im Rahmen der Motivwelt hält, scheint die Angelegenheit recht einfach zu sein. Die Objekte und Ereignisse, deren Darstellung durch Linien, Farben und Volumen die Motivwelt bildet, lassen sich (...) auf der Grundlage unserer praktischen Erfahrung identifizieren. Jedermann kann die Gestalt und das Verhalten menschlicher Wesen, von Tieren und Pflanzen erkennen, und jedermann kann ein zorniges Gesicht von einem fröhlichen unterscheiden. Natürlich ist es möglich, dass in einem bestimmten Fall das Spektrum unserer persönlichen Erfahrung nicht umfassend genug ist, so etwa, wenn wir uns der Darstellung eines veralteten oder unvertrauten Werkzeugs oder der Darstellung einer Pflanze oder eines Tieres gegenübersehen, die uns nicht bekannt sind. In solchen Fällen müssen wir das Spektrum unserer praktischen Erfahrung dadurch erweitern, dass wir ein Buch oder einen Fachmann befragen; doch wir verlassen nicht den Bereich praktischer Erfahrung als solcher, die uns – selbstredend – sagt, welcher Fachmann zu befragen ist." (Panofksky 1962: 35)
  Präziser müsste man also sagen, dass Hypothesen der Objektbenennung erzeugt werden, denn spätestens im Falle von Bildern aus anderen Kulturkreisen, können wir nicht sicher sein, um welche Objekte es sich handelt; wir können deshalb nicht sicher sein, weil uns der entsprechende erfahrungsgeschichtliche Hintergrund nicht oder nur bedingt zur Verfügung steht.

Das immer wieder diskutierte methodologische Problem besteht in diesem Schritt darin, die konventionellen Bedeutungsgehalte des Dargestellten möglichst einzuklammern, also noch nicht mit der Bedeutungsebene der Objekte zu arbeiten, und nur auf der Basis unserer praktischen Erfahrung Bildmotive zu identifizieren und aufzuzählen. Klar ist dabei, dass bereits die Identifizierung und Benennung von Dingen oder die Beschreibung von Personen kulturell variante Bedeutungsgehalte beinhalten, so dass sich das Unternehmen, Bildmotive zu identifizieren, aber nicht die konventionellen, kulturell varianten Bedeutungsgehalte mitzutransportieren, als schwierig erweisen könnte. Als Ausweg bleibt nur die methodische Kontrolle. Wenn es prinzipiell nicht vermieden werden kann, mit der Benennung der Motive auch (kulturelle) Bedeutung zu transportieren, so kann wenigstens dafür gesorgt werden, dass diese Bedeutungen methodisch als kulturvariante gleichsam eingeklammert werden. Dieser Prozess funktioniert am besten in Interpretationsgruppen, weil hier eine hohe Sensibilität und intersubjektive Kontrolle der einzelnen Interpretationsleistungen gegeben ist.

In der Forschungsliteratur ist dieses methodologische Problem der Einklammerung von kulturellen Bedeutungsgehalten als Weg methodischer Kontrolle breit diskutiert worden. Klassisch sind diese Überlegungen schon in Edmund Husserls Schrift „Die Krisis der Europäischen Wissenschaften und die Transzendentale Phänomenologie" (1954) vorgetragen worden. Er spricht dort von dem notwendigen Wechsel der natürlichen Einstellung, der dann vorzunehmen ist, wenn Lebenswelten[1] thematisch werden sollen, „eine Änderung, in der wir nicht mehr wie bisher als Menschen des natürlichen Daseins im ständigen Geltungsvollzug der vorgegebenen Welt leben, vielmehr uns dieses Vollzugs ständig enthalten" (Husserl 1954: 151). Die Lebenswelt als „Reich ursprünglicher Evidenzen" schließt in sich „alle von den Menschen für die Welt ihres gemeinsamen Lebens erworbenen Geltungsgrundlagen" (ebd.: 136). Eine wissenschaftliche Analyse der Lebenswelt könne aber nur dann erfolgen, wenn diese Geltungsvollzüge eingeklammert und dadurch kontrolliert würden. Eine ähnliche Epoche, nämlich die so genannte transzendentale Epoche, gilt dann auch für die quasi beruflichen Geltungsbezüge des Wissenschaftlers, nämlich für seine theoretischen Interessen. Auch die sind gleichsam einzuklammern, so dass die „Sache selbst" in Augenschein genommen werden kann. In dem 1939 erschienenen Werk „Erfahrung und Urteil" betont Husserl, dass sich die prädikativen Evidenzen auf die Evidenzen der Erfahrung gründen sollen. Es heißt dort an systematisch bedeutsamer Stelle: „Der Rückgang auf die Welt der Erfahrung ist ein Rückgang auf die ‚Lebenswelt‘, d.i. die Welt, in der wir immer schon leben, und

---

1   Die Lebenswelt ist „der ständige Geltungsboden, eine stets bereite Quelle von Selbstverständlichkeiten, die wir, ob als praktische Menschen oder als Wissenschaftler, ohne weiteres in Anspruch nehmen" (Husserl 1954: 124).

die den Boden für alle Erkenntnisleistung abgibt und für alle wissenschaftliche Bestimmung." (Husserl 1939: 38)[2]

Diese kurzen Andeutungen sollten verdeutlichen, dass das thematisierte methodologische Problem der Einklammerung (kultureller) Bedeutungen bei der Bestimmung der Motive eines Bildes breit diskutiert ist und bei vielen Autoren Konsens darüber besteht, dass es durch methodische Kontrolle durchaus handhabbar gemacht werden kann.

2.2 Die Ordnung der Objekte

Panofsky nennt diesen Schritt die „ikonografische Analyse" oder das *sekundäre* bzw. das *konventionelle Sujet*. Zunächst einmal wird es erstens darum gehen, Bedeutungshypothesen zu erzeugen und zweitens auf diese Weise Sinnzusammenhänge zu konstruieren.

2.2.1 Bedeutungen

Bei diesem Schritt wird die konventionelle Bedeutung von Bildgegenständen entschlüsselt. Dinge und Ereignisse haben eine kulturell variante Bedeutung. Wenn ein Bekannter im Vorübergehen den Hut zieht und sich leicht uns zugewandt verbeugt, wissen wir, dass diese Geste „grüßen" bedeutet. Dieses Beispiel verwendet Panofsky selbst. Um also die konventionelle Bedeutung zu entschlüsseln, ist ein Rückgriff auf kulturell variantes Wissen erforderlich, das auch durchaus subkulturellen und szenehaften Charakter haben kann (z.B. spezieller Gruß, der in der Science Fiction Serie Star Trek üblich ist). Bedeutungen werden kulturvariant identifiziert, ein Zusammenhang und eine Ordnung der Dinge und Personen werden auf diese Weise hergestellt. Auf diesem Wege wird das „ikonografische Thema des Bildes" bestimmt (z.B. „jüngstes Gericht", „Goldwägerin", „Studentenzimmer" etc.). Die ikonografischen Themen finden sich auch häufig als Bildunterschriften.

Mit der Bestimmung des ikonografischen Themas ist der Weg frei für komparative Analysen, also für einen Vergleich mit anderen Bildern des gleichen ikonografischen Themas. In der kunstwissenschaftlichen Analyse ist dieses ein wichtiger Arbeitsschritt, weil die ikonografische Tradition herangezogen wird (Welche Bilder zum Thema „Jüngstes Gericht" gibt es schon?). Die Katalogisierung solcher Themen hat dort eine lange Tradition: Von Ce-

---

2   Ähnliche Überlegungen finden wir auch in wissenssoziologischer Tradition. Karl Mannheim (1921) unterscheidet drei Arten des Sinnes: objektiver Sinn, intendierter Ausdruckssinn und Dokumentsinn. Der objektive Sinn, der an dieser Stelle vergleichbar wäre, ist vollständig losgelöst vom subjektiven Erlebnisstrom (Innenweltbezug) des Akteurs. „So ist denn auch die Interpretation des objektiven Sinnes in der Kunst die eindeutigste und durch geistige und kulturelle Differenzen relativ am wenigsten beeinträchtigte". (Mannheim 1921: 114)

sare Ripas „Iconologia" (Rom 1603)[3] über Federico Picinellis Mundus Symbolicus in emblematum universitate (Mailand 1653), einer Sammlung von Symbolbeschreibungen, bis zum Iconclass, einer aktuellen Sammlung von Bildmotiven im Internet (http://www.iconclass.nl)[4]. Eine komparative Analyse in diesem Sinne scheint uns bei der Transformation in sozialwissenschaftliche Forschungsbereiche in bestimmten Fällen sinnvoll zu sein. Mietzner und Pilarczyk analysieren beispielsweise themenorientiert große Fotobestände über mehrere Generationen (vgl. Pilarczyk/Mietzner 2000).

Die konventionelle Bedeutung der Bildgegenstände zu entschlüsseln, bedeutet, die eben im Husserl-Exkurs vorgenommene methodische Einklammerung der kulturspezifischen Gehalte aufzuheben. Dadurch werden diese Bedeutungsgehalte in methodisch kontrollierter Form eingeführt und damit der Reflexion zugänglich gemacht. Der entscheidende Punkt dieses Interpretationsschrittes besteht also darin, historische und kulturelle Wahrnehmungs- und Thematisierungsweisen der Reflexion zuzuführen.

Ergänzend soll angemerkt werden, dass dieser Stufe der Bildinterpretation gelegentlich auch die explizite Intention des Künstlers, sofern sie bekannt ist, zugerechnet wird (vgl. van Straten 1997: 28). Bei Karl Mannheim wäre dies der *Ausdruckssinn.* Der intendierte Ausdruckssinn ist relativ zu dem subjektiven Erlebnisstrom (Innenweltbezug) des Akteurs: „Und zwar ist uns beim Ausdruckssinn stets die Aufgabe gestellt, ihn als solchen und in derselben Weise zu erfassen, wie er von dem ihn ausdrückenden Subjekt gemeint, im bewußtseinsmäßigen Daraufgerichtetsein intendiert war." (Mannheim 1921: 107).

Um die Einklammerung kulturspezifischer Gehalte aufzuheben, ist es auch notwendig, das Bild zu situieren. Darunter verstehen wir, dass alle bekannten das Bild betreffenden Informationen dem Interpretationsprozess zur Verfügung gestellt werden: Entstehungsdatum und -ort des Bildes; im Falle eines Fotos: Wer hat das Bild zu welchem Zweck aufgenommen etc. Durch eine solche raum-zeitliche Situierung kann die kulturelle Rahmung herausgearbeitet werden.

2.2.2 Sinn

Die Frage, was die dargestellten Personen, Dinge oder Sachverhalte bedeuten, führt in der Regel zur Generierung eines Sinnzusammenhanges, der in

---

3   Cesare Ripa beschreibt in alphabetischer Reihenfolge über 1.250 Personifikationen. Er geht dabei auch leicht in Bereiche des Normativen über, beschreibt also, wie die Personen dargestellt werden sollten. Bis weit in das 18. Jahrhundert war Ripas Buch ein anerkanntes Regelwerk für Künstler. Die erste Ausgabe erschien 1553; seit 1603 wurde sie illustriert publiziert.

4   „Iconclass is a subject specific international classification system for iconographic research and the documentation of images. It was developed by Henri van de Waal (1910-1972), Professor of Art History at the University of Leiden, and completed by his staff. Iconclass is a collection of ready-made definitions of objects, persons, events, situations and abstract ideas that can be the subject of an image." (http://www.iconclass.nl/ 20.4.2005)

vielen Fällen wiederum zu einer Narration führt, denn narrative Strukturen stellen die genuine Form der Konstitution von Sinn dar (vgl. Schapp 1985), wie aus der methodologischen Begründung des narrativen Interviews bekannt ist (vgl. Kallmeyer/Schütze 1977). Menschen organisieren sich den Sinn in Form von Geschichten im Sinne von Story-Konstruktionen. Die Motive und das Thema des Bildes werden mit einer Geschichte (im weitesten Sinne) in Verbindung gebracht. Bei Panofsky sind dies häufig historische Quellen und Geschichten aus der Bibel, die er heranzieht. Beim Abendmahl ist es eben die entsprechende Geschichte aus der Bibel, die erzählt, wie Jesus mit seinen Jüngern zusammen sitzt und er prophezeit, dass ihn jemand aus diesem Kreise verraten werde[5]. Van Straten stellt dar, wie sich kunstgeschichtlich Ende des 13. Jahrhunderts eine starke epische Tendenz in der Wiedergabe von Geschichten durchgesetzt habe. Bis ins 19. Jahrhundert würden die religiösen Themen in der westlichen bildenden Kunst überwiegen. Danach würden sie mit dem Aufkommen der Moderne jedoch an Bedeutung verlieren (vgl. van Straten 1989: 95). Solche kodifizierten Narrationen hatten überwiegend die Bibel als Quelle oder die klassische Mythologie. Die Metamorphosen des Ovid (eine Sammlung von 250 Erzählungen), die Ilias, die Odyssee von Homer oder Die göttliche Komödie von Dante Alighieri sind Quellen solcher kodifizierter Geschichten.

In alltagskulturellen Kontexten finden wir jedoch häufig Bilder, zu denen es keine kodierten Narrationen gibt, schon gar nicht solche, die der Bibel entnommen sind, wie es bei Panofsky der Regelfall ist. Dann muss die Forschergruppe eine solche Narration systematisch erzeugen, die den Kriterien der Konsensualität und der Kohärenz entspricht. Dabei muss die Gruppe nicht zu einer einheitlichen Geschichte kommen. Verschiedene Lesarten können durchaus ihre Berechtigung im Gruppendiskurs aufrechterhalten. Es können also im Sinne von Nelson Goodman (1990) auch *Narrationsversionen* generiert werden. Die generierten Narrationen bilden einen wesentlichen Bestandteil der Interpretationshypothese.

Ein naheliegender Bezug kann an dieser Stelle zur Objektiven Hermeneutik wenigstens in einem Aspekt hergestellt werden, und zwar hinsichtlich der Erzeugung von Lesarten der vermuteten Sinnstruktur. Dabei gilt, wie Oevermann formuliert: „die extensive Sinnauslegung ist prinzipiell nie abgeschlossen, sie kann nur pragmatisch abgebrochen werden, wenn nach intensiver Bearbeitung des Materials neue Interpretationen sich nicht mehr einstellen. Daher ist für die Objektivität des Verfahrens die Bearbeitung durch mehrere Interpreten ein wichtiger methodischer Grundsatz." (Oevermann 1976:

---

5   Oder ein anderes Beispiel ist das Bildnis der Salome: „Ein Bild des venezianischen Malers Francesco Maffei aus dem 17. Jahrhundert, das eine hübsche junge Frau mit einem Schwert in ihrer Linken und einer Schale in der Rechten darstellt, auf der der Kopf eines Enthaupteten liegt [...], wurde als Bildnis der Salome mit dem Kopf Johannes' des Täufers veröffentlicht." (Panofsky 1962: 37)

391) Wir möchten die Parallele zur Objektiven Hermeneutik nur auf diesen
Aspekt begrenzt sehen, denn es gibt natürlich signifikante Unterschiede, die
sich auf das Prinzip der Sprachlichkeit (Textualität) und der Sequenzialität
beziehen.

Entscheidend ist bei diesem Teilinterpretationsschritt die Annahme, dass
das Bild selbst nur in wenigen Fällen eine eindeutige Sinnstruktur, also nur
einen eindeutigen Sinnzusammenhang entfaltet. Es kommt gerade darauf an,
die Vielfältigkeit zur Geltung zu bringen. Wir gehen davon aus, dass visuelles Material immer eine Vielzahl von Lesarten zulässt, aber – das zeigt die
Interpretationspraxis – eben nicht beliebig viele. Nicht alle Lesarten halten
der diskursiven Prüfung in einer Interpretationsgruppe stand.

Dieser Teilinterpretationsschritt „Entwicklung von Sinnzusammenhängen" hat viel Ähnlichkeit mit dem Übergang von der Plot-Ebene eines Films
zur Story-Konstruktion. David Bordwell hat sich in seinem 1985 erschiene-
nem Buch „Narration in the Fiction Film" mit den grundlegenden Möglichkeiten und Mustern beschäftigt, mit audiovisuellen Mitteln Geschichten zu
erzählen. Zusammen mit Kristin Thompson legt er in seinem Standardwerk
„Film Art" (2001 in der 6. Auflage) auf die Rekonstruktion der Narrati-
onsstruktur in Filmen viel Wert. Und die Narrationsstrukturen sind in modernen Kinofilmen wie beispielsweise „Memento" (2000 von Christopher
Nolans) oder in den Filmen von David Lynch (Lost Highway [1998] oder
Mulholland Drive [2001]) sehr komplex. Der Film im Allgemeinen hat in der
Gestaltung des Plots ganz andere Möglichkeiten zur Verfügung als dies in
der Interpretation eines einzelnen Bildes der Fall ist, weil ihm die zeitliche
Dimension zur Verfügung steht, er also systematisch mit Bildserien arbeitet.
Bordwell und Thompson machen in ihrem Modell die systematische Unterscheidung von *Plot* und *Story*. Plot ist – vereinfacht gesagt – die reine Film-
handlung und Story ist das, was sich im Rezipenten herstellt. Beispielsweise
geht aus dem Plot nicht explizit hervor, dass die Handlung in New York
spielt. Aufgrund bestimmter gezeigter Stadtmerkmale kann dies der Zuschauer aber in seiner Story-Konstruktion erschließen. Oder der Film zeigt,
wie in Vanilla Sky (2001 von Cameron Crowe), Handlungsabläufe, und wir
müssen in unserer Rekonstruktion entscheiden, ob die gezeigten Passagen
Wirklichkeit, Traum, Phantasie oder Abläufe im Cyberspace sind. Wie man
sich entscheidet, ist eine Frage der Story-Konstruktion, die aufgrund von
cues, die der Plot bietet, erfolgt. Cues sind gleichsam Hinweise im Film, aus
denen wir uns mosaikartig einen „Reim" auf das Ganze machen, d.h. versuchen, eine in sich konsistente Story zu konstruieren. Überträgt man diese Unterscheidung von Plot und Story auf die von Erwin Panofsky für die Bildinterpretation ausgearbeiteten Unterscheidungen, dann könnte die Plot-Ebene
als vorikonografische Ebene und die Story-Ebene als ikonografische Ebene,
also in unserer Begrifflichkeit die Ebene der Ordnung der Objekte und die
Ebene der Sinnzusammenhänge, übertragen werden. Die Story des Bildes er-

gibt sich, indem kulturelle Bedeutungen und sinnhafte Zusammenhänge durch den Betrachter in einem Interpretationsprozess hergestellt werden.

Die Hypothesen und Lesarten über die Ordnung der Objekte und deren Sinnzusammenhänge (Narrationen) erzeugen die ersten Konturen einer Gesamtinterpretationsrichtung, die im nächsten Schritt über die Analyse formaler Elemente ausgearbeitet werden.

2.3 Die Inszenierung der Objekte (mise-en-scene)

Bei diesem Schritt machen wir weitere Anleihen bei dem Filminterpretationsmodell von Bordwell und Thompson, und zwar nehmen wir einige Analyseaspekte auf, die dort zur Analyse der mise-en-scene entwickelt worden sind: (a) setting: Landschaften, Räume, Hintergründe etc.; (b) Farbe und Licht; (c) Staging: Einstellungsgrößen, Perspektive und Komposition. Es handelt sich um Analysen, die im Sinne Max Imdahls den Anspruch erheben, das Bildhafte des Bildes zur Geltung zu bringen. Es ging Max Imdahl darum, den Bildsinn als einen innerbildlich gestifteten zu deuten, alles nur außerbildlich Illustrierende auszuschalten und damit das Kunstwerk in seiner entschiedenen Autonomie zu begreifen. Seine berühmte Definition lautet: „Thema der Ikonik ist das Bild als eine solche Vermittlung von Sinn, die durch nichts anderes zu ersetzen ist." (Imdahl 1994: 300) Dass wir mit diesem Analyseschritt den Bezug zu Imdahl herstellen, bedeutet nicht, dass wir seiner grundlegenden Prämisse folgen, die er in dem Begriff des „sehenden Sehens" zum Ausdruck brachte. Damit meint er, kritisch gegen Panofsky gewendet, dass nichts außerhalb des Bildes herangezogen werden sollte, um das Bild zu verstehen. Wir sehen mit einer solchen methodologischen und erkenntnistheoretischen Prämisse grundlegende Probleme verknüpft. Insofern präferieren wir eher das von ihm kritisierte „wiedererkennende Sehen", das uns, begleitet von entsprechender methodischer Kontrolle, in sozialwissenschaftlicher Hinsicht geeigneter erscheint. Daraus folgt allerdings nicht, dass wir die Bedeutung von Formalanalysen herabsetzen, was schon daran gesehen werden kann, dass wir darin einen eigenständigen Analyseschritt sehen.

Gleichwohl bedeutet es, dass für uns diese Formalanalysen eine inhaltliche Funktion aufweisen. Wir folgen damit Panofsky und begeben uns – das ist uns schon klar – in ein umstrittenes Gebiet: Nach Panofsky müssen nämlich die rein formalen Darstellungselemente zu „Symbolen von etwas Dargestelltem umgedeutet" werden (Panofsky cit. Bätschmann 2001: 17). Die Kritik an diesem Primat des Sachverstehens geht in die Richtung, dass die Darstellung bloßes Mittel für die Sache sei. Auch wenn bildhafte Artikulationen Veränderungen des Sehens erzeugen sollen, erzeugen sie dadurch doch auch immer andere Weltsichten und damit andere Bedeutungs- und Sinnzusammenhänge. John Ruskin sprach von der Wiederherstellung des Zustandes eines unschuldigen Auges (Ruskin; cit. Bätschmann 2001: 26). Auch wenn

bildhafte Artikulationen als die Negation der sprachlich geordneten Welt gesehen werden, erzeugen sie doch andere Bedeutungs- und Sinnzusammenhänge. Zusammenfassend gesagt: Aus unserer Sicht trägt der Vorwurf, man
würde formale Strukturen, also das Bildhafte des Bildes, inhaltlich instrumentalisieren, nicht weit. Die Annahme, das Kunstwerk sei nur Dokument
für etwas anderes, ist – bei Berücksichtigung der Analyse der mise-en-scene
– aus sozialwissenschaftlicher Sicht denn auch keine Einschränkung.

2.4 Bildungstheoretisch orientierte Analyse der Selbst- und Welthaltung

Diese letzte Stufe der Interpretation arbeitet den gesellschaftlichen Gehalt
des Bildes heraus. Panofsky nennt diese Stufe, bei ihm ist es die dritte, „ikonologische Interpretation", die Bestimmung des Gehaltes eines Phänomens.
In der ikonologischen Analyse, gleichsam als Krönung des deutenden Verfahrens, geht es ihm um die Einbindung des beobachteten und entschlüssel-
ten Phänomens in den geistesgeschichtlichen Zusammenhang, aus dem erst
das Verständnis eines Epochencharakters resultiert. Diese ikonologische
Analyse erschließt den Kardinalsinn eines Kunstwerkes, welches damit zu
einer „symbolischen Form" seiner Zeit wird. Allgemeiner: Das Phänomen
wird hier Ausdruck für eine Person, ein Milieu, eine Gesellschaft oder einer
ganzen Zeit. Panofsky spricht auch von der *eigentlichen* Bedeutung des Phänomens. Sie „wird erfaßt, indem man jene zugrunde liegenden Prinzipien
ermittelt, die die Grundeinstellung einer Nation, einer Epoche, einer Klasse,
einer religiösen oder philosophischen Überzeugung enthüllen, modifiziert
durch eine Persönlichkeit und verdichtet in einem einzigen Werk." (Panofsky
1962: 33)
    Das Werk ist Ausdrucksform für eine kulturrelative, historisch bedingte
Geisteshaltung. D.h. der Rezipient des Bildes weiß, welches das Wesen einer
Epoche ist und nimmt dieses Wissen, um zu sagen, dass dieses Werk in dieser und jener Hinsicht typisch ist. Es liegt also eine Kombination zweier Wis-
senstypen vor: Das Wissen über das Werk und das zeitdiagnostische Wissen.
In diesem Sinne sagt Panofsky: „Ikonologie ist mithin eine Interpretations-
methode, die aus der Synthese, nicht aus der Analyse hervorgeht." (Panofsky
1962: 34) „Die ikonologische Interpretation schließlich erfordert mehr als
nur eine Vertrautheit mit bestimmten Themen und Vorstellungen, wie sie
durch literarische Quellen übermittelt wurden. Wenn wir die Grundprinzipien
erfassen möchten, die sowohl der Wahl und der Darstellung von Motiven wie
auch der Herstellung und Interpretation von Bildern, Anekdoten und Allegorien zugrunde liegen und die sogar den angewandten formalen Anordnungen
und technischen Verfahren Bedeutung verleihen, können wir nicht darauf
hoffen, einen einzelnen Text zu finden, der mit jenen Grundprinzipien so ü-

bereinstimmt, wie Johannes 13, 21ff. mit der Ikonografie des letzten Abendmahls übereinstimmt. Um diese Prinzipien zu erfassen, benötigen wir eine geistige Fähigkeit, die derjenigen eines Diagnostikers vergleichbar ist – eine Fähigkeit, die ich nicht besser beschreiben kann als durch den ziemlich in Misskredit geratenen Ausdruck ‚synthetische Intuition‘ und die in einem begabten Laien besser entwickelt sein kann als in einem belesenen Gelehrten." (Panofsky 1962: 39)

Das Bild wird auf dieser Analyseebene zum Dokument einer Epoche, zur Manifestation des menschlichen Geistes, so würde es Hegel nennen, durch die die zugrunde liegenden Koordinaten der Selbst- und Weltreferenz zu entschlüsseln sind. Und genau an dieser Stelle wird ein bildungstheoretischer Bezug deutlich (vgl. zum zugrunde gelegten Bildungsverständnis: Marotzki 1990).

Folgt man Wilhelm von Humboldt, dann bedeutet eine bildende Entwicklung des Menschen, dass er seine Kräfte in möglichst optimaler Weise entfaltet. Humboldt folgt in dieser Perspektive den klassischen Denkannahmen des Deutschen Idealismus, die im Kern darin bestehen, dass sich erstens eine solche Entwicklung in tätiger Auseinandersetzung mit der natürlichen, sozialen und gesellschaftlichen Umwelt vollzieht. Dieser so genannte Subjekt-Objekt-Dualismus ist ein zentrales Denkmotiv, eine Wechselwirkung, wie Humboldt es nennt, zwischen Mensch und Welt.

„Der Mensch kann wohl vielleicht in einzelnen Fällen und Perioden seines Lebens, nie aber im Ganzen Stoff genug sammeln. Je mehr Stoff er in Form, je mehr Mannigfaltigkeit in Einheit verwandelt, desto reicher, lebendiger, kraftvoller, fruchtbarer ist er. Eine solche Mannigfaltigkeit aber gibt ihm der Einfluss vielfältiger Verhältnisse. Je mehr er sich demselben öffnet, desto mehr neue Seiten werden in ihm angespielt, desto reger muß seine innere Tätigkeit sein, dieselben einzeln auszubilden und zusammen zu einem Ganzen zu verbinden." (Humboldt 1796: 346)

Die zweite Denkannahme des Deutschen Idealismus besteht darin, dass der Mensch in der Art und Weise seiner tätigen Auseinandersetzung mit der Welt gleichsam Spuren hinterlässt. Es sind Manifestationen, die im weitesten Sinne das darstellen, was er schafft. In solchen Manifestationen drückt sich der menschliche Geist aus, es sind „verschiedene Offenbarwerdung(en-W.M) der menschlichen Geisteskraft" (Humboldt 1830-1835: 383).

Diese klassische Subjekt-Objekt-Dialektik liegt der grundlegenden Entwicklung des Menschen, bei Humboldt als Entwicklung des menschlichen Geistes bezeichnet, zugrunde: Indem der Mensch sich mit seiner natürlichen, sozialen und kulturellen Umwelt auseinandersetzt und auf Grund seiner wirkenden Gestaltung der Verhältnisse Spuren hinterlässt, setzt er sich zu sich selbst und zur Umwelt in ein reflektiertes Verhältnis.

Entscheidend ist für Humboldt, dass diese Entwicklung des menschlichen Geistes ganz wesentlich über Sprache erfolgt, denn Sprache ist eine auf einen bestimmten Zweck gerichtete Geistesarbeit (Humboldt 1796: 389).

Heute würden wir von der Ausgestaltung und der Entwicklung von Reflexionsmustern sprechen. Nur über die Sprache könne der Mensch ein (reflektiertes) Verhältnis zu sich und zur Welt entwickeln. Der Grad dieser Reflexivität ist in Humboldts Sicht also sehr stark an die Entwicklung der Sprache gebunden: „Der Mensch lebt mit den Gegenständen [...] so, wie die Sprache sie ihm zuführt." (Humboldt 1830-1835: 434)

Aus heutiger Sicht sind bei der Herausarbeitung des grundlegenden Strukturmusters des Bildungsbegriffs bei Humboldt nicht alle Implikationen zu übernehmen, insbesondere solche, die der Zeit des Deutschen Idealismus geschuldet sind. Im Kern gehört dazu der Fortschrittsoptimismus, also die Annahme des Fortschreitens der Weltgeschichte zum Besseren, so dass auf diese Weise eine Vervollkommnung des Menschengeschlechtes erreicht wird. Aber das grundlegende bildungstheoretische Reflexionsformat, nämlich die sprachlich organisierte Selbst- und Weltreferenz des Menschen, kann übernommen und weiter entwickelt werden. Die Weiterentwicklung bezieht sich im Wesentlichen darauf, dass bei einer bildungstheoretischen Betrachtungsweise auch bildhafte Artikulationen in das Zentrum der Aufmerksamkeit geraten können. Sie sind Manifestationen des menschlichen Geistes genau so wie sprachliche Artikulationen, so dass aus ihnen ebenfalls Selbst- und Weltreferenzen des Menschen erschlossen werden können. Eine bildungstheoretische Interpretation eines Bildes fragt also danach, wie sich aus der Sicht des Einzelnen Gesellschaftliches im Sinne einer Zeitdiagnose in einem Bild artikuliert.

Der Kunsthistoriker van Straten macht sehr deutlich die Unterscheidung zwischen *kunst*historischen und *kultur*historischen Analysen, man könnte auch von *kunst*wissenschaftlichen und *kultur*wissenschaftlichen Analysen sprechen. Konsequenterweise sagt er als Kunstwissenschaftler: „Ikonologische Sachfragen gehören eigentlich nicht zum Thema dieses Buches und werden im weiteren Verlauf nur noch am Rande erwähnt." (van Straten 1997: 32) Das Überschreiten kunstwissenschaftlicher Analysen in Richtung kulturwissenschaftlicher Untersuchungen ist aber für Sozial- und Kulturwissenschaften, und dazu gehören auch Bildungs- und Erziehungswissenschaft, von zentraler Bedeutung. Das Verflochtensein mit der jeweiligen Zeit/Epoche und die Absicht, über diese etwas zu erfahren, sind für sozialwissenschaftliche Forschung unaufhebbar. Uns scheint, dass Karl Mannheims Begriff der Weltanschauung große Teile dessen beinhaltet[6], was wir unter bildungstheoretischer Perspektive ausgeführt haben. Mannheim verfolgt die Absicht, „die methodologische Struktur und den logischen Ort des Weltan-

---

6   „Die dokumentarische Methode hat die Eigenheit, dass sie im Unterschiede zu den beiden
      anderen Arten des Verstehens in einem jeden Zeitalter neu gemacht werden muss, und dass
      eine jede einzelne Deutung innerhalb ihres Bereiches eng verflochten ist mit jenem geistig
      historischen Standorte, von dem aus man sich dem Geist verflossener Epochen nähert."
      (Mannheim 1921: 126)

schauungsbegriffes innerhalb der historischen Kulturwissenschaften zu bestimmen" (Mannheim 1921: 91). Es geht ihm gerade darum, die Weltanschauung eines Zeitalters zu bestimmen, also jene grundlegenden Prinzipien, von denen Panofsky unter Bezug auf Mannheim spricht. Insofern stellt unser Methodenentwurf einen bescheidenen Versuch dar, etwas über die „Geworfenheit" des Menschen in sozio-strukturelle Gefüge von Gemeinschaften und Gesellschaften zu erfahren.

Fassen wir zusammen: Das vorgelegte Interpretationsmodell soll im Kontext Qualitativer Sozialforschung einen Weg weisen, visuelles Material (Bilder, Fotos etc.), sofern es sich auf soziale Situationen bezieht, zu interpretieren. Die vier Stufen gehen von der Bestimmung der Bildmotive aus und verknüpfen diese mit einer strikten reflexiven Kontrolle der kulturellen Bedeutungsgehalte. Dadurch wird eine starke interkulturelle Sensibilität aufgebaut. Erst im zweiten Schritt erfolgen die kulturelle Situierung und die Entwicklung von Bedeutungs- und Sinnzusammenhängen. Die sich auf diese Weise ergebende Bildinterpretationshypothese wird im dritten Schritt über eine Formalanalyse des Bildes ausgearbeitet, so dass schließlich im vierten Schritt der bildungstheoretische Gehalt des Bildes (Selbst- und Weltreferenzen) ermittelt werden kann.

Literatur

Bätschmann, Oskar (2001): Einführung in die kunstgeschichtliche Hermeneutik. Die Auslegung von Bildern. 5. aktualisierte Auflage. Darmstadt: Wissenschaftliche Buchgesellschaft.

Bohnsack, Ralf (2003): Rekonstruktive Sozialforschung. Einführung in qualitative Methoden. Opladen: Leske + Budrich, 5. Auflage.

Bohnsack, Ralf (2003a): Qualitative Methoden der Bildinterpretation. In: Zeitschrift für Erziehungswissenschaft (ZfE), Heft 2, S. 239-256.

Bordwell, David (1985): Narration in the Fiction Film. Routledge.

Bordwell, David, Thompson, K. (2001): Film Art. An Introduction. Sixth Edition. New York u.a.: Mc-Graw-Hill.

Goodman, Nelson (1990): Weisen der Welterzeugung. Frankfurt a.M.: Suhrkamp.

Humboldt, Wilhelm von (1796): Plan einer vergleichenden Anthropologie. In: Humboldt, Werke in fünf Bänden. Hrsg. v. Flitner, Andreas/Giel, Klaus. Stuttgart: J. G. Cotta'sche Buchhandlung, 3. Auflage 1980. Band 1. S. 337-375.

Humboldt, Wilhelm von (1830-1835): Über die Verschiedenheit des menschlichen Sprachbaues und ihren Einfluss auf die geistige Entwicklung des Menschengeschlechtes. In: Humboldt, Werke in fünf Bänden. Hrsg. v. Flitner, Andreas/Giel, Klaus. Stuttgart: J. G. Cotta'sche Buchhandlung, 3. Auflage 1980, Band 3, S. 368-756.

Husserl, Edmund (1939): Erfahrung und Urteil. Untersuchungen zur Genealogie der Logik. Hamburg: Meiner (1972).

Husserl, Edmund (1954): Die Krisis der Europäischen Wissenschaften und die Transzendentale Phänomenologie. Biemel, Walter (Hrsg.): Husserliana Band VI. Haag: Martinus Nijhoff.

Imdahl, Max (1994): Ikonik. Bilder und ihre Anschauung. In: Boehm (Hrsg.): Was ist ein Bild? München: Fink, S. 300-324.

Kallmeyer, Werner/Schütze, Fritz (1977): Zur Konstitution von Kommunikationsschemata der Sachverhaltsdarstellung. In: Wegner, Dirk (Hrsg.): Gesprächsanalysen. Hamburg: Buske, S. 159-274.

Kracauer, Siegfried (1960): Theorie des Films. Die Errettung der äußeren Wirklichkeit. Frankfurt a.M.: Suhrkamp (1985).

Mannheim, Karl (1921): Beiträge zur Theorie der Weltanschauungsinterpretation. In: Mannheim, Karl (1970): Wissenssoziologie, Neuwied: Luchterhand, S. 91-154.

Marotzki, Winfried (1990): Entwurf einer strukturalen Bildungstheorie. Biografietheoretische Auslegung von Bildungsprozessen in hochkomplexen Gesellschaften. Weinheim: Deutscher Studien Verlag.

Mitchell, W.J.T. (1994): Picture Theory: Essays on verbal and visual representation. Chicago (University of Chicago Press).

Mietzner, Ulrike/Pilarczyk, Ulrike (2003): Methoden der Fotografieanalyse. In: Ehrenspeck, Yvonne/Schäffer, Burkhard (Hrsg.) (2003): Film- und Fotoanalyse in der Erziehungswissenschaft. Ein Handbuch. Opladen: Leske + Budrich, S. 19-36.

Oevermann, Ulrich u.a. (1976): Beobachtungen zur Struktur der sozialisatorischen Interaktion. Theoretische und methodologische Fragen der Sozialisationsforschung. In: Auwärter, Manfred u.a. (Hrsg.): Seminar: Kommunikation, Interaktion, Identität. Frankfurt a.M.: Suhrkamp, S. 371-403.

Panofsky, Erwin (1962): Studien zur Ikonologie. In: Panofski, Erwin Studien zur Ikonologie. Humanistische Themen in der Kunst der Reanaissance. Köln: DuMont (1980), S. 29-61.

Picinelli, Filippo (1653/1687): Mundus Symbolicus in emblematum universitate (Köln 1687; ursprüngliche Fassung italienisch: Mailand 1653): Hildesheim, New York: Olms.

Pilarczyk, Ulrike/Mietzner, Ulrike (2000): Bildwissenschaftliche Methoden in der erziehungs- und sozialwissenschaftlichen Forschung. In: Zeitschrift für Qualitative Bildungs-, Beratungs- und Sozialforschung ZBBS, Heft 2, S. 343-364.

Ripa, Cesare (1603/1970): Iconologia. Hildesheim 1970 (Neudruck der italienischen Ausgabe von 1603. Mandowsky, Erna (Hrsg.). Hildesheim/New York: Olms

Sachs-Hombach, Klaus (2003): Vom Bild zum Film. Zur begrifflichen Analyse wahrnehmungsnaher Kommunikationsformen. In: Ehrenspeck, Yvonne/Schäffer, Burkhard (Hrsg.) (2003): Film- und Fotoanalyse in der Erziehungswissenschaft. Ein Handbuch. Opladen: Leske + Budrich, S. 121-134.

Schapp, Wilhelm (1985): In Geschichten verstrickt. Zum Sein von Mensch und Ding. Frankfurt a.M.: Vittorio Klostermann, 3. Auflage.

Straten, Roelof van (1989): Einführung in die Ikonografie. 2. überarbeitete Auflage von 1997. Berlin: Dietrich Reimer Verlag.

Vermittlung und Aneignung von visuellem Wissen

Burkard Michel

1 Bilder zwischen ikonischer Exaktheit und semantischer Unbestimmtheit

Gegenständliche Bilder und Fotos zeichnen sich durch eine eigentümliche Kombination von Informationsreichtum und ikonischer Exaktheit auf der einen und semantischer Unbestimmtheit bzw. Mehrdeutigkeit auf der anderen Seite aus: Einerseits erscheint es evident und trivial, was ein Foto zeigt, andererseits lässt sich der Sinn eines Bildes nur schwer fassen und bleibt oftmals im Diffusen. „Die hohe semantische Fülle, die den Eindruck eines intuitiv verfügbaren Informationsgehaltes erzeugt, ist in der Bildkommunikation, ließe sich sagen, mit einer mangelnden semantischen Bestimmtheit verbunden." (Sachs-Hombach/Rehkämper 1999: 14) Damit stellt sich die Frage, inwieweit sich Kommunikation mit Hilfe von Bildern intentional steuern lässt: Verstehen die Betrachter ein Bild aufgrund seiner semantischen Unbestimmtheit möglicherweise ganz anders als vom Bildproduzenten beabsichtigt? Bilder scheinen damit ein Problem zu verschärfen, das Jochen Kade ins Zentrum der Pädagogik generell gerückt hat – das Verhältnis von Vermittlung und Aneignung (ders. 1997). Unter Vermitteln und Aneignen versteht er zwei wissensbezogene Handlungsweisen. Ihre Differenzierung verweist auf die Unterscheidung von Lernen und Lehren, wobei das Lernen als eigenständige, vom Lehren unabhängige Tätigkeit betrachtet wird (vgl. Kade/Seitter 1999: 34). Angesichts einer *Autonomie* von Aneignungsprozessen gegenüber pädagogisch strukturierten Vermittlungsintentionen (Kade/Nittel/Seitter 1999: 80) stelle sich für pädagogisches Handeln das „Fehlen jeglicher Erfolgsgarantie" (Kade 1993: 404) als Problem. Gleichzeitig ergebe sich aus der Autonomie-These, „dass die an pädagogischen Intentionen gemessene ‚Vernünftigkeit' der Aneignung nicht mehr vorausgesetzt wird, sondern eher die Kontingenz, der Eigensinn, ja die Irrationalität der Aneignung." (Kade/Seitter 1999: 36). Pädagogische Verantwortlichkeit drohe daher in einer „Bodenlosigkeit von Kontingenzen" (Kade 1993: 405) zu versinken. Dienen nun Bilder als Medium der Vermittlung, dann – so kann vermutet werden – radikalisiert sich aufgrund ihrer semantischen Unbestimmtheit die Kontingenz der Relation Vermittlung – Aneignung. Die Vermittlungsseite kann die Aneignungsprozesse dann noch weniger steuern und die Aneignungsresultate zeichnen sich durch eine unvorhersehbare Vielfalt aus – bzw. in der Diktion

Kades – durch Kontingenzen und Irrationalitäten. Ein Beispiel soll dies illustrieren.

Drei Gruppen aus unterschiedlichen Milieus wurde dieses Bild (aus einem Stockbuch der Werbewirtschaft) vorgelegt. Auf den ersten Blick unterscheiden sich die Aneignungsresultate der Gruppen deutlich. Während die erste Gruppe eine harmonische Stimmung nachzuerleben scheint („Also der Tag muss viel Spaß machen"), ruft das Bild bei der zweiten Gruppe unangenehme Erinnerungen an Familienfeiern wach („Des erinnert mich so an Familienfeiern, wo ich net mag") und dient der dritten Gruppe als Anlass für mediale Kontextualisierungen („Ich würd's für'n Werbeplakat verwenden") und zynische Produktassoziationen („Tenalady" – i.e. Windelmarke für Senioren; vgl. ausführlicher Michel 2006a: 306ff.). Diese Aneignungsweisen lassen sich in ihrer Unterschiedlichkeit nicht gleichzeitig auf ein und dieselbe Vermittlungsintention zurückführen – wie auch immer diese Intention aussehen mag.

Im Prozess der Aneignung wird eine Verbindung hergestellt zwischen dem, was an neuem Wissen vermittelt wird, und dem, was an bereits Gewusstem im Erfahrungsschatz des Aneignungssubjekts sedimentiert ist. Aneignung kann somit als Vorstufe und Bedingung eines Lernens mit Bildern angesehen werden. Indem der Beitrag die These von der Autonomie ‚beim Wort' nimmt, fragt er nach der ‚Eigen*gesetzlichkeit*' von Bildaneignungsprozessen. Unter Bezug auf präskriptive Regeln und deskriptive Regelmäßigkeiten der Aneignung wird dabei argumentiert, dass Aneignungsprozesse zwar möglicherweise als autonom, deshalb aber nicht zwangsläufig als kontingent zu betrachten sind. Die These von der Autonomie der Aneignung lässt sich unter zwei Aspekten diskutieren: Zum einen unter dem Gesichtspunkt der Relation von Aneignung und Vermittlungsintention, zum anderen – unabhängig von Vermittlungsintentionen – unter Bezug auf die Strukturiertheit der Aneignungs*prozesse*. Der erste Aspekt lässt sich mit der Frage umschreiben: „Wird das angeeignet, was vermittelt wurde?" Der zweite Aspekt: „Wird möglicherweise ,irgendwas' angeeignet – losgelöst von etwaigen Vermittlungsintentionen –, ist aber diese Aneignung ,in sich' stimmig und insofern nicht-kontingent?" Gleichzeitig soll dabei einer genuin bildlichen Vermittlungsweise Rechnung getragen werden, die sich durch eine „prae- oder non-verbale Sinnwelt" auszeichnet, „deren Reichtum nur unvollkommen in Sprache übersetzt werden kann (Boehm 1986: 296).

2 Regeln und Regelmäßigkeiten der Aneignung von Bildern

Um die Beziehung von Wissensbeständen auf Seiten der Betrachtenden und den Bedeutungsstrukturen des Bildes, die im Zentrum des Aneignungsprozesses von Bildern steht, differenzierter zu betrachten, wird im Folgenden eine aneignungsorientierte Lesart des Ikonografie/Ikonologie-Modells von Erwin Panofsky (ders. 1987a und 1987b) entwickelt. Obwohl Panofsky als Kunsthistoriker eine ,werkzentrierte' Perspektive einnimmt, lässt sich in seinem Modell nämlich ebenfalls eine Dualität von Vermittlung und Aneignung rekonstruieren. Denn trotz Panofskys primärem Interesse an den Bedeutungsstrukturen des *Bildes* spielen für ihn die Betrachtenden eine erhebliche Rolle. Grundlage einer jeden – auch der wissenschaftlichen – Bildinterpretation seien nämlich „subjektive Quellen der Interpretation" (Panofsky 1987a,: 203). Dabei handelt es sich um „das Erkenntnisvermögen und de(n) Erkenntnisbesitz des interpretierenden Subjekts" (Panofsky 1987a: 199; vgl. 1987b: 222), d.h. um die Wissensbestände der sozial und historisch situierten ,Aneignungssubjekte', die mit dem Bild (als Medium der Vermittlung) „in Zusammenhang" (Panofsky 1987a: 194) gebracht werden müssen, um den jeweiligen Sinn zu erschließen.[1] An diese Überlegungen lässt sich anschließen, um Panofskys Modell für die Aneignungsforschung fruchtbar zu machen. Panofsky unterscheidet drei Ebenen der Sinnbildung und gibt für jede dieser Aneignungsebenen spezifische Wissensarten als „subjektive Quellen der Interpretation" an.

---

1 Als Kunsthistoriker ist Panofsky jedoch an der „intentio operis" und nicht an der „intentio lectoris" (vgl. Eco 1992: 35ff.) interessiert. Daher erweisen sich die „subjektiven Quellen der Interpretation" zugleich als Hindernis auf dem Weg zu einer „korrekten" Interpretation (Panofsky 1987b: 214), die ganz dem ,Werk' verpflichtet ist. Damit die Bildinterpretation nicht zur „schweifenden Willkür" (ders. 1987a: 199) wird, entwickelt Panofsky „objektive Korrektivprinzipien" (ebd.), denen sich die Interpretationsprozesse unterwerfen müssen. Ihre Geltung ist zu suspendieren, wenn man Panofskys Modell für die empirische Aneignungsforschung fruchtbar machen möchte. Zur entsprechenden Rekonstruktion des Ikonografie/Ikonologie-Modells vgl. Michel 2001 und 2006a.

Die drei Ebenen lassen sich u.a. durch den Verbreitungs- bzw. Kollektivi-
tätsgrad der erforderlichen Wissensbestandteile unterscheiden. Im Anschluss an
Panofsky lässt sich dies anhand einer Abendmahlsdarstellung erläutern: Auf
der ersten Sinnebene, der *vor-ikonografischen*, kann „jedermann" (Panofsky
1987b: 214) aufgrund seiner „unmittelbaren Daseinserfahrung" (Panofsky
1987a: 187) und seiner „Vertrautheit mit Gegenständen und Ereignissen" (Panofsky 1987b: 223) 13 Männer, einen Tisch, Brot, Wein u.a.m. *wieder*erkennen. Auf dieser Ebene des „Phänomensinns" entfalten gegenständliche Bilder
ihre anschauliche Evidenz. Auf der zweiten, der *ikonografischen* Sinn-Ebene
ist die Kenntnis „von Bräuchen und kulturellen Traditionen, die einer bestimmten Zivilisation eigentümlich sind" (Panofsky 1987b: 208), als subjektive Quelle Voraussetzung für die Interpretation des *Bedeutungssinns*. Die ikonografische Analyse stützt sich demnach auf die allgemeinen Konventionen und das
„literarische Wissen" (Panofsky 1987a: 203) einer *Kultur*. Kanonisierte Geschichten und Erzählungen erlauben eine sinnvolle *Verbindung* herzustellen
zwischen den einzelnen, vor-ikonografisch wiedererkannten Bildelementen.
Panofsky führt zur Illustration des Unterschieds zwischen Vor-Ikonografie und
Ikonografie einen „australischen Buschmann" (1987b: 208) ein, der auf der
Abendmahlsdarstellung zwar 13 Personen, Brot und Wein erkennen würde,
ohne die Kenntnis der biblischen Erzählungen aber nicht in der Lage wäre, die
Personen als Jesus und seine Jünger am Vorabend der Kreuzigung zu identifi-
zieren und die Gesamtsituation als „letztes Abendmahl" zu interpretieren.

3   Codierte Zuordnungsregeln

Zwischen diesen ersten beiden Sinn-Ebenen und der dritten, der *ikonologischen* Ebene sieht Panofsky einen kategorialen Bruch. Bevor sie näher dargestellt wird, sollen zunächst die Besonderheiten der ersten beiden Ebenen
erläutert werden. Auf vor-ikonografischer und ikonografischer Ebene wird
der Zusammenhang von Wissensbeständen der Rezipierenden (Signifikate)
und Bilddaten (Signifikanten) durch explizite (oder zumindest explizierbare)
Zuordnungs*regeln* hergestellt und dadurch stabilisiert. Solche Zuordnungsregeln von Signifikaten und Signifikanten können in semiotischer Terminolo-
gie als *Code* bezeichnet werden (vgl. Eco 1977: 86; 1985: 242ff.). So kann
man auf vor-ikonografischer Ebene vielleicht von einem *Darstellungscode*
sprechen, der bestimmt, „wie (...) *Gegenstände* und *Ereignisse* durch *Formen*
ausgedrückt" (Panofsky 1987b: 223) werden. Die „Formen" bilden die *Signifikanten*, denen durch den Darstellungscode der vor-ikonografischen Ebene
„Gegenstände und Ereignisse" als *Signifikate* zugeordnet werden[2]. Als *Mit-*

---

2   Auf eine Besonderheit von Fotografien (im Gegensatz zu gegenständlichen Gemälden oder
     Zeichnungen) auf der untersten Sinnebene weist Roland Barthes hin. Er bezeichnet sie auf

teilungscode kann man im Bereich der Ikonografie die Zuordnungsregel bezeichnen, die festlegt, „wie (...) bestimmte *Themen* oder *Vorstellungen* durch *Gegenstände* und *Ereignisse* ausgedrückt" (1987b: 223) werden. Hier fungieren die „Gegenstände und Ereignisse" (also die Signifikate der vor-ikonografischen Ebene) als *Signifikanten* der ikonografischen Ebene, die mit „Themen und Vorstellungen" als *Signifikate* korreliert werden. Diese Codes haben den Status präskriptiver Vorschriften, die ein zwischen Bildproduzent und -rezipient gemeinsam geteiltes Wissen darstellen können. Wenn sich Bildproduzent und -rezipient an dieses Regelwissen „halten" (bzw. beide Seiten Zugang zu dem gleichen Regelwissen haben), kann auf seiner Basis eine Verständigung erzielt werden. Zur Erreichung seiner Darstellungs- und Mitteilungs*absichten* wird ein Bildproduzent daher Codes verwenden, von denen er annimmt, dass sie von seiner ‚Zielgruppe' geteilt werden.[3] Umgekehrt werden Rezipierende in ‚kooperativer Einstellung', d.h. an den Darstellungs- und Mitteilungsabsichten interessierte Betrachtende, versuchen, den Bilddaten die gleichen Wissensbestände zuzuordnen wie der Bildproduzent, d.h. die gleichen Zuordnungsregel zu verwenden. Die Interpretation von vor-ikonografischem Phänomensinn und ikonografischem Bedeutungssinn beruht in der Diktion von Schütz demnach auf einer „Reziprozität der Perspektiven" (ders. 1971: 12f.), die sich insbesondere durch eine „Idealisierung der Kongruenz der Relevanzsysteme" (ebd.: 13) zwischen Bildproduzent und -rezipient ergibt.

4 Die Relation Vermittlung/Aneignung

Die „Reziprozität der Perspektiven", die auf vor-ikonografischer und ikonografischer Ebene durch Zuordnungsregeln stabilisiert wird, ermöglicht somit ein nicht-kontingentes Verhältnis von pädagogischer Vermittlungsintention und Aneignungsprozess. Dies lässt sich am empirischen Material illustrieren. Da im Rahmen der vorliegenden Untersuchung Vermittlungsintentionen nicht erfasst wurden, müssen sie indirekt erschlossen werden. Ansatzpunkt für eine Analyse

---

dieser Ebene als „Botschaften ohne Code" (Barthes 1990: 32). Da hier die Beziehung zwischen Signifikat und Signifikant nicht auf Konventionen, sondern auf Ähnlichkeiten beruht, muss sie nicht durch einen kulturellen Code geregelt und konventionalisiert werden (vgl. Gombrich 1984: 274; Eco 2000a: 404). Barthes nennt diese Beziehung auch „tautologisch", da die Signifikate dieser Sinnebene „von den wirklichen Objekten der Szene gebildet [werden] und die Signifikanten von eben diesen fotografierten Objekten" (Barthes 1990: 31). Gleichwohl kann das Wissen um den tautologischen Abbildungsmodus der fotografischen Darstellung als *Regelwissen* verstanden werden, auf das sich Bildproduzent und Rezipierende im Sinne von Erwartungserwartungen gleichermaßen stützen können.

3   Natürlich gibt es daneben auch Bilder, denen keine präzise und codierbare Vermittlungsintention zugrunde liegt.

des Verhältnisses von Vermittlung und Aneignung sind die Aneignungsprozesse. Dabei werden in vergleichender Perspektive mehrere Aneignungsprozesse in den Blick genommen. Kommt es bei konstantem Bild, aber unterschiedlichen Rezipientengruppen zu übereinstimmenden Sinnkonstruktionen, so kann von gruppenübergreifenden Regeln ausgegangen werden, die die Aneignungsprozesse strukturieren. Die Vermutung ist dann nahe liegend, dass diese Regeln auch der Vermittlungsseite bekannt waren und ihrer intentionalen Bildgestaltung oder -auswahl zugrunde lagen. Gruppenübergreifend zutage tretende Aneignungsprozesse würden demnach den Vermittlungsintentionen entsprechen. Sie können daher als Beispiele für nicht-kontingente Relationen von Vermittlung und Aneignung angesehen werden.

Trotz der oben aufgezeigten Unterschiede treten auch bei der Aneignung des Beispielbildes Übereinstimmungen zwischen den Gruppen auf. Sie zeigen sich bei allen Gruppen insbesondere zu *Beginn* der Auseinandersetzung mit dem Bild. Das Beispielbild führt gruppenübergreifend zur Sinnbildung „Familie". Im Anschluss daran kam es teilweise zu weiteren Differenzierungen, die aber diese grundlegende Deutung nicht in Frage stellten.

Gruppe 1 (653-657):

Cf: Ausflug.
Bf   N´Familienfoto ...
Cf: Mhm.
Df: Hmmm. Da kamma sich ma endlich was drunter vorstellen ... Oma un Opa, die
       Eltern und die Geschwister .. und die Enkelkinder

Gruppe 2 (1028-1029):

Cf: Oh Gott ! Ne Bilderbuchfamilie
Af: ja ... im wahrsten Sinne des Wortes ....

Gruppe 3 (798):

Bm: Familienausflug !

Die Deutung der abgebildeten Menschengruppe als „Familie" übersteigt bereits die vor-ikonografische Ebene, da nicht lediglich einzelne Bildelemente („Mann", „Frau", „Kind") *wieder*erkannt werden. Vielmehr werden die Bildelemente nach Maßgabe kulturspezifischen Wissens *zusammengefasst* und somit auf *ikonografischer* Ebene als „Familie" gedeutet[4]. In seine vor-

---

4   Dass die Sinnzuschreibung „Familie" nicht auf dem „beinahe anthropologischen Wissen"
     (Barthes) der vor-ikonografischen Ebene beruht, sondern erst durch die Kenntnis „von

ikonografischen ‚Bestandteile' löst Gruppe AH das ikonografische Schema der Familie auf und expliziert: „Oma un Opa, die Eltern und die Geschwister .. und die Enkelkinder" (AH 656/657). Dabei ergibt sich die Bezeichnung der einzelnen Personen aus ihrer familiären Rollenbeziehung, d.h. das ikonografische Schema beeinflußt auch die vor-ikonografische Sinnbildung. Ähnliche vor-ikonografische Sinnbildungen finden sich auch bei den beiden anderen Gruppen.

Gemäß der „Reziprozität der Perspektiven" können sich Aneignungs- und Vermittlungsseite gleichermaßen auf jene Wissensbestände stützen, die (in der Diktion Panofskys, s.o.) „jedermann" (Vor-Ikonografie) bzw. den Angehörigen einer Kultur (Ikonografie) zugänglich sind. Diese codierten (bzw. „tautologischen") Wissensbestände bilden somit ein zwischen Aneignungs- und Vermittlungsseite geteiltes *Regel*wissen, mit dessen Hilfe auf vor-ikonografischer und ikonografischer Ebene eine Aneignung des Bildes durch pädagogische Vermittlungsintentionen strukturiert werden kann. Das Verhältnis von Vermittlung und Aneignung kann auf diesen Ebenen daher als regel*geleitet* und somit nicht-kontingent bezeichnet werden. Gleichwohl ist das Vorhandensein codierter Zuordnungsregeln keine *Garantie* für eine gelingende Passung von Vermittlung und Aneignung. Zwei mögliche Gründe sollen hier erörtert werden: Bevor am empirischen Material auf die sinnverschiebende, dritte Interpretationsebene nach Panofsky eingegangen wird, soll zunächst ein Problem des ikonografischen Codes diskutiert werden. Voraussetzung einer nicht-kontingenten Relation von Vermittlung und Aneignung ist hier, dass beide Seiten den bildlichen Signifikanten die *gleichen* Wissensbestände als Signifikate zuordnen, d.h. das Bild auf Basis des gleichen Codes dekodieren. Im Bereich der Ikonografie ist dieser Code kulturspezifisch, d.h. Vermittlungs- und Aneignungsseite müssen Zugang zum gleichen kulturellen Kontext haben.

Eine mögliche Asymmetrie von Vermittlungs- und Aneignungscode (vgl. dazu Hall 1980) soll anhand eines prominenten Aneignungsbeispiels illustriert werden: Goethes Dekodierung eines Gemäldes von Gerard Terborch (1617-1681), das heute in der Gemäldegalerie Dahlem hängt:

Bräuchen und kulturellen Traditionen, die einer bestimmten Zivilisation eigentümlich sind" (Panofsky 1987b: 208), d.h. auf ikonografischer Ebene möglich wird, lässt sich mit einem Gedankenexperiment Umberto Ecos verdeutlichen: In einer demografischen Vision für das Jahr 2500 geht Eco von der staatlich propagierten „Ein-Kind-Familie" als Normalfall aus. „Nach zwei bis drei Generationen würden die Wörter ‚Bruder', ‚Schwester', ‚Onkel', ‚Tante', ‚Vetter' und ‚Cousine' ihren Sinn verlieren" (Eco 2000b, 177). Ein Angehöriger dieser Kultur könnte daher weder – wie Eco annimmt – etwas mit dem Begriff „Brüderlichkeit" anfangen, noch die Personenansammlung auf dem Bild als „Familie" deuten. Auf vor-ikonografischer Ebene könnte er auf dem Bild jedoch problemlos Männer, Frauen und Kinder wiedererkennen.

Der vor-ikonografische Bestand umfasst eine ältere, sitzende Frau und eine junge Frau, die vor einem sitzenden Mann steht. Der Mann redet auf die junge Frau ein und hebt dabei die Hand. Im Hintergrund des Raumes befindet sich ein mit roten Stoffen bespanntes Bett. In den „Wahlverwandtschaften" gibt Goethe dieser Szene den Titel „Die väterliche Ermahnung" und schildert sie auf ikonografischer Ebene: „Einen Fuß über den andern geschlagen, sitzt ein edler ritterlicher Vater und scheint seiner vor ihm stehenden Tochter ins Gewissen zu reden. Diese, eine herrliche Gestalt, im faltenreichen weißen Atlaskleide, wird zwar nur von hinten gesehen, aber ihr ganzes Wesen scheint anzudeuten, dass sie sich zusammennimmt. Dass jedoch die Ermahnung nicht heftig und beschämend sei, sieht man aus der Miene und Gebärde des Vaters; und was die Mutter betrifft, so scheint diese eine kleine Verlegenheit zu verbergen, indem sie in ein Glas Wein blickt, das sie eben auszuschlürfen im Begriff ist." (Goethe 1809, hier: 1988: 160) Goethe eignet sich das Bild von 1654/55 jedoch nicht in der von Terborch intendierten Weise an, obwohl Terborch zahlreiche Hinweise für die Dekodierung gegeben hat. Sie finden sich sowohl auf vor-ikonografischer, als auch auf ikonografischer Ebene: An vor-ikonografischen Details übersieht Goethe, (a) dass der Mann zu jung ist, um der Vater der jungen Frau zu sein und (b) dass der Mann in der scheinbar zur Mahnung erhobenen Hand ein Geldstück hält. Auf ikonografischer Ebene entschlüsselt Goethe nicht, (c) dass der Mann eine Soldatenuniform trägt, (d) dass die ältere Frau ihr Gesicht tief in ein Weinglas versenkt und das Glas dabei in eine riskante Schieflage bringt – ein zur Zeit Terborchs hochgradig konventionalisiertes Symbol für Frivolität und Amoralität – und (e) dass auf dem Tisch eine erloschene Kerze steht – ebenfalls ein etabliertes Symbol für den Verlust der weiblichen Ehre (vor dem Hintergrund der biblischen Erzählung von den zehn wachsamen und den zehn törichten Jungfrauen, die ihre Öllaternen verlöschen lassen). Auf Basis des von Terborch bei der Vermittlung angewandten ikonografischen Codes, der eine „Entzifferung" konventioneller Symbole erlaubt und der inzwischen mit Hilfe von „Korrektivprinzipien" rekonstruiert wurde, ist das Bild daher als Bordellszene zu dekodieren: Der Mann ist der Freier, der mit der jungen Prostituierten gerade den Preis aushandelt, während im Hintergrund die Kupplerin Wein trinkt. Terborchs Vermittlungsintentionen führten bei dem Adressaten Goethe – aufgrund der zeitlichen und damit auch der kulturellen Distanz (und wegen seiner Nachlässigkeit bzgl. zweier vor-ikonografischer Details) – nicht zu dem gewünschten Aneignungsresultat, da Goethe nicht über den erforderlichen ikonografischen Code verfügte. Als Titel des Gemäldes hat sich Goethes „aberrant decoding" (Eco 1979: 8) jedoch durchgesetzt (vgl. Kelch 1980: 106).[5]

5 Abdriftende Sinnbildungen

Trotz gelegentlicher ‚Kommunikationsunfälle' basiert die Relation Vermittlung – Aneignung auf vor-ikonografischer und ikonografischer Ebene auf codierten Regeln, die prinzipiell zu nicht-kontingenten Aneignungsresultaten

---

5   Auch bei Vermittlungsbemühungen mit zukünftigen Adressaten erweist sich das Fehlen einer gemeinsamen kulturellen Basis als Hindernis. Im Jahr 1981 erhielt eine Semiotiker-Kommission unter Leitung von Thomas A. Sebeok in den USA den Auftrag, ein Zeichensystem zu entwickeln, mit dem der Erdenbewohner auch noch in 10.000 Jahren vor Atommüll-Lagerstätten des 20. Jahrhunderts gewarnt werden könnten. Es wurde davon ausgegangen, dass dann der gesamte heutige Sprachschatz nicht mehr existiert (die ältesten heute bekannten Sprachdokumente sind lediglich 5.000 Jahre alt). Gegen Bilder sprach – neben ihrer zu geringen Komplexität zur Vermittlung dieses brisanten Wissens – die nicht planbare Steuerbarkeit ihrer Dekodierung, die nicht nur von Bildmerkmalen, sondern ganz wesentlich von (kulturellen) Kontextbedingungen abhinge. Die Kommission schlug daher u.a. die Gründung einer „Atompriesterschaft" vor, die das Wissen über die Jahrtausende hinweg tradieren sollte (Sebeok 1990, insbes.: 157ff.). Eco bezeichnete dieses Ergebnis als das „für die Zukunft einer Sprache der Bilder entmutigendste Dokument" (Eco 1995: 185), kritisierte aber auch die vorgeschlagene Lösung. Denn diese „Lösung setzt genau jene soziale und territoriale Kontinuität voraus, die der Auftrag in Frage stellte." (ebd.: 186).

im Sinne der Vermittlungsintentionen führen können. Wie aus dem Beispiel
des Familienbildes aber ebenfalls hervorgeht, ‚driften' die Sinnbildungen
jenseits der codierten Bedeutung („Familie") zwischen den Gruppen in sehr
unterschiedliche Richtungen ab (s.o.) – vom Nachvollzug einer harmoni-
schen Stimmung (Gruppe 1: „sieht halt jeder glücklich aus, wenn ma sich des
dann so vorstellt"), über das Wachwerden unangenehmer Erinnerungen an
selbsterlebte Familienfeiern (Gruppe 2: „erinnert mich irgendwie an ne Fami-
lienfeier ... [...] ... und irgendwie isses mir auch total unangenehm.") bis hin
zum ironisch-frivolen Spiel mit dem Bild als medialem Versatzstück (Gruppe
3: „Ds sicher für so ne ... Ewig Leben Pille"). Egal, was die Vermittlungsintention gewesen sein mag, die empirisch belegten Aneignungsprozesse können in ihrer Unterschiedlichkeit nicht alle zugleich als reziproke Entspre-
chungen zu dieser Intention aufgefasst werden. Dennoch können diese Sinnbildungen nicht als ‚Kommunikationsunfälle' wie Goethes ‚aberrant decoding' betrachtet werden, da sie sich nicht nach der Maßgabe von „richtig"
oder „falsch" beurteilen lassen. Insofern gewinnt hier die These von einer
kontingenten Relation von Vermittlung und Aneignung an Plausibilität – un-
beschadet ihrer Passung auf den beiden codierten Sinnebenen. Dass die Aneignungsprozesse für sich betrachtet deswegen dennoch nicht als „irrational"
oder „kontingent" (s.o.) zu bezeichnen sind, soll nun gezeigt werden. Losgelöst von etwaigen Vermittlungsintentionen weisen die Aneignungsprozesse
‚auf den zweiten Blick' eine Eigenstrukturiertheit auf, die es angeraten sein
lässt, eher von *Autonomie* als von „Irrationalitäten" und „Kontingenzen" zu
sprechen.

6   Nicht-intendierte Symptome als Regelmäßigkeiten

Um jene ‚innere Logik' von Aneignungsprozessen zu untersuchen, die jenseits einer reziproken Entsprechung von Vermittlung und Aneignung angesiedelt ist, liefert die dritte Sinnstufe in Panofskys Modell einen geeigneten
theoretischen Bezugsrahmen. Diese ikonologische Sinn-Ebene unterscheidet
sich von den beiden vorangegangenen u.a. dadurch, dass hier der Zusammenhang von bildlichen Signifikanten und außerbildlichen Signifikaten nicht
durch eine *präskriptive* Zuordnungs*regel* geleitet wird, sondern lediglich *deskriptiv* als Regel*mäßigkeit* feststellbar ist. Den Unterschied erläutert Panofsky u.a. mit einem Zitat von Peirce: Während es auf vor-ikonografischer
und ikonografischer Ebene darum geht, was ein Bild *intentional* „zur Schau
stellt" („parades"), zielt die ikonologische Interpretation darauf ab, was es
darüber hinaus *nicht intentional* „verrät" („betrays") (vgl. Panofsky 1978: 18;
1987a: 201). Ziel der ikonologischen Interpretation sind Sinngehalte, „die

dem Künstler selber häufig unbekannt sind und die sogar entschieden von dem abweichen können, was er bewusst auszudrücken suchte." (1987b: 212) Der kunstwissenschaftliche Interpret befragt das Bild demnach nicht auf etwaige *Absichten* des Bildproduzenten, sondern betrachtet es als „Symptom von etwas anderem, das sich in einer unabsehbaren Vielfalt anderer Symptome artikuliert" (Panofsky 1987b: 212). Dieses „andere" ist „die ungewollte und ungewusste Selbstoffenbarung eines grundsätzlichen Verhaltens zur Welt, das für den individuellen Schöpfer, die individuelle Epoche, das individuelle Volk, die individuelle Kulturgemeinschaft in gleichem Maße bezeichnend ist" (Panofsky 1987a: 200). Bezogen auf das Beispiel einer Abendmahlsdarstellung geht es auf der ikonologischen Sinn-Ebene bspw. darum, das Bild „als ein *Dokument* der Persönlichkeit Leonardos oder der Kultur der italienischen Hochrenaissance oder einer bestimmten religiösen Einstellung zu verstehen" (Panofsky 1987b: 212; Herv. B.M.). Für diese „Grundhaltung einer Nation, einer Epoche, einer Klasse, einer religiösen oder philosophischen Überzeugung" (Panofsky 1978: 18), deren Symptome sich auf ikonologischer Ebene im Bild dokumentieren, prägt Panofsky an anderer Stelle den Begriff des „Habitus" (ders. 1989: 18 – im englischen Original ist von „mental habits" die Rede).[6] Um den *milieuspezifischen* Habitus des Bildproduzenten geht es somit auf der ikonologischen Sinnebene. Im Bild wird nach nicht-intendierten Symptomen seines milieuspezifischen Hintergrundes gefahndet. Dabei geht es nicht um die Rekonstruktion von intentionalen Mitteilungsabsichten des Bildproduzenten auf Basis einer Reziprozität der Perspektiven, sondern um Sinngehalte, die der Bildproduzent unbewusst „verrät" (s.o.). Als „einheitsstiftendes Erzeugungsprinzip aller Formen von Praxis" (Bourdieu 1987: 283) prägt der Habitus ohne bewußte Absicht seinen Produkten einen einheitlichen *Stil* auf. Denn die unbewussten und nicht-intendierten Symptome des Habitus werden zwar unwillkürlich hervorgebracht, sind aber alles andere als willkürlich. Vielmehr zeigt sich in ihnen eine Regelmäßigkeit, die an das absichtsvolle Befolgen einer Regel denken lässt – obwohl dies gerade nicht der Fall ist. Produkte der Denk-, Wahrnehmungs- und Handlungsschemata eines Habitus sind „jenseits jedes bewussten Bemühens um Kohärenz" (Bourdieu 1981: 197) in ganz unterschiedlichen Handlungsfeldern „objektiv miteinander harmonisch" (ebd.) verbunden. Sie wirken „objektiv ‚geregelt' und ‚regelmäßig' (...) ohne aus dem ordnenden Handeln eines Dirigenten hervorgegangen zu sein" (Bourdieu 1993: 99) und „ohne irgendwie das Ergebnis der Einhaltung von Regeln zu sein" (ebd.).

---

6   Damit steht das Ikonografie/Ikonologie-Modell im Kreuzungspunkt mehrerer Traditionsstränge. Zum einen schließt Panofsky mit der ikonologischen Sinnebene explizit an die Wissenssoziologie Karl Mannheims und seine Dokumentarische Methode an (vgl. Mannheim 1964). Der Sinn, der auf dieser Ebene zu erfassen ist, heißt daher auch „Dokumentsinn". Zum andern entlehnt Pierre Bourdieu von Panofsky seinen Habitusbegriff (Bourdieu 1974: 125ff.), im Weiteren wird daher auch auf seine Konzeption Bezug genommen.

Daher lassen sich Bereiche, „die auf der Ebene der Erscheinungen zunächst nichts miteinander verbindet" (vgl. Bourdieu 1974: 144), als „Ausdruck" (ebd.) ein und desselben *modus operandi* beobachten, da er „die Einzelmuster erzeugt, die sich dann in den verschiedenen Bereichen des Denkens und Handelns" (ebd.) niederschlagen. Der charakteristische Stil eines Bildproduzenten, seiner (künstlerischen) Schule oder Epoche ist der Dokumentsinn, der auf ikonologischer Ebene zu erfassen ist.

7 Bildaneignung auf ikonologischer Ebene

Wie lässt sich die ikonologische Sinnebene für die Analyse von Aneignungsprozessen jenseits kunstwissenschaftlicher Bildinterpretationen fruchtbar machen? Wie bei den beiden anderen Sinnebenen auch bieten die (unkorrigierten) „subjektiven Quellen der Interpretation" den konzeptionellen Ansatzpunkt. Für die ikonologische Sinnebene nennt Panofsky hier „das eigene weltanschauliche Urverhalten des Interpreten" (Panofsky 1987a: 201), d.h. den milieuspezifischen *Habitus* des sozial und historisch situierten Bild*betrachters*. Die ikonologische Interpretation *zielt* demnach auf den Habitus (des Bildproduzenten) und *bedient sich* dabei des Habitus (des Interpreten) (vgl. Panofsky 1987a: 200).[7] Auf Basis des mit dem Habitus verbundenen „praktischen Wissen" (Bourdieu 1987: 730), das „jenseits expliziter Vorstellungen und verbalem Ausdruck" (Bourdieu 1985: 17) operiert, soll demnach der professionelle Kunstbetrachter den charakteristischen modus operandi des Bildproduzenten erschließen. Panofsky spricht hier auch von einer „irrationalen" (Panofsky 1987b: 221) Begabung zu „synthetischer Intuition" (ebd.), die erforderlich ist. Diese atheoretischen und präreflexiven Wissensbestände des mit dem Habitus verbundenen praktischen Wissens lenken den Blick auf eine nicht-kontingente Eigenlogik von Aneignungsprozessen – auch wenn sie sich einer Strukturierung im Sinne der Vermittlungsintentionen entziehen. Bei der Aneignung von Bildern auf ikonologischer Ebene haben wir es somit – im kunstwissenschaftlichen wie im pädagogischen Kontext – mit zwei verschiedenen Habitus zu tun: Mit dem im Bild sich offenbarenden Habitus des Bildproduzenten auf der einen Seite und auf der anderen Seite mit dem Habitus der Bildbetrachter, den sie als „subjektive Quelle", d.h. als ‚Werkzeug' ihrer Bild*deutung* nutzen. Während sich die kunstwissenschaftliche Bildbetrachtung für erstgenannten Habitus interessiert, steht

---

7　Diese ‚Doppelnatur' des Habitus, durch die er als modus operandi sowohl hinter der Produktion von Bildern als auch ihrer Bewertung stehen kann, arbeitet auch Bourdieu heraus und stellt fest: Der „Habitus ist gleichzeitig ein System von Schemata der *Produktion* von Praktiken und ein System von Schemata der *Wahrnehmung und Bewertung* der Praktiken" (Bourdieu 1992b: 144; Herv. B.M.).

der Habitus der Betrachtenden – der Aneignungssubjekte – im Zentrum des Interesses einer empirischen Aneignungsforschung. Er zeigt sich im Aneignungs*prozess* (und nicht im Bild) als charakteristischer *Stil* der Auseinandersetzung mit dem Bild. Durch das Aufweisen solcher Regelmäßigkeiten bzw. „Homologien" gelingt eine Rekonstruktion der Eigenstrukturiertheit von Aneignungsprozessen, die nicht von der Vermittlungsseite induziert ist ohne deshalb aber „in der Bodenlosigkeiten von Kontingenzen" zu versinken (Kade 1993: 405). Bei der Analyse der ikonologischen Sinn-Ebene von Aneignungsprozessen geht es somit nicht um eine etwaige Entsprechung mit Vermittlungsintentionen auf dieser Ebene – da der Bildproduzent hier überhaupt keine intendierten Signale aussendet, sondern lediglich unintendierte Symptome seines Habitus ,absondert', kann es eine solche Entsprechung gar nicht geben. Vielmehr geht es auch auf der Aneignungsseite um nicht intendierte Symptome – diesmal des Betrachterhabitus –, die gleichwohl eine interne Regelmäßigkeit und milieuspezifische Typik aufweisen, und insofern weder als „irrational", noch als „kontingent" zu bezeichnen sind. Aneignung bedeutet hier die Interaktion der visuellen Bedeutungsangebote mit den biografisch geprägten (vgl. Kade 1997: 50), habitusspezifischen Strukturen des praktischen Wissens.[8] Mit der Sensibilisierung für die ikonologische Sinn-Ebene von Bildaneignungsprozessen ist aber noch ein weiterer analytischer Gewinn zu verbuchen: Eine Berücksichtigung des mit dem Habitus verbundenen praktischen Wissens als ,Erkenntniswerkzeug', das ganz wesentlich „jenseits expliziter Vorstellungen und verbalem Ausdruck" (Bourdieu 1985: 17) operiert, trägt zugleich jener genuin bildlichen Vermittlungsweise Rechnung, „deren Reichtum nur unvollkommen in Sprache übersetzt werden kann (Boehm 1986: 296).

8 Forschungspraktische Umsetzung

Um die regelmäßige Struktur der Habitussymptome zu erfassen, bedarf es einer besonderen Analyseeinstellung: Da es um den Stil, die besondere Art und Weise, den modus operandi einer Praktik geht, ist der Blick nicht auf das inhaltlich-thematische ,Was', sondern auf das ,Wie' zu richten. Die besondere

---

8   Ob mit der Annahme einer biografischen Fundierung bzw. Überlagerung von Aneignungsprozessen zugleich deren Kontingenz behauptet werden kann, hängt wesentlich von der zugrunde liegenden Vorstellung von Biografie ab. Wird sie in individualisierungstheoretischer Sicht als entstrukturiert, individualisiert und tendenziell kontingent angesehen, dann mag die Vermutung nahe liegen, dass eine Einbettung von Aneignung in biografische Lebenswelten ebenfalls zu kontingenten Resultaten führen müsse. Demgegenüber ist mit der Einnahme einer Habitusperspektive zugleich die Annahme verbunden, dass überindividuelle Strukturen lebensweltliche Prozesse prägen und durchdringen (vgl. Bohnsack 1999: 133ff.).

‚Machart' einer Praktik wird aber nur sichtbar, wenn man mehrerer Praktiken der *gleichen* Gattung (des gleichen ‚Was'), die von *unterschiedlichen* Habitus hervorgebracht wurden, miteinander *vergleicht*. Der *komparativen Analyse* thematisch gleicher Fälle kommt daher eine entscheidende Rolle zu (vgl. Panofsky 1987b: 213f.). Da sich der Habitus überdies in der Regelmäßigkeit (bzw. der „homologen Struktur") seiner Symptome dokumentiert, sind auch *mehrere* Anwendungsfälle des *gleichen* Habitus zu untersuchen. Die komparative Analyse hat daher sowohl fallexterne, als auch fallinterne Vergleiche zu bilden. Diese besondere Analyseeinstellung, die sich vor allem ihre komparative Perspektivierung auf das ‚Wie' auszeichnet, kann nur von einem Beobachter zweiter Ordnung (wie Bohnsack 2000 mit Bezug auf Luhmann formuliert) eingenommen werden. Diese Perspektive ist nicht nur für die ikonologische Interpretation charakteristisch, sondern auch für die Dokumentarische Methode, die Ralf Bohnsack im Anschluss an die Wissenssoziologie Karl Mannheims entwickelt hat. Mit ihrer Hilfe werden regelmäßige Strukturen in vermeintlichen Kontingenzen sichtbar.

Um Aneignungsprozesse auf ikonologischer Ebene empirisch rekonstruieren zu können, bietet sich eine besondere Art des Gruppendiskussionsverfahrens an, die ebenfalls von Bohnsack entwickelt wurde (vgl. Bohnsack 1999, Loos/Schäffer 2001, Michel 2006b). Die Besonderheit ist darin zu sehen, dass hier „Realgruppen" diskutieren, d.h. Gruppen, die auch im Alltag eine Gruppe (oder ‚Clique') bilden, und daher eine hohe Homogenität ihrer Habitus aufweisen. Durch die Gruppensituation wird zum einen der kollektiven Dimension des habitusspezifischen Wissens Rechnung getragen. Zum andern ermöglichen selbstläufige Gruppendiskurse die Artikulation nur wenig bewusster Sinngehalte. Da der Gruppendiskurs *Produkt* des gruppenspezifischen Habitus ist, weist er die charakteristischen und in sich homologen Symptome auf, in denen sich die in Frage stehende, nicht-kontingente Eigenstruktur von Aneignungsprozessen dokumentiert. Gegenstand der Gruppendiskussionen ist im vorliegenden Kontext die gemeinsame Betrachtung von Bildern als Vermittlungsmedien. Im Gruppendiskurs schlägt sich dann der Aneignungsprozess nieder und wird – in versprachlichter Form – einer empirischen Untersuchung zugänglich. Die Transformation des vorsprachlichen und ganz wesentlichen vorbegrifflichen Seherlebnisses in einen sprachlichen Text ist nicht unproblematisch (vgl. Michel 2004). Die Erfahrung hat jedoch gezeigt, dass das Gruppendiskussionsverfahren in besonderer Weise offen ist für eine begrifflich nur wenig fixierte Sprache, die sich zum ‚Ausdrücken des Unausdrücklichen' metaphorischer, szenischer, erzählerischer, lautmalerischer, paraverbaler, umschreibender, darstellender, diffuser oder ‚bildlicher' Wendungen bedient. Auf diese Redefiguren im Diskussionsverlauf hat die Interpretation daher ihr besonderes Augenmerk zu richten, um der vorbegrifflichen und bildaffinen Erkenntnisweise des Habitus gerecht zu werden und das besondere Potenzial des Gruppendiskussionsverfahrens voll auszuschöpfen. Aufgrund des begrenzten Raumes kann hier zur Illustration lediglich auf andernorts erschienen ausführlichere Darstellungen verwiesen werden, in denen das Prinzip der Rekonstruktion nicht-kontingenter Aneignungsprozesstrukturen dargestellt wird (Michel 2001, Michel/Wittpoth 2004 und 2006; Michel 2006a). Auch die oben skizzierten Aneignungsweisen des Familienbildes konnten so als habitusspezifisch und internen Homologien folgend rekonstruiert werden.

9 Resümee

Mit Hilfe von Panofsky Ikonografie/Ikonologie-Modell konnten bei der Aneignung von Bildern als Vermittlungsmedien mehrere Sinnebenen unterschieden werden.[9] Das Problem der Kontingenz und Irrationalität von Aneignungsprozessen – das sich bei Bildern in verschärfter Form zu stellen scheint – konnte dadurch differenzierter betrachtet werden. Während sich auf vor-ikonografischer und ikonografischer Ebene die Relation Vermittlung – Aneignung auf explizite und codierte Regeln stützen kann, gibt es diese Form der Korrespondenz auf ikonologischer Ebene nicht. Hier sind die Aneignungsprozesse durch interne Regelmäßigkeiten strukturiert. Eine Passung von Vermittlung und Aneignung ist damit gleichwohl nicht garantiert: Während auf den beiden unteren Ebenen die Aneignungscodes nicht mit denen der Vermittlung korrespondieren müssen (vgl. Hall 1980), beschränkt sich die Nicht-Kontingenz der ikonologischen Ebene ohnedies auf ihre ‚interne Stimmigkeit‘. Sie wird hervorgebracht durch den milieuspezifischen Habitus, der u.a. als „principium importans ordinem ad actum" (Bourdieu 1992a: 102) fungiert. Im Modus des unausdrücklichen Erkennens auf Basis des Habitus können sich zudem genuin bildliche Sinngehalte erschließen, die sich einer Versprachlichung weitgehend entziehen. Er ist daher in besonderer Weise

---

9 Damit ist die Fülle an Vermittlungsangeboten, die ein Bild macht, allerdings noch nicht voll ausgeschöpft. Zu nennen wäre bspw. die Ebene der Ikonik, die Max Imdahl (ders. 1996) in kritischer Erweiterung von Panofskys Modell entwickelt hat und die Ralf Bohnsack für die empirische Sozialforschung fruchtbar gemacht hat (ders. 2001). Im Anschluss daran wäre zu untersuchen, inwieweit das praktische Wissen des Habitus nicht nur als *Basis* von Bildaneignungsprozessen dienen kann, sondern seinerseits durch ‚Leit-Bilder‘ oder ‚Vor-Bilder‘ geprägt bzw. ‚gebildet‘ werden kann. Zur Entwicklung des Habitus schreibt Bourdieu, dass er nicht durch explizite und theoretische Unterweisung, sondern durch unausdrückliche Erkenntnis auf dem Wege der „Mimesis" unmittelbar von Körper zu Körper übertragen wird ohne das Bewusstsein zu streifen (vgl. ders. 1993: 135). „Schau her und mach es wie ich" (Bourdieu 1992c: 205) lautet der unartikulierte Imperativ jener „stillen Pädagogik" (Ders. 1993: 128). Aufgabe einer „praxeologischen Bildwirkungsforschung" wäre es daher, das Potenzial von Bildern zur mimetischen Weitergabe von implizit bleibendem Handlungswissen zu untersuchen, das sich in der Aneignung von körperlichen Haltungen und Wendungen niederschlägt.

geeignet, um den nicht-diskursiven, „präsentativen Symbolismus" (Langer 1984: 103) von Bildern zu erfassen. Welche praktischen Folgerungen kann die Vermittlungsseite für die ikonologische Ebene von Bildaneignungsprozessen ziehen? Einen Hinweis gibt Bourdieu: Nach seiner Ansicht kann die „Tendenz, auf regelmäßige Weise zu handeln" (Bourdieu 1992a: 100f.), d.h. die durch den Habitus gestiftete Homologie, „zur Basis einer Prognose" (ebd.) werden, wenn das der Regelmäßigkeit zugrunde liegende „Prinzip einmal explizit ausgebildet" (ebd.) ist. Das heißt, auf dem Wege der Rekonstruktion und Explikation der „generativen Formel" eines Habitus könnten begründete Vermutungen angestellt werden, zu welchen (Handlungs-) Resultaten der betreffende Habitus in künftigen, noch zu planenden Situationen kommen wird. Diese Prognose könnte dann antizipativ in die Auswahl oder Gestaltung der Bilder einfließen und zu einer optimierenden Modifikation führen. Voraussetzung wäre allerdings, dass der Adressatenkreis milieuspezifisch eingegrenzt und definiert wird.

Literatur

Barthes, Roland (1990): Rhetorik des Bildes. In: Barthes, Roland: Der entgegenkommende und der stumpfe Sinn, Frankfurt am Main: Suhrkamp, S. 28-46.

Boehm, Gottfried (1986): Der stumme Logos. In: Métreaux, Alexandre/Waldenfels, Bernhard (Hrsg.): Leibhaftige Vernunft. Spuren von Merleau-Pontys Denken, München: Fink, S. 289-304.

Bohnsack, Ralf (1999): Rekonstruktive Sozialforschung. Einführung in Methodologie und Praxis qualitativer Forschung, Opladen: Leske + Budrich, 3. Auflage.

Bohnsack, Ralf (2000): Gruppendiskussion. In: Flick, Uwe/Kardorff, Ernst von/Steinke, Ines (Hrsg.): Qualitative Forschung. Ein Handbuch, Reinbek bei Hamburg: Rowohlt, S. 369-384.

Bohnsack, Ralf (2001): Die dokumentarische Methode in der Bild- und Fotointerpretation. In: Ehrenspeck, Yvonne/Schäffer, Burkhard (Hrsg.): Film- und Photoanalyse in der Erziehungswissenschaft. Eine Einführung, Opladen: Leske + Budrich, zit. nach Ms.

Bourdieu, Pierre (1974): Zur Soziologie der symbolischen Formen, Frankfurt am Main: Suhrkamp.

Bourdieu, Pierre (1981): Titel und Stelle. Über die Reproduktion sozialer Macht, Frankfurt am Main: Europäische Verlagsanstalt.

Bourdieu, Pierre (1985): Sozialer Raum und „Klassen", Frankfurt am Main: Suhrkamp.

Bourdieu, Pierre (1987): Die feinen Unterschiede, Frankfurt am Main: Suhrkamp.

Bourdieu, Pierre (1992a): Die Kodifizierung. In: Bourdieu, Pierre: Rede und Antwort, Frankfurt am Main: Suhrkamp, S. 99-110.

Bourdieu, Pierre (1992b): Sozialer Raum und symbolische Macht. In: Bourdieu, Pierre: Rede und Antwort, Frankfurt am Main: Suhrkamp, S. 135-154.

Bourdieu, Pierre (1992c): Programm für eine Soziologie des Sports. In: Bourdieu, Pierre: Rede und Antwort, Frankfurt am Main: Suhrkamp, S. 193-207.

Bourdieu, Pierre (1993): Sozialer Sinn, Kritik der theoretischen Vernunft, Frankfurt am Main: Suhrkamp.
Eco, Umberto (1977): Zeichen. Einführung in einen Begriff und seine Geschichte, Frankfurt am Main: Suhrkamp.
Eco, Umberto (1979): The Role of the Reader. Explorations in the semiotics of texts, London: Indiana University Press.
Eco, Umberto (1992): Die Grenzen der Interpretation, München: Hanser.
Eco, Umberto (1995): Die Suche nach der vollkommenen Sprache, München: Beck.
Eco, Umberto (2000a): Kant und das Schnabeltier, München: Hanser.
Eco, Umberto (2000b): Derrick oder die Leidenschaft für das Mittelmaß, München: Hanser.
Goethe, Johann Wolfgang von (1809 hier 1988): Die Wahlverwandtschaften, Stuttgart: Reclam.
Gombrich, Ernst (1984): Bild und Auge. Neue Studien zur Psychologie der bildlichen Darstellung, Stuttgart: Klett-Cotta.
Hall, Stuart (1980): Encoding/decoding. In: Hall, Stuart u.a. (Hrsg.): Culture, Media, Language, London/New York: Hutchinson, S. 128-138.
Imdahl, Max. (1996): Reflexion, Theorie, Methode, Gesammelte Schriften, Bd. 3, hrsg. v. Gottfried Boehm, Frankfurt am Main: Suhrkamp.
Kade, Jochen (1993): Aneignungsverhältnisse diesseits und jenseits der Erwachsenenbildung. In: Zeitschrift für Pädagogik (39), Heft 3, S. 391-408.
Kade, Jochen (1997): Vermittelbar/nicht-vermittelbar: Vermitteln: Aneignen. Im Prozeß der Systembildung des Pädagogischen. In: Lenzen, Dieter/Luhmann, Niklas (Hrsg.): Bildung und Weiterbildung im Erziehungssystem. Lebenslauf und Humanontogenese als Medium und Form, Frankfurt am Main: Suhrkamp, S. 30-70.
Kade, Jochen/Nittel, Dieter/Seitter, Wolfgang (1999): Einführung in die Erwachsenenbildung/Weiterbildung, Stuttgart: Kohlhammer.
Kade, Jochen/Seitter, Wolfgang (1999): „Aneignung", „Vermittlung" und „Selbsttätigkeit" – Neubewertung erwachsenendidaktischer Prinzipien. In: Arnold, Rolf/ Gieseke, Wiltrud (Hrsg.): Die Weiterbildungsgesellschaft, Bd. 1: Bildungstheoretische Grundlagen und Perspektiven, Neuwied: Luchterhand, S. 32-45.
Kelch, Jan (1980): Gerard Terborch - Die väterliche Ermahnung. In: Waetzold, Stefan (Hrsg.): Gemäldegalerie Berlin, Stuttgart, S. 106/107.
Langer, Susanne Katherina (1984): Philosophie auf neuem Wege. Das Symbol im Denken, im Ritus und in der Kunst, Frankfurt am Main: Fischer-Taschenbuch-Verlag.
Loos, Peter/Schäffer, Burkhard (2001): Das Gruppendiskussionsverfahren. Grundlagen und empirische Anwendungen, Opladen: Leske + Budrich.
Mannheim, Karl (1964): Beiträge zur Theorie der Weltanschauungs-Interpretation. In: Mannheim, Karl: Wissenssoziologie, Berlin/Neuwied: Luchterhand, S. 91-154.
Michel, Burkard (2001): Fotografien und ihre Lesarten. Dokumentarische Interpretation von Bildrezeptionsprozessen. In: Bohnsack, Ralf/Nentwig-Gesemann, Iris/Nohl, Arnd-Michael (Hrsg.): Die dokumentarische Methode und ihre Forschungspraxis. Grundlagen qualitativer Forschung, Opladen: Leske + Budrich, S. 91-120.
Michel, Burkard. (2004): Bildrezeption als Praxis. Dokumentarische Analyse von Sinnbildungsprozessen bei der Rezeption von Fotografien. In: Zeitschrift für qualitative Bildungs-, Beratungs- und Sozialforschung, Themenheft „Methoden der Bildinterpretation" 2004, Heft 1, S. 67-86.

Michel, Burkard (2006a): Bild und Habitus. Sinnbildungsprozesse bei der Rezeption von Fotografien, Wiesbaden: VS-Verlag.

Michel, Burkard (2006b): Das Gruppendiskussionsverfahren in der (Bild-) Rezeptionsforschung. In: Bohnsack, Ralf/Przyborski, Aglaja/Schäffer, Burkhard (Hrsg.): Das Gruppendiskussionsverfahren in der Forschungspraxis. Opladen: Leske + Budrich, S. 219-231.

Michel, Burkard/Wittpoth, Jürgen (2004): Substanzielle und strukturelle Dimensionen kulturellen Kapitals. Habitusspezifische Sinnbildungsprozesse bei der Rezeption von Fotografien. In: Mein, Georg/Rieger-Ladich, Markus (Hrsg.): Soziale Räume und kulturelle Praktiken. Aspekte medialer Distinktion, Bielefeld: Transcript, S. 271-290.

Michel, Burkard/Wittpoth, Jürgen (2006): Habitus at Work. Sinnbildungsprozesse beim Betrachten von Fotografien. In: Friebertshäuser, Barbara/Rieger-Ladich, Markus/Wigger, Lothar (Hrsg.): Reflexive Erziehungswissenschaft. Forschungsperspektiven im Anschluss an Pierre Bourdieu. Wiesbaden: VS-Verlag.

Panofsky, Erwin (1978): Kunstgeschichte als geisteswissenschaftliche Disziplin. In: Panofsky, Erwin: Sinn und Deutung in der bildenden Kunst, Köln: Du Mont, S. 7-35.

Panofsky, Erwin (1987a): Zum Problem der Beschreibung und Inhaltsdeutung von Werken der bildenden Kunst. In: Kaemmerling, Ekkehard (Hrsg.) 1987: Ikonographie und Ikonologie. Theorien, Entwicklung, Probleme, Köln: Du Mont, S. 185-206.

Panofsky, Erwin (1987b): Ikonographie und Ikonologie. In: Kaemmerling, Ekkehard (Hrsg.): Ikonographie und Ikonologie. Theorien, Entwicklung, Probleme, Köln: Du Mont, S. 207-225.

Panofsky, Erwin (1989): Gotische Architektur und Scholastik, Köln: Du Mont.

Sachs-Hombach, Klaus/Rehkämper, Klaus (1999): Aspekte und Probleme der bildwissenschaftlichen Forschung – Eine Standortbestimmung. In: Sachs-Hombach, Klaus/Rehkämper, Klaus (Hrsg.): Bildgrammatik, Magdeburg: Scriptum-Verlag, S. 9-20.

Schütz, Alfred (1971): Gesammelte Aufsätze I, Das Problem der sozialen Wirklichkeit, Den Haag: Nijhoff.

Sebeok, Thomas A. (1990): Die Büchse der Pandora und ihre Sicherung: Ein Relaissystem in der Obhut einer Atompriesterschaft. In: Posner, Roland (Hrsg.): Warnungen an die ferne Zukunft. Atommüll als Kommunikationsproblem, München: Raben-Verlag, S. 141-168.

II. Triangulation von Bild und Text

Die Muster des Habitus und ihre Entschlüsselung

Mit Transkripten und Collagen zur vertiefenden Analyse von Habitus und sozialen Milieus

Helmut Bremer/Christel Teiwes-Kügler

Mit dem Beitrag möchten wir eine spezielle Form der Bildherstellung und -interpretation vorstellen. Sie ist eingebunden in eine Erhebungs- und Auswertungsmethode, bei der Text- und Bildmaterial zur vertiefenden Analyse von Habitusmustern herangezogen werden. Ausgehend von Gruppendiskussionen haben wir dazu ein gestuftes methodisches Verfahren entwickelt, das wir „Gruppenwerkstatt" nennen (Bremer 2004a, Bremer/Teiwes-Kügler 2003) und bei dem unterschiedliche Methoden und Datentypen miteinander kombiniert werden: Vor allem Transkripte aus den Diskussionsteilen der Gruppenwerkstatt und Collagen, die von den Teilnehmenden im Verlauf der Erhebung aus Zeitschriftenmaterial hergestellt werden. Entwickelt und angewendet worden ist das Verfahren im Verlauf mehrerer, an der Universität Hannover durchgeführter empirischer Untersuchungen: einem Forschungsprojekt zu den Adressaten der gewerkschaftlichen Erwachsenenbildung (Bremer 2004b, 2006), einer Studie zur Beziehung sozialer Gruppen zu Religion und Kirche (Vögele/Bremer/Vester 2002), einer Untersuchung zu den Bildungs- und Studienstilen von Studierenden in den Sozialwissenschaften (Lange-Vester/Teiwes-Kügler 2004) sowie einer Arbeit zu modernen Arbeitnehmermilieus und ihren interessenpolitischen Haltungen (Vester/Teiwes-Kügler 2006).

Die Untersuchungen stützten sich auf Bourdieus Theorie von Habitus und Feld (1982, 1987, 2001) und dessen Weiterführung in der typenbildenden Mentalitäts- und Milieuanalyse. Dieser Ansatz ist an anderer Stelle ausführlicher dargestellt (Vester u.a. 2001, Bremer/Lange-Vester 2006). Wir können ihn hier nur in groben Zügen umreißen. Unter einem sozialen Milieu verstehen wir im Anschluss an Durkheim (1988: 55f.) kurz gefasst eine Gruppe von Menschen, die aufgrund ähnlicher Lebensumstände ihr Leben nach ähnlichen moralisch-geschmacklichen Prinzipien führen. Diese Form der Lebensführung gründet auf einem bestimmten Habitus, den man mit Bourdieu (1992: 31) vereinfacht als eine „allgemeine Grundhaltung, eine Disposition gegenüber der Welt" verstehen kann und die sich in den Mustern sozialer Praxis zeigt (also ähnlichen Formen der Bildungs-, Berufs-, Freizeit-, Gesellungspraxis usw.).

In sozialhistorischer Perspektive lassen sich fünf große „Traditionslinien" sozialer Milieus unterscheiden: Auf der oberen sozialen Stufe die Traditionslinien von „Macht und Besitz" und der „akademischen Intelligenz",
auf der mittleren Stufe die Traditionslinien der „Facharbeit und der praktischen Intelligenz" sowie der „ständisch kleinbürgerlichen Milieus", und auf
der unteren sozialen Stufe die Traditionslinie der Unterprivilegierten. Innerhalb dieser Traditionslinien unterscheiden wir gegenwärtig zehn, in sich weiter differenzierte soziale Milieus, die sich nach dem Muster des Generatio-
nenwechsels wandeln und modernisieren. Die Einordnung in den sozialen
Raum erfolgt nicht nach sozialer Position oder Kapitalverteilung, sondern
nach dem Typ des Habitus. Dabei fließen vor allem der Grad der Distinktion
bzw. der Orientierung an Notwendigkeiten sowie die Gewichtung von hie-
rarchie- und statusorientierten bzw. von eigenständig-unabhängigen Hand-
lungs- und Denkmustern ein (Vester u.a. 2001: 34f.).

In unseren Untersuchungen ging es jeweils darum, die milieuspezifischen Formen sozialer Praxis herauszuarbeiten, etwa Motive und Barrieren
zur Teilnahme an Weiterbildung, Erwartungen und Orientierungen in Bezug
auf Religion und Kirche sowie Zugänge zum Studium und die Herausbildung
von Studienstrategien. In der Begrifflichkeit Bourdieus sind diese milieuspezifischen Praktiken Ausdruck dafür, dass sich der Habitus „in der Beziehung
zu einem Feld" in bestimmter Weise „aktualisiert" (Bourdieu 1989: 406).
Der Raum der sozialen Milieus ist dafür, vereinfacht gesagt, eine Hinter-
grundfolie, in die wir unsere mittels qualitativen Methoden erarbeiteten Ty-
pologien einordnen.

1   Entwicklungswege und theoretische Bezugnahmen

1.1 Erweiterung der Gruppendiskussion zur „Gruppenwerkstatt"

Die Entwicklung der „Gruppenwerkstatt" (ausführlich Bremer 2004a) erfolgte schrittweise im Verlauf mehrerer Untersuchungen und war immer wieder
begleitet von theoretischen Rückkopplungen an das Habituskonzept.

In einem ersten Schritt begannen wir, das Gruppendiskussionsverfahren
für die qualitative Habitus- und Milieuanalyse fruchtbar zu machen. Bis dahin hatten wir uns auf lebensgeschichtliche und themenzentrierte Interviews
gestützt, die auf die Exploration aller zentralen Lebensbereiche des Alltags
zielen, in denen sich der Habitus herausbildet und zeigt. Anknüpfungspunkte
für Gruppenerhebungen fanden wir bei Bourdieu darin, dass er (1982: 283f.)
den Habitus als „einheitsstiftendes Erzeugungsprinzip aller Formen von Praxis" konzipiert. Die Wahrnehmungs-, Denk- und Handlungsschemata durch-
ziehen also alle Lebensbereiche und drücken ihnen gewissermaßen einen ty-

pischen Stempel auf. Auf diese Weise besteht zwischen einzelnen Praxisformen eine „stilistische Affinität" (ebd.: 282), so dass sich etwa im Bildungsverhalten Prinzipien finden lassen, die – durch entsprechende hermeneutische Interpretation – als generelle Habitusprinzipien identifiziert werden können.

Weiterhin gingen wir davon aus, dass sich bei einer milieuspezifischen Zusammensetzung von Gruppendiskussionen aufgrund der sozialen Nähe der Teilnehmenden, d.h. der Ähnlichkeit ihrer Habitusschemata, eine größere Alltagsnähe der Kommunikation herstellt. Wenn sich in Gruppendiskussionen nach Mangold (1960: 49) eine „informelle Gruppenmeinung" herausbildet, dann beruht das nach Bourdieu darauf, dass die Dispositionen des Habitus der Akteure zur Entfaltung kommen.[1]

Schließlich bestätigten unsere Erfahrungen mit Gruppendiskussionen eine weitere Vermutung. So betont Bourdieu bekanntlich den latenten Charakter der Schemata des Habitus. Sie kommen überwiegend in impliziter Form zur Anwendung und arbeiten „jenseits diskursiven Denkens" (Bourdieu 1982: 730). Die kommunikativen Bedingungen der Gruppendiskussion verstärken Effekte der Eigendynamik und gegenseitigen Stimulation. Dadurch wird die Interaktion stärker von den Teilnehmenden gesteuert, verläuft weniger kognitiv kontrolliert oder durch reflexive Dimensionen überlagert als in der Interviewsituation. Wie sich zeigte, führte das generell zu einem stärkeren Offenlegen der latenten Klassifikationsschemata des Habitus.

An dieser Stelle setzten unsere Überlegungen an, die uns zur Erweiterung der Gruppendiskussionen und letztlich zur Arbeit mit Collagen geführt haben. So steuerten die Akteure durch die „Selbstläufigkeit" (Bohnsack) der Interaktion meist sehr schnell die milieuspezifischen ‚Reibeflächen' in der Beziehung zum jeweiligen Feld an. Gleichzeitig hatten wir den Eindruck, dass die Teilnehmenden am Ende der Diskussion in gewisser Weise erst mit dem Thema warm geworden waren. Die Diskussion löste bei ihnen einen Prozess aus. Für uns stellte sich daher die Frage, wie dieser Prozess der Vertiefung in das Thema gezielt weiter geführt und wie somit noch stärker in tiefer liegende Dimensionen der Schemata vorgedrungen werden kann.

1.2 Die Komplexität des Habitus

Bourdieu trennt den Habitus bekanntlich analytisch in Wahrnehmungs-, Denk- und Handlungsschema. Er umfasst also etwas sehr Vielschichtiges; neben kognitiven auch vorbewusste, affektive, ethische, ästhetische, emotionale und körperliche Dimensionen. Diese Teile des Habitus sind häufig in

---

1 In ähnlicher Weise wird dieser Gedanke Mangolds bei der wesentlich von Bohnsack (vgl. Bohnsack u.a. 2001) vorangetriebenen Entwicklung der „dokumentarischen Methode" mit Mannheims Begriff des „konjunktiven Erfahrungsraums" verbunden. Vgl. auch Loos/ Schäffer 2001.

noch stärkerem Maße unreflektiert als das für die Schemata ohnehin gilt und können als eine Art ‚Tiefenstruktur' des Habitus angesehen werden. Wir gehen davon aus, dass solche tiefer liegenden Strukturen des Habitus auf der verbalen Ebene von Interviews und Gruppendiskussionen nur zu einem Teil angesprochen bzw. nicht ohne weiteres verbal zum Ausdruck gebracht werden können. Sie sind aber für die Zugänge der Milieus zu den Themenfeldern unserer Untersuchungen wichtig, da es sich bei Zugängen zu Erwachsenenbildung und bei kirchlich-religiösen Orientierungen um komplexe Motivbündel handelt. Ebenso geht daraus die Vielschichtigkeit der Bildungs- und Studienstrategien hervor.

Um dieser Ebene der verborgenen Dispositionen des Habitus eine Ausdrucksmöglichkeit zu geben, nahmen wir Anleihen aus der Arbeit mit Fokusgruppen in der kommerziellen Markt- und Meinungsforschung sowie der qualitativen psychologischen Forschung. Die hier, wie Dammer/Szymkowiak

> **Ablauf der Gruppenwerkstatt**
> – Vorstellungsrunde/‚Warming-Up'
> – (ca. 15 Minuten)
> – Gruppendiskussion (ca. 60 Minuten)
> – Vertiefender Metaplanteil (ca. 25 Minuten)
> – Pause
> – Projektiver Teil: Collagenarbeit
>   (ca. 70 Minuten)
> – Feedback (ca. 10 Minuten)
> – Sozialstatistischer Fragebogen

(1998: 76f.) kritisch bemerken, oft theorielos und wenig reflektiert verwendeten Techniken, die in der akademischen Sozialforschung bisher wenig Beachtung fanden (vgl. aber Marlovits u.a. 2004), konnten wir jedoch nicht bruchlos auf unseren Kontext übertragen, sondern mussten die Adaptionsmöglichkeiten prüfen.

Aus diesen Überlegungen heraus ist das Konzept der Gruppenwerkstatt entstanden. Durch den mehrstufigen methodischen Aufbau wird eine zunehmende thematische Vertiefung und damit gleichzeitig eine schrittweise Annäherung an die Tiefenstrukturen des Habitus erreicht. Diese gestufte Annäherung beginnt mit einem ‚warming-up' (einer strukturierten Vorstellungsrunde), wird durch eine ins Zentrum des Themas führende Gruppendiskussion sowie einen assoziativ-visualisierenden Part fortgesetzt und endet mit einem projektiven Teil, in dem wir mit Collagen arbeiten.

1.3 Theoretisch-methodologische Begründung zum Einsatz von Collagen

Projektive, assoziative oder „expressive Verfahren" (vgl. Kepper 1996) wie Collagen werden vor allem in der qualitativen psychologischen Forschung verwendet, um verdecktere und schwer verbalisierbare Einstellungen zu mobilisieren. So wird betont, dass Collagen wie bildnerisches Material im allgemeinen als besonders gut geeignet erscheinen, um verborgene Empfindungen, Wünsche, Ängste und (emotionale) Erfahrungen zur Sprache zu bringen. Die Collagentechnik eröffne einen Zugang zu „inneren Bildern" (Salcher 1995: 63), ohne zunächst auf eine kognitiv-verbale Übersetzung zurückzugreifen. Vereinfacht gelte demnach: „Menschen denken in Worten und fühlen in Bildern" (ebd.).

Bezogen auf unseren Anwendungs- und Forschungskontext bieten die Collagen demnach einen Zugang zu den Tiefenschichten, d.h. zu den latenten, weniger reflektierten und emotionalen Ebenen des Habitus. Wir vermuten, dass die Collagentechnik letztlich das leistet, was Bourdieu auch die „sokratische Arbeit der Unterstützung beim Zum-Ausdruck-Bringen" (Bourdieu 1997: 792) nennt. Damit ist gemeint, dass Wünsche und Bedürfnisse latent vorhanden sind, aber einen Anstoß oder ein Medium brauchen, um in das Bewusstsein zu gelangen und ausgesprochen bzw. eben bildhaft ausgedrückt werden zu können. Die in den Collagen enthaltenen symbolischen Ausdrucksformen müssen bei der Auswertung allerdings entsprechend Bourdieus Erkenntnis von der Korrespondenz mentaler und sozialer Strukturen (vgl. Bourdieu 1982: 730) wieder auf gesellschaftliche Schemata zurückgeführt werden.

Praktisch ist dieser Teil der Gruppenwerkstatt so gestaltet, dass die Diskussionsgruppe (idealer Weise acht Teilnehmende) nochmals geteilt wird, so dass jeweils vier Personen aus einem identischen Set von Zeitschriften Collagen unter einer vorgegebenen Fragestellung herstellen. Durch den teilweise ‚spielerischen' Umgang mit dem Material werden assoziative und projektive Prozesse angestoßen, kognitive Barrieren oder Rationalisierungen umgangen und auf diesem Weg wichtige Aspekte im Hinblick auf ein Thema ausgedrückt. Da es sich um eine praktische Arbeitsweise handelt, können zudem Teilnehmende, die verbal eher zurückhaltend sind, ihre Haltungen zum Thema dann auf diese Art und Weise einbringen. Dabei gehen wir davon aus, dass bildhafte mentale Strukturen die Auswahl des Bildmaterials beim Herstellen der Collagen auf einer vorbewussten Ebene mit anleiten und entsprechende Pendants aus dem Illustrierten-Material ausgewählt werden. In den Kleingruppen wird dann entweder in einem interaktiven Prozess ein gemeinsames Bild zusammengestellt oder die Befragten gestalten jeweils getrennt ihre ‚persönliche Ecke'. Wichtig ist, dass die Collagen am Ende von den Herstellern selbst vorgestellt und interpretiert werden, wobei Nachfragen und Kommentierungen als weitere Diskussionsimpulse fungieren können.

1.4 Zur habitushermeneutischen Auswertung von Gruppenwerkstätten

Um das sehr reichhaltige Material einer Gruppenwerkstatt zu durchdringen[2], haben wir ein Auswertungskonzept entwickelt, das mehrere Etappen umfasst und das uns von der manifesten Ebene zur latenteren Habitusebene führt.[3] Das Vorgehen, durch das die Habituspraktiken entschlüsselt werden können, bezeichnen wir als „Habitushermeneutik" (vgl. Bremer 2004a: 61ff.).

Dabei stützen wir uns auf die langjährige empirische und theoretische Arbeit an mittlerweile etwa 800 interpretierten, qualitativen Interviews und Gruppendiskussionen bzw. -werkstätten. Wir sehen bei manchen der bekannten Ansätze sozialwissenschaftlicher Hermeneutik (vgl. Hitzler/Honer 1997, Schröer 1994, Hitzler u.a. 1999) partiell durchaus Gemeinsamkeiten mit unserem Vorgehen, vor allem bei der dokumentarischen Methode. Nach Hitzler (2002: 3) entzünden sich die theoretischen Differenzen vor allem an der Frage, wie bzw. wo „Sinn sich ursprünglich konstituiert", wobei dann die Pole des subjektiv-intentionalen und des objektiven Sinns oft leitend sind. Bourdieu betont durch das Habituskonzept die *Korrespondenz* von gesellschaftlichen (‚objektiven') und individuellen (‚subjektiven') Strukturen und verwirft damit das Denken in diesem Dualismus. Diese Spezifik des Habituskonzepts, die wir mit dem Begriff „Habitushermeneutik" ausdrücken wollen, geht nach unserer Erfahrung in keinem der Ansätze wirklich auf. Dabei folgen wir einer Bourdieuinterpretation, die, anders als etwa Bohnsack (1999: 80) und Meuser (1999: 131), das Habituskonzept nicht deterministisch auffasst und anwendet (vgl. etwa Krais/ Gebauer 2002, Rieger-Ladich 2005, Brake/Büchner 2006, Rehbein 2006).

Konkret orientieren wir uns in der Arbeit an zwei theoretischen Gesichtspunkten:

Zunächst setzt die Analyse von Habitusmustern an den *Klassifizierungen* an. Mit Bourdieu gehen wir davon aus, dass in den alltäglichen Praxisformen der Akteure implizit die Schemata enthalten sind, mit denen sie die soziale Welt bewerten und sich in ihr verhalten. Bourdieu verweist auf die klassifizierenden Gegensatzpaare von Adjektiven, mit denen, wie er sagt (1982: 730), „Menschen wie Dinge der verschiedenen Bereiche der Praxis klassifiziert wie qualifiziert werden". Sie bilden eine Art „Matrix aller Gemeinplätze" (etwa: ideell – materiell, fein – grob, exklusiv – vulgär, hoch – niedrig, oberflächlich – tief, leicht – schwer usw.) und stehen als „geschichtlich ausgebildete Wahrnehmungs- und Bewertungsschemata" für die „objektive[n]

---

2   Die rund vierstündigen Gruppenwerkstätten werden auf Video aufgezeichnet und komplett transkribiert.

3   (1) Inhaltsanalytisches Protokoll mit Analyse der Gruppendynamik (‚manifeste Ebene') (2) Sequenzielle hermeneutische Interpretation ausgewählter Teile (‚latente Ebene') (3) gegebenenfalls Herausarbeiten von Teilgruppen- bzw. Einzelteilnehmerprofilen (4) Interpretation der Metaplankarten (5) Interpretation der Collage(n) (6) Herausarbeiten des Habitussyndroms und Milieuzuordnung (7) Typenbildung durch das Hinzuziehen weiterer Fälle (8) Typologie durch Fallvergleich und Herausarbeiten der Logik des Feldes.

Trennung von ‚Klassen'" (ebd.: 730f.). In den Bewertungen, durch die Nähe und Abgrenzung ausgedrückt wird, sind demnach auch Selbstverortungen verborgen. Diese alltäglichen Chiffrierungen des Sozialen gilt es im Sinne „wissenschaftlicher Reflexivität" (Bourdieu 1995; vgl. auch Engler 2001: 101ff.) zu entschlüsseln und die dahinter stehenden grundlegenden „Teilungs- und Gliederungsprinzipien" (Bourdieu 1982: 730) aufzudecken.[4]

Zum zweiten verstehen wir den Habitus als ein *Syndrom*, durch das ein „Zusammenhang zwischen ganz unterschiedlichen Dingen" hergestellt wird (Bourdieu 1992: 31). Zurückgegriffen werden kann hier auf das von Adorno u.a. formulierte Syndrom- und Typenkonzept, wonach es Ziel sein sollte, „unter jeder Typusbezeichnung eine Anzahl von Zügen und Dispositionen zu ordnen und diese in einen Zusammenhang zu bringen, der sie ihrem Sinn nach als eine mögliche Einheit zeigt" (Adorno u.a. 1973: 309). Daran angelehnt sehen wir im Habitus ein Ensemble unterschiedlicher Züge, die letztlich dennoch ein einheitliches, aber, wie Krais/Gebauer (vgl. 2002: 71f.) betonen, durchaus spannungsreiches Prinzip bilden.

In der praktischen Auswertungsarbeit stützen wir uns auf ein begriffliches Instrumentarium, das heuristisch erarbeitet und angewendet wird. Mit Hilfe dieser analytischen „Elementarkategorien" (vgl. Vester u.a. 2001: 217)[5] identifizieren wir zunächst einzelne Habituszüge und fügen daraus beim Durcharbeiten des Materials nach und nach die einzelnen Züge zu einem Syndrom zusammen.

Beispielsweise wird in Bezug auf die Kirche in Aussagen von akademischen Gruppen – „diese modernen Kirchenlieder, die sind so oberflächlich" oder „Konfirmation nur wegen des Geldes, das ist doch verlogen" – ein typisches Muster deutlich, mit dem sich gebildete Milieus durch Betonung von Kultur, Tiefe und ideellen Werten vom vermeintlich Materialistischen und Banalen des ‚gewöhnlichen' Volkes abgrenzen. Gleichzeitig wird damit auf versteckte Weise Distinktion gezeigt und Herrschaft ausgeübt (im angeführten Beispiel etwa in Form einer legitimen Religiosität, die mit hochkulturellen Praktiken und ‚Tiefe' verbunden ist). Mit der Herausarbeitung eines solchen Musters ist der Habitus insgesamt noch nicht erschlossen, sondern wir sehen darin eine Ausprägung bzw. einen Zug, der beim weiteren Durcharbeiten des Materials bestätigt, erweitert oder verworfen und durch weitere Muster ergänzt werden muss. Diese Suche nach den Grundmustern des Habitus erstreckt sich auch auf die Collagen, wobei die generellen Prinzipien der Habitushermeneutik bei der Collagenauswertung ebenfalls leitend sind.

---

4 Für ein eindrucksvolles empirisches Experiment zum Offenlegen von Klassifikationsmustern vgl. Schultheis 1997.

5 Etwa: individuell – gesellig, ideell – materiell, spontan-hedonistisch-sinnlich – methodisch-asketisch-diszipliniert, hierarchisch – egalitär, ästhetisch – funktional usw.

2   Die habitushermeneutische Auswertung von Collagen

2.1 Methodenentwicklung

Mit den Collagen erhalten wir einen neuen Datentypus, bei dem sowohl narrative als auch bildhafte Daten nebeneinander auftreten. Narratives Material ergibt sich aus den Erklärungen und Deutungen, die die Teilnehmenden selbst zu ihren Collagen vornehmen. Dieses kann wie das übrige Transkriptmaterial (sequenziell) hermeneutisch interpretiert werden. Darüber hinaus bieten die Collagen aber in ihrer Bildhaftigkeit und Symbolik eine eigene Datenmatrix. Sie enthalten u.E. zusätzliche latente Bedeutungen, die den Teilnehmenden selbst nicht präsent sind und deshalb von ihnen auch nicht thematisiert werden, die aber mit einer entsprechenden Methode für die Habitusanalyse nutzbar gemacht werden können.

Legt man zu Grunde, dass es sich beim Habitus um ein generelles praktisches Prinzip handelt, das sich in allen Praxisformen quasi als roter Faden wiederfindet und sämtliche Praktiken einer bestimmten Systematik unterwirft (vgl. z.B. Bourdieu 1982: 282f.), dann können aus der formalen und inhaltlichen Gestaltung der Collagen, den eingesetzten Symbolen und Bild-Text-Motiven Rückschlüsse auf die habitustypischen Dispositionen im Zugang auf ein Praxisfeld gezogen werden.

Um eine kontrollierte und theoretisch begründete Auswertungsmethode zu entwickeln, die diese symbolisch-bildhafte Ebene der Collagen mit einschließt, haben wir uns mit verschiedenen kunstwissenschaftlichen und kunstpädagogischen Methoden[6] sowie mit kultur- und sozialwissenschaftlichen Verfahren der Bildinterpretation[7] auseinandergesetzt (vgl. ausführlich Teiwes-Kügler 2001, Bremer/Teiwes-Kügler 2003). Keine der genannten Richtungen hat sich explizit mit der Auswertung von Collagen beschäftigt, sondern mit Kunstwerken, Fotografien, Werbeplakaten oder mit Video- bzw. Filmsequenzen. Dennoch haben wir dort wichtige Anregungen gefunden. Die wichtigsten Ansätze, die sich für die Collagenauswertung in unserem Untersuchungszusammenhang als besonders anschlussfähig erwiesen haben, sind

---

6   Zu den kunstwissenschaftlich-kunstpädagogischen Methoden siehe Lang 1982, Künne 1998, Kowalski 1970, v. Criegern 1981, exemplarisch Panofsky 1975 und Imdahl 1980.

7   (1) Einen strukturalistischen Ansatz, der zum Umfeld der objektiven bzw. strukturalen Hermeneutik gehört (vgl. Loer 1994; Haupert 1994). (2) Eine phänomenologisch orientierte Richtung (vgl. Englisch 1991). (3) Eine wissenssoziologische Richtung (vgl. Reichertz 1992). (4) Eine kultursoziologische Richtung, die das Verfahren der objektiven Hermeneutik durch Kombination mit kunstwissenschaftlichen und semiologischen Methoden erweitert (exemplarisch Müller-Doohm 1997). Inzwischen wird ein weiterer wissenssoziologischer Ansatz im Rahmen der „dokumentarischen Methode" (Bohnsack 2001) auf Fotografien und Videomaterial angewendet und mit kunstwissenschaftlichen Ansätzen von Panofsky und Imdahl verbunden (vgl. Bohnsack 2001, Michel 2001 und Wagner-Willi 2001).

die *Ikonografisch-ikonologische* Methode der Bildinterpretation von Erwin Panofsky (exemplarisch 1975[1955])[8], die *Ikonik* von Max Imdahl (1980, 1994)[9], die *Struktural-hermeneutische Symbolanalyse* von Stefan Müller-Doohm (exemplarisch 1997) und die Arbeiten von Felicitas Englisch (1991).

Verbindend mit unserem Ansatz ist bei den genannten Methoden zum einen, dass sie verschiedene Bedeutungsschichten freilegen und zum anderen die Annahme, dass sich in Bildmaterial kollektive Grundmuster oder Prinzipien finden lassen, die als vergegenständlichte kulturelle oder symbolische Praxis über die Intention des Produzenten hinausweisen. Sie geben Hinweise auf eine allgemeine Grundhaltung zur Welt bzw. auf eine symbolische Ordnung, die einer bestimmten Kultur oder sozialen Klasse eigen ist und die Bourdieu mit dem Habituskonzept gefasst hat.[10] Müller-Doohm hat ein sehr komplexes Auswertungsschema entwickelt, an dem wir uns orientieren konnten (vgl. Müller-Doohm 1997).

Die Auswertung der Collagen zielt darauf, aus den formalen und inhaltlich-thematischen Gehalten der Collage grundsätzliche Haltungen oder Prinzipien herauszuarbeiten und sie in generelle, im Habitus gründende Muster der Praxis zu überführen, die für bestimmte soziale Milieus typisch sind. Der Habitus als generelle Disposition bringt nach Bourdieu einen bestimmten „modus operandi" hervor und dieser geht in das „opus operatum" mit ein. Er „gibt sich dort zu erkennen und nur da" (Bourdieu 1970: 151). D.h. die Collagen geben auch Hinweise darauf, wie *opus operatum* und *modus operandi* – das Was und das Wie – zusammenhängen.

Wir sind den oben genannten Ansätzen zudem in der Annahme gefolgt, dass Bildmaterial per se keine textförmige Struktur aufweist, die in der Logik eines zeitlichen Nacheinanders wie ein Text gelesen und sequenzanalytisch

---

8   Panofsky unterscheidet: I. Vorikonografische Beschreibung: Primäre Sinnschicht (Primäres Sujet) – Phänomensinn untergliedert in Sachsinn und Ausdruckssinn; II. Ikonografische Analyse: Sekundäre Sinnschicht (Konventionales Sujet); III. Ikonologische Analyse: Analyse und Synthese der eigentlichen Bedeutung – wesentlicher Gehalt (Wesenssinn oder Dokumentsinn). Vgl. bspw. Panofsky 1975/ [1955]. Bekanntlich hat sich Bourdieu (vgl. 1970: 61f.) explizit mit Panofsky auseinandergesetzt.

9   Imdahl hebt den Zusammenhang zwischen formaler Komposition und inhaltlichem Gehalt eines Bildes für die Deutung besonders hervor und bietet eine zusätzliche ästhetische Interpretationsebene an. Er betrachtet Formen, Linien, Flächengliederung, Komposition, wie auch die räumlichen Relationen zwischen Gegenständen und Personen als eigene Bedeutungsebene – als „ikonische Sinnstruktur des Bildes" (Imdahl 1980: 92), die für die inhaltliche Entschlüsselung bedeutsam ist. Die formalen und inhaltlichen Qualitäten eines Bildes sind nach Imdahl nicht voneinander zu trennen. „Syntax und Semantik bedingen einander" (Imdahl 1994: 303). Diese Sinnstruktur ist nach Imdahl nur bildlich vermittelbar.

10 In diesen Prinzipien, von Panofsky (1978: 41) als „eigentliche Bedeutung" oder „wesentlicher Gehalt" des Bildes bezeichnet, offenbare sich unbewusst und ungewollt „*die Grundeinstellung einer Nation, einer Epoche, einer Klasse*" (ebd.: 40) – ein grundsätzliches Verhalten zur Welt, das sich danach nicht nur im Gegenständlichen und in den Motiven des Bildes finde, sondern ebenso in der formalen Gestaltung, der Flächengliederung bis hin zu eingesetzten Techniken und Pinselführung.

ausgewertet werden kann, sondern dass die Collagen über eine eigene visuelle Logik oder ikonische Qualität verfügen, die sich aus der unmittelbar sinnlich wahrnehmbaren und simultanen Wirkung der Text-Bildelemente ergibt. Bei der Beschreibung und Feinanalyse der Collagen arbeiten wir mit Sequenzen, die sich allerdings aus der flächigen Anordnung der einzelnen Bild- und Textmotive ergeben – also aus der visuellen Struktur der Collage. Ohne die Unterteilung in kleinere Teilabschnitte ist eine genaue Analyse der Collagen nicht möglich. Diese Sequenzen werden dann aus technischen Gründen nacheinander bearbeitet. Als Sequenz wird in Anlehnung an Englisch ein optisch abgrenzbarer Teilbereich aufgefasst, der aus einzelnen Bild- bzw. Textelementen oder auch aus mehreren zusammengefügten Motiven bestehen kann, die als optische Einheit wahrgenommen werden. Die Reihenfolge der systematischen Bearbeitung dieser Teilbereiche unterliegt letztlich dem Ermessen der Interpreten und muss deshalb transparent gehalten werden. Häufig bieten die Collagen eine Art Grobstruktur an, der gefolgt werden kann, diese ist u.E. aber nicht objektivierbar.[11]

Berücksichtigt werden muss, dass es sich bei den Collagen weder um Kunstwerke noch um künstlerische Produkte aus der Werbung handelt, sondern um sozialwissenschaftliches Erhebungsmaterial, das in relativ kurzer Zeit spontan entstanden ist. Die ästhetische Dimension erhält in diesem besonderen Kontext, aber auch durch den theoretischen Ansatz der Habitusanalyse, einen anderen Stellenwert. Ästhetik stellt nach Bourdieu nicht nur eine spezifische, eben sinnliche Darstellungs- und Wahrnehmungsweise dar, sondern Ästhetik ist auch eine Kategorie der Bewertung, Bestandteil des Habitus und damit klassenspezifisch. Die unterschiedlichen ästhetischen Präferenzen und Bewertungen von sozialen Gruppen – der Geschmack – dienen dabei auch immer der Unterscheidung und Abgrenzung von anderen sozialen Gruppen und strukturieren auf diese Weise die soziale Welt mit. Die empirische Arbeit hat den Zusammenhang zwischen klassenspezifischer Ästhetik und Materialauswahl bestätigt. In der Auswahl der Motive ist der Klassengeschmack der Teilnehmenden tatsächlich gut zu erkennen.[12] Die ästhetische Dimension der Collagen liefert somit zusätzliche Hinweise für die Habitusanalyse der sozialen Milieus.

2.2 Das eigene Auswertungskonzept

Aus der Bearbeitung der oben genannten Methoden zur Bildinterpretation wurde ein Auswertungsleitfaden entwickelt, der vor allem zum Ziel hat, die einzelnen Arbeitsschritte der Interpretation zu systematisieren und dabei möglichst kontrollierbar vorzugehen. Er dient als Hilfestellung, um „Sehendes Sehen zu

---

11   Loer (vgl. 1994: 353f.) geht beispielsweise von einem „ikonischen Pfad" aus, der sich jedem Betrachter in gleicher Weise erschließt. Dem würden wir so nicht zustimmen.

12   Da in allen Gruppen mit identischem Zeitschriftenmaterial gearbeitet wurde, erhielten wir hierzu gute Vergleichsmöglichkeiten.

lernen" (Imdahl 1980: S. 93), d.h., den Blick zu schärfen und auf bestimmte E-
lemente in den Collagen zu lenken, die Anhaltspunkte für die Interpretation geben können.

Die Interpreta-
tion erfolgt auf fünf
Analyseebenen, von
der Deskription und
Analyse (1) des Sicht-
baren – ausgehend
vom ersten subjekti-
ven Gesamteindruck
über (2) die formale
Gestaltung – ästhe-
tisch und inhaltlich
(die Motivauswahl
betreffend)[13] bis zur
(3) sequentiellen In-
terpretation der ein-
zelnen Text- und
Bildmotive und den
darin enthaltenen The-
men (Bedeutungsana-
lyse). Besonders bei
der Bedeutungsana-

Auswertungsleitfaden zur Collageninterpretation
– Spontaner ästhetischer Gesamteindruck (Simul-tanwirkung)
– Formale Gestaltung - Deskription und Analyse
– formal-ästhetisch - optische (Grob)Struktur
– thematisch-inhaltlich - Motivauswahl
– Bedeutungsanalyse
– Grobanalyse: Bestimmung optischer und inhaltlicher Themenkomplexe – Sequenz-bestimmung
– Feinanalyse:
– Textelemente: wörtliche bzw. denotative Bedeutung symbolische bzw. konnotative Bedeutung
– Bildelemente wörtlicher bzw. denotativer Bildsinn symbolischer bzw. konnotativer Bildsinn
– Relationale Analyse
– Habitushermeneutische Synthese
– Zusammenfassung und abschließende Beurteilung

lyse müssen die Erklärungen der Teilnehmenden mit einbezogen werden. Die
Interpretation bewegt sich deshalb zwischen diesen narrativen Erläuterungen
und den visualisierten Elementen und Symbolen in einem dialektischen Prozess hin und her.

Mit denotativer Bedeutung ist hier die unmittelbare buchstäbliche Bedeutung dessen gemeint, was abgebildet oder geschrieben steht. Sie entspricht dem Common Sense oder Alltagswissen derjenigen, die einer gemeinsamen Kultur angehören und Gegenstände etc. üblicherweise so bezeichnen würden. Die symbolische bzw. konnotative Bedeutung ergibt sich

---

13 Die optisch-ästhetische Bild-Textanordnung kann willkürlich-spontan oder sehr metho-
disch-durchdacht sein und bspw. eine Grobstruktur aus Schichtung, stern- oder strahlen-
förmiger Anordnung oder ein optisches Zentrum enthalten. Weitere Hinweise liefern stilistische Besonderheiten, wie handschriftliche Ergänzungen/Erklärungen, Größe der Motive,
quantitative Bild-Textrelation, flächige Gestaltung, Materialdichte und Freiflächen. Bei der
thematisch-inhaltlichen Ebene sind einerseits die angesprochenen Themen von Interesse,
andererseits die dafür gewählten Motive. Über die ausgewählten Personen und Gegenstände
werden Zuordnungen und Abgrenzungen gegenüber sozialen Gruppen vorgenommen. Weitere Anhaltspunkte liefern signifikantes Vokabular und stilistische Besonderheiten (Anspie-
lung, Verfremdung, Überzeichnung, Ironie, Stilisierung). Alle diese Elemente müssen gedeutet und in einen Zusammenhang mit den Prinzipien des Habitus gebracht werden.

zum einen aus den jeweiligen Bedeutungen, mit denen die Teilnehmenden die einzelnen Motive versehen haben. Zum anderen zeigen sich darin verborgene Klassifizierungen und Schemata des Habitus. In der relationalen Analyse wird gesondert der Zusammenhang zwischen formaler Struktur und inhaltlichen Bezügen untersucht. Alle Interpretationsschritte werden abschließend in einer (4) hermeneutischen Synthese in ethische und ästhetische Prinzipien des Habitus überführt und (5) in die Ergebnisse aus den anderen Teilen der Gruppenwerkstatt eingeordnet.

Um Vergleichshorizonte zu haben, ist es sinnvoll, eine Collage jeweils in Relation zu anderen zu interpretieren. Erst im Vergleich werden die Unterschiede sichtbar. Diese Unterschiede sollen nun durch einige Beispiele verdeutlicht werden.[14]

2.3 Collagenbeispiele

Die beiden ersten Collagenbeispiele stammen aus der Untersuchung „Soziale Milieus und Kirche" (vgl. Vögele/Bremer/Vester 2002). Sie wurden unter dem Thema *„Die Kirche der Zukunft, wie ich sie wünsche"* jeweils als Gemeinschaftsarbeit von Kleingruppen aus zwei unterschiedlichen Gruppenwerkstätten hergestellt. Beide Collagen zeigen sowohl inhaltlich als auch ästhetisch sehr verschiedene Zugangsweisen in der Auseinandersetzung mit dem Thema Kirche und Religion.

In der Collage von jungen Leuten aus den akademischen Bildungsmilieus (Beispiel 1) stehen Kopf, Geist und Verstand optisch wie inhaltlich im Zentrum (*„Open Your Mind", „Ab jetzt mehr Kopffreiheit"*). Alles andere wurde mit Abstand darum herum angeordnet. Es sind sehr viele christlich-religiöse Symbole verwendet, dabei aber verfremdet und karikiert worden (Bildmotive: Nonnen, männlicher Engel, Paradies mit Helge Schneider als Partymessias). Mit der Überschrift: *„Am Achten Tag schuf Gott das hier"* (die Collage) stellen die Jugendlichen provokant das eigene schöpferische Handeln mit der göttlichen Schöpfung auf eine Stufe. Die gesamte Collage ist letztlich Ausdruck einer Auseinandersetzung, die zwischen jüngeren Teilen intellektueller Milieus und Trägern der Amtskirche geführt wird. Dabei geht es um Deutungs- und Definitionsansprüche in Fragen der geistigen Toleranz bzw. darum, was als heilig oder profan angesehen werden soll. Es handelt sich um eine kognitiv-reflektierte Ästhetik, die Distanz herstellt und deren brisante Aussage sich dem Betrachter nicht auf den ersten Blick erschließt. Die verdeckte, spöttische Ironie, die sich in der ‚Entweihung' der

---

14 Eine ausführliche Darlegung der sequentiellen Interpretation kann im Rahmen dieses Beitrags nicht erfolgen. Ausführliche Interpretationsbeschreibungen finden sich bei Teiwes-Kügler 2001. Um die Unterschiede zu veranschaulichen, haben wir Collagen ausgewählt, die sich besonders gut kontrastieren lassen.

Symbole verbirgt, ist dabei ein typisches stilistisches Mittel von intellektuellen Bildungsmilieus.

Beispiel 1: Collage aus der Untersuchung „Soziale Milieus und Kirche" von jungen Leuten aus den akademischen Bildungsmilieus.

In der Collage von jungen Frauen aus den praktischen Milieus der gesellschaftlichen Mitte (Beispiel 2) überwiegt dagegen eine völlig andere Ästhetik. Die Collage wirkt durch die Materialdichte unmittelbar fröhlich-vital, ist emotional-sinnlich und körperbetont gestaltet. Auch hier gibt es ein optisches Zentrum; dieses wird aber durch Menschen unterschiedlichen Geschlechts, Alters und unterschiedlicher Kulturen ausgefüllt. Sie stehen in Zuneigung und körperlicher Nähe zueinander. Die verschiedenen Themen sind optisch umrandet, ihre Bedeutungen werden dem Betrachter durch die handschriftlichen Ergänzungen erklärt. Auch in dieser Collage ist Toleranz ein zentrales

Thema, betrifft jedoch die konkreten, alltagspraktischen zwischenmenschlichen Beziehungen und weniger die intellektuelle Auseinandersetzung um Deutungsansprüche. Während die erste Collage eine Abgrenzung von der Kirche enthält, werden in der zweiten Collage Wünsche nach Integration auf die Kirche projiziert.

Beispiel 2: Collage aus der Untersuchung „Soziale Milieus und Kirche" von jungen Frauen der „praktischen Intelligenzmilieus" aus der gesellschaftlichen Mitte

Die folgenden Beispiele sind der Untersuchung „Studierendenmilieus in den Sozialwissenschaften" (vgl. Lange-Vester/Teiwes-Kügler 2004) entnommen. In den Collagen haben Studierende der Sozialwissenschaften ihre Zukunftsvorstellungen entworfen. Häufig wurden in dieser Untersuchung von den Studierenden jeweils individuelle Teilbereiche in den Collagen geschaffen. Bei den Beispielen handelt es sich um solche Einzelbereiche.

Deutlich wird, dass sich auch hier elementare Habituszüge über die Collagen Ausdruck verschaffen und sehr unterschiedliche Prioritäten und Lebensprinzipien zur Geltung kommen. Sie zeigen auch, dass die Zukunftserwartungen der Studierenden gelassen und optimistisch oder skeptisch und unsicher ausfallen können. Ein Zusammenhang mit der sozialen Herkunft und den vertikalen gesellschaftlichen Positionen ist dabei nicht zu übersehen. Zudem werden besonders von Studierenden der oberen Bildungsmilieus oder solchen, die sich daran orientieren, dominierende Leitbilder des akademischen Feldes aufgegriffen.

Die erste Collage (Beispiel 3) verkörpert geradezu idealtypisch das Leitbild des akademisch-intellektuellen Feldes. Hier wird von einem Studenten der akademischen Bildungsmilieus das Selbstbild des freien, autonomen Intellektuellen in vergeistigter Askese entworfen. Gelassen die Füße auf dem Tisch mit Blick auf den Kosmos, Sinnfragen nachgehend, von Büchern umgeben, ist das Subjekt auf sich selbst bezogen. Andere Menschen sind nicht abgebildet und offenbar auch nicht bedeutsam, ebenso fehlen materielle Motive oder konkrete berufliche Bezüge. Es handelt sich um einen sehr individualisierten und idealisierten Lebensentwurf.

Die zweite Collage von einer Studentin, die aus der gesellschaftlichen Mitte einen Bildungsaufstieg vollzieht (Beispiel 4) stellt quasi das Gegenbild dazu dar. In ihr wird unmittelbar lustbetont sinnlich-körperlicher Genuss und Geselligkeit zum Ausdruck gebracht. Die Collage entspricht einem konventionellen Lebensentwurf, in dem das Zuhause, Heirat, Familie und die Beziehung zu anderen hohe Bedeutung besitzen. Nicht die intellektuell-geistige Auseinandersetzung, sondern praktische Themen werden aufgegriffen. Ein Auszug aus der Erläuterung:

„Also, die Treppe führt in mein Leben, ja. Meine Familie, Gesundheit, Job, Essen, Events, also dass ich halt ja Freunde treffe. Okay. Also, Essen ist mir halt sehr wichtig, weil ich sehr, sehr gerne koche. Gesundheit, der Job natürlich auch, ich hab kein Bild gefunden über einen Job, aber also ich möchte später einen Job haben, der mich halt wirklich ausfüllt, also der mich halt ehm, glücklich macht, ne".

Die Treppe im Zentrum der Collage symbolisiert den Einstieg und Aufstieg in eine möglichst sorglose und harmonische Zukunft. Diese Collage wurde von den Teilnehmern der Gruppenwerkstatt, die über einen akademischen Hintergrund verfügen, als „sehr idyllisch, etwas naiv und träumerisch" abgewertet.

Beispiel 3: Collage aus der Untersuchung „Studierendenmilieus in den
Sozialwissenschaften"; Intellektuelle Askese (Student aus den
oberen Bildungsmilieus)

Das nächste Beispiel (5) stammt von einem männlichen Studierenden aus der
gesellschaftlichen Mitte. Er hat seinen Aufstiegsweg unreflektiert ebenfalls
durch eine Treppe, diesmal mittels systematisch angeordneter Textmotive,
optisch in der Collage aufgegriffen. Der Aufstieg führt zum Status des frei
schaffenden Intellektuellen, der nachsinnend-grüblerisch („Ideen kommen
bei einem schönen Glas Rotwein", „Nachteule") auf sich selbst verwiesen ist
und der seine Versinnbildlichung in dem über allem stehenden Croissant findet. Es sind ausschließlich Abbildungen von männlichen Einzelpersonen
vorhanden, während soziale Beziehungen zu anderen nicht thematisiert werden. Ausgedrückt werden zudem die Anstrengung und die Bedenken, die mit
dem Bildungsaufstieg verbunden sind („Mühsame Detailarbeit", „die große
Suche", „Druck auf die Kasse"). Die Collage trägt nicht zufällig die Überschrift: „Wenn das mal gut geht". In diesem Satz kommen grundsätzliche
Bedenken des Studenten zum Ausdruck und spitzen das Gefühl der Ungewissheit hinsichtlich des eingeschlagenen Weges noch einmal zu.

Das letzte Beispiel (6) stammt von einer Studierenden mit bildungsferner Herkunft aus dem unteren Bereich des sozialen Raums. In ihr kommen auf drastische Weise Versagensängste zum Ausdruck, die verbal nicht artikuliert wurden bzw. werden konnten. Die Studentin hat ein sehr dichotomes Bild von ihrer Zukunft entworfen, die Collage ist zweigeteilt. „Die Stunde der Wahrheit" bringt entweder den „absoluten Sieg, die großen Auftritte" im Parlament und den Job in der Politik (linke Seite) oder aber das totale Scheitern („Aussteiger", „Wo das unsichtbare Risiko lauert", „Gefühl grenzenloser Angst", Bild einer verbrannten, aufgehängten Leiche). Bedroht oder zerquetscht könnte sie auch als Kioskbesitzerin enden. Eine Zukunftsperspektive, die realistisch zwischen diesen Extremen liegt, ist für sie nicht sichtbar. Die Studentin erläutert:

„Entweder hat man die Yacht und man hat ein tolles Leben. Ja, es kann aber auch ganz anders passieren, dass man mal Taxifahrer wird. Nicht jetzt: Ich hab's geschafft, sondern Kioskverkäufer. Hier ne abgebrannte Leiche und dass man so ganz absackt vielleicht. Oder aber auch, dass man als Sieger da steht und im Parlament

die großen Auftritte hat. Also, ich kann vielleicht diesen Weg einschlagen, vielleicht kann ich auch dahin rutschen, wer weiß. Ich habe keine Ahnung. Oder diese Millionärsshows. Dass man sich vielleicht doch hocharbeiten kann durch Heirat".

Beispiel 4: Collage aus der Untersuchung „Studierendenmilieus in den Sozialwissenschaften"; Lustbetonte Geselligkeit (Studentin aus der gesellschaftlichen Mitte)

Die Collage ist ein Beispiel für die massive Verunsicherung, von der besonders Studierende aus bildungsfernen Herkunftsfamilien betroffen sind, wenn sie den Weg im akademischen Feld aufnehmen. Das erwünschte Ziel, das die Studentin vor Augen hat, ist so unrealistisch, dass sie ihr Scheitern quasi bereits vorwegnimmt.

Beispiel 5: Collage aus der Untersuchung „Studierendenmilieus in den Sozialwissenschaften"; Bildungsaufstieg zum „kritischen Intellektuellen" (Student aus der gesellschaftlichen Mitte)

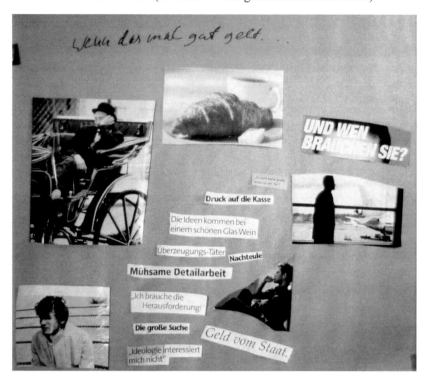

Beispiel 6: Collage aus der Untersuchung „Studierendenmilieus in den Sozialwissenschaften"; Versagensängste im akademischen Feld (Studentin aus den unteren sozialen Milieus)

3. Die Geheimnisse des Feldes aufdecken

Die kurzen Einblicke in die Arbeit mit Collagen machen deutlich, dass sich dadurch für die Befragten zusätzliche Artikulationsmöglichkeiten ergeben, während sich aus Sicht der Forschenden zusätzliche Interpretationsmöglichkeiten bieten. Dabei hat sich gezeigt, dass sich zum einen wichtige Ergebnisse aus den anderen Arbeitsteilen der Gruppenwerkstatt im Sinne interner Validierung und Triangulation verifizieren lassen (vgl. Flick 2000). Zum anderen kommen aber in den Collagen neue Aspekte an die Oberfläche oder es erhalten Themen ein anderes Gewicht, als dies im rein narrativen Diskussionsteil der Fall ist. Besonders emotionale, lustbetonte und erotisch-sinnliche Wünsche und Ängste können über die bildliche Darstellung in den Collagen offensichtlich einfacher kommuniziert werden.

Diese Erfahrungen verweisen darauf, dass ein feldspezifisches Kapital erforderlich ist, d.h. die praktische und symbolische Beherrschung von bestimmten Kompetenzen, um sich an den ‚sozialen Spielen' der Felder beteiligen zu können (vgl. Bourdieu/Wacquant 1996: 127ff.). Diese Spielregeln, die Ausdruck der Kräfteverhältnisse im Feld sind und durch die sich den Akteuren der Erwerb eines bestimmten Habitus geradezu „aufzwingt" (Bourdieu 2001: 126), haben überwiegend einen impliziten Charakter. Die Akteure ‚spüren' jedoch über den praktischen Sinn die Wirksamkeit dieser impliziten Regeln, durch die über die Dispositionen spezifische Werte und Haltungen „stillschweigend" (ebd.) eingefordert werden, während zugleich andere Wünsche, Bedürfnisse und Interessen eher unterdrückt und nicht offen formuliert werden dürfen. Diese kommen dann besonders über projektive Techniken wie Collagen zum Ausdruck. In Bezug auf das religiöse Feld sind dies vor allem lustbetonte und körperlich-sexuelle Motive. In der Untersuchung zu Studierenden-Milieus werden dagegen eher materielle und hedonistische Wünsche abgedrängt, die im asketisch-intellektuell dominierten geisteswissenschaftlichen Feld nicht offen ausgesprochen werden.[15] Insofern erscheinen über die Collagen besonders gut, wie Bourdieu (1987: 209) in ähnlichem Zusammenhang einmal sagte, die „zugleich am besten und am schlechtesten, weil von allen zugleich" (Bourdieu 1987: 209) gehüteten Geheimnisse des Feldes aufgedeckt zu werden.[16]

Das mehrstufige, um projektiv-visualierende Techniken erweiterte Verfahren der Gruppenwerkstatt trägt insgesamt dazu bei, die spezifische Eigenlogik des Handelns in sozialen Feldern umfänglicher zu verstehen. Latente Leitbilder, Herrschaftsbeziehungen und Kräfteverhältnisse können so aufgedeckt werden. Über derartige „verborgenen Mechanismen" (Bourdieu) werden Praktiken der Abdrängung und Ausgrenzung hergestellt – sei es, dass sich besonders die jüngeren, modernisierten Milieus nur schwer kirchlich einbinden lassen oder sei es, dass bildungsfernere und weniger intellektualisierte Milieus das Studium häufiger vorzeitig abbrechen. Durch derartige Erkenntnisse werden aber gleichzeitig auch neue Optionen für professionelles Handeln sichtbar, sich etwa anders auf Adressaten einzustellen und eigene Habitus-Schemata zu reflektieren. Zu denken wäre auch an das Verstehen von Lernwiderständen oder das Herausarbeiten von Lern- und Bildungsstrategien.

Zu beachten ist bei der Verwendung von Collagen als zusätzlicher Datenvariante zum einen, dass die Collagenherstellung eingebunden ist in einen Ablauf, bei dem mehrstufig immer weiter vertieft und so behutsam zu dieser Ausdrucksform hingeführt wird. Zum anderen ist es u.E. wichtig, die Bilder nicht nur für sich sprechen zu lassen, sondern die narrativen Selbstinterpreta-

---

15   In der Untersuchung zu den Milieus der gewerkschaftlichen Erwachsenenbildung waren es ebenfalls auf Nutzen, Verwertbarkeit und Spaß zielende Motive, die aus dem Feld politischer Bildung herausgedrängt wurden.

16   Auf die Bedeutung von Bildmaterial, um „wichtige neue Perspektiven bei der Analyse komplexer sozialer Felder" zu erlangen, hat Fuhs (1997: 266) am Beispiel von Fotos bereits hingewiesen.

tionen der Herstellenden am Ende wieder mit einzubeziehen. Bedeutsam erscheint uns außerdem, dass für beide Datentypen und Methoden zwar eigenständige methodische Instrumente und Leitfäden verwendet wurden, die Interpretationen jedoch immer auf dieselben Prinzipien der Habitushermeneutik zurückgreifen.[17]

Begreift man den Habitus als vielschichtiges Konzept, das ganz unterschiedliche Ebenen umfasst, dann ist es letztlich jedoch geradezu geboten, kontrollierte Verfahren zu entwickeln, die auf diese Vielschichtigkeit der Ausdrucksebenen abgestimmt sind. So bietet sich die Möglichkeit, in umfassenderer Weise verborgene Dispositionen des Habitus hervorzuholen. Wir sehen uns dabei in der Rolle von ,Mäeuten‘, also einer Art Geburtshelfer, die die Akteure zum Sprechen bringen und versuchen, „die vergrabenen Dinge" ans Tageslicht zu befördern (Bourdieu 1997: 796).

Literatur

Adorno, Theodor W./Frenkel-Brunswick, Else/Levinson, Daniel J./Sanford, R. Nevitt (1973): Studien zum autoritären Charakter. Frankfurt am Main: Suhrkamp.

Bohnsack, Rolf (1999): Rekonstruktive Sozialforschung. Opladen: Leske + Budrich.

Bohnsack, Rolf (2001): Die dokumentarische Methode in der Bild- und Fotointerpretation. In: Bohnsack, Rolf/Nentwig-Gesemann, Iris/Nohl, Arnd-Michael (Hrsg.): Die dokumentarische Methode und ihre Forschungspraxis. Opladen: Leske + Budrich, S. 76-89.

Bohnsack, Ralf/Nentwig-Gesemann, Iris/Nohl, Arnd-Michael (2001): Die dokumentarische Methode und ihre Forschungspraxis. Opladen: Leske + Budrich.

Bourdieu, Pierre (2001): Meditationen. Zur Kritik der scholastischen Vernunft. Frankfurt am Main: Suhrkamp.

Bourdieu, Pierre (1997): Verstehen. In: Bourdieu, Pierre u.a.: Das Elend der Welt. Konstanz: UVK-Verlagsgesellschaft, S. 779-802.

Bourdieu, Pierre (1995): Narzißtische Reflexivität und wissenschaftliche Reflexivität. In: Berg, Eberhard/Fuchs, Martin (Hrsg.): Kultur, soziale Praxis, Text. Frankfurt am Main: Suhrkamp, S. 365-774.

Bourdieu, Pierre (1989): Antworten auf einige Einwände. In: Eder, Klaus (Hrsg.): Klassenlage, Lebensstil und kulturelle Praxis. Frankfurt am Main: Suhrkamp, S. 395-410.

Bourdieu, Pierre (1987): Sozialer Sinn. Kritik der theoretischen Vernunft. Frankfurt am Main: Suhrkamp.

Bourdieu, Pierre (1982): Die feinen Unterschiede. Kritik der gesellschaftlichen Urteilskraft. Frankfurt am Main: Suhrkamp.

Bourdieu, Pierre (1970): Zur Soziologie der symbolischen Formen. Frankfurt am Main: Suhrkamp.

---

17 Vgl. aus der Perspektive der dokumentarischen Methode Maschke/Schittenhelm 2005.

Bourdieu, Pierre/Wacquant, Loïc J.D (1996): Reflexive Anthropologie. Frankfurt am Main: Suhrkamp.

Büchner, Peter/Brake, Anna (2006) (Hrsg.): Bildungsort Familie. Wiesbaden: VS Verlag.

Bremer, Helmut (2004a): Von der Gruppendiskussion zur Gruppenwerkstatt. Ein Beitrag zur Methodenentwicklung in der typenbildenden Mentalitäts-, Habitus- und Milieuanalyse. Münster: LIT-Verlag.

Bremer, Helmut (2004b): Der Mythos vom autonom lernenden Subjekt. In: Engler, Steffani/Krais, Beate (Hrsg.): Das kulturelle Kapital und die Macht der Klassenstrukturen. Weinheim: Juventa Verlag, S. 189-213.

Bremer, Helmut (2006): Die Notwendigkeit milieubezogener pädagogischer Reflexivität. In: Friebertshäuser, Barbara/Rieger-Ladich, Markus/Wigger, Lothar (Hrsg.): Reflexive Erziehungswissenschaft. Forschungsperspektiven im Anschluss an Pierre Bourdieu. Wiesbaden: VS Verlag, S. 289-308.

Bremer, Helmut/Lange-Vester, Andrea (2006): Einleitung: Zur Entwicklung des Konzeptes sozialer Milieus und Mentalitäten. In: Bremer, Helmut/Lange-Vester, Andrea (Hrsg.): Soziale Milieus und Wandel der Sozialstruktur. Wiesbaden: VS Verlag, S. 11-36.

Bremer, Helmut/Teiwes-Kügler, Christel (2003): Die Gruppenwerkstatt. Ein mehrstufiges Verfahren zur vertiefenden Exploration von Mentalitäten und Milieus. In: Geiling, Heiko (Hrsg.): Probleme sozialer Integration. Münster: LIT-Verlag, S. 207-236.

Criegern, Axel von (1981): Bilder interpretieren. Düsseldorf: Pädagogischer Verlag Schwann.

Dammer, Ingo/Szymkowiak, Frank (1998): Die Gruppendiskussion in der Marktforschung. Opladen: Leske + Budrich.

Durkheim, Émile (1988): Über soziale Arbeitsteilung. Frankfurt am Main: Suhrkamp.

Engler, Steffani (2001): ‚In Einsamkeit und Freiheit?'. Zur Konstruktion der wissenschaftlichen Persönlichkeit auf dem Weg zur Professur. Konstanz: UVK-Verlagsgesellschaft.

Englisch, Felicitas (1991): Bildanalyse in strukturalhermeneutischer Einstellung. In: Garz, Detlef/Kraimer, Klaus (Hrsg.): Qualitativ-empirische Sozialforschung. Opladen: Westdeutscher Verlag, S. 133-176.

Flick, Uwe (2000): Triangulation in der qualitativen Forschung. In: Flick, Uwe/von Kardorff, Ernst/Steinke, Ines (Hrsg.): Qualitative Forschung. Ein Handbuch. Reinbek: Rowohlt-Taschenbuch-Verlag, S. 309-318.

Fuhs, Burkhard (1997): Fotografie und qualitative Forschung. Zur Verwendung fotografischer Quellen in den Erziehungswissenschaften. In: Friebertshäuser, Barbara/Prengel, Annedore (Hrsg.): Handbuch Qualitative Forschungsmethoden in der Erziehungswissenschaft. Weinheim: Juventa Verlag , S. 265-285.

Haupert, Bernhard (1994): Objektiv-hermeneutische Fotoanalyse am Beispiel von Soldatenfotos aus dem Zweiten Weltkrieg. In: Garz, Detlef/Kraimer, Klaus (Hrsg.): Die Welt als Text. Frankfurt am Main: Suhrkamp, S. 281-314.

Hitzler, Ronald (2002, April): Sinnrekonstruktion. Zum Stand der Diskussion (in) der deutschsprachigen interpretativen Soziologie [35 Absätze]. Forum Qualitative Sozialforschung /Forum: Qualitative Social Research [On-line Journal], 3(2). Verfügbar über: http://www.qualitativeresearch.net/fqs/fqs.htm [Zugriff: 25.6.2002].

Hitzler, Roland/Honer, Anne (1997) (Hrsg.): Sozialwissenschaftliche Hermeneutik. Opladen: Leske + Budrich.

Hitzler, Ronald/Reichertz, Jo/Schröer, Norbert (1999) (Hrsg.): Hermeneutische Wissenssoziologie. Standpunkte zur Theorie der Interpretation. Konstanz: UVK-Verlagsgesellschaft.

Imdahl, Max (1980): Giotto Arenafresken. Ikonographie – Ikonologie – Ikonik. In: Fuhrmann, Manfred/Lachmann, Renate/Imdahl, Max/Iser, Wolfgang/Jauss, Hans-Robert/Preisendanz, Wolfgang/Striedter, Jurij (Hrsg.): Theorie und Geschichte der Literatur und der Schönen Künste. München: Fink Verlag, S. 84-98.

Imdahl, Max (1994): Ikonik. Bilder und ihre Anschauung. In: Böhm, Gottfried (Hrsg.): Was ist ein Bild? München: Fink Verlag, S. 300–324.

Kepper, Gaby (1996): Qualitative Marktforschung: Methoden, Einsatzmöglichkeiten und Beurteilungskriterien. Wiesbaden: Deutscher Universitäts-Verlag.

Kowalski, Klaus (1970): Praxis der Kunsterziehung. 2. Werkbetrachtung, Stuttgart: Klett Verlag.

Krais, Beate/Gebauer, Gunter (2002): Habitus. Bielefeld: Transcript.

Künne, Michael (1998): Bildbetrachtung im Wandel. Kunstwerke und Photos unter bilddidaktischen Aspekten in Konzeptionen westdeutscher evangelischer Religionspädagogik 1945–1996. Münster: LIT-Verlag.

Lang, Siegfried K. (1982): Die geistesgeschichtliche, ikonographisch-ikonologische und die strukturalistische Methode der Bildbetrachtung. Braunschweig: Hochschule für Bildende Künste.

Lange-Vester, Andrea/Teiwes-Kügler, Christel (2004): Soziale Ungleichheiten und Konfliktlinien im studentischen Feld. Empirische Ergebnisse zu den Studierendenmilieus in den Sozialwissenschaften. In: Engler, Steffani/Krais, Beate (Hrsg.): Das kulturelle Kapital und die Macht der Klassenstrukturen. Weinheim: Juventa Verlag, S. 159-187.

Loer, Thomas (1994): Werkgestalt und Erfahrungskonstitution. Exemplarische Analyse von Paul Cézanne „Montagne Sainte-Victoire" (1904/06) unter Anwendung der Methode der objektiven Hermeneutik und Ausblicke auf eine soziologische Theorie der Ästhetik im Hinblick auf eine Theorie der Erfahrung. In: Garz, Detlef/Kraimer, Klaus (Hrsg.): Die Welt als Text. Frankfurt am Main: Suhrkamp, S. 341-382.

Loos, Peter/Schäffer, Burkhard (2001): Das Gruppendiskussionsverfahren. Opladen: Leske + Budrich.

Mangold, Werner (1960): Gegenstand und Methode des Gruppendiskussionsverfahrens. Frankfurt am Main: Suhrkamp.

Marlovits, Andreas/Kühn, Thomas/Mruck, Katja (2004): Wissenschaft und Praxis im Austausch – Zum aktuellen Stand qualitativer Markt-, Medien- und Meinungsforschung [17 Absätze]. In: Forum Qualitative Sozialforschung/Forum: Qualitative Social Research [Online Journal], 5(2), Art. 23. Verfügbar über: http://www.qualitative-research.net/fqs-texte/2-04/2-04hrsgd. htm [Zugriff: 17.8.2005].

Maschke, Sabine/Schittenhelm, Karin (2005): Integratives qualitatives Forschungshandeln: Kombinierte Anwendungsformen der dokumentarischen Methode in den Sozial- und Erziehungswissenschaften. In: Zeitschrift für Soziologie der Erziehung und Sozialisation, 3, S. 325-335.

Michel, Burkhard (2001): Fotografien und ihre Lesarten. Dokumentarische Interpretation von Bildrezeptionsprozessen. In: Bohnsack, Ralf/Nentwig-Gesemann, Iris/

Nohl, Arnd-Michael (Hrsg.): Die dokumentarische Methode und ihre For-
    schungspraxis. Opladen: Leske + Budrich, S. 91-120.
Müller-Doohm, Stefan (1997): Bildinterpretation als struktural-hermeneutische Sym-
    bolanalyse. In: Hitzler, Ronald/Honer, Anne (Hrsg.): Sozialwissenschaftliche
    Hermeneutik. Opladen: Leske + Budrich, S. 81-108.
Panofsky, Erwin (1975 [1955]): Sinn und Deutung in der bildenden Kunst. Köln:
    DuMont Schauberg.
Rehbein, Boike (2006): Die Soziologie Pierre Bourdieus. Konstanz: UVK-Verlagsge-
    sellschaft.
Reichertz, Jo (1992): Der Morgen danach. Hermeneutische Auslegung einer Werbefo-
    tographie in zwölf Einstellungen. In: Hartmann, Hans A./Haubl, Rolf (Hrsg.):
    Bilderflut und Sprachmagie. Fallstudien zur Kultur der Werbung. Opladen:
    Westdeutscher Verlag, S. 141-63.
Rieger-Ladich, Markus (2005): Weder Determinismus noch Fatalismus: Pierre Bour-
    dieus Habitustheorie im Licht neuerer Arbeiten. In: Zeitschrift für Soziologie der
    Erziehung und Sozialisation. 3/2005, S. 281-296.
Salcher, Ernst F (1995): Psychologische Marktforschung. Berlin/New York: de
    Gruyter.
Schröer, Norbert (1994): Interpretative Sozialforschung. Opladen: Leske + Budrich.
Schultheis, Franz (1997): Sinn für Unterscheidung. Ein Gesellschaftsspiel. In: neue
    Rundschau, 108(3), S. 25-36.
Teiwes-Kügler, Christel (2001): Habitusanalyse und Collageninterpretation. Ein Bei-
    trag zur Entwicklung einer methodisch-theoretisch begründeten Hermeneutik am
    Beispiel von empirischen Fallanalysen aus Gruppenwerkstätten mit zwei sozialen
    Milieus. Diplomarbeit. Hannover.
Vester, Michael/von Oertzen, Peter/Geiling, Heiko/Hermann, Thomas/Müller, Dag-
    mar (2001): Soziale Milieus im gesellschaftlichen Strukturwandel. Frankfurt am
    Main: Suhrkamp.
Vester, Michael/Teiwes-Kügler, Christel (2006): Die Neuen Arbeitnehmer und der
    neue industrielle Konflikt. Herausforderungen für die gewerkschaftlichen Strate-
    gien. In: Widersprüche. Zeitschrift für sozialistische Politik im Bildungs-, Ge-
    sundheits- und Sozialbereich, Heft 102, 26, Nr. 4, S. 79-97.
Vögele, Wolfgang/Bremer, Helmut/Vester, Michael (2002): Soziale Milieus und Kir-
    che. Würzburg: Ergon.
Wagner-Willi, Monika (2001): Videoanalysen des Schulalltags. Die dokumentarische
    Interpretation schulischer Übergangsrituale. In: Bohnsack, Ralf/Nentwig-
    Gesemann, Iris/Nohl, Arnd-Michael (Hrsg.): Die dokumentarische Methode und
    ihre Forschungspraxis. Opladen: Leske + Budrich, S. 121-140.

Sprach- und Körperdiskurse von Kindern – Verstehen und Verständigung zwischen Textförmigkeit und Ikonizität[1]

Iris Nentwig-Gesemann

Im Spiel bringen Kinder Welt, Gemeinschaft und sich selbst hervor. Das Spielen als eines der grundlegenden anthropologischen Phänomene ist damit auch ein wesentlicher Bestandteil von Bildungsprozessen, die mehr sind als auf Reflexivität und Diskursivität beruhende Prozesse individueller, selbst gesteuerter Weltaneignung und -erzeugung. Vielmehr vollzieht sich Bildung fortwährend auch im Zuge des praktischen sozialen und kulturellen Handelns. Im Rahmen mimetischer, performativer Prozesse, zu denen auch das Spielen gehört, vollzieht sich eine fortwährende Rekonstruktion von Wirklichkeit, ein Ineinandergreifen von imaginären und realen Welten, das zugleich ein Nachschaffen und ein Neuschaffen ist.[2] In körperlichen und szenischen Aufführungen und Spielen vermögen Kinder etwas darzustellen, das allein sprachlich nicht ausgedrückt werden kann:

„Dieser Prozeß ist eine Art Veräußerung, die etwas anderes ist als ein Ausdruck der Persönlichkeit. Wir haben dafür den Begriff der Aufführung gewählt und heben in diesem Kontext damit hervor, daß das Dargestellte nicht schon vorher im Inneren des Subjekts existiert, sondern in eins mit dem Öffentlich-Machen hergestellt wird" (Gebauer/Wulf 1998: 204).

Im Zentrum einer Studie zu Verständigungs- und Gemeinschaftsbildungsprozessen von 5-10jährigen Kindern stand daher sowohl deren sprachliche als auch die nicht-sprachliche Interaktion und damit die performative Seite, der sinnlich-körperliche Aspekt sozialen und kulturellen Handelns, der komplexe Zusammenhang von körperlichem und sprachlichem Handeln sowie der wirklichkeitskonstitutive und gemeinschaftliche Charakter alltäglicher Handlungs- und Spielpraxis.

Die Hinwendung zur empirischen Rekonstruktion der Prozess- und Sinnhaftigkeit kollektiver Spiel- und Aufführungs*praktiken*[3] von Kindern

---

1 Dieser Text stellt eine gekürzte und überarbeitete Fassung des Beitrags: „Regelgeleitete, habituelle und aktionistische Spielpraxis" dar, der in Bohnsack/Przyborski/Schäffer (2006) erschienen ist.
2 Dieses Verständnis des Spiels und des Spielens beruht auf dem Mimesis-Konzept von Wulf und Gebauer (vgl. Gebauer/Wulf 1998 sowie Wulf 2005).
3 Vgl. hierzu die Forderung von Gebauer/Alkemeyer (2001), zuerst eine Theorie der Spielpraxis zu konstruieren und erst im Anschluss daran eine Theorie der Spiele und des Sports.

wirkt zum einen solchen, stark an unsere Kultur gebundenen, Spieltheorien entgegen, die subversive, obszöne, aggressive Elemente auszuklammern versuchen und damit zu einer Idealisierung des (Kinder-) Spiels beitragen (vgl. zu dieser Kritik Sutton-Smith 1983). Zum anderen ermöglicht die Analyse von kulturellen *Praktiken* auch, sich von einer immanenten Bewertungspraxis von Spielmitteln zu befreien und sie stattdessen unter dem Gesichtspunkt ihrer sinnhaften Integration in Handlungskontexte zu betrachten (vgl. Nentwig-Gesemann/Klar 2002). Schließlich ist der Blick auf die Handlungs*praktiken* mit der Suspendierung einer primär funktionalen Perspektive auf das Phänomen des kindlichen Spielens und dessen ‚Nützlichkeit' verbunden, die im Rahmen entwicklungspsychologischer bzw. sozialisationstheoretischer Ansätze dominiert.

Im Rahmen einer *praxeologischen* Analyseeinstellung (vgl. Bohnsack 2003: 187ff.) ist der Fokus zum einen auf die performative Struktur der (Spiel-) Aufführungen, ihren inhaltlichen bzw. propositionalen Gehalt gerichtet, zum anderen auf die Dramaturgie und die formale Struktur des Vollzug dieser Darstellung selbst, also auf ihre Performanz. Über die Rekonstruktion des modus operandi in seiner jeweils situativ geprägten Eigendynamik hinaus wird angestrebt, empirisch auch auf das zuzugreifen, was der alltäglichen Konstruktion von Wirklichkeit vorgelagert ist und die Praxis in ihrer je spezifischen Ausprägung strukturiert.[4] Dieser Zugang zu mehrdimensional aufgeschichteten Erfahrungsräumen vermag Erkenntnisse darüber zu vermitteln, welche kollektiven Orientierungen, welche Habitus, im Sinne habitualisierter (nicht intendierter) Stile, ‚typisch' etwa für die Kinderkultur sind oder aber sich aus anderen sozialen Zugehörigkeiten ergeben. Die Besonderheit der dokumentarischen Methode, wie sie von Mannheim (1980) entworfen und von Bohnsack (u.a. 2003) zu einer empirischen Forschungsstrategie ausgearbeitet wurde, ist eine „genetische Analyseeinstellung", der es um die Rekonstruktion auch der übersituativen, allgemeinen Grundmuster konkreter Handlungssituationen geht. Die Sprach- und Körperdiskurse der Kinder werden damit auch als Dokumente für eine gemeinsame Erlebnisschichtung betrachtet: Diese konjunktiven Erfahrungen können zum einen auf miteinander geteilten Erlebnissen, etwa in der konkreten Peergroup oder im institutionellen Betreuungszusammenhang, beruhen. Zum anderen werden in den Diskursen und Spielen aber auch Erfahrungen und Wissensbestände aktualisiert, die nicht an die Realgruppe geknüpft sind, wohl aber auf einer vergleichbaren Erlebnisschichtung beruhen.[5] Derartige konjunktive Wissensbestände können bspw. ‚typisch' dafür sein, dass Kinder in bestimmten Situationen auf soziale

---

4   Zum Vergleich zwischen performativer und praxeologischer Analyseeinstellung bzw. zur Differenzierung zwischen „Performanz" und „Performativität" im Rahmen der dokumentarischen Methode vgl. Bohnsack 2005.

5   Da es sich um ein noch laufendes Projekt handelt, ist die soziogenetische Typenbildung noch nicht abgeschlossen.

Erfahrungen des Geschlechts oder einer bestimmten Position in der „generationalen Ordnung" (vgl. Honig 1999) zurückgreifen bzw. diese in körperlichen Aufführungen ‚in Szene setzen'.

Um spielen zu können, brauchen Kinder praktisches, implizites und zum Teil auch inkorporiertes Wissen. Mit Mannheim kann man dies auch als ‚atheoretisches' Wissen bezeichnen, das den jeweiligen Akteuren weder so ohne weiteres reflexiv zugänglich noch sprachlich explizierbar ist. Erworben, weitergegeben und transformiert wird dieses Wissen über mimetische Prozesse in der Praxis selbst, das heißt es setzt nicht im Voraussetzungslosen an, sondern beruht auf konjunktiven Erlebnis- und Erfahrungszusammenhängen.

1 Die videogestützte Gruppendiskussion als Methode der Kindheitsforschung

Die Gruppendiskussion als Verfahren der rekonstruktiven Sozialforschung (vgl. u.a. Bohnsack 2003; Bohnsack/Przyborski/Schäffer 2006), ist sowohl auf die Erschließung von Werthaltungen, Deutungsmustern und impliziten, atheoretischen Wissensbeständen gerichtet, als auch auf die Milieubindung und die Soziogenese von handlungsleitendem Wissen. Die dokumentarische Interpretation von Gruppendiskussionen (Bohnsack 2003; Bohnsack/Nentwig-Gesemann/Nohl 2001) setzt daher im Allgemeinen die Generierung möglichst selbstläufiger *Erzählungen und Beschreibungen*, detaillierter, sprachlich vermittelter, szenischer Metaphern, „bildhafter Darstellungen sozialer Szenerien" voraus (Bohnsack 2005: 203).

Kinder wechseln in Gruppendiskussionen und Gesprächen immer wieder auf die Ebene der Handlungspraxis, der praktischen Durchführung spielerischer Interaktionen. Verständigung und Verstehen ist nur zum Teil im Modus des Diskurses, des sprachlichen Austauschs, *möglich*. Darüber hinaus ist es für Kinder selbstverständlich, den Körper als alternatives Ausdrucksmittel, als „Teil des Sprachinstrumentariums" (Neumann 1999: 234) zu nutzen, auch wenn sie zu einer sprachlichen Explikation in der Lage wären. So vollzieht sich die Herstellung einer (Spiel-) Gemeinschaft auch und gerade im Modus des gemeinsamen Handelns, der kollektiven, körperlichen Praxis. Dementsprechend gehen die Kinder auch im Rahmen von Gruppendiskussionen immer wieder vom sprachlichen *Diskurs* zur körperlichen *Aufführung* über, wechseln also vom Medium der Wortsprache in das Medium der Ikonizität. Die methodisch so wichtige Erzeugung von Selbstläufigkeit gelingt unter der Voraussetzung, dass sie die Erhebungssituation jederzeit ‚umarbeiten' und zwischen sprachlichem Diskurs und korporierten Praktiken wechseln können. Eine Gruppe kann sich dann auf gemeinsame Erlebniszentren und Relevanzsysteme einpendeln, die für *sie* wichtigen Themen finden und in der gewohnten Form bearbeiten. Erst wenn dies gelingt, entspinnen sich im Verlauf der Gruppendiskussion sowohl *Fokussierungsmetaphern*, Gesprächspassagen mit hoher interaktiver und metaphorischer Dichte (vgl. Bohnsack 1989; 2003: 137f.), als auch Spielsequenzen und szenische Aufführungen, die, wenn es sich um besonders selbstläufige, interaktiv dichte und körperlich-performative Handlungspassagen handelt, als *Fokussierungsakte* bezeichnet werden (vgl. Nentwig-Gesemann 2002; Nentwig-Gesemann/Klar 2002).

Vor allem die Videografie eröffnet einen methodischen Zugang, der das Performative, den schöpferischen Charakter, die Körperlichkeit, Bildhaftig-keit, Expressivität und Theatralität kindlich-sozialer Situationen (vgl. Wulf/Göhlich/Zirfas 2001) explizit berücksichtigt. Durch die Integration von Text- *und* Bildmaterial kann die Sequenzialität *und* die Simultanstruktur der sozialen Interaktion wie auch des individuellen Agierens im Sinne einer dra-maturgischen Verschränkung von Sprach- und Körperdiskursen erfasst wer-den (vgl. Nentwig-Gesemann/Wagner-Willi 2007).[6] Die dokumentarische Videointerpretation[7] baut auf die von Bohnsack entwickelte dokumentarische Methode auf. Sie richtet sich – unter Einklammerung des ikonografischen Sinngehalts – zunächst auf die vor-ikonografische Sinnebene, also die „Ge-bärden, die Mimik und Gestik und den stilistischen Ausdruck der abgebilde-ten Personen sowie deren interaktive oder choreografische Konstellation bzw. körperliche Konfiguration zueinander" (Bohnsack 2003: 165). Die auf diese formulierende Interpretation aufbauende reflektierende Interpretation leistet dann zum einen eine Rekonstruktion der Formalstruktur des verbalen Diskurses sowie auch der korporierten Interaktion der Kinder. Darüber hin-aus geht es hier um die eigentliche dokumentarische Interpretation, also um die Frage, was sich in der Aufführung und in der Art und Weise, wie sie als soziale Interaktion strukturiert ist, über die kollektive Praxis der Akteure und die sie verbindenden konjunktiven Erfahrungsräume dokumentiert. Die hand-lungsleitenden atheoretischen, praktischen Wissensbestände der Kinder wer-den rekonstruiert und damit sozusagen die Grundmuster, die die ‚typische‘ Strukturierung und Gestalt ihrer Spiel- und Diskurspraxis bestimmen. Die komparative Analyse, die fallinterne und fallübergreifende Suche nach Kon-trasten und Gemeinsamkeiten, stellt dabei ein zentrales Interpretationsprinzip

---

6   Zur Ergänzung sequenzanalytischer Vorgehensweisen, wie sie bei der Interpretation von Transkripten dominieren, bei denen lediglich sprachliches Handeln und zwar in Form eines Textes abgebildet wird, durch Verfahren, die die Simultanstruktur von Bildern und Fotos bzw. von Videomaterial und damit deren „Eigensinnigkeit" berücksichtigen vgl. Bohnsack 2001; 2003 sowie Wagner-Willi 2004; 2005.

7   Die dokumentarische Videointerpretation wurde von Wagner-Willi am Beispiel der Video-grafie schulischer Rituale, von Nentwig-Gesemann am Beispiel videogestützter Gruppen-diskussionen mit Kindern zu Erlebnissen und Spielen in der Peergroup entwickelt; vgl. da-zu Nentwig-Gesemann/Wagner-Willi 2004; Wagner-Willi 2005; Nentwig-Gesemann 2006. Die einzelnen Interpretationsschritte können in diesem Beitrag aus Platzgründen leider nicht detailliert vorgestellt werden.

dar. Die Auswertung der videogestützten Gruppendiskussionen vermag sich damit sowohl auf die Erzählungen und Beschreibungen der Kinder, als auch auf die Interaktions- und Spielpraxis selbst zu beziehen.

2 Aktionismus – Habitualisierung – Regel

Bei der empirischen Rekonstruktion von *kollektiver Spielpraxis* kristallisieren sich immer wieder Situationen heraus, die von einem ‚fließenden‘, kollektiv gesteigerten und selbstvergessenen Zusammenspiel der Kinder gekennzeichnet sind. Diese „Spielbegegnungen" („gaming encounter") im Sinne von Goffman (1973: 20ff.) sind „zentrierte Versammlungen", deren zentrales Merkmal ein geteiltes „spontanes Engagement" ist, das dem Spielen einen Rahmen umlegt, *innerhalb* dessen es zu einer Zentrierung der Aufmerksamkeit, zu einer erhöhten interaktiven Dichte, zur (zumindest temporären) Ausprägung eines „Wir-Gefühls", zu „Euphorie" und Leidenschaft kommt. Das Handeln ist weder auf die Spieler-Rolle und die formell relevanten Spielregeln reduziert, noch primär am Gewinnen orientiert. Im Rahmen eines „spontanen Mit-Engagements", werden die Spieler zu Teilnehmern, die sich auf eine fundamental andere Art und Weise in das Spiel einbringen, als ein „ideal vernünftiger Spieler" in einem „ideal abstrakten Spiel" (ebd.: 43). Die zentrierte Spielbegegnung wird zuvorderst als Gelegenheit für den gemeinschaftlichen, körperlich-sinnlichen Prozess des Sich-Aufeinander-Einstimmens betrachtet. In sie eingebettet sind noch einmal besonders fokussierte Passagen, dramaturgische Höhepunkte, deren Interpretation sich als besonders ertragreich erwiesen hat.

Um einen Einblick in das methodische Vorgehen der dokumentarischen Videoanalyse zu gewähren, werden im Folgenden zwei Situationen, die sich im Rahmen einer Gruppendiskussion entwickelt haben, exemplarisch vorgestellt. Zur Einordnung dieser Beispiele sei vorangeschickt, dass im Hinblick auf die Frage nach den *Spielregeln*, denen Kinder folgen, in der Studie zur Kindspielkultur[8] deutliche *Unterschiede* rekonstruiert werden konnten: Zum einen finden wir Spiele, die standardisierten, schriftlich kodifizierten Regeln folgen. Bei dieser Art von Spielen geht es primär darum, die Spielpraxis in ein kodifiziertes Regelwerk einzupassen. Zum anderen gibt es Spiele, die konjunktiven Regeln folgt, also solchen, die von den Kindern selbst entwickelt und im Rahmen der Kinderkultur ausschließlich durch Beobachtung und Mitspielen tradiert bzw. transformiert werden. Diese Spiele finden im jeweiligen konkreten Erfahrungszusammenhang der Peergroup eine spezifische Ausdifferenzierung durch lokale

---

8   Für eine umfassendere Darstellung von Ergebnissen dieser Studie vgl. Nentwig-Gesemann 2002; Nentwig-Gesemann/Klar 2002 sowie Nentwig-Gesemann 2006.

Regeln. Im Folgenden werden exemplarisch zwei Spielsequenzen analysiert, die keinem ,geregelten' Ablauf folgen und für den dritten rekonstruierten Typus von Spielen stehen. Es handelt sich um verschiedene Ausprägungen einer situativ-spontan sich entwickelnden, ungerichteten oder experimentellen „Suche nach Zugehörigkeit und Gemeinsamkeit, eben nach *habitueller Übereinstimmung*" (Bohnsack 2004: 85) und sozialer Synchronisation. Der Ausgang ist dabei ungewiss: Nicht immer mündet eine kollektive Steigerung in eine Konjunktion, in die Herstellung von Gemeinschaft.

In Bezug auf die *Praxis des Spielens*, die pragmatische Bedeutung von Spielregeln bzw. das Verhältnis zwischen Regeln und der Handlungspraxis[9], lässt sich über die Unterschiede von Spielen hinweg eine *Gemeinsamkeit* rekonstruieren: Spielbegegnungen entwickeln sich, wenn in der Handlungspraxis selbst eine habituelle Übereinstimmung erreicht wird. So reicht das Vorhandensein theoretisch-reflexiven Wissens über ein Spiel und sein Regelwerk *allein* nicht aus, um es in einer Gruppe in selbstverständlich gegebener Regelmäßigkeit umzusetzen. Auch das Vorhandensein eines kollektiven Repertoires an konjunktiven Spielen, die innerhalb der Kinderkultur tradiert werden, bedeutet nicht, dass es zu einer zentrierten Spielbegegnung kommt. Die Kenntnis von Spielen und die mechanische Befolgung von Spielregeln führt nicht zwangsläufig dazu, dass man ein ,guter Spieler' ist. Der modus operandi bzw. der „praktische Sinn" für ein Spiel im Sinne von Bourdieu (1992) kann nur über eine regelmäßige, sozusagen *eingespielte* Praxis erworben werden.[10] Bei dem in der Praxis angeeigneten Wissen, das für die kulturelle Praxis des Spiels und des Sports von ungleich größerer Bedeutung ist als das theoretische Wissen (vgl. Gebauer/Alkemeyer 2001), handelt es sich um ein in den Körper eingeschriebenes, um ein praktisches oder inkorporiertes Wissen: „Was der Körper gelernt hat, das besitzt man nicht wie ein betrachtbares Wissen, sondern das ist man" (Bourdieu 1987: 135).

3   Gemeinschaftsbildung und Differenzbearbeitung im Spiel: Eine exemplarische empirische Analyse

Beim spielerischen Aktionismus handelt es sich um eine spontane, probehafte Entfaltung von Spielen und szenischen Aufführungen, die keinen Regeln, keinem geplanten Ablauf folgen. Sie setzen vielmehr „weitgehend im Vor-

---

9   Kalthoff/Kelle (2000: 691ff.) untersuchen auf der Grundlage einer entsprechenden Differenzierung „die Pragmatik der Umsetzung, Aushandlung und Modifikation" von Regeln im schulischen Alltag – solchen des „offiziellen Codes" und solchen des „Codes der peer culture".

10   Auch Wittgenstein (1984) betont, dass Regeln eine handlungsleitende Kraft haben, die aber an ihre praktische – und damit differierende – Anwendung gebunden ist und sich dann entfaltet, wenn über ihren praktischen Gebrauch auch Regelmäßigkeiten hervorgebracht werden.

aussetzungslosen" an (Bohnsack 2004: 84). Die Handlungspraxis wird weder von theoretischer Regelkenntnis geleitet, noch ist sie in irgendeiner Weise habitualisiert. Der Spielraum für Spontaneität und Divergenz, für Umkehrungen und auch für Differenzbearbeitung ist hier besonders groß; es überwiegt das *kreative* bzw. *innovative* Moment, das sich allerdings nur entfalten kann, wenn sich – nicht selten auf der Grundlage einer zunächst individuellen Fokussierung – ein kollektiver Aktionismus und damit ein kollektiver, fokussierter Akt entwickelt. Es lassen sich hierbei zwei Formen aktionistischer Praxis unterscheiden: Während zuweilen lediglich Gemeinschaft (wieder) hergestellt wird, kann es auch um die Bearbeitung und Bewältigung konjunktiver Erfahrungen gehen. In der folgenden Sequenz geht es zunächst um situative Vergemeinschaftung:

Gruppe: Krippenspiel, Gruppendiskussion vom 25.11.03,
3 Mädchen, 2 Jungen, 5-6 Jahre

Passage: Die Kinder werden abgeholt. [11]

Max:	└ spielt mit den Händen an der Wachsdecke und richtet dabei den Blick auf seine Hände während er sagt: *und dann ham wir*[12] *unten gespielt und und dann sind werden wir abgeholt sind immer weniger geworden und und dann und dann warn alle weg.*
Jakob:	└ beobachtet Max' Hände │
Lara:	└ (°*und dann warn*°)
Max:	*alle abgeholt.*
Lara:	└ nimmt die Hände wieder unter das Kinn, öffnet kurz vor ihrem Kopf die Handflächen und klatscht während sie sagt: *ja da warn schon alle weg.*
Maya:	└ streckt die Arme über dem Kopf aus, wobei sich ihre Hände berühren, während sie sagt: *und d- und als Mami*
Jakob:	└ blickt aufs │ Mikrofon, streckt seine Arme, die auf dem Tisch liegen, aus, öffnet seine │ Hände kurz und berührt mit den Fingerspitzen das Mikrofonkabel als ob er │ darauf Klavier spielen wollte
Max:	└ schlägt plötzlich leicht mit der rechten Hand auf den Tisch und blickt lächelnd hoch zu I während er sagt: *und dann nach Hause*
Jakob:	beginnt mit abwechselnd flachen bzw. angewinkelten Fingern auf das Kabel zu │ trommeln bzw. zu klopfen
Maya:	└ *als unsere Mama uns abgeholt mhm mhm war*
Max:	└ blickt wieder nach unten und spielt mit der Decke

---

11 Die von mir verwendeten Transkriptionsregeln für sprachliches Handeln finden sich in: Bohnsack/Nentwig-Gesemann/Nohl (2001); einige wesentliche Regeln seien hier kurz erläutert: @ markiert Lachen bzw. lachend Gesprochenes, ° bedeutet, dass etwas sehr leise gesprochen wurde, > < bzw. >> << , dass etwas schnell gesprochen wurde. sehr schnell gesprochen oder getan wird, während fett Gedrucktes besonders laut und Unterstrichenes in besonderer Weise betont gesprochen wurde. Alle Namen der Kindern sind anonymisiert.

12 Die verbalen Anteile des Textes sind jeweils grau unterlegt.

Jakob: └ dreht seinen Kopf plötzlich zu I, blickt sie an, schaut zu Lara, dann zum Auf-
         nahmegerät, trommelt dabei weiter
Maya: *da hat da warn wir zum Friseur noch gegangen. da hatt ich=n*
        bisschen längere Haare.
Lara: └ *und heute komm- (.) und heute (.) komm ich zu Maya und Sofie zu diesen beiden.*
         zeigt auf Maya und Sofie
Jakob: klopft weiter abwechselnd mit den Händen auf den Tisch, blickt zum Aufnahme-
         gerät während er sagt: *ey das wackelt ja (.) immer wenn ich*
Maya: └ *und wir haben eine Puppenstube mit sechs Zimmern.*
Max: └ popelt in der │ Nase
Lara: └ schlägt ab-
         wechselnd mit den flachen Händen auf den Tisch
Jakob: └ beugt sich vor über den Tisch, näher zum Aufnahmegerät,
         sagt: *komisch*
I: *zuhause?*
Maya, Sofie: zuhause. (2)
Sofie: └ guckt kurz zum Aufnahmegerät, dann zu I während sie sagt: *Da spieln*
         wir immer mit Lara zusammen.   │
Jakob, Lara: │   └
         trommeln mit den Fäusten │ auf den Tisch und blicken zum Aufnahmegerät
Max: └ blickt erst zu Lara, dann auf das Aufnahmegerät
         und zeigt darauf mit dem Finger während er sagt: **Ey da guck mal da** *(.) wird*
         immer doller
Alle: └ blicken mit großen Augen und lächelnd auf das Aufnahmegerät und trommeln
         heftig und immer schneller mit beiden Fäusten auf den Tisch
Max: *immer schneller. (1)*

Die Kinder thematisieren zunächst die institutionelle Konstituierung ihrer
Gruppe: Der Prozess des nacheinander Abgeholt-werdens ist ihrer Kontrolle
entzogen und beendet zwangsläufig das gemeinsame Spielen. Die raum-
zeitliche Steuerung durch die Eltern bestimmt ihre Nachmittagsgestaltung, in
deren Rahmen dann einzelne Treffen organisiert werden können. Die Kinder
sind in der Diskussion hier thematisch an einem Punkt angelangt, nämlich der
‚Zerstreuung' in ihre jeweiligen Familien nach Verlassen des Kindergartens, an
dem sie als Gruppe nicht mehr auf kollektives Wissen zurückgreifen können.

Dort, wo dem Reden über eine gemeinsame Handlungspraxis die konkrete gemeinsame Erfahrungsgrundlage entzogen ist, wechseln die Kinder auf
die Ebene des körperlichen Zusammenspiels: Sie klopfen, trommeln oder
schlagen mit den Händen auf den Tisch. Der einsetzende sinnlich-körperliche
Aktionismus stellt eine experimentelle Suche nach einer neuen Ebene von
Gemeinsamkeit dar, die im Diskurs verloren zu gehen droht. Die eine Rahmung: die Suche nach habitueller Übereinstimmung in einer kollektiven körperlichen Handlungspraxis und die andere, die Bestätigung des Peer-Zusam-
menhangs im Rahmen eines raum-zeitlichen Alltagsmanagements der Eltern
laufen zeitweilig parallel, ohne dass dies von den jeweiligen Anderen aufge-

griffen würde. Lara wechselt allerdings dann die Rahmung: Sie lässt sich vom aktionistischen, expressiven Handeln ‚anstecken'. Dies stellt die Voraussetzung bzw. den Beginn eines *kollektiven Aktionismus* dar. Im sich wechselseitig steigernden gemeinsamen Tun, bei dem die Geschwindigkeit der Körperbewegungen, die Körperspannung und die Lautstärke deutlich gesteigert werden, konstituiert sich die Gemeinschaft neu. Die unmittelbare Freude an der körperlichen Bewegung und den damit verbundenen sinnlichen Reizen sowie an dem sich ausprägenden gemeinschaftlichen Rhythmus lässt sich mit Caillois als „Ausgelassenheit" (paidia) bezeichnen. Die verbalen Kommentare von Max haben dabei eine die selbstläufige Dynamik der Gruppe zugleich wiederspiegelnde als auch steigernde Wirkung. Es lässt sich hier eindeutig von einem *Fokussierungsakt* sprechen.

Anhand der folgenden Sequenz lässt sich eine andere Ausformung des spielerischen Aktionismus rekonstruieren, eine, in der es um die Thematisierung und Bearbeitung von Differenzerfahrung geht. Die Durchführung der Diskussion fällt in eine Zeit, in der die Kinder intensiv für eine Theateraufführung proben – ein klassisches weihnachtliches Krippenspiel. Dieser Aufführung liegen ein festes Skript, eindeutige Rollen und Requisiten, vorgegebene Bedeutungen und Botschaften zugrunde, so dass nichts dem Zufall überlassen ist, weder die Darstellung der Figuren durch die Kinder, noch die Wahrnehmung der Zuschauer. Eine Szene aus diesem Theaterstück wird nun in einen gänzlich anderen, einen konjunktiven Bedeutungszusammenhang integriert:

Gruppe: Krippenspiel, Gruppendiskussion vom 25.11.03,
3 Mädchen, 2 Jungen, 5-6 Jahre

Passage: Wünsche

Jakob:	schaut zu dem am Tisch stehenden Max während er sagt: *weißt du was (.) (Ente)?* Wendet den Blick zu I, sagt: *ich mag ich mag dich als Kackapups.*
Maya:	∟ wendet ihren Blick zu Jakob, schiebt mit den Beinen ihren Stuhl nach hinten, der Stuhl fällt laut polternd um,
Alle:	*@(5)@*
Maya:	∟ greift nach dem Stuhl, dreht ihn so, dass er mit der Rückenlehne auf dem Boden liegt und setzt sich auf die Stuhlkante
Jakob:	∟ lacht als einziger nicht, schaut erst zu Maya, dann ins Leere vor sich hin, dann zu I während er sagt: *ich wünschte du wärst ein Popo und mit Kacka drauf., grinst.*
Lara:	schaut die ihr gegenüber sitzenden Kinder an während sie sagt: *ich wünschte dass ich schön fliegen könnte;*
Maya:	ist nach vorn gebückt, blickt auf den Boden und greift hinter sich nach dem Stuhl während sie sagt: *ich wünschte,*
Jakob:	∟ schaut die ihm gegenüber sitzenden Kinder an während er sagt: *und ich wünschte ich wär ein Superheld und könnte überall hinfliegen.*
Maya:	*ja ich auch.*

Sofie: hält sich den Mikrofonständer dicht vor den Mund und produziert *lautes Jaulen.*
Maya: klemmt sich den umgefallenen Stuhl hinter den Po, blickt zu I während sie sagt: *ich*
         bin ein @Packese- (.) hel@.
Jakob: schaut die Kinder an, dann aus den Augenwinkeln zu I während er sagt: *ich wünschte*
         ich wär der Gott.
Maya: läuft im Halbkreis um den Tisch herum während sie intoniert: °*ich bin ein Packesel*°
         | *ich bin ein Packesel ich bin ein Packesel ich bin ein Packesel,* hält vor der Kamera
         | kurz inne, kehrt dann um und singt dabei: *ich bin ein Packesel ich bin ein Packesel*
         | *ich bin ein Packesel*
Lara: ⌊ steht auf, geht zum Regal, nimmt sich ein Buch heraus, kehrt zum Tisch zurück,
         setzt sich hin und gibt vor, aus dem Buch vorzulesen *(Gemurmel).*
Sophie: ⌊ guckt mit Lara in das Buch und blättert darin

Im Anschluss sitzen die Kinder wieder am Tisch und sind mit Körperhaltung und Blick ganz aufeinander ausgerichtet. Sie beginnen erst leise, dann immer lauter werdend, ohne Melodie, aber sehr rhythmisch – durch das Absetzen nach jeder Silbe fast stakkatoartig – ein Lied aus dem Krippenspiel zu intonieren und zwar zunächst die Stelle, in der alle Menschen aufgefordert werden, sich zählen zu lassen. Es folgt dann nochmals lauter und schneller, man könnte sogar sagen: schreiend und mit einem deutlich aggressiven Tonfall, in rhythmischem Gleichklang eine weitere Liedstelle und zwar diejenige, in der Maria und Josef abgewiesen werden: „was wollt ihr denn, was soll denn das, so mitten in der Nacht? hier ist kein Platz kein Bett mehr frei da habt ihr falsch gedacht."

Die Kinder bemühen sich weder darum, ihre Rolle ‚gut' zu spielen, um damit bestimmte kodifizierte Bedeutungen an die Zuschauer zu übermitteln, noch darum, sich an die Normen des ‚guten Benehmens' zu halten. Jenseits jeglicher zweckrationaler und normorientierter Erwägungen, integrieren sie vielmehr eine Szene aus dem geprobten Theaterstück in ihren konjunktiven Erfahrungszusammenhang und aktualisieren auf einer vor-reflexiven Ebene gemeinsame Erfahrungen: Das (kindliche) Erleben des Mangels an Entscheidungsmacht und körperlicher Stärke, die noch nicht entwickelte (Lese) Kompetenz und damit verbundene Abhängigkeit, die Unerfüllbarkeit anal-erotischer Fantasien, das Zurückgewiesen-werden durch Erwachsene. Der Wunsch nach Größe, Stärke und Omnipotenz, die noch über diejenige von Erwachsenen hinausgehen, kumuliert in der Aussage: „ich wünschte, ich wäre der Gott". Am Ende der Szene ‚bemächtigen' sie sich der Situation bzw. ihrer Erfahrungen, indem sie in die Rolle derjenigen schlüpfen, die der Realisierung von Wünschen – seien diese auch noch so existenziell – entgegenstehen. Zugleich erleben die Kinder in der machtvollen, lauten Übersteigerung der Szene, in der sie sich von rollenadäquatem Verhalten – wie es die Erzieherinnen allgemein und in Bezug auf das Theaterstück im Besonderen von ihnen erwarten – befreien, eine habituelle Übereinstimmung jenseits der institutionellen Rahmung.

In der performativen Ausgestaltung dieser Sequenz, im gemeinsamen Handlungsvollzug und der gefundenen Übereinstimmung der Kinder, wird damit auch eine Distanznahme zu den institutionell geprägten Beziehungen vollzogen. Die normative Struktur des von ihnen eingeübten Theaterstücks wird in ein „protokulturelles System" der Peergroup eingebunden: „Während die normative Struktur das bestehende Gleichgewicht verkörpert, stellt die Gegenstruktur das latente System potenzieller Alternativen dar, das Neuerungen hervorbringen wird, (...) wir können dieses zweite System zutreffender das protokulturelle System nennen, weil es Vorläufer innovativnormativer Formen ist" (Sutton-Smith 1978: 108). Auf eben dies weist auch Bohnsack (2004: 88) hin, wenn er ausführt, dass konjunktive Rituale, wie sie aus solchen kollektiven Aktionismen erwachsen können, „Solidarität gegenüber den übermächtigen institutionellen Normen", „Distanzierungen" und „Freiräume für Kreativität" schaffen.[13]

In beiden Sequenzen gelingt eine kollektive, euphorische Steigerung: In der Grenz-Sphäre des Spiels können die Kinder Aktionen und Aktionismen erproben, die ihnen ermöglichen, eine Gemeinschaft zu bilden, eine habituelle Übereinstimmung zu erfahren, die im *Konjunktiven* fundiert ist, sich also jenseits der durch die Institution gestifteten kommunikativen Sozialität zu bilden vermag.

4 Die zentrierte Spielbegegnung: Liminoidität – Flow-Erleben – Differenzbearbeitung

In den Gruppendiskussionen mit Kindern entwickeln sich regelmäßig zentrierte Spielbegegnungen und szenische Aufführungen, deren dramaturgische Höhepunkte als *Fokussierungsakte* bezeichnet werden können. In ihnen ergibt sich das, was Turner (1989: 74) als „Atmosphäre der Communitas" bezeichnet: „*Spontane* Communitas ist eine ‚direkte, unmittelbare und totale Konfrontation menschlicher Identitäten'", die in Phasen der vorübergehenden Befreiung der Menschen aus sozialen Rollen und der damit verbundenen Normativität begünstigt wird. Diese grundlegend an Gemeinschaft gebundene Communitaserfahrung beruht wesentlich auf dem Erleben von „Fluß" wie es von Csikszentmihalyi (2000) beschrieben wird. „Flow-Erleben" bezeichnet demnach ein „Verschmelzen von Tun und Bewusstsein", eine „Zentrierung der Aufmerksamkeit", „Selbstvergessenheit" und „das Gefühl alles unter Kontrolle zu haben" (ebd.: 61 ff.). Anhand verschiedener Beispiele veranschaulicht er, dass Flow-Erlebnisse nur möglich sind, wenn zwischen den Beteiligten keine Aushandlungsprozesse über Regeln und Rollen notwendig sind und es zu einer ungestörten Hingabe an die innere Struktur eines Spiels

---

13 Dass z.B. ästhetische Aktionismen von Jugendlichen einen Beitrag zur Entstehung neuer kollektiver Lebensorientierungen und zur Emergenz von Milieus zu leisten vermögen, wurde von Bohnsack (1998) und Schäffer (1996) deutlich herausgearbeitet.

kommt, die den Sieg über den Gegner weit hinter das Erlebnis des Fließens zurücktreten lässt.

Je selbstläufiger eine Gruppendiskussion ist, desto eher entstehen Fokussierungsmetaphern und -akte, in denen die zentralen Erlebniszentren einer Gruppe besonders zum Tragen kommen und sich das erfahrungsgebundene, performative Wissen am deutlichsten dokumentiert. Es ist dieses Wissen, das Kindern ermöglicht, sich im Spielen wie selbstverständlich zu verstehen. Zum anderen kann sich in den Fokussierungsakten aber auch die *Suche* nach habitueller Übereinstimmung verdichten: Das Konzept des Aktionismus (vgl. Bohnsack/Nohl 2001) bezeichnet selbstläufige und eigendynamische (bei Jugendlichen z.b. auch gewaltförmige und ästhetische) kollektive Praktiken, die dem ,rationalen' Betrachter zuweilen wegen ihres ,überschießenden', rauschhaften, situativ-spontanen und nicht an Regeln und Normen orientierten Charakters als unverständlich, ,sinnlos' bzw. chaotisch erscheinen (vgl. Gaffer/Liell 2001). Kollektive Aktionismen können nicht nur situativ gemeinschaftsbildend wirken, sondern dort, wo sie habitualisiert werden, auch stabile Gemeinschaften konstituieren und eine kollektive Einbindung sichern.

Die Formen der konjunktiven Bezugnahme können auch der Thematisierung von *Differenz* auf verschiedenen Ebenen dienen. Wie die Beispiele zeigen, kann etwa eine brüchig gewordene konjunktive Kindergemeinschaft über den Vollzug einer gemeinsamen Praxis wiederhergestellt werden, eine Rollendistanz zu institutionell vorgegebenen, normativen Verfahrensprogrammen kann dargestellt werden, und auch die Differenz zwischen den konjunktiven Erfahrungen der Kinder gegenüber denen ,der Erwachsenen' oder zwischen Jungen und Mädchen bzw. auch zwischen Älteren und Jüngeren kann hier bearbeitet werden.[14]

Das liminale oder besser: liminoide Feld[15] ist in Spielbegegnungen generell wesentlich ausgedehnter als etwa im Rahmen von (kommunikativ-generalisierten) institutionell verfestigten Ritualen. Bei letzteren sind in der Regel mit vergleichsweise mehr Macht ausgestattete Erwachsene dazu legitimiert, über die Einhaltung exteriorer Normen zu ,wachen' und zu verhindern, dass Kinder ,aus der Rolle fallen'. So versuchen die institutionalisierten Verfahrensprogramme eine Kollektivität herzustellen und aufrechtzuerhalten, die nicht auf verbindende gemeinschaftliche oder milieuspezifische Erfahrungen angewiesen ist. Vielmehr geht es primär um die rollenadäquate Einbindung und Einpassung von Individuen in gesellschaftliche Institutionen und ihre normativen Vorgaben. Beispiele hierfür wären etwa der von der Erzieherin angeleitete Morgenkreis oder die Unterrichtsorganisation[16]. Die

---

14   Zum Aspekt der Differenzbearbeitung durch konjunktive Rituale und Ritualisierungen von Schulkindern vgl. Wagner-Willi 2005.

15   Vgl. zu dieser Differenz Turner 1989: 69ff.

16   Zur Bearbeitung kommunikativer Rituale der Unterrichtsorganisation durch konjunktive Ritualisierungen und Aktionismen durch die Peergroup vgl. Wagner-Willi 2004; 2005.

handlungspraktische Bearbeitung dieser kommunikativ-generalisierten Rituale durch die Kinder und die Auseinandersetzung mit ihnen vollzieht sich in mehr oder weniger habitualisierter Weise, wird mehr oder weniger durch das gebrochen, was die Beteiligten *jenseits* ihrer rollenförmigen Beziehungen verbindet und zusammenhält: das in konkreten Erfahrungsräumen, in der kollektiven Handlungspraxis angeeignete konjunktive Wissen. Während dieses allerdings im Rahmen institutionell geprägter Beziehungen nur insoweit zur Geltung gelangen kann, als es den normativen Erwartungen nicht grundsätzlich zuwider läuft und damit den Fortbestand der Institution gefährdet, unterliegen Spielprozesse innerhalb von Peergroups keiner von Heteronomie gekennzeichneten Autoritätsstruktur. Damit besteht – im Kontrast zur funktionalen Unterordnung des Konjunktiven unter die Regeln der Institution – zumindest potenziell immer die Möglichkeit, ein Spiel in den Erfahrungsraum und die Praxis einer Gruppe einzubinden und die erweiterten inneren und äußeren Spielräume für Neuschöpfungen zu nutzen. Während Spielregeln – auch „übermittelte" und „institutionell gewordene" wie beim Murmelspiel – ab einer bestimmten Entwicklungsphase als freier Beschluss von Individuen betrachtet werden, der gilt bzw. geändert werden kann, wenn Übereinkommen erzielt wird (vgl. Piaget 1990: 184), ist im Kontrast dazu etwa das morgendliche Erheben und chorale Begrüßen des Lehrers in der Schule keinesfalls einfach durch einen übereinstimmenden Beschluss der Schüler zu verändern.

Je weniger Spielprozesse vorstrukturiert und in ihrem Ablauf geregelt sind, desto weiter öffnet sich – so zeigen die empirischen Beispiele – den Kindern in der Spielpraxis der Raum für den Rückgriff auf konjunktive Erfahrungen und habitualisierte Praktiken der Peergroup sowie auch für experimentelle Suchprozesse. „Die meisten Spieltheorien (...) sehen im Spiel eine rationale Parallele zu korrekt verlaufenden und erkennbaren kulturellen Prozessen" (Sutton-Smith 1978: 57). Dies hat zur Folge, dass wir „den relativen Anteil von Konvention einerseits und Erfindung andererseits im Spiel der Kinder nicht angemessen einschätzen" (ebd.). Im Spielen, so formuliert Turner (1989: 40f.) in Bezug auf Sutton-Smith, dürfen wir „ebenso wie in der Schwellenphase der Rituale (...) unordentlich sein". Der Bezug auf die Wissenssoziologie und die dokumentarische Methode ermöglicht nun, dieses ‚Unordentlichsein' nicht nur präziser zu fassen, nämlich als *eine Ordnung auf der Grundlage des Konjunktiven*, als das, was eine Gruppe jenseits ihrer rollenadäquaten Einpassung in normative Verfahrensprogramme und Institutionen zusammenhält, sondern es auch empirisch zu rekonstruieren und zwar vorzugsweise durch die Analyse von Fokussierungsakten. Der methodische Zugang durch die Videografie ist dafür unverzichtbar.

Die dokumentarische Analyse der Spiel*praxis* von Kindern, allgemeiner: die Hinwendung zur performativen Struktur von Praxis im Rahmen einer ‚rekonstruktiven Pädagogik', ermöglicht der Frage nachzugehen, *wie der*

Herstellungsprozess sozialer Wirklichkeit durch Kinder beschaffen ist und welche tiefer liegenden Seinsbedingungen bzw. Erfahrungszusammenhänge zur Ausprägung spezifischer handlungsleitender Strukturen führen. Damit kann zum einen eine deskriptiv bleibende Bindung an die Common Sense-Theorien, an den subjektiv gemeinten Sinn der Akteure überwunden werden, zum anderen wird auf den Anspruch verzichtet, als (erwachsener) Forscher einen privilegierten Zugang zur sozialen Realität (von Kindern) zu haben und diese auf der Grundlage des eigenen standortgebundenen Vorverständnisses erklären zu können. Das Potenzial des Spielens, in dem nach Sutton-Smith (1978: 53) der „Samen für kulturelle Kreativität und Innovation" angelegt ist, scheint in der vorgestellten empirischen Analyse auf. Es gilt, die kulturellen Neuschöpfungen von Kindern zunächst einmal empirisch zu rekonstruieren und sie nicht durch den immerwährenden Versuch den Sozialisationswert des Spiels pädagogisch auszuschöpfen bereits im Keim zu ersticken.

Literatur

Bohnsack, Ralf (1989): Generation, Milieu und Geschlecht. Opladen: Leske + Budrich.
Bohnsack, Ralf (1998): „Milieubildung". Pädagogisches Prinzip und empirisches Phänomen. In: Böhnisch, Lothar/Rudolph, Martin/Wolf, Barbara (Hrsg.): Jugendarbeit als Lebensort – Jugendpädagogische Orientierungen zwischen Offenheit und Halt. Weinheim und München: Juventa-Verlag, S. 95-112.
Bohnsack, Ralf (2001): Die dokumentarische Methode in der Bild- und Fotointerpretation. In: Bohnsack, Ralf/Nentwig-Gesemann, Iris/Nohl, Arnd-Michael (Hrsg.): Die dokumentarische Methode und ihre Forschungspraxis. Opladen: Leske + Budrich, S. 67-89.
Bohnsack, Ralf (2003): Rekonstruktive Sozialforschung. Einführung in qualitative Methoden. Opladen: Leske + Budrich, 5. Auflage.
Bohnsack, Ralf (2004): Rituale des Aktionismus bei Jugendlichen. Kommunikative und konjunktive, habitualisierte und experimentelle Rituale. In: Zeitschrift für Erziehungswissenschaft, 7. Jahrgang., Beiheft 2, S. 81-90.
Bohnsack, Ralf (2007): Performativität, Performanz und dokumentarische Methode. In: Wulf, Christoph/Zirfas, Jörg (Hrsg.): Pädagogik des Performativen. Theorien, Methoden, Perspektiven. Weinheim/Basel: Beltz, S. 200-212.
Bohnsack, Ralf/Nohl, Arnd-Michael (2001): Jugendkulturen und Aktionismus. Eine rekonstruktive empirische Analyse am Beispiel des Breakdance. In: Merkens, Hans/Zinnecker, Jürgen (Hrsg.): Jahrbuch Jugendforschung 1. Opladen: Leske + Budrich, S. 17-37.
Bohnsack, Ralf/Nentwig-Gesemann, Iris/Nohl, Arnd-Michael (Hrsg.) (2001): Die dokumentarische Methode und ihre Forschungspraxis. Grundlagen qualitativer Sozialforschung. Opladen: Leske + Budrich.
Bohnsack, Ralf/Przyborski, Aglaja/Schäffer, Burkhard (Hrsg.) (2006): Das Gruppendiskussionsverfahren in der sozialwissenschaftlichen Praxis. Opladen: Leske + Budrich.

Borudieu, Pierre (1987): Sozialer Sinn. Frankfurt am Main: Suhrkamp.

Bourdieu, Pierre (1992): Rede und Antwort. Frankfurt am Main: Suhrkamp.

Caillois, Roger (1982): Die Spiele und die Menschen. Maske und Rausch. Frankfurt, Berlin, Wien: Ullstein.

Csikszentmihalyi. Mihaly (2000): Das flow-Erlebnis. Jenseits von Angst und Langeweile: im Tun aufgehen. 8. Aufl., Stuttgart: Klett-Cotta.

Gaffer, Yvonne /Liell, Christoph (2001): Handlungstheoretische und methodologische Aspekte der dokumentarischen Interpretation jugendkultureller Praktiken. In: Bohnsack, Ralf/Nentwig-Gesemann, Iris/Nohl, Arnd-Michael (Hrsg.): Die dokumentarische Methode und ihre Forschungspraxis. Opladen: Leske + Budrich, S. 179-203.

Gebauer, Gunter /Wulf, Christopf (1998): Spiel – Ritual – Geste. Mimetisches Handeln in der sozialen Welt. Reinbek bei Hamburg: Rowohlt.

Gebauer, Gunter /Alkemeyer, Thomas (2001): Das Performative in Sport und neuen Spielen. In: Paragrana, Band 10, Heft 1, S. 117-136.

Goffman, Erving (1973): Interaktion: Spaß am Spiel und Rollendistanz. München: Piper.

Gurwitsch, Aron (1976): Die mitmenschlichen Begegnungen in der Milieuwelt. Berlin, New York: de Gruyter.

Honig, Michael-Sebastian (1999): Forschung „vom Kinde aus"? Perspektivität in der Kindheitsforschung. In: Honig, Michael-Sebastian /Lange, Andreas /Leu, Hans Rudolf (Hrsg.): Aus der Perspektive von Kindern? Zur Methodologie der Kindheitsforschung. Weinheim und München: Juventa-Verlag, S. 33-50.

Kalthoff, Herbert/Kelle, Helga (2000): Pragmatik schulischer Ordnung. Zur Bedeutung von „Regeln" im Schulalltag. In: Zeitschrift für Pädagogik, Jahrgang 46, Heft 5, S. 691-710.

Mannheim, Karl (1980): Strukturen des Denkens. Frankfurt am Main: Suhrkamp.

Nentwig-Gesemann, Iris (2002): Gruppendiskussionen mit Kindern. Die dokumentarische Interpretation von Spielpraxis und Diskursorganisation. In: ZBBS, Heft 1, S. 41-63.

Nentwig-Gesemann, Iris/Klar, Isabelle (2002): Aktionismus, Regelmäßigkeiten und Regeln im Spiel. Kinderspielkultur am Beispiel Pokémon. In: Psychologie und Gesellschaftskritik, 26. Jahrgang, Nummer 102/103, Heft II/III, S. 127-158.

Nentwig-Gesemann, Iris/Wagner-Willi, Monika (2007): Rekonstruktive Kindheitsforschung. Zur Analyse von Diskurs- und Handlungspraxis bei Gleichaltrigen. In: Wulf, Christoph/Zirfas, Jörg (Hrsg.): Pädagogik des Performativen. Theorien, Methoden, Perspektiven. Weinheim/Basel: Beltz, S. 213-223.

Nentwig-Gesemann, Iris (2006): Regelgeleitete, habituelle und aktionistische Spielpraxis. Die Analyse von Kinderspielkultur mit Hilfe videogestützter Gruppendiskussionen. In: Bohnsack, Ralf/Przyborski, Aglaja/Schäffer, Burkhard (Hrsg.): Das Gruppendiskussionsverfahren in der sozialwissenschaftlichen Praxis. Opladen: Leske + Budrich, S. 25-44.

Neumann, Karl (1999): Zur Restitution und Rekonstruktion des Bildungsbegriffes. In: Neue Sammlung, 39. Jahrgang, Heft 2, S. 227-241.

Piaget, Jean (1990): Nachahmung, Spiel und Traum. Ges. Werke, Band 5. Stuttgart: Klett-Cotta, 2. Auflage.

Schäffer, Burkhard (1996): Die Band – Stil und ästhetische Praxis im Jugendalter. Opladen: Leske + Budrich.

Sutton-Smith, Brian (1978): Die Dialektik des Spiels. Eine Theorie des Spielens, der Spiele und des Sports. Schorndorf: Hofmann.

Sutton-Smith, Brian (1983): Die Idealisierung des Spiels. In: Spiel – Spiele – Spielen: Bericht über d. 5. Sportwiss. Hochschultagung d. Dt. Vereinigung für Sportwiss. in Tübingen (1982), hrsg. von Grupe, Ommo. Schorndorf: Hofmann, S. 60-75.

Tervooren, Anja (2001): Pausenspiele als performative Kinderkultur. In: Wulf, Christoph u.a.: Das Soziale als Ritual. Zur performativen Bildung von Gemeinschaften. Opladen: Leske + Budrich, S. 205-248.

Turner, Victor (1989): Vom Ritual zum Theater. Der Ernst des menschlichen Spiels. Frankfurt am Main/New York: Ed. Qumran Campus Verlag.

Wagner-Willi, Monika (2004): Videointerpretation als mehrdimensionale Mikroanalyse am Beispiel schulischer Alltagsszenen. In: Zeitschrift für Qualitative Bildungs-, Beratungs- und Sozialforschung (2004), Heft 1, S. 182-193.

Wagner-Willi, Monika (2005): Kinder-Rituale zwischen Vorder- und Hinterbühne. Der Übergang von der Pause zum Unterricht. Wiesbaden: VS-Verlag.

Wittgenstein, Ludwig (1984): Philosophische Untersuchungen. Werkausgabe Band 1, Frankfurt am Main: Suhrkamp.

Wulf, Christoph/Göhlich, Michael/Zirfas, Jörg (Hrsg.) (2001): Grundlagen des Performativen. Eine Einführung in die Zusammenhänge von Sprache, Macht und Handeln. Weinheim u. München: Juventa-Verlag.

Wulf, Christoph (2005): Zur Genese des Sozialen. Mimesis – Performativität – Ritual. Bielefeld: Transcript.

Adoleszente Selbstinszenierung in Text und Bild

Dorle Klika/Thomas Kleynen

Unser Forschungsprojekt, das u.a. die Selbstinszenierung von Text und Bild bei Adoleszenten zum Thema hat, kann noch keine Ergebnisse präsentieren, wohl aber theoretisch-methodische Überlegungen auf der Basis von Vorstudien. Um das methodische Problem der Triangulierung von Text- und Bildmaterial im Rahmen biografischer Forschung zu diskutieren, werden inhaltliche Fragestellung des Projekts (1) und theoretisch-methodische Überlegungen zur Triangulierung von Text und Bild (2) vorgestellt. Das methodische Design (3) wird durch Material der Vorstudie erläutert (4). Abschließend werden Möglichkeiten und Grenzen der Triangulation formuliert.

1 Jungen und Kunst

In Schule und Universität ist Kunst zu einer „weiblichen" Domäne geworden. Kunst und Physik sind dort die Fächer mit den stärksten geschlechtsspezifischen Polarisierungen: In der Schule sind Jungen im Fach Kunst nur mit 15% vertreten, Mädchen im Fach Physik mit immerhin 38% (vgl. Stürzer u.a. 2003: 32; Kessels 2002: 18f.). Im Studium dominieren Frauen nach wie vor in den Sprach-, Kultur- und Kunstwissenschaften, Männer in den Natur- und Ingenieurwissenschaften (vgl. HIS Ergebnisspiegel 2002: 73; Klika 2005). Über Ursachen, Hintergründe und Zusammenhänge geschlechtsspezifischer Fächerpolarisierung liegen für Mädchen/Frauen zahlreiche Studien vor (Überblick bei Faulstich-Wieland/Nyssen 1998, Nyssen 2004). Für die Jungen und jungen Männer fehlen die entsprechenden Forschungen bisher.

Die Erklärungskraft quantitativer psychologischer Forschungen, die die Signifikanz geschlechtsspezifischer Fächerpräferenzen und deren Zusammenhänge mit dem Selbstbild belegen, bleibt aus biografietheoretischer Sicht dürftig. Sie beschränken sich auf einzelne Schulfächer (zumeist Mathematik und Sprachen); festgestellt werden Korrelationen zwischen geschlechterspezifischer Beliebtheit, Kurs- und Fächerwahl und Leistungsselbstkonzept: Jungen zeigen ein positiveres Selbstkonzept im Fach Mathematik, Mädchen in sprachlichen Fächern (Trautwein 2003). Fächer des ästhetischen Bereichs spielen in den Untersuchungen keine Rolle. Längsschnittstudien sind selten, die fünfzehn Jahre zurückliegende Studie von Marianne Horstkemper (1987) fand kaum Nachfolger. Lediglich eine neuere (psychologische) Studie untersucht geschlechtervergleichend biografische Wege von Studentinnen und Studenten in geschlechtstypische und -untypische Studienfächer (Mathematik und Germanistik; Gisbert 2001). Das komplexe Feld möglicher Einflüsse wird dort jedoch ursächlich auf die familiale Interaktion bzw. deren Qualität reduziert.

Untersuchungen, die sich eigens der Pädagogik-, Kunst- oder Sprachdistanz von Jungen zuwenden, fehlen. Insgesamt ist Jungenforschung bisher ein „randständiges Forschungsgebiet" (Nyssen 2004: 401), das durch die Ergebnisse der PISA-Studien (Lesedistanz der Jungen) und die kritische Jungen- und Männerforschung (BauSteineMänner 2001, Forster 2004) aktuell als Forschungsdesiderat gilt. Unser Projekt will die zunehmende Abstinenz der Jungen vom Fach Kunst untersuchen. Biografietheoretisch interessant ist der Befund, dass zehnjährige Mädchen und Jungen Kunst noch in gleicher Weise zu ihren Lieblingsfächern zählen (Zinnecker u.a. 2002), sich in den Leistungskursen der gymnasialen Oberstufe aber kaum noch Jungen finden. Diese Entwicklung setzt sich an der Universität fort, so dass auch der überwiegende Teil der nächsten SchülerInnengeneration in Physik von Lehrern, in Kunst von Lehrerinnen unterrichtet werden wird.

Aus bildungs- und biografietheoretischer Perspektive entwickeln sich das allgemeine, aber auch das spezielle, psychologisch untersuchte fachbezogene (akademische) Leistungs-Selbstbild im Kontext vielfältiger biografischer Erfahrungen in Schule, Familie und Peergroup und durch Medien (Kramer 2002: 28f.). Zentraler als jene Faktoren, die psychologische Studien fokussieren, sind u.E. Faktoren des geschlechtlichen Selbstbildes, die als geschlechtlicher Habitus und Doing Gender zu konzeptualisieren sind. Wenn Jungen das Fach Kunst weiblich konnotieren und in der Oberstufe in der Schule und im Studium meiden, ist diese Einschätzung auf biografische Lernprozesse innerhalb und außerhalb der Familie und Schule zurückzuführen.[1] Auch Jugend- und biografische Schülerforschung verzeichnen hier eine Leerstelle: Qualitative Studien zur Jugendkultur, die nach der biografischen Bedeutung von Freizeitpräferenzen[2] und „nach Kontinuität oder Diskontinuität in Lebensgeschichten fragen" (Helsper/Böhme 2002: 588), sind selten und häufig ohne Bezug zu Schule und Unterricht, umgekehrt bleibt biografische Schülerforschung oft ohne Bezug zur Jugendforschung. Die Schullaufbahn gilt als bedeutsamer Faktor für lebensgeschichtliche Bilanzierungen, die Konstruktion der eigenen Biografie und das eigene Selbstbild, doch ist nach

---

1   Auch in der Freizeit meiden Jungen künstlerisch-ästhetische Tätigkeiten; vgl. Thole 2002, Baacke 1999.
2   Nicht erforscht ist etwa die Bedeutung der Freizeitorientierung für spätere Berufswege.

wie vor offen, wie sich der Zusammenhang zwischen Institution Schule und Schülerbiografie gestaltet, „welche Dimensionen und Kriterien dabei relevant sind" (Kramer 2002: 15). Studien zur Geschlechtsspezifik, die das Verhältnis von Biografie und schulischem Bildungsverlauf, von Interessenentwicklung und Selbstbild untersuchen, sind ein besonderes Desiderat (Helsper/Bertram 1999: 273).

2 Triangulierung von Text und Bild theoretische Überlegungen

Unser Projekt[3] untersucht die biografischen Wege von Jungen in das Fach Kunst. Zentrale Fragestellungen beziehen sich auf die biografische Entwicklung von Fachinteresse, Selbstbild und Habitus, Bedeutung schulischer und außerschulischer Aspekte, typische und untypische Wege, Konstruktionen von Männlichkeit im Kontext der objektiven Außenseiterposition.

Für die Fragestellung sind u. E. Doing-Gender-Prozesse von erheblicher Bedeutung. Die Selbstinszenierungen im Jugendalter beinhaltet massiv leiblich-körperliche Aspekte: Soziale Einschreibungsprozesse in den Köper/Leib disziplinieren unsere Haltungen Handlungen, Gebärden, Kleidung und Sprache und normieren den Einheitskörper (vgl. Bourdieu 1993: 73; 1987: 122f.). Durch die körperlichen Veränderungen in Pubertät und Adoleszenz gerät das kindliche Selbstverständnis eigener Leiblichkeit aus den Fugen. Die beunruhigende Problematik von Leib-sein und Körper-haben führt zu einer „adoleszenztypisch zugespitzten Aufdringlichkeit" des Geschlechterkörpers, zu dem das jugendliche Ich ein neues Verhältnis suchen, sich den eigenen sexuellen Körper aneignen muss (King 2002: 172). Die Jugendlichen müssen sich im kulturellen Feld der Zweigeschlechtlichkeit neu verorten, Geschlechterbilder neu konstruieren, sich mit dem eigenen Körper als „männlich" und „weiblich" auseinandersetzen und leiblich-körperliche inszenieren (Fend 2000, Millhofer 2000). Die kritische Männerforschung verweist auf die „Krise" traditioneller Männerbilder, die „zum Orientierungsverlust bei Jungen" führe (Forster 2004: 477). „Umgang mit dem eigenen Körper" gilt als zentrales Thema von Jungenbildungsarbeit. Da in langer abendländischer Tradition alles Leibliche – der Körper, seine Empfindungen – als res extensa gebrandmarkt und dem „Weiblichen" zugeschrieben wurde, ist das Körperthema bei heterosexuellen Männern eng an Homophobie geknüpft und somit besonders brisant (Forster 2004: 485). Dabei ist das „Körpersubjekt" nicht nur aktiv, sondern immer zugleich passiv. Körperliche Veränderungen, Schmerz und

---

3   Zur Untersuchung jüngerer SchülerInnen wurde eine Aufsatzbefragungen in den Klassen 5-10 durchgeführt. Die vorliegenden Aufsätze (ca. 550; Klasse 5-10) sind noch nicht ausgewertet.

Leiden geschehen uns. Der Körper kann geübt, geformt oder gepierct werden, aber wir entkommen ihm nicht. Körperlich-leibliche Bildungsprozesse entziehen sich dem Bewusstsein (vgl. Waldenfels 1999). In Doing-Gender-Prozessen gewinnt daher die Analyse nicht-verbaler Daten an Bedeutung (vgl. Faulstich-Wieland u.a. 2004).[4] Um die nicht bewussten leiblich-körperlichen Aspekte einzufangen, kombinieren wir biografische Interviews mit einer Fotoerhebung. Die Fotoanalyse verspricht eine gewinnbringende Ergänzung im Sinne der Triangulierung von Quellenmaterial, da das visuelle Material habitualisierte kulturelle Codes in einem nicht-sprachlichen Medium dokumentiert.

Fotoerhebungen in Kombination mit biografischen Interviews zur Jugendbiografie und jugendlicher Selbstinszenierung gibt es bisher nicht.

Neben dem Gegenstandsinteresse des Projekts birgt das Design zugleich einen Beitrag zur qualitativen Methodenforschung, in dem die Tragfähigkeit der Triangulation von Bild und Textmaterial untersucht wird. Inwieweit sich Fotomaterial und narratives Interview in der Frage nach dem jugendlichen Selbstbild ergänzen und wo gegebenenfalls deren Grenzen liegen, ist eine offene Frage.

3   Methodisches Design

Das ursprüngliche methodische Design, Schüler der Sekundarstufe II zu befragen, die das Fach Kunst als Leistungskurs gewählt haben, scheiterte bereits am Mangel an Probanden, da es erstens kaum Leistungskurse[5] im Fach Kunst und zweitens dort keine Jungen gab. Die Recherche der Vorstudie ergab für den Landkreis Siegen-Wittgenstein lediglich zwei Leistungskurse im Fach Kunst (Juni 2004), einer war gänzlich ohne Jungen, in dem anderen war ein Schüler, der nicht zu einem Interview bereit war.[6] Dieses Ergebnis verdeutlicht einmal mehr die Aktualität unserer Fragestellung, zwang aber zugleich zur Änderung des Konzepts. Um erste Erfahrungen mit dem geplanten methodischen Design zu sammeln, wichen wir auf Studienanfänger aus.[7]

---

4   Die Forschergruppe arbeitet mit Video-Analysen, um die leibliche Dimension des Doing-Gender einzufangen. Die Selbstinszenierungen Jugendlicher wird bisher kaum mit visuellen Quellen erhoben; kunstpsychologische Ansätze vgl. Schuster 2000; zu Jugendforschung Behnken 1992, Fuhrer/Laser 1997.

5   Auch bei ausreichendem Interesse (ca. 25 SchülerInnen) kann die Einrichtung eines LK Kunst an mangelnder Unterstützung des Rektorats scheitern.

6   Im Schuljahr 2004/05 gibt es vier LKs im Fach Kunst, in einem davon sind vier Jungen. Laut Suchindex des Bildungsportals in NRW bieten in NRW 203 von insgesamt 816 Schulen einen LK Kunst (13.09.04).

7   Einige Interviews wurden mit Schülern der Oberstufe durchgeführt, die naturwissenschaftliche Fächer als Leistungskurs wählten. Diese Interviews erwiesen sich als wenig fruchtbar,

Sie wurden mit narrativen Interviews befragt und zu einem zweiten Termin zu einer Fotoerhebung gebeten. Verabredet wurde dabei lediglich ein zweiter Termin, dass es um eine Fotoerbung gehen sollte, war den Probanden nicht bekannt.[8] Zum methodischen Design biografischer Interviews sei an dieser Stelle lediglich darauf verwiesen, dass das „klassische" biografisch-narrative Interview u.a. ermöglicht, das Feld offen abzustecken und Aspekte zu entdecken, die weder Befragte noch Forscher im Blick haben.

Für die Fotobefragung wurde ein spezifisches Design entwickelt, das der Brisanz der Selbstinszenierung vor einer Kamera Rechnung trägt und den Befragten in der Erhebungssituation weitgehende Selbstbestimmung gewährt. Mithilfe von Digitalkamera und Notebook können sie die eigene Selbstinszenierung vor einem neutralen Hintergrund (weiße Wand) an dem schwenkbaren Monitor der Kamera direkt prüfen, verschiedene Formen der Selbstinszenierung erproben und über ihre fotografische Inszenierung quasi selbst Regie führen.[9] Der Interviewer befolgt lediglich die Anweisungen der Befragten und sichert ein Minimum an Vergleichbarkeit (Raum, Farbigkeit, neutraler Hintergrund, eingeschränkte Requisiten).[10] Er stellt Kamerastandort, Perspektive, Zoomfaktor etc. nach Vorgaben der Befragten ein und betätigt den Auslöser. Der Kameramonitor ist so zum Befragten gerichtet, dass er ‚Bild' bzw. Einstellungen sieht und korrigieren kann. Der Interviewer sieht das Bild dagegen nicht – und die Probanden wissen das. Das ermöglicht die Distanzierung zwischen Interviewer (Fotograf) und Fotografiertem und erleichtert die Konfrontation mit der eigenen Körperlichkeit, ohne dass diese Aspekte thematisiert werden. Diese Art der Fotoerhebung kann die Gefahr einer krisenhaften Beziehung zwischen Interviewer/Fotograf und Fotografierten auf ein Minimum reduzieren. Zugleich wird der Habitus des Probanden gleichsam doppelt erhoben: als abbildender und als abgebildeter Bildproduzent. Die Selbstinszenierung wird zunächst mit „virtuellen" Fotos erprobt.

Als Einstieg in die Situation wurde in der Vorstudie als indirekter Impuls die Aufforderung gewählt: „Stell dir vor, du nimmst als Forscher an einer mehrjährigen Expedition in abgelegene Orte teil. Du willst Fotos für deine Familie, deinen Freundeskreis, den Partner (Freund/Freundin) und die ‚Nachwelt' hinterlassen, weil unklar ist, ob und wann du zurückkehren wirst." Die beziehungsorientierten Kategorien (Familie, Freundeskreis, Partner/in) erleichtern die Selbstinszenierung, die neutrale Kategorie (Nachwelt) zwingt zur Verallgemeinerung, zugleich wird die Selbstdarstellung in verschiedenen

---

weil die Schüler zur Konstruktion einer biografischen Erzählung nur mit Unterstützung in der Lage waren. (vgl. Studien von Habermas/Praha 2002).

8 Dieses Verfahren verhindert, dass die Befragten sich für den Termin besonders stylen.

9 Bei Fototerminen im Haus der Befragten verging viel Zeit mit der Suche nach geeigneten Requisiten. Für die Erhebung des leiblichen Habitus sind Requisiten aber eher hinderlich.

10 Die Fotoerhebung wurde von Thomas Kleynen durchgeführt. Die Entstehungsbedingungen werden protokolliert.

Facetten ermöglicht (für Freunde anders als für die Familie). Zusätzlich können die Befragten eine fünfte Kategorie eigener Wahl erstellen. Bis zu einer Höchstgrenze von 4 Fotos je Kategorie bestimmen die Befragten die Anzahl der Bilder pro Kategorie, so dass verschiedene Facetten ihres Selbstbildes zum Ausdruck bringen können. Schließlich können Fotos aussortiert (und in der Auswertung mit den verbliebenen Fotos verglichen) werden. Jeweils ein Foto jeder Kategorie wird als das Beste bzw. Passendste für diese Kategorie betitelt.

Zur Untersuchung der Triangulation von Text- und Bildmaterial leiten uns die folgenden Fragestellungen:

- Wie lässt sich das visuelle Selbstbild im Vergleich zum sprachlichen charakterisieren?
- Welche Verweise vom Foto (figurative Selbstinszenierung) auf den Text (diskursive Selbstinszenierung) und umgekehrt lassen sich ausmachen?
- Wie können solche Verweise methodisch gefasst und gekennzeichnet werden?
- Welche Kategorien lassen sich hinsichtlich der sprachlichen und visuellen Konstruktion des Selbstbildes entwickeln?
- Wo liegt die Bedeutung der Methodenkombination?
- Wo liegen die Grenzen des je spezifischen Materials? Was ermöglicht der Text, nicht aber das Bild und umgekehrt?

4 Beispiele

Die folgende Darstellung liefert keine ausführlichen Bild- und Textinterpretationen, sondern einen Werkstattbericht, der verdeutlichen kann, wie die Triangulation von Bild und Text gewinnbringend in der Biografieforschung genutzt werden kann. Vorgestellt wird zuerst das Fotomaterial, anschließend biografische Portraits zu beiden Personen.

(1) Freundeskreis

Die ersten Fotos wurden meist für die Kategorie *Freunde* gemacht, die recht schnell gefüllt war.

Andreas und Jan stellen[11] einen unmittelbaren Bezug zum Betrachter her: Andreas bezieht (bisher als einziger) den Interviewer körperlich direkt in das

---

11 Namen geändert, die Befragten sind mit der Publikation des Bildmaterials einverstanden. Die Fotos sind im Format 1920x2560 Pixel aufgenommen und werden im Großformat an der Leinwand interpretiert. Auf den kleinen Abbildungen sind Details nicht zu erkennen.

Abb. 1: Andreas

Foto (als „Armgeber") ein. Jan inszeniert eine Kommunikations-situation, indem er durch Gestik, Mimik und Requisiten (zweite Kaffeetasse, Aschenbecher in der Mitte) eine weitere Person impliziert. Obgleich der Betrachter bei Andreas' Bild unmittelbar an der „Kommunika-tions-Situation" teilnimmt, bleibt er doch außen vor: Er steht zwar an Stelle des „Armgebers", sieht die Situation aber aus einer anderen Perspektive; Andreas blickt dem „Armgeber" in die Augen, nicht in die Kamera und somit nicht in die Augen des Betrachters (vielleicht war der Interviewer durch den Hände-druck als Person zu präsent und wurde dadurch „wichtiger" als die Kamera). Jan bemühte sich besonders, bei der Inszenierung eine zweite Person im Bild zu implizieren wird (er diskutiere gern mit einem Freund; nicht mit vielen, erläu-terte er dazu). Doch wird der Betrachter nicht zur zweiten Person, Jan blickt und gestikuliert links am Betrachter vorbei. Er versucht das Foto so zu insze-nieren, dass sich prinzipiell jeder seiner Freunde einbezogen fühlen könnte: Er

zündete zunächst eine Zigarette „für den Anderen" an, die dessen Präsenz verdeutlichen sollte, än-derte das jedoch rasch mit der Begründung, dass nicht alle sei-ner Freunde rauchten. Während Jan sich eine tatsächliche Kom-munikationssituation von Dauer (er sitzt, trinkt Kaffee, raucht) vorstellt, orientiert sich Andreas mehr an dem vorgegebenen Im-puls: Andreas verabschiedet sich von seinen Freunden (mit Hand-schlag von jedem persönlich). Der Handschlag ist keine Begrü-

Abb. 2: Jan

ßung, sondern Abschied, weil Andreas sich mit dem Oberkörper vom Betrachter fort bewegt. Während Jan darauf achtet, alle möglichen Freunde einzubeziehen, scheint es Andreas gleichgültig zu sein, dass seine beiden „weiblichen Freunde", von denen er im narrativen Interview erzählte, sich durch den behaarten Arm des Gegenübers wohl kaum einbezogen fühlen werden.

(2) Familie

Diese Kategorie zu füllen, taten sich die Probanden besonders schwer (Andreas: „...weil man sich da am meisten Gedanken macht"). Schließlich war Andreas davon überzeugt, „dass man ,Familie' am besten im Sitzen macht" (weil das Sitzen ein Gefühl der Sicherheit vermittelt?). Andreas präsentiert sich in der unteren Bildhälfte auf einem Schreibtischstuhl sitzend, nach links gewand. In der Tat gewährt die inszenierte Sitzposition Sicherheit: die Arme aufgelehnt, die Horizontale des rechten Unterschenkels und rechten Unterarms, der Blick aus Augenwinkeln mit erhobenem Kopf signalisieren Abgrenzung, auch Unnahbarkeit. Das steht im Gegensatz zur Biografie, wo die Familiensituation als harmonisch charakterisiert wird.

Abb. 3

Abb. 4

Andreas achtet darauf, auf den Fotos für die ,Familie' keinesfalls ängstlich, sondern sicher und standfest zu erscheinen. Er erläutert: „Ich kann doch nicht ängstlich auf einem Foto aussehen, wenn ich auf eine Forschungsexpedition gehe! Die sollen doch nicht den Eindruck bekommen, dass das gefährlich ist." Während Andreas wieder im Kontext der Vorgaben (Forschungsexpedition) bleibt, reflektiert Jan eine biografische Familiensituation in der Fotografie: Er erklärt, er lasse sich nicht gern fotografieren. Auf Familienfesten werde das aber immer wieder versucht, man versuche ihn zu erwischen. Das Foto zeigt eine solche „Erwischt-Szene": Jan lässt es schräg von oben aufnehmen. Dabei schaut er nachdenklich nach draußen (Fenster in der Ecke). Jan imaginiert sich also in der familiären Umgebung („Familienfest") und grenzt sich zugleich davon ab, erscheint ganz in sich gekehrt, nachdenklich, innerlich abwesend. Diese Ambivalenz offenbart auch das Bild: Jan ist ganz im Motiv, recht groß in der vertikalen Mittelachse, zugleich entfernt er sich, distanziert sich vom Betrachter. Er wird von oben fotografiert, schaut mit nachdenklich verschränkten Armen, ohne Kontakt zum Betrachter, in die Ferne. Jan stellt sich also ins Zentrum und distanziert sich zugleich, konsequenter als Andreas dies durch seine Körperhaltung und durch die Vertikalen erreicht.

(3) Partner/in

Hier ist die Fall umgekehrt, Jan verbleibt stärker beim Impuls: Die Freundin solle seinen Weg akzeptieren, erläutert er; er schickt ihr einen letzten Blickkontakt und Gruß zum Abschied. Andreas dagegen ist mehr bei sich: Der Ord-

Abb. 5   Abb. 6

ner soll nicht „Partner/in" oder „Freundin" heißen, sondern den Namen seiner Freundin tragen (Tanja): „Sonst käme ich mir schäbig vor". Wie beim stereotypen Heiratsantrag kniet er formatfüllend mit flehendem Blick, die Hand an der Brust bzw. am Herzen vor ihr. Der gewählte Kamerastandort ist bei diesem Foto etwas niedriger als bei den meisten anderen Fotos von Andreas, was darauf hindeuten könnte, dass er der Freundin gegenüber nicht zu unterwürfig erscheinen möchte, oder auch, dass sie sich ihm entgegenbückt oder sitzt.

Während Andreas die scheinbar letzte Chance nutzt, Freundin Tanja seine Liebe zu zeigen, demonstriert Jan mit aufmunternder Mimik Unabhängigkeit. Er zeigt nicht die Konstanz seiner Liebe, sondern den konkreten Aufbruch: Er winkt und lächelt zum Abschied, der gesamte Köper formt einen Bogen, der die Bewegung nach links aus dem Bild hinaus als Fortgehen impliziert. Während Andreas also beim Abschied trauert und die Permanenz seiner Gefühle durch das Knien nahe legt, ist Jan bereits „auf dem Sprung", zeigt seinen Aufbruch und gleichermaßen auch seine Abwesenheit: Er inszeniert sich auf dem Foto (wie für die Familie) als „Präsenz von Abwesenheit".

(4) Nachwelt

Für Nachwelt hätte Andreas gern einen „Raumfahreranzug" gehabt, mit dem er heroisch in die Ferne sehen wollte. Wieder scheint sich Andreas mehr an

Abb. 7   Abb. 8

der Rolle als Forscher (Impuls) zu orientieren, während Jan sich als Künstler präsentiert: Jan demonstriert nach eigenen Aussagen die Rast von gerade vollbrachter Arbeit (Bildhauerei). Explizit spricht er die hervortretenden A-dern an den Armen an, die den körperlichen Arbeitsprozess verdeutlichen sollen. Er vergleicht sich mit Fabrikarbeitern, die nach harter körperlicher Anstrengung kurz ausruhen und den Blick schweifen lassen. Jans Körperhaltung zeigt innere Geschlossenheit und „Insichgekehrtheit", der Blick ist jedoch nach außen gerichtet. Erneut finden wir die Parallele zur Inszenierung für die „Partner/in" und „Familie": die gleichzeitige Inszenierung von Präsenz und Abwesenheit. Durch die Haltung will Jan auf die Abwesenheit der (gerade vollbrachten) Arbeit verweisen, nur die hervorstehenden Adern zeugen davon, sie stehen für den körperlichen Kraftakt. Wie Jan sitzt auch Andreas in der unteren Bildhälfte, ist von den Knien aufwärts zu sehen und blickt links über den Betrachter hinweg. Blick, rechter Arm (Ellenbogen auf der Lehne, rechte Hand zum Mund geführt) demonstrieren innere Geschlossenheit und Nachdenklichkeit, während der linker Arm von Tatkraft zeugt und bereit zu sein scheint, nach dem Denken handeln zu wollen, in Aktion zu treten (Andreas aufstehen zu lassen). Ikonologisch ist hier der Vergleich zu Michelangelos Moses (Julius-Grabmahl) von Bedeutung: Auch Moses zeigt innere Gefasstheit und ist doch bereit zum Sprung. Diese Haltung macht Andreas „nahbarer" als Jan, dessen leicht gedrehter Oberkörper sich vom Betrachter entfernt. Die mögliche Bedeutung und Wirkung von Andreas' Position im Bild (obere Hälfte des Fotos ganz leer), kann hier nur angedeutet werden: Es bleibt Freiraum, Platz fürs Nach-Denken.

Biografische Skizzen

Andreas

Andreas verbrachte sein bisheriges Leben in X-Stadt, ist dort 1981 geboren und „seitdem nicht weggekommen". Er studiert Anglistik, Kunstgeschichte und Literaturwissenschaft im Studiengang Magister im 2. Semester und lebt bei seinen Eltern. Seinen Lebenslauf bezeichnet Andreas als „gerade": Er besuchte nur *eine* Grundschule, *ein* Gymnasium (Gesamtschule), aber immerhin zwei Kindergärten. Andreas betont die große Bedeutung der Familie, die in den Erzählungen des Interviews allerdings randständig bleibt. Zentrale Themen bilden der Freundeskreis, die (unglückliche) Liebe und das Selbstbild als „alternativ Geprägter", das auf die ältere Schwester zurückgeführt wird: Sie „prägte" ihn „alternativ". Diese im Interview wiederholt auftauchende Formulierung wird als Abgrenzung zu Anderen (Leuten mit Hemd in der Hose) verwendet. Andreas sieht sich „zwischen allen Stühlen", fühlt sich keiner Gruppe zugehörig. In der unmittelbaren Nachfrage umschreibt Andreas die Bedeutung von „alternativ geprägt" mit: Nirvana, Red Hot Chili Peppers, Beat-Nicks, Spät-Hipies, Kiffer, politische Linke. Mit 17 Jahren verließ er das Elternhaus, zog zu seiner Schwester, kehrte aber nach einem Jahr zu den Eltern zurück.

In der Schule war er „schwierig und wild", aber nicht unbegabt, „das ergänzte sich ganz gut". Eine Grundschullehrerin, die er sehr mochte, starb, als er in der 2. Klasse war. Die nachfolgende Lehrerin bezeichnet Andreas als „katastrophal". In der Gesamtschule pflegte er ab der 8. Klasse die Partykultur: traf sich mit Freunden, trank, zog „um die Häuser". Mit 13 Jahren war Andreas das erste Mal betrunken, als 14-18-jähriger kiffte er. Sein Freundeskreis wurde in der Schule „die Gammler" genannt. Andreas war schulisch wenig engagiert, er habe „viel blau gemacht", schaffte aber ohne Wiederholungen das Abitur.

„Frauengeschichten" seien für ihn sehr prägend gewesen, Einzelheiten mochte Andreas nicht erzählen. Schon im Kindergarten unglücklich verliebt, sammelte er auf Klassenfahrten erste Erfahrungen mit Alkohol und Mädchen. Den ersten Kuss am Ende des 10. Schuljahrs bezeichnet er als „ein einschneidendes Erlebnis". In der Oberstufe war er mehrfach „sehr lange sehr unglücklich verliebt" und deshalb im Unterricht abgelenkt, schwänzte die Schule, um diese Mädchen nicht zu treffen.

Wider Erwarten wurde Andreas vom Militärdienst ausgemustert und jobbte nach dem Abitur. Seit dem 12. Lebensjahr macht er Musik („Funk-Pop"), seit er als 9-jähriger ein Theaterstück sah, wollte er „was mit Bühne machen". Nach dem Abitur überlegte er Industrie-Design oder Kulturwissenschaften an der Universität Hildesheim (Schwerpunkt Musik) zu studieren, Aufnahmeprüfung und hoher NC schreckten ihn jedoch ab. So schrieb er sich in an der Universität in X ein, „um erst mal Zeit zu überbrücken".

Jan

Jan, Kunststudent (LA) im 2. Semester, wurde 1981 in der DDR geboren, wo er ein einem Vorort von Y seine Kindheit verbrachte. Er wuchs in einer Patchworkfamilie auf, die Mutter brachte den 2½ Jahre älteren Bruder mit in die Ehe, Jan hat noch eine jüngere Schwester. 1990/91 zog die Familie (der Vater ist Ingenieur) ins Ruhrgebiet, was Jan als Bruch und „totalen Kulturschock" beschreibt, schulisch aber gut verarbeitete. Die Familie reiste viel in Westeuropa, kaufte ein Haus, Jan wechselte zum Gymnasium. Wegen des Alkoproblems der Mutter („sie hat ziemlich viel gebechert") trennte sich der Vater 1994, ging bald eine neue Partnerschaft mit einer geschiedenen Frau mit zwei Kindern ein, wodurch die Familie auf 6 Personen anwuchs (der älteste Bruder blieb bei Jans Mutter). Die neue Familie zog in eine Nachbarstadt. Mit der Stiefmutter und den jüngeren Stiefgeschwistern, die Jan durch nachbarschaftliche Kontakte bereits kannte, versteht sich gut. 1999 zog die Familie in die Eifel, 2000 kam eine Halbschwester zur Welt.

In der Schule hatte Jan es nicht leicht. Das Elterhaus forderte Leistung und Jan versuchte. darüber Anerkennung zu erhalten. Dafür stempelten die Peers ihn als Streber, nannten ihn „Ostblock". Über den Sport gelang ihm dort die Integration. Als Jan durch den Umzug in die Eifel erneut die Schule wechselte (und das 11. Schuljahr wiederholte), beschreibt er diese Schule kontrastierend zu früheren Erfahrungen sehr positiv („das war perfekt"), angefangen bei der Architektur, über den Schulleiter (der alle Schüler und ihre familiären Hintergründe kannte, der „menschlich" war), die Lehrer (warmherzig, fördern individuell, geben gezielte Hilfestellung) und die Klassenkameraden. An den früheren Schulen hatte sich Jan als „Nummer" gefühlt, Schwierigkeiten, Persönliches interessierte die Lehrer nicht. Den Zivildienst absolvierte Jan bewusst in einem Krankenhaus, um anderen zu helfen.

Zentrales Thema im Interview Jans sind die Familie und die eigene Biografie. Die Phase der Eskalation des Alkoholproblems der Mutter erzählt er ausführlich und detailliert. „Nicht normal" ist die vergleichende Bewertung, die er in diesem Zusammenhang wiederholt verwendet. Seine Kindheit sei „nicht normal gelaufen", „aus Erfahrungen meiner Kindheit heraus" sei er „ganz anders groß geworden, was Gefühle betrifft, auch was Freunde betrifft, was die Mädels betrifft." Wiederholt schließt er daran Reflexionen über biografische Wirkungen bis in die Gegenwart an (biografische Kontinuität).

Jan hat als Kind viel gezeichnet und für seine Arbeiten positive Rückmeldung von Lehrern und Klassenkameraden erhalten. Wenn es Probleme gab (Streitereien zwischen den Eltern, Probleme der Mutter, schlechte Schulleistungen, verunglückte Liebe), zog er sich zurück und malte oder zeichnete („wenn es Streit gab oder so, dann hab ich mich zurückgezogen und für mich gezeichnet"). Jan trieb auch viel Sport (Fußball, Handball, Fahrrad). In der Oberstufe belegte er nach Beratung mit den Eltern für den Berufswunsch „Architekt" einen Leistungskurs in Mathematik und scheiterte dort. Nach dem Umzug in die Eifel engagierte er sich sehr für das Zustandekommen eines LK Kunst, was jedoch nicht gelang. Jan entschied sich bewusst für das Lehramtsstudium in X-Stadt (preiswerteres Leben gegenüber Z-Stadt, relativ nah zum Elterhaus). Er will Kunstlehrer werden, um sich für Schüler zu engagieren, glaubt, er sei durch seine Biografie für Schülerprobleme sensibilisiert. Sein Kunstlehrer ist ihm Vorbild (der setzte sich mit Schülern auf den Boden, besprach Bilder und stellte sehr interessante, „psychologische" Fragen). Kunst sieht Jan als Wissenschaft, es gehe um Forschen, Weiterentwicklung, Neues auszuprobieren und zu perfektionieren. „Sich immer wieder neu zu überwinden macht unheimlichen Spaß". Das bezieht Jan auf Sport und Kunst: „Man will seinen inneren Schweinehund überwinden."

5 Schlussüberlegungen

Alle aktuellen Forschungen, die sich mit der Frage des Bildes als Quellenmaterial in der Erziehungswissenschaft beschäftigen, thematisieren die Differenz zwischen Text und Bild und suchen zugleich nach „Übersetzungsmög-
lichkeiten" zwischen den differenten Logiken beider Materialien (Ehren-
speck/Schäffer 2003: 14). Für den Zugang zu methodologischen Fragen der
Übersetzung zwischen bildlicher und sprachlicher Selbstinszenierung erscheint es geboten, Text und Bilder jedes Einzelfalles zunächst getrennt voneinander zu interpretieren, um vorschnelle Generalisierungen vom Text auf
das Bild und umgekehrt zu vermeiden. Gegen eine voreilig äußerliche Übereinstimmung kommt es darauf an, den Suchprozess möglicher Passungen so
zu gestalten, dass jedem der Medien der Selbstthematisierung seine Eigengesetzlichkeit gewahrt bleibt. Getrennte Interpretationen von Text und Bild erscheinen daher notwendig der erste Schritt jeglicher Interpretation zu sein.
Als methodisches Verfahren zur Bildanalyse in Triangulation zu Textmaterial bevorzugen wir dokumentarische Methode, die mit den Prinzipien „Kompositionsvariation" und Fallvergleich (komparative Analyse; Bohnsack
2001a/b, 2003) arbeitet, weil sie die Eigengesetzlichkeiten visuellen Materials berücksichtigt. Die Interviews und Fotos dokumentieren aus dieser Sicht
nicht nur Individuelles, sondern zugleich kollektive Erfahrungswelten: soziale, geschlechtstypische Erfahrungen, Habitualisierungen, deren sozialen Sinn
es zu rekonstruieren gilt.

Gemeinsamkeiten

- Beide Formen, Interview und Fotos, werden als Selbstinszenierungen
  verstanden. Beide sind Selbst-Entwürfe im Sinne von Ich-Selbst-
  Verhältnissen. Solche Entwürfe sind allemal Imaginationen, subjektive,
  reflektierende Sicht auf das, was ein „Ich" zu einem bestimmten Zeitpunkt ausmachen könnte. Beide sind expressive Akte der Selbstdarstellung. Foto und Interview fördern Facetten dieses Selbst-Entwurfs
  zutage, die sich allerdings in unterschiedlichen Medien materialisieren
  und dadurch zugleich kommunikativ entäußern, ohne dieses „Ich" jedoch
  endgültig fassen zu können, „das Ich als Erlebenstatbestand lässt sich
  nicht mit wissenschaftlichen Begriffen festnageln, es lässt sich nur mit
  quasi-poetischen Metaphern umkreisen" (Bittner 2003: 89).
- Beide sind Zwischenbilanzen der Selbstvergewisserung, gültig „bis auf
  weiteres": Es handelt sich um eine Art der Vergewisserung, die „auf
  schwierige Weise exterritorial zu sein scheint", weil sie kein anderes als
  eben das hervorgebrachte (Interview bzw. Foto) empirische Äquivalent
  haben (Mollenhauer 1990: 484).

- Im Sinne des Habituskonzepts Bourdieus, der Biografietheorie und des Konzepts von Geschlecht als sozialer Konstruktion entstehen die Selbstentwürfe in Bild und Text in einem sozialen Kontext, den sie ihrerseits widerspiegeln. Die Wahl der beziehungsorientierten Kategorien bei der Fotoerhebung erleichtert, in der Analyse direkt Bezüge zum Interview der befragten Person herzustellen und Vergleiche zwischen beiden Materialsorten vorzunehmen.

Unterschiede

- Die befragte Altergruppe ist mit dem Genre Portrait/Selbstportrait recht gut vertraut: Sie kennen Hunderte von Bilder von sich, haben sich vor der Kamera inszeniert, wissen um ge- und misslungene Fotos, haben sie vermutlich wiederholt angeschaut und anderen Personen gezeigt. Bewusste Regieführung der Kamera kennen jedoch nur jene, die sich über das Knipsen hinaus für das Medium interessieren. Das eigene „gesamte Leben" zu erzählen ist allen Befragten dagegen zunächst fremd, fremder als Erwachsenen. Neuen Studien zufolge bildet sich das biografische Verstehen sukzessiv in der Adoleszenz. Wandel, Veränderungen des Selbst sind seine Voraussetzung, Statuspassagen wie Schulabschluss und Studienbeginn erleichtern es (vgl. Habermas/Praha 2001, Rosenthal 1995).
- Auf den in biografischen Erzählungen „sprachlosen Leib" hat Rosenthal hingewiesen: In unserem Kulturkreis fordert eine der „kollektiv unbewussten" Sprachregeln biografischer Erzählungen die „Ausblendung des Leibes" (Rosenthal 1995: 100), nur in Form von Krankheiten u.ä. wird er erwähnt. Anthropologisch gesehen bilden aber Bewusstsein und Körper ein Geflecht des „Ich", das eher als plurale, diskontinuierliche „Maskerade", die in Interaktionen je unterschiedlich zum Vorschein kommen, denn als Einheit beschrieben wird (Meyer-Drawe 1990: 153; Mollenhauer 2000). In der Fotobefragung weisen die leiblich-habitualisierten Selbstinszenierungen bisher etwa für Familie und Peers deutliche Unterschiede auf: Letztere finden alle sitzend auf dem Fußboden statt. Diese leibliche Ebene bleibt in der biografischen Erzählung ausgeblendet. Die nur knapp vorgestellte Fotointerpretation förderte bereits einige Fragestellungen zutage (etwa „Präsenz der Abwesenheit"), die für die Interpretation des Interviews als „Suchsonde" genutzt werden kann.
- Umgang mit dem eigenen Körper, nach dualistischem Schema lange dem „Weiblichen" zugeordnet, ist eines der zentralen Themen in der kritischen Jungen- und Männerforschung (Forster 2004). Die aktuelle Jugendmode erlaubt Jungen, den Körper in raumgreifender Kleidung (Baggy-Pants) zu verstecken, während die gegenwärtige Mode für Mädchen Nacktheit fast vorschreibt und den Körper deutlich sexualisiert. Die

Verhüllung als Teil des männlichen Habitus, wird nicht im Interview, aber im Foto greifbar. Beide vorgestellten Probanden greifen auf dieses Konzept zurück. Ob das als gemeinsamer Habitus beschrieben werden kann, muss zunächst offen bleiben. Die Wahl der beziehungsorientierten Kategorien ermöglicht in der Analyse, Bezüge zum Interview direkt herzustellen und Vergleiche zwischen beiden Materialsorten vorzunehmen.

- Im Gegensatz zur sehr offenen Form des biografischen Interviews wird für die fotografische Erhebung durch die Vorgabe von Kategorien und den vorangestellten Impuls keine völlig offene, sondern eine vorstrukturierte Befragungssituation geschaffen. Dahinter steht die Intention, den Befragten die Begegnung mit der eigenen Körperlichkeit zu erleichtern. Bisherige Erfahrungen zeigen, dass die Situation dennoch so offen ist, dass die Befragten sich daraus lösen können. Die Unterschiede der Ergebnisse, etwa ob jemand dem Befragungsimpuls (Forschersituation) folgt, eine Kategorie umbenennt, das Angebot für eine weitere Kategorie eigner Wahl nutzt oder eben nicht, werden in der Interpretation berücksichtigt.

Offene Fragen

Wir sind es gewohnt, zu Geschichten Bilder zu entwerfen, jeder, der Romane liest und später eine Verfilmung sieht, misst die gelieferten Bilder des Films, vor allem die der Personen, an den eigenen Vorstellungen und beurteilt danach die Gelungenheit des Films. Das gilt auch für Biografien oder narrative Interviews. Aber funktioniert das auch umgekehrt? Können wir zu Fotomaterial „passende" Geschichten imaginieren, ohne in Klischees zu verfallen? Passen die gewählten Perspektiven der Aufnahmen zu den Lebensgeschichten? Verweist etwa die Wahl von „Ganzkörperportraits" statt klassischer „Brustbilder" auf strukturelle Unterschiede im biografischen Bildungsprozess? Ist die Fotobefragung stärker abhängig von der Stimmung des Augenblicks als das Interview? Könnte es sein, dass bei einem Interviewtermin eine Woche später ganz andere Bilder entstanden wären? Würden wir das auch von einer Lebensgeschichte annehmen?

Bilder (figuratives Material) präsentieren ihren Inhalt simultan, Texte (diskursives Material) dagegen sequentiell (Kofman 1990, Klika 2003). Diese augenscheinliche Differenz, die der Sinnesdifferenz von Sehen und Hören geschuldet ist, scheint auf den zweiten Blick so nicht haltbar. Auch Bilder müssen gelesen werden, die simultane Präsentation kann keineswegs simultan, sondern auch nur nach und nach, also sequentiell erschlossen werden. Es könnte sein, dass die Interpretationsbewegungen dieser unterschiedlichen Medien, den hermeneutischen Bewegungen zwischen Teil und Ganzem folgend, ähnlicher sind, als wir vermuten.

Literatur

Baacke, Dieter (1999): Jugend und Jugendkulturen. 3. überarbeitete Auflage. Weinheim: Juventa Verlag.

BauSteineMänner (2001): Kritische Männerforschung. Neue Ansätze in der Geschlechtertheorie. Argument-Sonderband 246. Hamburg: Argument-Verlag.

Behnken, Imbke (1992): Biografische Paarportraits – Einführung. In: Jugendwerk der Deutschen Shell (Hrsg.): Jugend 92. Opladen: Leske + Budrich, S. 33-43.

Bittner, Günther (2003): Metaphern des Ich. In: Fröhlich, Volker/Stenger, Ursula (Hrsg.): Das Unsichtbare sichtbar machen. Weinheim: Juventa Verlag, S. 87-101.

Bohnsack, Ralf (2001a): Die dokumentarische Methode in der Bild- und Fotointerpretation. In: Bohnsack, Ralf/Nentwig-Gesemann, Iris/Nohl, Arnd-Michael (Hrsg.): Die dokumentarische Methode und ihre Forschungspraxis. Grundlagen der qualitativen Sozialforschung. Opladen: Leske + Budrich, S. 67-89.

Bohnsack, Ralf (2001b): „Heidi". Eine exemplarische Bildinterpretation auf der Basis der dokumentarischen Methode. In: Bohnsack, Ralf/Nentwig-Gesemann, Iris/Nohl, Arnd-Michael (Hrsg.): Die dokumentarische Methode und ihre Forschungspraxis. Grundlagen der qualitativen Sozialforschung. Opladen: Leske + Budrich, S. 323-337.

Bohnsack, Ralf (2003): Dokumentarische Methode. In: Bohnsack, Ralf/Marotzki, Winfried/Meuser, Michael (Hrsg.): Hauptbegriffe Qualitative Sozialforschung. Ein Wörterbuch. Opladen: Leske + Budrich, S. 0-44.

Bohnsack, Ralf/Nentwig-Gesemann, Iris/Nohl, Arnd-Michael (2001): Die dokumentarische Methode und ihre Forschungspraxis. Grundlagen der qualitativen Sozialforschung. Opladen: Leske + Budrich.

Bourdieu, Pierre (1987): Sozialer Sinn. Kritik der theoretischen Vernunft. Frankfurt am Main: Suhrkamp.

Bourdieu, Pierre (1993): Soziologische Fragen. Frankfurt am Main: Suhrkamp.

Ehrenspeck, Yvonne/Schäffer, Burkhard (2003): Filme und Fotos als Dokumente erziehungswissenschaftlicher Forschung. In: Ehrenspeck, Yvonne/Schäffer, Burkhard (Hrsg.): Film- und Fotoanalyse in der Erziehungswissenschaft. Opladen: Leske + Budrich, S. 9-15.

Faulstich-Wieland, Hannelore; Nyssen, Elke (1998): Geschlechterverhältnisse im Bildungssystem – Eine Zwischenbilanz. In: Rolff, Hans-Günter; Bauer, Karl-Oswald; Klemm, Klaus; Pfeiffer, Hermann (Hrsg.): Jahrbuch der Schulentwicklung. (Daten, Beispiele und Perspektiven. Bd. 10). Weinheim: Juventa Verlag, S. 163-199.

Faulstich-Wieland, Hannelore/Weber, Martina/Willems, Katharina (2004): Doing Gender im heutigen Schulalltag. Empirische Studien zur sozialen Konstruktion von Geschlecht in schulischen Interaktionen. Weinheim: Juventa Verlag.

Fend, Helmut (2000): Entwicklungspsychologie des Jugendalters. Opladen: Leske + Budrich.

Forster, Edgar (2004): Jungen- und Männerarbeit. In: Glaser, Edith/Klika, Dorle/Prengel, Annedore (Hrsg.): Gender und Erziehungswissenschaft. Bad Heilbrunn: Klinkhardt, S. 477-491.

Fuhrer, Urs/Laser, Stefan (1997): Wie Jugendliche sich über ihre soziale und materielle Umwelt definieren: Eine Analyse von Selbst-Fotografien. Zeitschrift für Entwicklungspsychologie und Pädagogische Psychologie 27, S. 183-196.

Gisbert, Kristin (2001): Geschlecht und Studienwahl. Biographische Analysen ge-
schlechtstypischer und untypischer Bildungswege. Münster: Waxmann.

Habermas, Tilmann/Praha, Christine (2001): Frühe Kindheitserinnerungen und die
Entwicklung biographischen Verstehens in der Adoleszenz. In: Behnken, Imb-
ke/Zinnecker Jürgen (Hrsg.): Kinder. Kindheit. Lebensgeschichte. Seelze-Velber:
Kallmeyer, S. 84-99.

Helsper, Werner /Böhme, Jeanette (2002): Jugend und Schule. In: Krüger, Heinz-
Hermann/Grunert, Cathleen (Hrsg.): Handbuch Kindheits- und Jugendforschung.
Opladen: Leske + Budrich, S. 567-587.

Helsper, Werner/Bertram, Mechthild (1999): Biographieforschung und SchülerInnen-
forschung. In: Krüger, Heinz-Hermann/Marotzki, Winfried (Hrsg.): Handbuch
erziehungswissenschaftliche Biographieforschung. Opladen: Leske + Budrich, S.
259-278.

HIS 2002: http://www.his.de/Service/Publikationen/Ergebnis/es2002/Bericht/ES2002.
pdf (16.03.05)

Horstkemper, Marianne (1987): Schule, Geschlecht und Selbstvertrauen. Weinheim:
Juventa Verlag.

Kessels, Ursula (2002): Undoing Gender in der Schule. Eine empirische Studie über Ko-
edukation und Geschlechtsidentität im Physikunterricht. Weinheim: Juventa Verlag.

King, Vera (2002): Die Entstehung des Neuen in der Adoleszenz. Wiesbaden: VS
Verlag für Sozialwissenschaften.

Klika, Dorle (2005): Geschlechtsspezifische Aspekte der Studienfachwahl. Vortrag
dies academicus Universität Siegen. Typoskript.

Klika, Dorle (2003): Bildlicher und sprachlicher Selbstentwurf bei Käthe Kollwitz.
In: Fröhlich, Volker/Stenger, Ursula (Hrsg.): Das Unsichtbare sichtbar machen.
Weinheim: Juventa Verlag, S. 125-140.

Kofmann, S.(1990): Die Melancholie der Kunst. In: Engelmann, Peter: (Hrsg.): Post-
moderne und Dekonstruktion. Stuttgart: Reclam, S. 224-243.

Kramer, Rolf-Torsten (2002): Schulkultur und Schülerbiographien. Rekonstruktionen
zur Schulkultur II. Opladen: Leske + Budrich.

Küchmeister, Klaus (2000): Selbstbildnis. Der Dialog mit dem Spiegel. In: K+U, Heft
Nr. 245, S. 13-14.

Meyer-Drawe, Käte (1990): Illusionen von Autonomie. Diesseits von Allmacht und
Ohnmacht des Ich. München: Kirchheim-Peter Verlag.

Millhofer, Petra (2000): Wie sie sich fühlen, was sie sich wünschen. Eine empirische
Studie über Mädchen und Jungen auf dem Weg in die Pubertät. Weinheim: Juventa Verlag.

Mollenhauer, Klaus(1990): Ästhetische Bildung zwischen Kritik und Selbstgewissheit. In ZfP 36, S. 482-494.

Mollenhauer, Klaus (2000): Fiktionen von Individualität und Autonomie. Bildungstheore-
tische Belehrungen durch Kunst. In: Dietrich, Cornelie/Müller, Hans-Rüdiger
(Hrsg.): Bildung und Emanzipation. Klaus Mollenhauer weiterdenken. Weinheim:
Juventa Verlag, S. 49-72.

Nyssen, Elke (2004): Gender in den Sekundarstufen. In: Glaser, Edith/Klika, Dorle/
Prengel, Annedore (Hrsg.): Gender und Erziehungswissenschaft. Bad Heilbrunn:
Klinkhardt, S. 389-409.

Rosenthal, Gabriele (1995): Erlebte und erzählte Lebensgeschichte. Frankfurt am
Main: Campus Verlag.

Schuster, Martin (2000): Kunstpsychologie. Kreativität – Bildkommunikation – Schönheit. Baltmannsweiler: Schneider Verlag.

Stürzer, Monika/Henrike Roisch/Annette Hunze (2003): Geschlechterverhältnisse in der Schule. Wiesbaden: VS Verlag für Sozialwissenschaften.

Thole, Werner (2002): Jugend, Freizeit, Medien und Kultur. In: Krüger, Heinz-Hermann/Grunert, Cathleen (Hrsg.): Handbuch Kindheits- und Jugendforschung. Opladen: Leske + Budrich, S. 653-684.

Trautwein, Ulrich (2003): Schule und Selbstwert. Münster, München: Waxmann

Waldenfels, Bernhard (1999): Sinnesschwellen. Studien zur Phänomenologie des Fremden. Frankfurt am Main: Suhrkamp.

Zinnecker, Jürgen/Behnken, Imbke/Maschke, Sabine (2002): null Zoff & voll busy. Opladen: Leske + Budrich.

Fotografie in der ethnografischen Forschung – Soziale Gebrauchsweisen und Inszenierungen

Antje Langer

1 Fotografie in der erziehungswissenschaftlichen Forschung

Werden Fotografien in der erziehungswissenschaftlichen Forschung genutzt, geschieht dies auf sehr unterschiedliche Weisen: als historische Quellen, als Erinnerungsbilder und Erzählanreiz für biografische Interviews, zur Dokumentation oder zur Illustration von bestimmten Sachverhalten.[1] In den jeweiligen Untersuchungen haben die fotografischen Bilder abhängig von Forschungsgegenstand, Fragestellung und methodologischen Prämissen einen unterschiedlichen Stellenwert im Verhältnis zu weiteren Materialien und werden verschieden stark selbst zum Analysegegenstand. Zugrunde liegen außerdem systematisch zu differenzierende Sorten fotografischer Quellen je nach Selbstverständnis der Fotografierenden, nach Funktionen, Nutzungsweisen und Verwendungszwecken.[2] Betrachtet man die Forschungsdesigns oder auch die exemplarisch vorgeführten verschiedenen methodischen Verfahren zur sozialwissenschaftlichen Fotoanalyse, die in den letzten Jahren entwickelt worden sind, um die Komplexität und Mehrperspektivität fotografischer Bilder sowie ihre Eigenrealität[3] zu erschließen (z.B. Bohnsack 2003a, b; Breckner 2003), zeigt sich, dass in der Regel Kunst- oder Werbefotografien – also öffentlich zugängliche Bilder von professionellen Fotografinnen und Fotografen – analysiert worden sind. Als einen gerade für erziehungswissenschaftliche Fragestellungen wichtigen Bereich erachten Ulrike Pilarczyk und Ulrike Mietzner die halböffentliche bzw. institutionsöffentliche Fotografie, auf die sich ein Teil ihrer Analysen auch bezieht (2005: 89f.; 165ff.).[4]

---

1 Einen Überblick über die sehr differenten und bisher noch gut überschaubaren Forschungen gibt Burkhard Fuhs (1997: 276ff., 2003: 50f.).

2 Eine ausführlich begründete Systematisierung nehmen Ulrike Pilarczyk und Ulrike Mietzner (2005: 81-93) vor. Vgl. auch den Beitrag von Pilarczyk in diesem Band.

3 Dem liegen ausführliche (wichtige und auch noch nicht zu Ende geführte) Diskussionen zugrunde u.a. über Fragen dazu, was überhaupt ein fotografisches Bild ist, inwiefern Bild und Text unterschieden werden bzw. werden müssen, in welchem Verhältnis Bild und Abbild stehen und ob die Komplexität von Fotografien in Forschungszusammenhängen überhaupt methodisch kontrolliert zu bewältigen ist (vgl. versch. Beiträge in Ehrenspeck/Schäffer 2003 sowie Pilarczyk/Mietzner 2005).

4 Z.B. Schulfotografien aus DDR und BRD

Allen (forschenden) Autorinnen und Autoren ist gemein, dass *sie* als
Analysierende *nicht* in den Prozess der Entstehung der Aufnahmen eingebunden sind, da diese nicht eigens für die jeweilige Untersuchung produziert
wurden, sondern bereits existierten. Ein solches Eingebundensein der Forschenden in die Situation, in der die Bilder produziert werden, wäre aber
durchaus denkbar, insbesondere in der ethnografischen Feldforschung.[5] Fotografieren können hier alle im Feld beteiligten Akteure: sowohl die Forschenden als auch die Beforschten. Der Einsatz der Fotokamera geht dabei
über die Dokumentation in Form des „fertigen" Bildes hinaus, Fotografieren
wird zum eigenständigen Erkenntnisinstrument.[6] Im Folgenden möchte ich
zeigen, was es heißt, den Fotoapparat in einem derart organisierten Projekt
„ins Spiel" zu bringen, um im Anschluss daran Schlussfolgerungen zu formulieren, welchen Stellenwert Fotografie in der ethnografischen Forschung
haben kann und welche methodologischen Überlegungen daran geknüpft sein
müssen. Zuvor ist es allerdings nötig, in einige theoretische Vorannahmen,
die den Rahmen meiner Ausführungen bilden, einzuführen.

2   Fotografie als Zugang zu sozialen Inszenierungen

2.1 Körper- und Geschlechterbilder – Inszenierungen und Habitualisierungen von Geschlecht

Warum der Einsatz der Fotografie? In ethnografischen Untersuchungen steht
die Frage im Mittelpunkt, wie Wirklichkeit alltagspraktisch, i.d.R. bezogen
auf ein spezifisches Feld, hergestellt wird: „es geht ihr also um die situativ
eingesetzten Mittel zur Konstruktion sozialer Phänomene aus der teilnehmenden Perspektive" (Lüders 2000: 390). Ein großer Teil dieser Praktiken
sind körperlicher Art. Als Ausdrucksmöglichkeiten und Praktiken der Inkor-
porierung, die weitgehend ohne Worte auskommen und auf äußere Zeichen
bzw. Haltungen und Gesten setzen, sind Körperpraktiken und -inszenierun-
gen Teil des Alltagshandelns und laufen häufig unbewusst ab – ein Körperwissen „im Modus des Selbstverständlichen und der eingekörperten Routine"
(Amann/Hirschauer 1997: 24). Dieses ist nur schwer verbalisierbar. Um nun
Körperpraktiken und Phänomene des Habitus untersuchen zu können und be-

---

5   Zur Ethnografie: vgl. Amann/Hirschauer 1997; Lüders 2000.
6   Beispiele für einen solchen Zugang gibt es bisher kaum. Das Projekt „Studium und Biogra-
    fie" hat das Instrument des Foto-Interviews weiterentwickelt (vgl. Apel et al. 1995). Pilarc-
    zyk und Mietzner stellen lediglich fest, dass man in diesem Fall zwar die zur Analyse not-
    wendigen Informationen zum Entstehungskontext habe, zugleich aber wiederum andere –
    interaktionsspezifische – Probleme auftreten (vgl. Pilarczyk/Mietzner 2005: 160). Welcher
    Art und wie sie einzubeziehen sind, soll dieser Beitrag verdeutlichen.

stimmte Gesten und Körperhaltungen „festzuhalten", bietet sich die Fotografie an. „Fotografien eröffnen – auch wenn sie inszeniert sind – auf der Ebene ihrer Wirklichkeitsspur einen Blick auf die abgebildeten Personen: auf ihre Haltungen, ihre Mimik, ihre Blickrichtungen und ihren Einsatz von Gesten." (Pilarczyk/Mietzner 2005: 165) Körper werden in Bildern inszeniert und performative Akte im Bild präsent. Es herrschen historisch und kulturell spezifische Körper-Bilder, die nicht nur etwas über den jeweiligen Idealkörper vermitteln, sondern auch über gesellschaftliche Verhältnisse, Interaktions- und Umgangsformen sowie Zugehörigkeiten. Bilder konstituieren Wirklichkeit, sie transportieren zentrale Werte bezogen auf Körper, Jugendlichkeit und Geschlecht sowie den Umgang damit. Dieses (vielfach vorreflexive) Wissen kann handlungsanleitend sein und mimetisch angeeignet werden (vgl. Bohnsack 2003b: 157; Wulf 2001). Und dies zeigt sich sowohl bewusst als auch unbewusst oder beiläufig als etwas Gewohntes, Ritualisiertes oder Banales in den Fotos, die man von und für sich und für andere macht. Insbesondere geschlechtsspezifische Zuschreibungen manifestieren sich über Kleidung, Frisuren, Körperhaltungen, Mimik und Gesten in der Präsentation durch die Fotografierenden, die Fotografierten und alle die, die die Fotos innerhalb bestimmter Verweisungszusammenhänge verwenden. Ebenso zeigen sich funktionale Körperhaltungen und Gesten, z.B. in (historisch und kulturell) typischen pädagogischen Arrangements (vgl. Pilarczyk/Mietzner 2005: 166ff.). Die Analyse von Fotografien, welche sowohl indexikalische als auch ästhetische Qualitäten haben, ermöglicht, genauer hinzusehen und über verschiedene Kontrastierungen zu Fehlendem, Irritierendem, weiterer Gebrauchsweisen von Symboliken und neuen Fragen zu gelangen, die mit anderen Quellen nicht in der Weise zu bearbeiten sind (vgl. ebd.: 106ff.).

2.2 Soziale Gebrauchsweisen der Fotografie

Fotografie stellt also einen Zugang zu Körper und Inszenierungspraktiken dar. Wie Pierre Bourdieu in seinen Ausführungen über die „sozialen Gebrauchsweisen der Photographie" (Bourdieu 1981/1965) herausgearbeitet hat, geht mit dem Einsatz der Kamera in bestimmter Weise die Aufforderung zur Inszenierung einher. Denn es gibt gesellschaftliche Definitionen, die bestimmen, wer was wann und wie fotografiert. Das heißt, Fotografieren und Fotos betrachten findet nach bestimmten Kategorien und Regeln traditioneller Weltdeutung und der Reproduktion von Wirklichkeit statt. Durch diese Regelkonformität erscheinen uns fotografische Bilder als objektive Aufnahmen von Wirklichkeit. Bourdieu schreibt: „Nur weil der gesellschaftliche Gebrauch der Photographie aus der Fülle ihrer möglichen Gebrauchsweisen, nach den Kategorien, die die übliche Wahrnehmung der Welt organisieren, gezielt auswählt, kann das photographische Bildnis für die genaue und objektive Wiedergabe der Wirklichkeit gehalten werden." (ebd. 1981: 88)[7] Hinzu kommt, dass beim Fotografieren ein Moment „als Schnitt durch die Zeit und den Raum" (Mietzner/Pilarczyk 2003: 23) festgehalten und in neue Beziehungen gesetzt wird, der tatsächlich in irgendeiner Weise stattfand, an den sich zumindest diejenigen, die dabei waren, erinnern können. Die Wahl dieses Augenblicks, die Darstellung des Gegenstands (durch Fotografierende und Fotografierte als Bildproduzent/-innen) und das jeweilige ästhetische Urteil sind aber eben nicht willkürlich, sondern jeweils kulturellen Regeln unterworfen, die meist dann erst sichtbar werden, wenn gegen sie verstoßen wird (vgl. Bourdieu 1981: 96). Daraus lassen sich Schlüsse bezüglich der jeweiligen Inszenierung für ein Foto ziehen: Man inszeniert sich so und fotografiert so, wie es den gängigen Regeln entspricht, um „mangelhafte" Bilder zu vermeiden. Diese Regeln und die Vorstellungen vom gelungenen Bild sind allerdings nicht in allen sozialen (und kulturellen) Kontexten gleich, was in den Studien der Forschungsgruppe um Bourdieu zur Fotografie wie auch später in den „Feinen Unterschieden" (1987/1979) deutlich herausgearbeitet worden ist, weshalb sie nicht als universale, sondern in Bezug auf konkrete Situationen und soziale und kulturelle Kontexte untersucht werden müssen.

2.3 Vorder- und Hinterbühnen sozialer und geschlechtlicher Inszenierungen vor der Kamera

Um nun konkrete Inszenierungen für das Foto in der Situation des Fotografierens zu erfassen, komme ich auf die Interaktionstheorien Erving Goffmans, insbesondere auf die „Theatermetapher" (vgl. Goffman 1969), zurück. Die Vorstellung, die soziale Welt als eine Bühne zu betrachten, ist keine neue. Goffman beschreibt anhand dieser Metapher Strukturen und Praktiken sozialer Beziehungen. Er bedient sich der Theatersprache, um soziale Situationen und Regeln anhand von Begriffen wie „Bühne", „Darstellung" oder „Rolle" zu analysieren, wobei der Inszenierung des „Selbst" eine große Bedeutung zukommt. An dieser Stelle ist vor allem die Unterscheidung von Vorder- und Hinterbühne interessant. Die Vorderbühne bezeichnet Goffman als „die Region, in der die Vorstellung stattfindet" (ebd.: 100) mitsamt sei-

---

7   Deshalb hat sich dieses Verständnis trotz allen Wissens um einfach mögliche technische Manipulierbarkeit auch im „Zeitalter" digitaler Fotografie nicht so sehr verändert. Zu den Veränderungen durch die Digitalisierung der Fotografie und deren Verhältnis zum tradiertem gesellschaftlichen Umgang und der (Re)Produktion von Fotografien schreibt Stiegler: „Durch die Digitalisierung ist die Fotografie zwar zum Medium der technischen Manipulierbarkeit geworden, mit dem wir tagein tagaus zu tun haben, aber gleichzeitig haben die tradierten gesellschaftlichen und ästhetischen, diskursiven und lebensweltlichen Formen, die die Fotografiegeschichte hervorgebracht hat, keineswegs ihre Gültigkeit verloren. … Wir glauben nicht länger an die Objektivität der Fotografie, wohl aber daran, dass Fotografien in spezifischer Weise unsere Wirklichkeit *sind*." (ebd. 2004: 32, Hervorhebung im Orig.)

nem Bühnenbild. Die Hinterbühne definiert er „als eine ‚hintere Region‘ ...,
de(n) zu einer Vorstellung zugehörige(n) Ort, an dem der durch die Darstellung hervorgerufene Eindruck bewusst und selbstverständlich widerlegt
wird" (ebd.: 104). Getrennt vom Publikum können sich hier die Darstellen-
den maskieren und demaskieren, Ruhepausen einlegen, sich auf ihre Rolle
vorbereiten, sie wieder ablegen. Die Unterscheidung bietet sich für die hier
zu analysierenden Praktiken an, da sie das Geschehen zugänglich, beschreib-
und interpretierbar macht. Und zwar gerade deshalb, weil Vorder- und Hinterbühne im Gegensatz zum klassischen Theater (und vielen anderen sozialen
Situationen) nicht räumlich getrennt sind, sondern sich im Akt des Fotografierens und der Inszenierung für das Foto räumlich überschneiden.

3 Jugendliche mit und vor der Kamera – Einblicke in ein Feldforschungsprojekt

Was es nun konkret heißt, den Fotoapparat ins Forschungsfeld einzubringen,
möchte ich im Folgenden exemplarisch anhand von Ausschnitten aus einem
ethnografisch arbeitenden Forschungsprojekt zum Thema „Körperinszenierungen im Jugendalter"[8] zeigen. Fotografiert wurde hier in einer 7. Klasse einer Hauptschule. Das Fotografieren in der Schulklasse wurde zum Kommu-
nikationsanlass. Der Fotoapparat und die Fotos – bei der digitalen Fotografie
durch einen Blick auf das Display auch schon unmittelbar nach der Aufnahme[9] – sind Kommunikationsmittel, die die Jugendlichen kennen. Größtenteils
sind sie mit ihnen vertraut. Für manche gehört das „Knipsen", insbesondere
mit dem Fotohandy, zum Alltag; für andere ist es etwas Besonderes, vor der
Kamera zu stehen oder sie zu benutzen, geschweige denn selbst eine zu besitzen.

---

8   Im Zentrum des Forschungsvorhabens steht die Frage, wie Heranwachsende Jugendlichkeit
    und dabei ihr Frau- oder Mann-Werden im Rahmen ihres Schulalltags inszenieren (vgl.
    Friebertshäuser/Langer/Richter 2004). Wie stellen sie ihren Körper dar, wie kommunizieren
    sie mit ihm, schmücken oder verstecken ihn? Welche sozialen Bezüge und Interaktionen
    sind bei der Herstellung von Jugendlichkeit und Gender von Bedeutung und wie sind Päda-
    goginnen und Pädagogen (aber letztlich auch die Forschenden) daran beteiligt? Zur Beant-
    wortung dieser Fragen haben wir in der 7. Klasse einer Hauptschule teilnehmend beobach-
    tet, fotografiert und fotografieren lassen und Interviews mit den Schülerinnen und Schülern
    sowie ihren Lehrerinnen durchgeführt.
9   Auf diese Weise wurden auch einige eben nicht „geratene" Fotos sofort wieder von den Ju-
    gendlichen gelöscht.

3.1 Inszenierungen für das Foto – Vorder- und Hinterbühnen im Akt des Fotografierens

Die beiden nachfolgenden Fotos habe ich ausgewählt, weil sich in ihnen etliche Gebrauchsregeln finden, die die Fotografie der Jugendlichen ausmachen, und weil sie den Prozess der Herstellung eines „gelungenen" Fotos und damit die anerkannten Gebrauchsweisen der Fotografie, wie ich sie theoretisch eingeführt habe, verdeutlichen. Beide sind von ein und demselben Jungen während eines Klassenfestes fotografiert worden.

Abbildung 1

Foto privat

Auf dem Foto sind vier Mädchen der Klasse zu sehen, die sich gerade für ein Foto inszenieren. Der Ort der Aufnahme ist der, der am häufigsten von den abgebildeten Personen für diese Art von Fotos ausgewählt wurde: der Türbereich des Klassenzimmers. Die Tür und der Türrahmen dienen der Darstellung als Rahmen. Sie bieten sich an, da der einigermaßen neutrale Hintergrund nicht gleich auf den Kontext Schule verweist. Zudem bildet der Türbereich eine Schwelle nach Draußen, über die ein bestimmter institutioneller Raum verlassen werden kann.

Dieses Foto sollte eigentlich noch gar nicht existieren. Denn die Mädchen sind gerade noch dabei, ihre Pose einzunehmen. Sie verhandeln miteinander, wie sie sich darstellen. Es geht darum, wie sie sich zueinander positionieren und an der Handbewegung der zweiten von rechts lässt sich erkennen, was wir wiederum beobachten konnten, dass sie dem linken Mädchen die Jacke zurecht zieht. Das kommentiert das Mädchen rechts. Da die Jugendlichen miteinander beschäftigt sind, blicken sie nicht in die Kamera. Aufschlussreich ist dann der Vergleich mit dem zweiten Foto, für das sie nun bereit sind – also mit dem Ergebnis ihrer Inszenierung.

Abbildung 2

Foto privat

Eng nebeneinander stehend, so dass kein Platz mehr zwischen ihnen ist und es aussieht, als würden ihre Körper ineinander übergehen, halten sie sich umschlungen. Ihre Köpfe sind auf der gleichen Höhe, die Gesichter der Kamera zugewandt. Bis auf das linke Mädchen blicken alle direkt ins Objektiv.[10] Sie lächeln alle in die Kamera, ein Fotolächeln, dass wir insbesondere als weibliches Lächeln aus vielen Zeitschriften kennen. Die Konvergenz der Blicke ins Objektiv zeugt von Zusammenhalt. In diesem Bild ist nichts mehr zufällig. Alle flüchtigen Aspekte, die das erste Foto zeigt, wurden eliminiert. Der Eindruck wird von der frontalen Haltung unterstützt, die dem Bild die Tiefe

---

10 Es dürfte den Betrachter/-innen nicht allzu schwer fallen, sich dies trotz der Anonymisierung vorzustellen.

nimmt und es so zu etwas Zeitlosem macht. Lediglich der wegführende Blick der Linken irritiert ein wenig. Er wird durch den Schirm des Stirnbandes, der in dieselbe Richtung weist, geleitet.

Während wir als Betrachtende beim Geschehen auf dem ersten Bild keine Rolle spielen oder uns vielleicht ein wenig wie ungebetene Beobachter/-innen fühlen, die einen unerlaubten Blick auf eben jene Hinterbühne werfen, auf der die Darstellerinnen sich für ihre eigentliche Inszenierung vorbereiten, werden wir im zweiten Bild regelrecht aufgefordert, den jungen Frauen mitten ins Gesicht zu sehen. Letztlich hat sich der Fotograf nicht an die Regel gehalten, so lange mit dem Auslösen zu warten, bis der „richtige" Moment eingetreten ist. Die Mädchen scheinen nicht zu ahnen, dass sie schon fotografiert werden. Interessant ist, dass der Fotograf für das „eigentliche" Foto bzw. die Darstellung auf der Vorderbühne dann einen anderen Ausschnitt wählt, indem er die Köpfe in die Mitte des Bildes rückt. Im „Vorbereitungs-foto" ist das Motiv ein anderes, die Körpermitte und die Hände, also die Gesten stehen hier im Mittelpunkt der Aufnahme.

3.2 Soziale Gebrauchsweisen beim Fotografieren

Durch den kontrastierenden Vergleich der beiden Fotos zeigt sich, wie die Abgebildeten absichtsvoll eine Pose einnehmen. Sie wissen, wie man sich vor einer Kamera verhält, verhalten kann, ja verhalten muss, soll ein „gelungenes" Bild entstehen. Fotografieren ist ein Ritual. Die Mädchen nehmen eine Pose ein, von der sie annehmen, dass sie für sie vorteilhaft und ihnen würdig ist und dass sie von den anderen Anwesenden in dem Moment sowie von späteren Betrachtenden anerkannt wird. Sie wollen einen Moment festgehalten haben, der damit genau *so* stattgefunden haben muss und als Beweis oder Trophäe dienen kann. Dazu schreibt Bourdieu: „Wer posiert, wünscht in einer Haltung photographiert zu werden, die weder ‚natürlich' ist noch dies sein will. Hinter einer ‚korrekten' Haltung … und hinter der Weigerung, sich bei einer alltäglichen Verrichtung überraschen zu lassen, steckt ein und dieselbe Absicht. Eine Pose einzunehmen bedeutet, sich selbst zu achten und von anderen Achtung zu erlangen." (ebd. 1981: 92) Dazu trägt auch bei, dass sich Fotografierte und Fotograf (und damit auch Betrachtende) frontal gegenüberstehen. Diese eher konventionelle Haltung vermindert das Risiko, in einer Situation unbeholfen zu wirken, in der man seinen Körper zur Schau stellt und eigentlich „aus sich herausgehen" müsste. Indem die Mädchen (sich) *vorab* ein Bild von sich selbst geben, also eine gemeinsame Pose einnehmen, wirken sie der Objektivierung des Fotografen mittels der Kamera entgegen, übernehmen und kontrollieren sie. In ihrer Positionierung frieren sie selbst bereits ihre Bewegung ein und nehmen diesen Moment des Auslösens der Kamera vorweg. Dennoch heißt dies nicht, dass die gezeigte Gestik möglichst neutral sein sollte, sondern sie übermittelt jeweils spezifische und verinnerlichte, nur teilweise bewusste Botschaften.

Fotografierten sich die Jugendlichen gegenseitig, so haben sie sich mit ganz wenigen Ausnahmen in beschriebener Art und Weise gezielt dafür vor der Kamera positioniert.[11] Diejenigen, die sich fotografieren ließen, haben den Ort bestimmt und den Fotografierenden Anweisungen erteilt, die Fotografierenden Perspektive und Ausschnitt bestimmt. In der Regel wurde der gesamte Körper auf das Bild gebracht. Nicht in den Sinn kam es den Jugendlichen, diejenigen mit einzubeziehen, die sich nicht für sie als Fotograf/-innen interessierten. Der Effekt ist, dass diejenigen, die keinen Wert darauf gelegt hatten, sich „ablichten" zu lassen, von den Schüler/-innen nicht fotografiert wurden. Nur die erwachsenen Personen waren auf diese Weise interessant – es gab hier die Möglichkeit, ihnen auf heimliche Weise nahe zukommen oder auf besondere Weise Kontakt aufzunehmen. Denn um ein „gestelltes" Foto zu produzieren bedarf es der Aushandlung. Die Interaktionen der Akteure werden also von ihrem jeweiligen sozialen Status beeinflusst.

3.3 Körper und Geschlecht

Analytisch ist es sinnvoll, zwischen der Inszenierung der fotografierten Mädchen, ihren Strategien der Selbstpräsentation und der bildlichen Hervorbringung dieser Situation durch den Fotografen, seiner Interpretation und Präsentation der Inszenierung der Mädchen zu unterscheiden. Beide Ebenen gehen in die Betrachtung des Fotos ein, greifen bezüglich der Körper- und Geschlechterdarstellung ineinander. Im ersten Foto bereiten die Mädchen ihre Selbstpräsentation vor und sind dabei unterschiedlich aufeinander bezogen. Sie achten gegenseitig darauf, dass die Kleidung richtig sitzt, ziehen sie so zurecht, dass sie dem Bild von sich und den anderen entsprechen. Das rechte Mädchen beobachtet dieses Zurechtmachen mit einem Lächeln und kommentiert es, während die zweite von links zwischen den beiden „Verhandelnden" eingezwängt zu sein scheint. Für die Mädchen ist es also nicht nur wichtig, wie sie individuell auf dem Foto erscheinen, sondern die Gruppe als Ganze hat einem bestimmten Bild zu entsprechen. Dafür bedarf es einer Vorbereitung, eines gemeinsamen Arrangements. Es müssen Aushandlungsprozesse stattfinden und in gewisser Weise muss Regie geführt werden, denn die Präsentation eines einzelnen Mädchens wirkt sich auf die Gesamtpräsentation aus. Das ist bedeutsam, symbolisieren ihre miteinander verschmelzenden Körper doch eine harmonische Einheit bzw. Gemeinschaft. Diese Harmonie musste aber eben erst hergestellt werden: zum einen über die körperliche Nä-

---

11 Diese fotografischen Bilder unterscheiden sich zum Teil sehr von denen, die die Forschenden gemacht haben. Sie wählten aufgrund ihres Forschungsinteresses sehr verschiedene Motive aus und die weniger gestellten Fotos konnten als „fotografisches Forschungstagebuch" dienen, um z.B. Körperhaltungen und -gesten festzuhalten, die sich in der Beobachtungssituation meist kaum detailliert verbalisieren ließen.

he, zum anderen indem die Köpfe alle auf gleiche Höhe gebracht werden. So scheint es, als seien die Mädchen alle gleich groß.[12] Diese Haltung wird allerdings nicht abgesprochen, sondern sie wird mimetisch über die angeschmiegten Körper und ein spezifisches Körperwissen eingenommen. Ebenso wenig abgesprochen ist die Mimik, das Lächeln, das alle „aufsetzen". Es erinnert an ein Lächeln weiblicher Modells in entsprechenden Zeitschriften. An der Herstellung dieser Harmonie ist auch der Fotograf beteiligt. Indem er einen anderen Ausschnitt wählt und die Köpfe auf selber Höhe in die Mitte des Bildes rückt, macht er die „Ausbesserungen" in der Höhe der einzelnen Mädchen, also z.b. die leicht eingeknickten Beine, unsichtbar. Mit dieser veränderten Perspektive geht er auf die Inszenierung der Mädchengruppe ein.[13]

Bedeutsam ist nun, diese Fotografien im Rahmen des gesamten Korpus zu betrachten und sie mit anderen Bildern zu vergleichen. Auf diese Weise fällt auf, dass es nicht nur das Fotomodell-Lächeln ist, was die Präsentation von Weiblichkeit ausmacht. Es ist die verhältnismäßig körperbetonte Kleidung, die aufrechte Haltung des Oberkörpers und die „herausgestreckte" Brust sowie die Art und Weise, sich im Raum zu platzieren. Dabei wirken Kleidung, Körperhaltung, Mimik, Gesten und Raum zusammen. Das wird in den Fotografien deutlich, auf denen Jungengruppen abgebildet sind: Sie haben sich bevorzugt in dicken Jacken, sitzend oder stehend mit auseinander gestellten Beinen oder ausgebreiteten Armen präsentiert. Während im vorgestellten Foto fast vier Mädchen im Türrahmen Platz finden, nehmen bereits drei Jungen darüber hinaus Raum in Anspruch. Körperkontakte zu den anderen dienen hier nicht der Präsentation von einer Einheit, sondern vervollständigen die jeweils eigene Geste, welche häufig aus (Hand-)zeichen der Hip Hop-Kultur besteht. Die Jungen inszenieren nicht die Gruppe als Ganze, sondern der Einzelne inszeniert sich in einem eher konkurrenten Verhältnis innerhalb der Gruppe selbst. Manchmal legt einer dem anderen einen Arm über die Schulter, erwidert wird diese Geste allerdings nie. Stattdessen grenzen sie sich vom anderen durch Handzeichen ab oder indem sie die Arme vor sich verschränken bzw. sie in den Hosentaschen verschwinden lassen. Ein Fotolächeln wie bei den Mädchen gibt es nicht. Eher wird der Kopf leicht geneigt, um dann die Stirn in Falten zu legen und abschätzend ernst und distanzierend zu blicken. Bestimmte Körperhaltungen, Gesten und Blicke als Symbole von Coolness und Männlichkeit werden aufgegriffen und sich in modifizierter Weise zu Eigen gemacht.

---

12 Aus der Beobachtung und ansatzweise auch aus Bild 1 wissen wir, dass dem nicht so ist.

13 Interessant ist, dass der freundschaftliche Zusammenhang, der auf dem Foto zum Ausdruck gebracht wird, im Alltag der Mädchen gar nicht besteht. Für eine weitergehende Interpretation im Rahmen des Gesamtprojekts werden hier neben der zunächst eigenständigen Betrachtung der Fotos der Kontext und das weitere Material wichtig, welches zum Teil in einem Spannungsverhältnis zu den Fotografien steht.

Wie häufig diese Darstellungen in dieser Weise stattfinden und wie sehr wir an sie gewöhnt sind, zeigt sich, wenn die Aufnahmen aus dem Rahmen fallen, weshalb sie als kontrastierendes Material wichtig werden, auch um weniger geschlechtsstereotype Darstellungen überhaupt sehen zu können.[14] Die hier herausgearbeiteten Körperpraktiken entsprechen bestimmten Figuren: die intime Mädchenfreundschaft – ein gängiges Foto-Motiv, welches auch historisch verfolgt werden könnte, für welches auch die Metapher der „Busenfreundin" steht, und andererseits, bleibt man beim Thema Freundschaft, der „gute Kumpel", bei dem es eben keine entsprechende Intimität gibt (und geben darf).[15]

Im gesamten Bildmaterial fällt auf, dass sich besonders diejenigen vor der Kamera absichtsvoll inszenieren, die das auch in den anderen Beobachtungssituationen tun, die auch während des Unterrichts oder der Pausen auffallend auf diese Weise mit ihrer Darstellung als Mann oder Frau beschäftigt sind und sich hier gewissermaßen an einem Ideal abarbeiten. An den Rändern dieses offensichtlichen Ergebnisses ließen sich aber auch andere Praktiken und Prozesse beobachten: Z.B. wurden für die Fotos Kontakte hergestellt, die wir bis dahin nicht beobachtet hatten (so auch für die obigen Fotografien). Nachdem die Jugendlichen die ersten Fotos begutachtet hatten, drängten sich einige nun weniger „ins Bild". Mit den Fotografien wurde ihnen möglicherweise ihre Präsenz in der Klasse vorgeführt, die zudem von den Mitschüler/-innen nicht immer positiv bewertet wurde. Andere waren erstaunt, dass sie es wert gewesen waren, abgelichtet zu werden, und sie waren angetan von ihrem Bild. Das betraf vor allem einige Mädchen, die sonst nach Möglichkeit im Hintergrund agierten, die in der Klasse und vor sich selbst als die „Uninteressanten" galten.[16] Mit der Produktion von Fotos geht also die Aufforderung einher, sich zu sich und anderen in ein Verhältnis zu setzen, ein Vorgang, der sich bei der Betrachtung der Fotografien von sich selbst sowie den Mitschüler/-innen in anderer Weise wiederholt, Reflexion ermöglicht und der vielleicht die Interaktionspraktiken verändert. Das erfordert, diese Prozesse sowie die Involviertheit der teilnehmend Beobachtenden darin in die Forschung mit einzubeziehen.

---

14 Wie generell in der Geschlechterforschung ist zu fragen bzw. zu beobachten, inwiefern bei einer Analyse nicht lediglich Stereotype und die heterosexuelle Zwangsmatrix reproduziert werden, da der Blick der Zweigeschlechtigkeit unweigerlich beibehalten wird. Es kommt darauf an, die eigenen Doxa, die geschlechtsspezifischen Voreingenommenheiten und Tabus in den wissenschaftlichen Fragestellungen und Klassifizierungen zu erkennen und zu reflektieren.

15 Aufnahmen, auf denen sich Mädchen und Jungen gemeinsam inszenieren, sind im gesamten Korpus selten und sehr differenziert zu betrachten, so dass ich sie hier nicht mit einbeziehe.

16 Nachdem zwei dieser schüchternen Mädchen von der Forscherin vor die Kamera gebeten wurde, lebten sie regelrecht auf und ein weiteres Gespräch mit ihnen entstand erstmals. Die Zuschreibung „uninteressant" wird offensichtlich in sozialen Interaktionen hergestellt und in das Selbstbild integriert. Das Foto und der Akt des Fotografierens vermittelte ohne Worte, dass sie Personen sind, für die man sich interessiert.

4 Fotografie als Erkenntnismedium für die Analyse kultureller Praxen

Der Fokus meiner Ausführungen lag besonders bei der Inszenierung für das Foto und dem Akt des Fotografierens als *Herstellungsprozesse*, gerade weil die Inszeniertheit des gestellten Fotos sowie seine „fehlende Objektivität" Einwände gegen den Gebrauch der Fotografie in der Forschung sein könnten, wie in der Methodenliteratur vielfach hervorgehoben wird (vgl. Harper 2000: 406; Fuhs 2003: 40; Mietzner/Pilarczyk 2003: 23). Anhand der Fotos und der teilnehmenden Beobachtung im Feld wird dagegen deutlich, wie in der Inszenierung sozialer Prozesse Objektivität hergestellt wird. Der Kontext, in dem, und die Praktiken, mittels derer die Fotos entstanden sind, werden selbst zum Gegenstand der Forschung. Es ist zu also fragen, welche sozialen Praktiken des Fotografierens als auch des Inszenierens für das Foto sich herausarbeiten lassen, auf welche gesellschaftlichen Annahmen bzw. Bilder dabei zurückgegriffen und wie damit Objektivität sowie „Authentizität" hergestellt wird.

Der Blick auf die Praktiken ermöglicht, das Foto in seiner Eigenrealität (als fotografisches Bild mit ausgewähltem Motiv und eigener Ästhetik sowie mittels spezieller Technik produziertes) zu betrachten *und* den Kontext, in dem es entstanden ist, in die Interpretation einzubeziehen. Beides muss in der Analyse des Materials angemessen verknüpft, Vorwissen auf den Gegenstand bezogen systematisch und methodisch kontrolliert einbezogen werden. Die meisten Artikel zu methodischen Fragen der Analyse von Fotos sind in diesem Punkt insofern nicht ausreichend, als die Analysierenden dort in den Prozess der Entstehung der Aufnahmen *nicht* eingebunden sind, sondern eine spezifische Distanz zu ihrem Gegenstand einnehmen. Im vorgestellten Projekt haben wir es jedoch mit einer anderen Sorte von Bildern zu tun: mit Alltags-Fotografien bzw. institutionsöffentlichen, die zumeist ohne professionelles fotografisches Wissen, aber in einer spezifischen Forschungssituation – die wiederum von den Forschenden und den Beforschten unterschiedlich wahrgenommen und definiert wird – entstanden sind. Die Analysierenden sind also einmal aktiv an der Entstehung des Materials beteiligt und sie haben darüber hinaus bereits ein Bild von und eine Beziehung zu den abgebildeten Personen, was in die Interpretation unweigerlich einfließt. Die Betrachtung und Analyse dieser Fotografien muss sich also von denen professioneller oder auch historischer Fotos unterscheiden. Durch die Einbettung der Fotografie in den Kontext ethnografischer Feldforschung steht für die Interpretation der Fotos noch weiteres Material zur Verfügung, wie z.B. Dokumente, Beobachtungsprotokolle oder Interviews. Dieses muss miteinander in Beziehung gesetzt werden. Im Forschungsprojekt orientieren wir uns dafür am Vorgehen der Grounded Theory (Glaser/Strauss 1998) sowie an der von

Apel u.a. (1995) entwickelten Methode des „Ethnografischen Quellentextes"[17], welche zwischen Grounded Theory und theoriegeleiteten Verfahren angesiedelt ist. Die Fotografien nehmen je nach Fragestellung und Fokus der Untersuchung einen unterschiedlichen Stellenwert ein und dienen verschiedenen Verwendungszwecken – vom „fotografischen Forschungstagebuch", über Interviews anhand der entstandenen Fotografien bis zur detaillierten Analyse einzelner Fotos oder von Bilderserien.

Welchen Stellenwert kann also Fotografie in der ethnografischen Forschung haben und welche methodologischen Überlegungen müssen daran geknüpft sein?

1. Die Kamera dient als Zugang und Kommunikationsmittel, um Körperpraktiken und Phänomene des Habitus, die in die Körper eingeschrieben sind, einerseits hervorzurufen und mit ihren Äquivalenten in anderen Bildern zu vergleichen, sowohl innerhalb des Bilder-Korpus als auch darüber hinaus. Körperhaltungen und Gesten werden bildlich festgehalten und so einer Analyse zugänglich gemacht. Mittels der Fotografie kann Unscheinbares sichtbar und aufgegriffen werden, so dass auch weniger stereotype Inszenierungspraktiken dem forschenden Blick zugänglich werden.

2. In meinen Ausführungen geht es zum einen um eine spezifische Sorte Fotografien und zum anderen um deren Entstehungskontext. Das unterscheidet die Verwendung der Fotografie in der ethnografischen Forschung von anderen Forschungsbereichen und -zugängen. Anders als in den Analyseverfahren, z.B. bei Müller-Dohm (1997), Bohnsack (2003a, b), Breckner (2003) oder auch Pilarczyk/Mietzner (2005) die das, was sich „um das Foto herum" abspielt, ausklammern, wird hier der Akt des Fotografierens als soziales Ereignis in die Interpretation einbezogen. Denn gerade diese Prozesse, mit Goffmans Theatermetapher gesprochen, die Hinterbühnen-Praktiken für die Fotoinszenierung, sind aufschlussreich. Zudem wird die Einbeziehung der Forschenden ins Feld deutlich. Beim Fotografieren finden Aushandlungsprozesse statt. Es werden Beziehungen hergestellt, präsentiert und überprüft, indem „Mitabzubildende" ausgewählt werden, die es „wert" sind oder mit denen es sich lohnt, in spezifischer sozialer Szene abgelichtet zu werden. Die Inszenierung findet nicht nur unmittelbar für das Foto statt, sondern auch für die im

---

17 Als ethnografischer bzw. in diesem Artikel wissenschaftlicher Quellentext wird „eine aufbereitete Zusammenstellung von primären und wissenschaftlich erzeugten Quellen unter analytischen Gesichtspunkten" (Apel 1995: 367f.) verstanden. Das Verfahren dient dazu, die Materialien unterschiedlicher methodischer Herkunft für die nachfolgende Interpretation zusammenzuführen. In einem mehrstufigen Prozess (vgl. ebd.: 371) werden die Materialien zunächst reflexiv anhand von Leitthemen und theoretischen Modellen, die den Gesamtrahmen abstecken, ausgewählt. Sie werden so zusammengeführt, dass verschiedene Quellen eine Untersuchungseinheit bilden.

Feld anwesenden Akteure. Es werden Zugehörigkeiten signalisiert und vorgeführt bzw. Personen ausgeschlossen, die nicht mit auf das Bild dürfen, es wird mit Körper und Sprache Nähe und Distanz austariert. Diese Gebrauchsweisen der Fotografie lassen sich beobachten und das Körperliche dabei auf dem Foto weiterverfolgen. Das sollte mit den beiden vorgestellten Fotografien verdeutlicht werden. Forschungspraktisch bedeutet es, den Prozess des Fotografierens genau zu beobachten, zu dokumentieren und die sozialen Interaktionen, die teilweise erst durch das Fotografieren angestoßen werden, mit einzubeziehen.

3. Daran anschließend ist der Status der Fotografierenden in die Analyse einzubeziehen. Auf die Rolle des Status der beteiligten Akteure in einer Fotosituation verweisen auch Mietzner und Pilarczyk. Sie bezeichnen die statusgleiche Fotografie als eine Möglichkeit qualitativer Forschung für einen relativ „unmittelbaren Blick" (ebd. 2003: 27) durch einen ähnlichen Erfahrungsraum. Diese Gedanken können gewissermaßen an die Ideen und das Vorgehen der Forschungsgruppe um Bourdieu anschließen, wie es im „Elend der Welt" (1997) praktiziert wurde: Die Interviews wurden meist von einem „passenden Stellvertreter" (Bourdieu 1997: 785) geführt, der der gesellschaftlichen Gruppe des Interviewten entsprach und zu dem eine gewisse Vertrautheit bestand oder hergestellt werden konnte. Durch die damit einhergehende gesellschaftliche Nähe verobjektiviert sich die interviewende Person somit selbst, wenn sie die befragte verobjektiviert (ebd.: 784). Jedoch werden im Fall des Einsatzes der Fotokamera als Erkenntnisinstrument für die Forschung die *spezifischen* Praktiken der Fotoproduktion erst in der Kontrastierung mit Bildern deutlich, die innerhalb unterschiedlicher Status-Hierarchien zustande gekommen sind.

4. Anhand der Fotografien können Themen herausgearbeitet werden, die zwar dem Foto immanent sind, aber über den unmittelbaren Ausdruck dessen hinausgehen, so wie ich es hinsichtlich der Foto-Praktiken angeschnitten habe. Je nach Fragestellung werden einzelne Fotos oder Serien zunächst sehr detailliert beschrieben und analysiert, um ihre Eigenrealität und bestimmte Regelmäßigkeiten, das Opake[18], nicht allzu Offensichtliche herauszuarbeiten. Jedoch werden sie dann auf einen bestimmten Fokus hin befragt bzw. Fragestellungen über das Foto hinaus bearbeitet, indem weiteres Material wie auch theoretische Perspektiven hinzugezogen werden.

5. Zur Bearbeitung dieser Fragestellungen bietet es sich an, die Fotografien den beteiligten Akteuren, aber auch gänzlich Unbeteiligten ohne Vorwis-

---

18 „Das adäquate Verständnis eines Photos [...] stellt sich nicht allein dadurch her, dass man die Bedeutungen übernimmt, die es *verkündet*, d.h. in gewissem Maße die expliziten Absichten des Urhebers; man muß auch jenen Bedeutungsüberschuß entschlüsseln, den es ungewollt *verrät*, soweit es an der Symbolik einer Epoche, einer Klasse oder einer Künstlergruppe partizipiert." (Bourdieu 1981: 18, Hervorhebungen im Orig.)

sen zum Entstehungskontext vorzulegen. Diese „fotogeleitete Hervorlockung" (Harper 2000: 415) ermöglicht zum einen, die Sichtweisen der Beteiligten, ihre Wahrnehmungen, Erinnerungen, Erklärungen und vor allem Reflexionen einzubeziehen sowie zum anderen, die Erweiterung der Perspektiven der Forschenden. Hier kommt eine zusätzliche Ebene ins Spiel: Neben der von mir besonders hervorgehobenen Inszenierung des Fotos durch Fotografierende und Fotografierte ist der weitere Umgang mit den fotografischen Bildern besonders interessant. Welche werden warum als gelungene betrachtet und welche nicht und dementsprechend aussortiert? Hier zeigen sich wieder spezifische Praktiken, wie Fotos angeschaut und kommentiert werden, je nachdem ob dies allein oder in einer Gruppe stattfindet. Gerade das schwer sprachlich kommunizierbare Thema Körper lässt sich damit zugänglich machen.

6. Körperhaltungen, Gesten, symbolische Zeichen etc. lassen sich innerhalb der Feldbeobachtung nicht einfach erfassen und oft noch schwerer beschreiben. Die Fotografien ermöglichen, in einem „fotografischen Feldtagebuch" nachträglich und mit mehr Zeit genau hinzuschauen. In ihnen kommt etwas zum Stillstand, auch wenn es sich dabei nicht um unmittelbare Abbildung der Situation handelt. „Als plötzlicher Schnitt in die sichtbare Welt ist die Photographie das Mittel, die solide und kompakte Wirklichkeit der alltäglichen Wahrnehmung in eine unendliche Vielfalt flüchtiger Ansichten aufzulösen, einmalige Konstellationen, Aspekte der wahrgenommenen Welt festzuschreiben, die – darauf hat Walter Benjamin hingewiesen – ihrer Flüchtigkeit wegen im Grunde gar nicht wahrgenommen werden können." (Bourdieu 1981: 87) Durch den Blick auf Details und die besondere Distanz, in der Zeit im Forschungsprozess gewissermaßen totalisiert wird, lassen sich die Forschungssituationen auf eine neue Weise betrachten, rekonstruieren und reflektieren.

7. Die Beschäftigung mit den Fotos ermöglicht nicht nur Reflexion, sondern sie erfordert auch die beständige Reflexion der eigenen ästhetischen Grundwerte und Praktiken. Schließlich handeln auch Forschende im Rahmen spezifischer Gebrauchsregeln der Fotografie. Eigene Vorannahmen, Konstruktionen, „Lese-Schablonen" und Bewertungen, z.B. von Geschlecht oder von Jugend-Bildern, bzw. die eigenen Praktiken des Fotografierens und Fotobetrachtens sind mit Hilfe des Materials immer wieder kritisch zu prüfen. Dazu trägt auch die Auseinandersetzung in der Forschungsgruppe bei, die möglichst heterogen zusammengesetzt, immer wieder auf die Vorannahmen und blinden Flecken hinweisen und sie diskutieren kann.

In den verschiedenen Texten über methodische und methodologische Fragen der Verwendung von Fotografie und zur Fotoanalyse wird deutlich, dass nur ein kleiner Teil von dem, was die Fotografie für die Forschung bietet, bisher dafür genutzt wird. In der Regel steht das Endprodukt des hier veranschaulichten Interaktionsprozesses innerhalb der Entstehung von Fotos im Vordergrund. In einer „fotografischen Ethnografie" werden dagegen sowohl die Produktions- wie auch die Konsumtionsweisen (de Certeau 1988) mit in die Untersuchung einbezogen. Das Potenzial auszuschöpfen und die Komplexität der Fotografie zu bearbeiten, erfordert noch einige Auseinandersetzungen in der konkreten Forschungspraxis. Die vorgestellte Vorgehensweise und die Reflexionen des Forschungsprozesses können ein erster Ansatz für die methodische Reflexion der Fotografie im Rahmen ethnografischer Feldforschung und für weitere Überlegungen sein.

Literatur

Amann, Klaus/Hirschauer, Stefan (1997): Die Befremdung der eigenen Kultur. Ein Programm. In: Hirschauer, Stefan/Amann, Klaus (Hrsg.): Die Befremdung der eigenen Kultur. Zur ethnographischen Herausforderung soziologischer Empirie. Frankfurt am Main: Suhrkamp, S. 7-52.

Apel, Helmut u.a. (1995): Kulturanalyse und Ethnographie. Vergleichende Feldforschung im studentischen Raum. In: König, Eckard/Zedler, Peter (Hrsg.): Bilanz qualitativer Forschung. Band II: Methoden. Weinheim: Dt. Studienverlag, S. 343-375.

Bohnsack, Ralf (2003a): „Heidi". Eine exemplarische Bildinterpretation auf der Basis der dokumentarischen Methode. In: Ehrenspeck, Yvonne/Schäffer, Burkhard (Hrsg.): Film- und Fotoanalyse in der Erziehungswissenschaft. Opladen: Leske + Budrich, S. 109-120.

Bohnsack, Ralf (2003b): Rekonstruktive Sozialforschung. Einführung in qualitative Methoden. Opladen: Leske + Budrich.

Bourdieu, Pierre (1981): Die gesellschaftliche Definition der Photographie. In: Bourdieu, Pierre u.a. (Hrsg.): Eine illegitime Kunst. Die sozialen Gebrauchsweisen der Photographie. Frankfurt am Main: Europäische Verlagsanstalt, S. 85-109 (franz. Orig. 1965).

Bourdieu, Pierre (1987): Die feinen Unterschiede. Kritik der gesellschaftlichen Urteilskraft. Frankfurt am Main: Suhrkamp (franz. Orig. 1979).

Bourdieu, Pierre u.a. (1997): Das Elend der Welt. Zeugnisse und Diagnosen alltäglichen Leidens an der Gesellschaft. Konstanz: UVK-Verlagsgesellschaft.

Breckner, Roswitha (2003): Körper im Bild. Eine methodische Analyse am Beispiel einer Fotografie von Helmut Newton. In: ZBBS, Heft 1, Schwerpunkt: Körperdiskurse. S. 33-60.

de Certeau, Michel (1988): Kunst des Handelns. Berlin: Merve (franz. Orig. 1980).

Ehrenspeck, Yvonne/Schäffer, Burkhard (Hrsg.) (2003): Film- und Fotoanalyse in der Erziehungswissenschaft. Ein Handbuch. Opladen: Leske + Budrich.

Friebertshäuser, Barbara/Langer, Antje/Richter, Sophia (2004): „Sie wollen cool sein, gut aussehen, sind ungeduldig, langweilen sich." Darstellen und Verstecken – Zur Inszenierung von Coolness im Jugendalter: In: Forschung Frankfurt 22. Jahrgang, Heft 2, S. 33-36.

Fuhs, Burkhard (1997): Fotografie und qualitative Forschung. Zur Verwendung foto-grafischer Quellen in den Erziehungswissenschaften. In: Friebertshäuser, Barba-ra/Prengel, Annedore (Hrsg.): Handbuch Qualitative Forschungsmethoden in der Erziehungswissenschaft. Weinheim und München: Juventa, S. 265-285.

Fuhs, Burkhard (2003): Fotografie als Dokument qualitativer Forschung. In: Ehren-speck, Yvonne/Schäffer, Burkhard (Hrsg.): Film- und Fotoanalyse in der Erzie-hungswissenschaft. Ein Handbuch. Opladen: Leske + Budrich, S. 39-54.

Glaser, Barney/Strauss, Anselm L. (1998): Grounded Theory. Strategien qualitativer Forschung. Göttingen: Huber (engl. Orig. 1967).

Goffman, Erving (1969): Wir alle spielen Theater. Die Selbstdarstellung im Alltag. München: R. Piper&Co. (engl. Orig. 1959).

Harper, Douglas (2000): Fotografien als sozialwissenschaftliche Daten. In: Flick, Uwe/Kardorff, Ernst von/Steinke, Ines (Hrsg.): Qualitative Forschung. Ein Hand-buch. Reinbek: Rowohlt, S. 402-416.

Lüders, Christian (2000): Beobachten im Feld und Ethnographie. In: Flick, Uwe/Kar-dorff, Ernst von/Steinke, Ines (Hrsg.): Qualitative Forschung. Ein Handbuch. Reinbek: Rowohlt, S. 384-401.

Mietzner, Ulrike/Pilarczyk, Ulrike (2003): Methoden der Fotografieanalyse. In: Eh-renspeck, Yvonne/Schäffer, Burkhard (Hrsg.): Film- und Fotoanalyse in der Er-ziehungswissenschaft. Ein Handbuch. Opladen: Leske + Budrich, S. 19-36.

Müller-Doohm, Stefan (1997): Bildinterpretation als struktural-hermeneutische Sym-bolanalyse. In: Hitzler, Ronald/Honer, Anne (Hrsg.): Sozialwissenschaftliche Hermeneutik. Eine Einführung. Opladen: Leske + Budrich, S. 81-108.

Pilarczyk Ulrike/Mietzner, Ulrike (2005): Das reflektierte Bild. Die seriell-ikonogra-fische Fotoanalyse in den Erziehungs- und Sozialwissenschaften. Bad Heilbrunn: Klinkhardt.

Stiegler, Bernd (2004): Zur gesellschaftlichen Lage der Fotografie. In: WestEnd. Neue Zeitschrift für Sozialforschung, 1. Jahrgang, Heft 1, S. 25-50.

Wulf, Christoph (2001): Mimesis und Performatives Handeln. Gunter Gebauers und Christoph Wulfs Konzeption mimetischen Handelns in der sozialen Welt. In: Wulf, Christoph/Göhlich, Michael/Zirfas, Jörg (Hrsg.): Grundlagen des Perfor-mativen. Eine Einführung in die Zusammenhänge von Sprache, Macht und Han-deln. Weinheim und München: Juventa, S. 253-272.

Das Bild als Kommentar und Irritation. Zur Analyse von Kursen der Erwachsenenbildung/Weiterbildung auf der Basis von Videodokumentationen

Jochen Kade/Sigrid Nolda

1 Zum Stand der (qualitativen) erziehungswissenschaftlichen Interaktionsforschung

In der bisher dominierenden Unterrichtsinteraktionsforschung ist eine starke Fokussierung auf das Wort, das Unterrichtsgespräch zu verzeichnen. Dementsprechend sind es Protokolle und Transkriptionen des (vorwiegend) sprachlich von den Beteiligten Geäußerten, die die Forschung bestimmen. Filme bzw. Videos von Unterrichtssituationen dienen in diesen Fällen eher als Zusatzinformation und Kontrolle von Worttranskripten oder als Möglichkeit, speziell nonverbales (z.b. geschlechtsspezifisches) Verhalten von Schülern/Schülerinnen zu erfassen (vgl. Breidenstein/Kelle 1998, Richter 2000, Stadler/Benke/Duit 2001).

Obwohl in der neueren empirischen Unterrichtsforschung (nach PISA und TIMSS)[1] eine verstärkte Nutzung von Bild- bzw. Videomaterial festzustellen ist (vgl. Aufschnaiter/Welzel 2001), hat sich an der Logozentrierung nur wenig geändert. Auch die Erhebung sogenannter Unterrichtsskripts von Lehrenden verbleibt im Wesentlichen im sprachlich bestimmten Rahmen (vgl. Blömeke/Eichler/Müller 2003, Seidel/Rimmele/Prenzel 2003). Der Bedeutungsaufschwung von Videoanalysen ist also nicht unbedingt auf ein verstärktes Interesse an (rein) visuellen Phänomenen, sondern eher auf Entwicklung und Verbreitung von bequem handhabbaren digitalen Aufzeichnungsgeräten und einem entsprechenden Angebot an Auswertungssoftware zurückzuführen[2]. Dabei spielt die Möglichkeit der publikumswirksamen Vorführung

---

1 Vgl. beispielweise das im DFG-Schwerpunktprogramm BIQUA („Bildungsqualität von Schule") eingebettete Projekt „Lehr-Lern-Prozesse im Physikunterricht – eine Videostudie" des IPN, Kiel oder die schweizerisch-internationale Videostudie zum Mathematikunterricht auf der Sekundarstufe I unter der Leitung von K. Reusser, Universität Zürich. Zur TIMSS-Videostudie vgl. den Bericht von Stigler u.a. 1997.

2 „Die Miniaturisierung von Geräten und die zunehmende Gewöhnung von Beforschten an Aufzeichnungsgeräte durch häufiger anzutreffende bestehende Vorerfahrung im privaten Bereich trägt dazu bei, die Beeinflussung der Daten durch die Erhebungsgeräte geringer zu halten. Die verbesserte Aufnahmequalität von digitalen Camcordern und die optimierten Bedienungsfunktionen durch Menüsteuerung minimieren den technischen Vorbereitungsaufwand für Forschende. Die digitalisierte Form der aufgezeichneten Daten erleichtert den Zugriff auf bestimmte Zeitabschnitte des Videomaterials und ermöglicht damit jene auf Vergleich basierenden typischen Analyseschritte, die die Grundlage für die Theorient-

nicht zuletzt bei einer Verwendung für die Lehreraus- und -fortbildung sicherlich auch eine Rolle. Im Zentrum von Analyse und Präsentation steht nach wie vor eher die Lehr-Lernstruktur; die didaktische Perspektive und der Wunsch nach der Optimierung von Unterricht nach dem Modell der Vorführung von best practice-Beispielen.[3] Kategoriengeleitete Analyseverfahren, die pädagogisches Verhalten anhand von Videoaufnahmen überprüfen und bewerten, werden auch in der Kindheitsforschung verwendet (vgl. Wolf u.a. 2001).

Was weitgehend fehlt, ist die interpretatorische Behandlung von Bildern als eigenständigem empirischem, theoriegenerierendem Zugang. Das Zutrauen zum (fixierten und bewegten) Bild als Kommentar des Gesprochenen muss sich auf die Funktion der Irritation von sprachlicher Interaktion offensichtlich erst noch erweitern.

Ein solches Zutrauen kann einerseits auf kommunikationswissenschaftliche Studien zum „non-verbalen Verhalten" und gesellschaftswissenschaftliche zur Soziologie des Körpers (vgl. Kuhlmann 2004) zurückgreifen. Andererseits ist hier auf Arbeiten zu rekurrieren, die von Vertretern der Konversationsanalyse, der Objektiven Hermeneutik und der Dokumentarischen Methode geleistet worden sind. So hat die Kritik Erving Goffmans an einer rein sprachlichen Analyse von Interaktionen zur intensivierten Berücksichtigung der körperlichen Aktionen (Körperhaltungen, Blickrichtungen) und deren Bedeutung für konversationsanalytische Kategorien wie Sprecherwechsel, rezipientenspezifischer Zuschnitt u.ä. geführt (vgl. Goodwin 1979, Psathas 1990, Streeck/Dally 1995, Heath 1997). Die Schwierigkeiten und der Aufwand bei der Erfassung non-verbaler Ebenen bei Gesprächen, d.h. die Berücksichtigung nicht nur prosodischer und vokalisatorischer/artikulatorischer/expressiver[4], sondern auch kinetischer Elemente, sind bekannt, werden aber neuerdings durch EDV-gestützte Programme (wie beispielsweise das an der Universität Hamburg von Linguisten entwickelte Programm SyncWriter) deutlich erleichtert.

Der Analyse von (vorwiegend unbewegten) Bildern haben sich die Objektive Hermeneutik einerseits (Englisch 1991, Ackermann 1994, Haupert 1994) und die Dokumentarische Methode andererseits (Bohnsack 2001, 2003 a und b) zugewandt. Beiden Ansätzen ist es gelungen, den Wert einer ausschließlichen, methodisch kontrollierten Betrachtung und Interpretation von

---

wicklung bilden" (Irion 2002). Knapp zählt Plowman (1999) die Vorteile von Videomaterialien als „permanence of the record, the retrievability of data to share with others, being able to check findings and easy reinterpretation" auf

3   Dass dies nicht nur auf Selbstevaluation und Optimierung beschränkt sein muss, zeigen Sherin/van Es in einem Bericht über die Schärfung der Wahrnehmung von Lehrenden durch das regelmäßige gemeinsame Betrachtung von Unterrichtsvideos (http.//www.aace.org/ conf/site/pt3/ paper_3008_1031.pdf).

4   Gemeint sind hier Phänomene wie hörbares Einatmen, mit Äh-Lauten gefüllte Pausen, Ausrufe wie „eij" und hörbare Expressionen wie Lachen oder Husten.

Bildern zu belegen, die sich durch akribisches Vorgehen, Lesartenvielfalt, Sequentialität bzw. im Fall der Dokumentarischen Methode: Komparation auszeichnet. Der Datentyp Video spielt allerdings noch eine untergeordnete Rolle. Seine Spezifik, die das Verfolgen von Abläufen ebenso ermöglicht wie die Untersuchung von Momentaufnahmen, kurz die Verbindung von Chronizität und Achronizität (vgl. Schnetter 2001: 144), ist kaum ausgeschöpft. Unter den nach der Dokumentarischen Methode vorgehenden Arbeiten ist speziell eine Videoanalyse von Schulsituationen zu erwähnen, die sich dem Thema der Übergangssituation widmet und damit den Schwerpunkt auf den Bereich des Sozialen legt (vgl. Wagner-Willi 2005, 2006).

Vernachlässigt erscheint demgegenüber die videobasierte Erforschung des Themas Wissensvermittlung und Interaktion im Unterricht selber. Diese Ausgangslage war Anlass zur Etablierung einer mehrsemestrigen, an zwei Universitäten (Frankfurt/Main und Dortmund) parallel geführten Seminarreihe zur Kursforschung, genauer zur Erforschung des Interaktionsgeschehens in Veranstaltungen der Erwachsenenbildung. Zurückgegriffen wurde dabei auf einen systemtheoretischen Begriff von Kommunikation. Danach ist Kommunikation nicht im ingenieurwissenschaftlichen Sinne als Übertragung von Informationen/Wissen ohne jeden Rezeptions- und Aneignungsspielraum beim Empfänger zu begreifen, sondern als ein dreiwertiges Phänomen von Information, Mitteilung und Verstehen. Die feste Verknüpfung von Mitteilung und Verstehen wird somit durch deren kontingente Verbindung ersetzt.[5] Kommunikation setzt die Unterbrechung der Beziehung zwischen ‚Sender‘ und ‚Empfänger‘ voraus. Dieser Kommunikationsbegriff hat seinen wichtigsten Anhaltspunkt einerseits in der Erfahrung einer „weder vom Sprechenden noch vom Hörenden zu kontrollierenden, dennoch auf beider Aufmerksamkeiten angewiesenen Eigendynamik der Kommunikation" (Baecker 2005: 48), andererseits in der Erfahrung des sich und seine Aneignung von Welt selbst bestimmenden Individuums. In diesem Theorierahmen wird Interaktion nicht als Synonym, sondern als spezifischer Typ von Kommunikation verstanden. Interaktion ist Kommunikation unter Anwesenden. Sie ist damit verknüpft mit Prozessen wechselseitiger Wahrnehmung (vgl. Kieserling 1999).

Der für die Erforschung von Kursinteraktionen gewählte Materialtyp der Videoaufzeichnung wird nicht naiv als „Fenster zur Wirklichkeit" und damit als problemloses Mittel zur Erstellung von Realanalysen gesehen. Es wird vielmehr die Eigenart eines unmittelbare Abbildung suggerierenden, aber nicht einlösenden Mediums systematisch in der Weise berücksichtigt, die auf allgemeiner Ebene von der sich konstituierenden Bildwissenschaft (vgl. beispielsweise Böhm 1964) vertreten wird. Für die sozialwissenschaftliche Videointeraktionsanalyse liegen Vorarbeiten von Knoblauch (2001, 2004, 2006) und Schnettler (2001), für die erziehungswissenschaftliche Fotoanalyse von Pilarczyk/Mietzner (2000 und 2003) vor. So muss nicht nur mit der

---

5   Der Kommunikationsbegriff ersetzt damit den Kausalitätsbegriff (vgl. Baecker 2005, S. 98).

Komplexität von Bildern und ihrem Überschuss an Bedeutungen umgegangen, sondern vor allem zwischen den Perspektiven des Fotografen/Filmenden, der Abgebildeten/Gefilmten, der Betrachter, der potenziellen/realen Verwender sowie zwischen natürlichen und konstruierten Daten unterschieden werden. Ziel ist – wie bereits angedeutet – nicht die Bewertung von Unterricht, sondern die Aufdeckung dessen, was man den systematischen Zusammenhang der aufgezeichneten Abläufe bzw. ihren „intrinsischen Zusammenhang" (Knoblauch 2004: 132) nennen könnte.

Während Videointeraktionsanalysen auf (potenziell) alle sozialen Interaktionen und auf unterschiedliche Produkte (inklusive von Akteuren aufgezeichnete und professionell bearbeitete Selbstdarstellungen) bezogen werden können (vgl. Knoblauch 2004), beschränken wir uns auf die Analyse von dokumentarischen, von Forschenden durchgeführten, ungeschnittenen Video-Aufzeichnungen von Kursen der Erwachsenenbildung/Weiterbildung und verorten unsere Arbeit deshalb innerhalb der erziehungswissenschaftlichen Kursforschung[6].

2   Zum Kurs „Literatur des Expressionismus"

Als Beispiel wählen wir einen an ein literarisch vorgebildetes Publikum gerichteten Kurs der kulturellen Erwachsenenbildung, den wir in einem parallel an den Universitäten Frankfurt/Main und Dortmund laufenden Seminar zusammen mit Studierenden untersucht haben[7]. Die Aufnahme wurde Anfang der 1990er Jahre in einer großstädtischen Volkshochschule gemacht, wobei das Aufnahmeteam aus einem Kameramann und einer Beobachterin bestand.

Das in der Kursankündigung beschriebene Konzept zielt nicht auf monologische Belehrung, sondern auf eine gemeinsam zu bewerkstelligende analytische Beschäftigung mit Texten. Kursleiter ist laut Programmheft ein als freier Wissenschaftler lebender Soziologe und Germanist. Aufgenommen wurde eines von insgesamt 10 abendlichen Treffen. Thema des Abends ist

---

6   Man könnte somit zwischen einer eher biografisch orientierten Kursforschung auf der Basis
     von offenen Interviews mit Kursleitenden und Teilnehmenden (vgl. Kade 1989), einer wis-
     senssoziologisch und diskursanalytisch orientierten Kursforschung auf der Basis von Kurs-
     ankündigungen (vgl. Nolda 1998) und einer interaktionsbezogenen Kursforschung auf der
     Basis von Protokollen und Aufzeichnungen (vgl. Nolda 1997) differenzieren.

7   Seit WS 2003/2004 führen die Verfasser parallel laufende Seminare zur Kursforschung für
     Studierende der Erwachsenenbildung an den Universitäten in Frankfurt/Main und Dort-
     mund durch. Die Seminararbeit besteht in einer Verbindung von Präsenzveranstaltung, in-
     dividueller Arbeit und (wechselseitig zugänglicher) Lernplattform, auf der vor allem Sit-
     zungs- und Beobachtungsprotokolle abgelegt werden. Kombiniert wird somit die Vermitt-
     lung von Feldwissen und Methodenwissen mit der Entwicklung bzw. Erprobung neuer Zu-
     gänge zum Phänomen Kurs.

eine von den Teilnehmern zur Vorbereitung gelesene Erzählung, die abschnittweise vorgelesen und besprochen wird.

In den parallel stattfindenden Seminaren wurde zunächst das Ganzvideo in einem Durchgang betrachtet. Dadurch war eine erste Orientierung über den Raum[8], die Möblierung, die anwesenden Personen möglich. Auffällig waren dabei zunächst das durch Pult und Tafel[9] einerseits und durch gegenüberstehende Reihen von mobilen Stühlen mit Schreibplatten andererseits gekennzeichnete Instruktionsarrangement sowie der über einige Wandbilder (soweit erkennbar Drucke von Bildern der klassischen Moderne) angedeutete kulturelle Anspruch. Schließlich waren neben dem Kursleiter sieben Teilnehmer im Alter von 20 bis 60 Jahren (davon vier Frauen) zu identifizieren, die sich offensichtlich frei ihren Sitzplatz gesucht hatten und damit eine Entscheidung bezüglich der Nähe zu bzw. der Entfernung von den übrigen Anwesenden getroffen hatten. Auch den Zuspätkommenden war – wie im Video erkennbar – die Möglichkeit der Auswahl gegeben. Aus dieser Beobachtung ergaben sich erste Vermutungen über Gruppenbildungen, Allianzen sowie über Selbst- und Fremddistanzierungen bzw. über „sichtbare"[10] Aneignungsformen, die kursleiter-, gruppen- oder selbstbezogen sind.

Nach der Besprechung des Gesamtvideos wurden zwei Sequenzen zur eingehenderen Betrachtung ausgewählt, die in mehreren Sitzungen und unter Zuhilfenahme eines Worttranskripts[11] durchgeführt und protokolliert wurde: Analysiert wurde zum einen eine Diskussionssequenz, in der die Teilnehmer das den Kurs dominierende Frage-Antwort-Ritual kurzfristig durchbrachen und untereinander kontrovers diskutierten und zum anderen das (zunächst eher übersehene) Kursende, das durch die von den Teilnehmern eher nonverbal in Frage gestellte Ergebnispräsentation des Kursleiters, das Aufstehen der Teilnehmer, das Zusammenpacken der Unterlagen, einige (kaum vernehmbare) Gespräche und Verabschiedungen gekennzeichnet ist. Während bereits in

---

8   Zur strukturalen Vermittlung vgl. Hof 2003, zur Relevanz pädagogischer Räume Jelich/ Kemnitz 2003, Priem 2004, zur pädagogischen Raumaneignung Nolda 2006

9   Die Bedeutung der Tafel als wesentliches Mittel der Wissensvermittlung ist erst auf dem Video erkennbar. Auf ihr sind zu Beginn des Videos (das einsetzt, während eine Teilnehmerin den ersten Abschnitt der Erzählung vorliest) der Name des Autors der behandelten Erzählung mit Geburts- und Todesdaten sowie Ortsangaben zu sehen. Im Verlauf der Sitzung schreibt der Kursleiter einige den Protagonisten kennzeichnende Schlüsselbegriffe an, fasst diese in drei Gruppen und weist später mit einer Geste darauf hin. Die Teilnehmer können diesen Anschrieb, auf den verbal nicht Bezug genommen wird, ständig vor sich sehen.

10   Selbstverständlich sind Aneignungen im strengen Sinn nicht sichtbar. Was hier vorliegt, sind Aneignungsdemonstrationen bzw. von den Teilnehmern gewählte Arrangements, die bestimmte Aneignungsformen nahelegen.

11   Die in diesem Zusammenhang angefertigten Transkriptionen dienten primär einem Überblick über die in den Kursen wesentlichen Inhalte und Interaktionsformen und können eher als auch für Laien gut lesbare Grobtranskripte angesehen werden, die dann im Einzelfall verfeinert wurden.

der ersten Sequenz die Bedeutung von Blickrichtungen erkannt wurde, waren es in der zweiten Sequenz am bzw. nach Ende des Unterrichts eher Gesten, Körperbewegungen und Bewegungen im Raum, die in den Beobachtungs- und Analysefokus gerieten[12].

3 Visuelle Zugänge

Die Rückschau auf die im Seminar behandelten Fragen ergab die Relevanz der folgenden drei Zugänge, und zwar

A. Das Bild/Videos als Kommentar des Worttranskripts,
B. das Bild/Videos als Irritation des Worttranskripts und
C. Bilder als eigenständigen Daten

Obwohl es naheliegend erscheint, den zweiten Typ in den Vordergrund zu stellen, der die Dominanz der bisher üblichen Protokollierung in Frage stellt und sie als Engführung erscheinen lässt, wird daran festgehalten, dass alle drei Zugänge von gleicher Relevanz für die Kursforschung sind, dass die Videointeraktionsanalyse von Kursen also nicht die Audiointeraktionsanalyse hinfällig macht und diese auch nicht notwendig in jedem Fall verbessert.

A. Das Bild als Kommentar des Worttranskripts

Bei der Arbeit mit Interaktionstranskripten erweist sich die Kontrolle der verschriftlichten Tonspur durch das Videoband als probates Mittel der Überprüfung. Das ist besonders augenfällig bei der Zuordnung von Sprechern, zumal wenn diese sich nur kurz, undeutlich oder nur in Form von paralinguistischen Signalen äußern. Auch ist es oft hilfreich, die Mundstellung und Mimik von Sprechern zu berücksichtigen, um einen Laut oder eine Lautfolge zu identifizieren. Voraussetzung ist allerdings, dass das Video auch gerade die Person zeigt, die die fragliche Äußerung produziert hat.

    Das Bild kann aber auch klären, was in Gesprächspausen geschieht[13], kann Vermutungen darüber bestätigen oder falsifizieren, und es kann Hin-

---

12   Diese Fokussierung ist natürlich nicht allein der Vertiefung ins Material zu verdanken. Hier dürfte die Kenntnis konversationsanalytischer Arbeiten zu ,gaze directions' in Alltagsunterhaltungen (klassisch: Goodwin 1979) und zur Körperhaltung in psychoanalytischen Interviews (vgl. Streeck/Dally 1995) eine aufmerksamkeitslenkende oder aber -sensibilisierende Wirkung gehabt haben.

13   „Thus, the presence of silences (pause, gaps) or, alternatively formulated, utterance-free spaces in interaction does not necessarily mean that no actions of interactional significance are being produced or monitored auditorally, visually, or even tactually by the parties" (Psathas 1990: 224).

weise darauf enthalten, wie Sprecher ihre Äußerungen verstanden haben wollen. Insofern bildet das Bild einen Kommentar zum Gesprochenen (und vom Transkribenten) Aufgezeichneten.

Als (erweiterbare) Varianten des Kommentars können deshalb genannt werden:

* die Erklärung
* der Ausschluss von Lesarten und
* die Verstärkung

Wenn im Transkript nach der Ankündigung des Kursleiters, einen „Stopp zu machen" eine längere Pause vermerkt ist, so ist dies für den Leser eines Transkripts zunächst erklärungsbedürftig. Falls es sich nicht um ein versehentliches Löschen des Bandes oder Abschalten des Aufzeichnungsgeräts handelt, besagt die Pause zunächst nur, dass der Transkribent an dieser Stelle keine Geräusche identifizieren konnte. Wenn nun auf dem Video zu erkennen ist, dass die Teilnehmer in ihre Bücher schauen und nichts gesprochen wird, kann dies als (willkommene) Erklärung dienen. Wenn nun aber auf der Basis des Worttranskripts verschiedene Lesarten entwickelt sind, kann der Blick auf das Video auch den Ausschluss von Lesarten zur Folge haben. So hätte man u.a. folgende Lesarten entwickeln können: Die Teilnehmer können mit der Ankündigung des Kursleiter nichts anfangen und schweigen (a), die Teilnehmer warten, dass der Kursleiter mit dem Unterricht fortfährt (b), der Kursleiter ist sichtbar beschäftigt (z.B. mit einem Tafelanschrieb), und die Teilnehmer wollen nicht stören (c), die Teilnehmer verstehen die Ankündigung als Auforderung, sich dem nächsten Textabschnitt zuzuwenden, und schauen in ihre Texte (d). In diesem Fall wird durch das Video die Lesart c) ausgeschlossen und die Lesart d) unterstützt.

Das wird vielleicht im Fortgang der Szene deutlicher: Nach der Pause fordert der Kursleiter erst allgemein, dann eine bestimmte Teilnehmerin dazu auf, sich zu äußern („Was was is jetzt das Neue hier? Frau Neumann?") Das Worttranskript lässt offen, ob sich die angesprochene Teilnehmerin gemeldet, also ihre Bereitschaft gezeigt hat, etwas zu sagen, oder ob sie sich im Gegenteil anderweitig beschäftigt hat und der Kursleiter sie dazu bewegen will, sich wieder dem Unterrichtsgeschehen zuzuwenden. Das Video „verrät", dass sich die Teilnehmerin wie alle anderen ihrem Buch zugewandt und dabei den Kopf gesenkt hat, dass sie aber bei der ersten allgemein gehaltenen Aufforderung des Kursleiters ihren Kopf leicht hebt, so dass dieser eine Redebereitschaft vermuten könnte. Ausgeschlossen ist damit die Lesart, dass es sich um eine Strafaktion gegen eine unaufmerksame (oder gar störende) Teilnehmerin handelt, und ausgeschlossen ist auch die Möglichkeit, dass sich der Kursleiter an sie wendet, weil sie mit einer entsprechenden Geste (Melden) ums Wort gebeten hat.

Derartige Beispiele können dazu verleiten, reine Wortprotokolle als unsinnig anzusehen und die auf ihrer Basis entwickelten Lesarten als überflüssig abzutun. Dem muss entgegengehalten werden, dass der Ausschluss von Lesarten weder die Arbeit der Interpretation überflüssig macht noch über die Ursachen von Verhalten aufklärt: Unklar bleibt weiterhin, ob die Teilnehmer in ihre Bücher schauen, um nicht dem Blick des Kursleiters ausgesetzt zu sein, oder ob sie sich wirklich mit dem nächsten Textabschnitt beschäftigen. Unklar bleibt auch, ob die angesprochene Teilnehmerin wirklich den Wunsch hat, sich zu äußern und ob der Kursleiter auf das leichte Heben des Kopfes reagiert hat oder sie als eine Teilnehmerin ausgewählt hat, von der er weiß, dass sie in der Regel etwas zu sagen hat.

Ähnlich verhält es sich bei der Funktion des Bildes als Verstärkung des Gesagten.

Wenn der Kursleiter den Beitrag einer Teilnehmerin mit den Worten „Genau, genau" quittiert, die Emphase also semantisch und syntaktisch markiert ist, ist bereits dem Worttranskript eine besondere Form der Zustimmung zu entnehmen. Auf dem Video ist nun zu erkennen, dass der Sprecher an dieser Stelle den rechten Zeigefinger erhebt, genauer: seinen rechten Arm mit dem Ellenbogen auf dem Pult abstützt, den Unterarm mit dem vorgestreckten Zeigefinger in Richtung der vor ihm sitzenden Teilnehmer neigt und dabei den Kopf leicht nach vorne beugt (vgl. *Abb. 1*). Damit wird zweifellos eine Verstärkung des Gesagten bewirkt. Es handelt sich nicht um eine Belehrungsgeste (wie sie in der Darstellung des von Wilhelm Busch gezeichneten Lehrer Lämpel im Bildgedächtnis verankert ist), sondern um eine Zeigegeste, mit der der Sprecher auf die Produzentin der an ihn gerichteten Äußerung weist[14]. Anders als deiktische Gesten bei der Erklärung naturwissenschaftlicher Phänomene (vgl. Roth/Welzel 2001) enthält die Geste eine die Interaktion prägende Mitteilung, nämlich die (momentane) Übergabe der Funktion der Wissensvermittlung an eine Teilnehmerin. Die Zustimmung wird hier (zumindest über die Geste) nicht selbstbezüglich in dem Sinn kommentiert, dass die Teilnehmerin inhaltlich das getroffen hat, was der Kursleiter hören wollte, sondern es wird die Produzentin der Äußerung hervorgehoben und so deutlich gemacht, dass (auch zunächst kontrovers erscheinende) Argumentationen von Teilnehmern erwünscht sind und honoriert werden[15].

---

14   Wenn die Geste (im Sinne der Dokumentarischen Methode) mit Vorbildern verglichen werden kann, so kämen dafür der Aufforderungszeigefinger von Uncle Sam aus dem berühmten amerikanischen Rekrutierungsplakat („I want you for U.S.Army") einerseits und die Berührungsgeste Gottes auf der Bild „Die Erschaffung des Adam" von Michelangelo in Frage: In der Zustimmung zur Teilnehmeräußerung kann so eine Aufforderung des Kursleiters gesehen werden, weiter auf dem begonnenen Weg fortzufahren, und/oder eine Markierung der Person, die hier als Quelle von Wissen identifiziert wird, also eine Autoritätsübergabe.

15   An dieser Stelle kann das Wissen über Selbstdarstellungspräferenzen von Dozenten in der allgemeinen Erwachsenenbildung stützend eingesetzt werden – beim konkreten Fall kommt die Formulierung in der Kurslegende hinzu, die eine ‚gemeinsame Untersuchung' verspricht.

Abb. 1:

B. Das Bild als Irritation des Worttranskripts

Wenn man Bildmaterial nicht nur gelegentlich zur Überprüfung fraglicher Stellen im Worttranskript einsetzt, sondern die Relevanzrichtung umkehrt und das Worttranskript als sekundäres Material behandelt, wird die Aufmerksamkeit auf neue, im Wortsinn übersehene Phänomene gelenkt[16]. Es wird also angestrebt, das Irritationspotenzial des visuellen Materials nicht als Störung, sondern als Hinweis auf Tieferliegendes oder Zusätzliches anzusehen[17].

Wir konnten bei der Analyse des Materials folgende Varianten belegen:

- Inkongruenz zum Worttranskript
- ‚falsche' Blickrichtung
- Datenerweiterung

Wenn eine Teilnehmerin die Meinung einer anderen gegen die des Kursleiters ausdrücklich unterstützt und die Unterstützte dem mit den Worten „Ja,

---

16 Generell ist es sinnvoll, immer wieder zwischen Worttranskript und Video zu wechseln, also iterativ vorzugehen (vgl. Stadler u.a. 2001: 206)

17 In gewisser Weise ähnelt dieser Zugang der Methode, die Barthes (1990) bei der Analyse von Filmstandbildern angewendet hat, indem er zwischen dem entgegenkommenden, die Aussage des Film unterstützenden und dem stumpfen Sinn unterscheidet, der den Betrachter eher irritiert als ihn bei der ersten Interpretation unterstützt.

ja, das macht ja das mein ich" zustimmt, wird man erwarten, dass die Sprecherin sich dabei der Partnerin zuwendet. Auf dem Video ist nun aber zu sehen, dass die Sprecherin zwar ihren Oberkörper in Richtung der neben ihr
Sitzenden wendet, gleichzeitig mit dem Kopf aber zurückweicht (vgl. *Abb.
2*). Diese Inkongruenz (sprachliches Zustimmen vs. körperliches Zurückwei-
chen) lässt auf einen Vorbehalt schließen, der sich dann im folgenden Wort-
wechsel auch verbal zeigt[18].

Abb. 2:

Während hier die verbale Aussage in ihrer Bedeutung zurückgenommen oder
aber relativiert wird, wird im folgenden Beispiel allein durch Blickrichtungen
ein Adressatenwechsel vorgenommen: Ein Teilnehmer unterbricht den Kursleiter beim Referieren der Lebensgeschichte des im Kurs behandelten Autors,
indem er gewissermaßen triumphierend darauf verweist, dass Döblin nicht
nur Schriftsteller war, sondern auch Arzt und zum Zeitpunkt der Entstehung
der besprochenen Erzählung seine Dissertation über eine psychische Krank-
heit verfasst. Die an den Kursleiter gerichtete Ergänzung wird als sachlicher
Zusatz präsentiert, enthält aber eine versteckte Botschaft. Diese besteht in der

---

18   Eine Anregung von Scheflen (1977) aufgreifend, könnte man die ‚Position‘, also die Mar-
      kierung durch einen Haltungswechsel, der wenigstens die Hälfte des Körpers einbezieht,
      von dem ‚Argument‘ unterscheiden, bei dem eine bestimmte Kopfhaltung beibehalten wird
      (vgl. auch Streeck/Dally 1995). Demnach wäre die Position noch als Zustimmung oder aber
      auch nur als Wahrnehmung deutbar, das Argument jedoch als Distanzierung.

Kritik an der soziologischen Interpretation des Kursleiters, die dieser – gegen den Widerstand der Teilnehmer – äußert. Die Information über die Dissertation suggeriert, dass die von der Teilnehmerin bevorzugte psychologische Interpretation der Erzählung die angemessenere ist. Wenn der Sprecher bei seiner Information zum Schluss triumphierend die neben ihm sitzende Teilnehmerin anblickt und nicht den Kursleiter, so wird diese zur Adressatin des ursprünglich an den Kursleiter gerichteten Satzes. Es ist deshalb nur folgerichtig, wenn diese als nächste das Wort ergreift und die Information mit einem „Na ja also" kommentiert.

Eine ‚falsche', also vom alltäglichen Verhalten abweichende Blickrichtung ist auch bei Teilnehmern zu beobachten, die sich in ihren Wortbeiträgen an andere Teilnehmer wenden und dabei den Kursleiter anschauen – eine ‚falsche' Blickrichtung, die durch die Anordnung von Stühlen und Pult vorgegeben, aber nicht zwingend ist. Was gesagt wird, bedarf offensichtlich der Prüfung durch den Kursleiter: Auch die schweigenden Teilnehmer blicken den Kursleiter an, gerade so als ob sie von ihm wissen wollten, ob das Gesagte seine Zustimmung findet oder nicht. Der Kursleiter wird als Verfahrensherr behandelt, der nicht nur zum Sprechen auffordern darf, sondern dem alle offiziellen Beiträge, auch die an andere Teilnehmer gerichteten, zur Ratifizierung vorgelegt werden.[19]

Es ist der durch das Material mögliche Blick auf schweigende oder sich zumindest nicht am offiziellen Kursgespräch beteiligende Teilnehmer, der das Worttranskript als Reduktionsstufe der Kursrepräsentation erscheinen lässt. Meist ist ein solcher Blick nicht beabsichtigt, sondern drängt sich dem Betrachter geradezu auf: Das ist etwa der Fall, wenn die Kamera eine sprechende Teilnehmerin fokussiert und dabei den neben ihr sitzenden Teilnehmer aufnimmt, der vor sich hin lächelt. Es genügt dann nicht mehr, auf die Sprecherin und den/die von ihr Angesprochene/n zu achten. Im angesprochenen Beispiel zieht der schweigende Nebensitzer die Blicke und die Interpretationsanstrengungen geradezu mit Macht auf sich (vgl. *Abb. 3*). Was Kursleiter eventuell aus den Augenwinkeln wahrnehmen, was sie aber kaum einmal kommentieren, wird hier zu einem unübersehbaren Phänomen: nicht-verbale Verhaltensweisen, die wie ein Kommentar wirken. Sie machen darauf aufmerksam, dass zu einem Kurs nicht auch, sondern mehrheitlich die (dauerhaft oder zeitweise) schweigenden Teilnehmer gehören. Zur Interaktion als Kommunikation unter Anwesenden gehört die zugemutete Passivität, deren Anteil mit der Zahl der Anwesenden steigt (vgl. Kieserling 1999: 44). Kursinteraktion findet unter der Bedingung des Wahrnehmens von (gewöhnlich) Nicht-Kommentiertem bzw.

---

19   Nur ein Teilnehmer hält sich nicht an diese Kursleiterorientierung: Er fordert eine Teilnehmerin ohne den ‚Sicherungsblick' zum Kursleiter zu einem Kommentar auf. Dieser Teilnehmer zeigt auch andere Verhaltensformen, die ihn zu einer Art ‚Neben-Kursleiter' machen (er hat mehrere Bücher auf seinem Schreibstuhl liegen). Er bemerkt, dass seine Interpretation „hier wohl nicht gewünscht sei" usw.

Nicht-Zu-Kommentierendem statt. In (themenbezogenen) Kursen der allgemeinen Erwachsenenbildung wird gewöhnlich nicht auf verspätetes Erscheinen und auf die Einnahme von Tabletten oder von Getränken reagiert, und es werden auch kaum Vermutungen über die Bedeutung von gestischen und mimischen Äußerungen geäußert. Dass dies alles aber passiert und wahrnehmbar ist, verschweigt das Worttranskript und offenbart das Video.

Abb. 3:

C. Bilder als selbstständige Daten

Die ‚Emanzipation‘ des Bildmaterials vom Sprachmaterial wird durch eine Behandlung der Bilder als selbstständige Daten bewirkt. Wir unterscheiden zwischen

- Gesten ohne verbale Begleitung
- Synchronität/Asynchronität
- Gruppenbildung.

Die Expressivität der Gesten von Schweigenden macht sie zu selbstständigen Daten, die nicht mehr oder nur bedingt dem Wortmaterial zugeordnet werden können. Sie fordern – anders als verbale Kommentare – nicht zur Reaktion auf, lassen den Betrachter darüber im Unklaren, ob sie als stille Kommentare oder als Verweigerung von Kommentaren aufzufassen sind. Die Unausweichlichkeit des Beobachtetwerdens in Interaktionen scheint auch Formen des gestischen Rückzugs aus der Kommunikation hervorzubringen. So kann man beobachten, dass Teilnehmer, gerade nachdem sie sich geäußert haben, eine Hand vor den Mund halten – eine Geste die sowohl ein Sich-den-Mund-Verbieten als auch ein tiefes Nachdenken andeuten kann.

Neben der Beobachtung von Einzelpersonen ermöglicht das Video die Erfassung von Gruppen, unabhängig davon, ob einzelne ihrer Mitglieder sprechen oder schweigen. Was dann deutlich werden kann, ist eine Homogenisierung, die sich in Aktionen oder auch nur Kopfhaltungen bzw. Blickrichtungen ausdrückt. So lassen sich Phasen, in denen die Körper der Teilnehmer synchronisiert erscheinen, von solchen unterscheiden, in denen jeder anders beschäftigt zu sein scheint: Im ausgewählten Kurs kann man erkennen, dass die Teilnehmer in solchen Phasen in ihr aufgeschlagenes Buch schauen (also wahrscheinlich lesen), zum Kursleiter bzw. zur Tafel schauen, im Buch blättern (also wahrscheinlich etwas suchen), aus dem Fenster schauen oder aber ihren Finger erheben (also ihren Wunsch zum Ausdruck bringen, sich zu äußern) (vgl. *Abb. 4*). Hier sind unterschiedliche Aneignungsformen (bzw. deren Demonstration) zu erkennen, zu denen meist nicht ausdrücklich aufgefordert wird und die nicht kommentiert werden, auf die also im Worttranskript nicht geschlossen werden kann.

Abb. 4:

Während auf Gruppenbildungen während des Kurses nur anhand der eingenommenen Plätze und der Blickrichtungen geschlossen werden kann, liefert das Material, das auch noch Szenen nach der offiziellen Beendigung des Kurses enthält, deutlichere Hinweise. Tatsächlich ist auf dem untersuchten Video zu sehen, welche Teilnehmer sich nach dem Ende des Kurses miteinander unterhalten und welche nicht, welche mit dem Kursleiter reden, welche der Kursleiter anspricht usw. Derartige Beobachtungen haben dann rückwirkend für den Kurs Relevanz, wenn sie – wie auf dem ausgewählten Beispiel – zeigen, wie eine kleine Gruppe von Teilnehmern sich angeregt und ohne den Kursleiter zu beachten, über das Thema unterhält, also gewissermaßen den Kurs selbstgesteuert fortsetzt.

Die hier zusammengefassten Beobachtungen sind auf der Basis mehrerer Durchläufe, teils mit, teils ohne Ton, teils mit, teils ohne Worttranskript entstanden. Besonders hilfreich war die bei digitalisierten Materialien problemlose Verwendung von Standbildern bzw. Standbildreihen. Deren Nutzen hatte bekanntlich bereits Barthes (1990) für die Analyse künstlerischer Film aufzeigen können. Daraus ergibt sich die Überlegung, ob man derartige Stills nicht nur dann anfertigt, wenn man eine bereits beim Betrachten des Films gemachte Beobachtung belegen will, sondern auch bei der Suche nach Beobachtbarem einsetzt, indem man sie beispielsweise immer nach einem vorher bestimmten Zeitabstand anfertigt.

4 Kurskommunikation und wahrnehmbare Individualität(en)

Die für den Kommunikationsbegriff der Moderne konstitutive Differenz zwischen Kommunikation und Individuum erzeugt eine doppelte Relationalität. Differenz und wechselseitige Konditionierung sind zwei Seiten einer Medaille. Einerseits wird die Kommunikation durch die an ihr beteiligten Individuen konditioniert, andererseits werden aber auch diese durch die Kommunikation konditioniert. Sie verwirklichen sich immer nur in Relation zu den Kommunikationen, an denen sie teilnehmen, und dies gerade auch insofern sie sich von ihnen unterscheiden und gegenüber ihrer der Kommunikation zugewandten Außenseite die dieser unzugängliche, unsichtbare Innenseite, damit insbesondere sich als Bewusstsein profilieren. Kommunikation ist nur noch unter der Voraussetzung locker mit ihr verkoppelter Individualität denkbar. Sie ist die Operation, die das „Individuum als Ausgeschlossenes einschließt" (Baecker 2005: 68).

In Kursen der Erwachsenenbildung/Weiterbildung, der paradigmatischen Institutionalisierungsform des Lernens, des Wissenserwerb Erwachsener in modernen Gesellschaften, ist die Individualität der beteiligten Personen nicht nur auf der Ebene von Kommunikationsprozessen beobachtbar. Eine wesentliche, von der Kommunikation partiell unabhängige Realitätsdimension, auf der Individualität in paradoxer Weise Gestalt gewinnt, sich als unsichtbare sichtbar macht, als abwesende anwesend ist, liegt auf der Ebene bloß wahrnehmbarer Ereignisse, Verhaltensweisen und Gesten. Diese Realitätsebene wechselseitiger Wahrnehmungsprozesse ist aber erst auf der Grundlage audiovisueller Dokumentationen umfassend beobachtbar. Bloßen Audiodokumentationen entzieht sich ihre Entschlüsselung weitgehend, weil das Wahrnehmbare nicht, nur zum Teil oder nur zeitverschoben mitgeteilt werden muss und damit kommuniziert wird. Neben der diachronen Sequenzialität von sprachlichen Kommunikationsprozessen – so haben die vorgehenden kursorischen Analysen ins Blickfeld gerückt – ist die Dynamik von Kursordnungen durch die Synchronität von Ereignissen bestimmt; d.h. eine Gleichzeitigkeit von Ton und Bild, der Präsenz von Sprechenden und Nicht-Sprechenden, von Vorder- und Hinterbühne, von durch Kursleiter initiierten, kurskonformen und nicht-kurskonformen Kommunikations- wie Aneignungsformen. Neben der erziehungswissenschaftlich (zunächst) im Zentrum der Aufmerksamkeit stehenden Kursleiter-Teilnehmer-Interaktion sind an den Rändern nicht-verbales Verhalten ebenso zu beobachten wie von den Kursleitern abgekoppelte Teilnehmer-Teilnehmer-Interaktion oder Autoaktionen der Teilnehmer wie Trinken, Tabletteneinnahme, Hervorholen und Betrachten von Zetteln, Betrachtung von zufällig an der Wand hängenden Bilder[20].

Kurse lassen sich dementsprechend nicht nur danach unterscheiden, wie der Wissenserwerb der Teilnehmer durch die von Kursleitern induzierte Kommunikation, verbunden mit institutionell organisierter Raum- und Zeitgestaltung, strukturiert wird. Aus erziehungswissenschaftlich distanzierter Perspektive lassen sie sich auch danach unterscheiden, in welchem Maße die von Kursleitern strukturierte Kommunikation die Kommunikation insgesamt im Kurs prägt, ob und inwiefern also Raum für Aufmerksamkeitsabweichungen, für thematisch nahe, aber gerade auch für thematisch abgelegene, eigenständige Kommunikation gelassen wird. Was Analysen auf der Grundlage audiovisueller Dokumentationen von Kursen auch, mehr als man es sonst gewohnt ist, sichtbar werden lassen, ist die (relative) Eigendynamik von Prozessen, die sich auf der Ebene wechselseitiger Wahrnehmung abspielen. Kurse lassen sich damit auch nach dem Verhältnis typisieren, in dem die von den Kursleitern strukturierte Kommunikation zu den für Interaktionssysteme kon-

---

20 Vgl. aus künstlerischer Perspektive die folgende Aussage des Regisseurs Lars von Trier (2001: 174): „In meinen früheren Filmen waren mir solche Details außerhalb des Spiels viel wichtiger, und ich habe mich weniger um die Schauspieler gekümmert. Das ist jetzt anders. Ich finde es schön, wenn einem diese Einzelheiten am Rand des Bildes auffallen, denn sie vermitteln einem das Gefühl, dass es eine Welt außerhalb der Wirklichkeit gibt, auf die wir uns gerade konzentrieren."

stitutiven Wahrnehmungsprozessen steht, seien diese nun raum- und dingbe-
zogen oder reflexiv aufeinander bezogen. Die je besondere Dynamik der
Strukturbildung in komplexen Systemen wie Kursen ergibt sich – so haben
wir hier in einem ersten Anlauf zu begründen versucht – erst aus dem Zusammenspiel von Kommunikation und Individualität, damit von Kommuni-
kations-, Wahrnehmungs- und, allerdings nur als unsichtbar sichtbaren Be-
wusstseinsprozessen. Erste Analysen lassen vermuten, dass die Ebene des
bloß Wahrnehmbaren, nicht aber bereits Mitteilbaren in dem Maße an Bedeutung für die Darstellung der Individualität der im Kursraum anwesenden
Personen gewinnt, als die Kursleiter die Sphäre der Kommunikation unter ihrer Kontrolle halten, die differente Individualität der Anwesenden also davon
ausschließen, sie gewissermaßen nur als (störendes) Rauschen behandeln.
Die Realitätsebene des in Kursen bloß Wahrnehmbaren erscheint in besonderem Maße tauglich zu sein, die Differenz zwischen Kurskommunikation einerseits und der Individualität der beteiligten Individuen andererseits sichtbar
zu machen.

Zu unterscheiden ist dabei zwischen Wahrnehmbarem, das im Kurs zur
mitgeteilten Information wird, aus dem also Kommunikation hervorgeht, und
Wahrnehmbarem, das als solches erst durch die Beobachtung von For-
schungsakteuren konturiert und dann kommuniziert wird. Es ist erst die For-
schungskommunikation, die das kommunikative Potenzial des im Kurs insgesamt Wahrnehmbaren zur Sprache bringt. Sie kann die Selektionsmuster
freilegen, die erklären, was im Kurs aus dem Bereich des Möglichen wahrgenommen wird und zum Inhalt von Mitteilung, also für Zwecke der Kommunikation, ausgewählt wird. Dies wird umso komplexer rekonstruierbar
sein, als man die Realitätsausschnitte von Kursleitern und Teilnehmern aus
der Sicht mehrerer Kameraperspektiven dokumentiert.[21]

Literatur

Ackermann, Friedhelm (1994): Die Modellierung des Grauens. Exemplarische Inter-
    pretation eines Werbeplakates zum Film „Schlafwandler" unter Anwendung der
    „objektiven Hermeneutik" und Begründung einer kultursoziologischen Bildher-
    meneutik. In: Garz, Detlef (Hrsg.): Die Welt als Text. Theorie, Kritik und Praxis
    der objektiven Hermeneutik. Frankfurt am Main: Suhrkamp, S. 195-225.
Aufschnaiter, Stefan von/Welzel, Manuela (2002): Nutzung von Videoanalysen zur
    Untersuchung von Lehr-Lernprozessen. Münster: Waxmann.

---

21 Das Projekt „Bild und Wort. Erziehungswissenschaftliche Kurs- und Bildungsforschung"
    (BIWO) hat inzwischen mit der Dokumentation und Analyse von Kursen aus der Perspekti-
    ve von zwei, zum einen auf die Teilnehmer, zum anderen auf die Kursleiter gerichteten
    Kameras begonnen.

Baecker, Dirk (2005): Kommunikation. Grundwissen Philosophie. Leipzig: Reclam.

Barthes, Roland (1990): Der dritte Sinn. Forschungsnotizen über einige Fotogramme S.M. Eisensteins. In: Barthes, Roland: Der entgegenkommende und der stumpfe Sinn. Frankfurt am Main: Suhrkamp, S. 47-66.

Blömeke, Sigrid/Eichler, Dane/Müller, Christiane (2003).: Rekonstruktion kognitiver Strukturen von Lehrpersonen als Herausforderung für die empirische Unterrichtsforschung. Theoretische und methodologische Überlegungen zu Chancen und Grenzen von Videostudien. In: Unterrichtswissenschaft, 2, S. 103-121.

Böhm, Gottfried (1994): Was ist ein Bild? München: Fink Verlag.

Bohnsack, Ralf (2001): Die dokumentarische Methode in der Bild- und Fotointerpretation. In: Bohnsack, Ralf/Nentwig-Gesemann, Iris/Nohl, Arnd-Michael (Hrsg.): Die dokumentarische Methode und ihre Forschungspraxis. Grundlagen qualitativer Sozialforschung. Opladen: Verlag Barbara Budrich, S. 67-89.

Bohnsack, Ralf (2003a): „Heidi". Eine exemplarische Bildinterpretation auf der Basis der dokumentarischen Methode. In: Ehrenspeck, Yvonne/Schäffer, Burkhard (Hrsg.): Film- und Fotoanalyse in der Erziehungswissenschaft. Ein Handbuch. Opladen: Leske + Budrich, S. 109-120.

Bohnsack, Ralf (2003b): Qualitative Methoden der Bildinterpretation. In: Zeitschrift für Erziehungswissenschaft, 1, S. 239-256.

Englisch, Felicitas (1991): Bildanalyse in strukturalhermeneutischer Einstellung. In: Garz, Detlef/Kraimer, Klaus (Hrsg.): Qualitativ-Empirische Sozialforschung. Opladen: Westdeutscher Verlag, S.133-176.

Goodwin, Charles (1979): The Interactive Construction of a Sentence in Natural Conversation. In: Psathas, George (Hrsg.): Everyday Language. Studies in Ethnomethodology. New York: Irvington, S. 97-121.

Heath, Christian/Hindmarsh, Jon (2002): Analysing interaction. Video ethnography und situated conduct. In: May, Tim (Hrsg.): Qualitative Research in Action. London: Sage Publications, S. 99-121.

Haupert, Bernhard (1994): Objektiv-hermeneutische Fotoanalyse am Beispiel von Soldatenfotos aus dem Zweiten Weltkrieg. In: Garz, Detlef (Hrsg.): Die Welt als Text. Theorie, Kritik und Praxis der objektiven Hermeneutik. Frankfurt am Main: Suhrkamp: Suhrkamp, S. 281-314.

Hof, Christiane (2003): Vermittlung. Zur Differenz von personalen, medialen und strukturalen Formen der Wissensvermittlung. In: Nittel, Dieter/Seitter, Wolfgang (Hrsg.): Die Bildung des Erwachsenen. Erziehungs- und sozialwissenschaftliche Zugänge. W. Bielefeld: Bertelsmann, S. 25-34.

Irion, Thomas (2002): Einsatz von Digitaltechnologien bei der Erhebung, Aufbereitung und Analyse multicodaler Daten. In: Forum Qualitative Sozialforschung, 2 (http://www.qualitative-research.net/fqs-texte/2-02/2-02irion-d.htm).

Jelich, Franz-Josef/Kemnitz, Heidemarie (2003): Die pädagogische Gestaltung des Raums. Geschichte und Modernität. Bad Heilbrunn: Klinkhardt.

Kade, Jochen (1989): Erwachsenenbildung und Identität. Eine empirische Studie zur Aneignung von Bildungsangeboten. Weinheim: Juventa Verlag.

Kade, Jochen (2004): Erziehung als pädagogische Kommunikation. In: Lenzen, Dieter (Hrsg.): Irritationen des Erziehungssystems. Pädagogische Resonanzen auf Niklas Luhmann. Frankfurt am Main: Suhrkamp, S. 199-232.

Kieserling, André (1999): Kommunikation unter Anwesenden. Studien über Interaktionssysteme. Frankfurt am Main: Suhrkamp.

Knoblauch, Hubert/ Raab, Jürgen/Soeffner, Hans-Georg/Schnettler, Bernt (Hrsg.) (2006): Videoanalysis – Methodology and Methods. Qualitative Audiovisual Data Analysis in Sociology. Frankfurt am Main u.a.: Peter Lang

Knoblauch, Hubert (2004): Die Video-Interaktionsanalyse. In: sozialersinn, 1, S. 123-138.

Kuhlmann, Ellen (2004): Die Entdeckung der Körper – eine Herausforderung für die Soziologie. In: Soziologische Revue, S. 69-79.

Nolda, Sigrid (1997): Interaktionsanalysen in der Erwachsenenbildung. In: Friebertshäuser, Barbara/Prengel, Annedore (Hrsg.): Handbuch Qualitative Forschungsmethoden in der Erziehungswissenschaft. Weinheim und München: Juventa-Verlag, S.758-768.

Nolda, Sigrid (1998): Programme der Erwachsenenbildung als Gegenstand qualitativer Forschung. In: Nolda, Sigrid/Pehl, Klaus/Tietgens, Hans: Programmanalysen. Programme der Erwachsenenbildung als Forschungsobjekte. Frankfurt am Main: Deutsches Institut für Erwachsenenbildung, S. 139-235.

Nolda, Sigrid (2006): Pädagogische Raumaneignung. Zur Pädagogik von Räumen und ihrer Aneignung – Beispiele aus der Erwachsenenbildung. In: Zeitschrift für qualitative Bildungs-, Beratungs- und Sozialforschung, 2, S. 313-334.

Pilarczyk, Ulrike/Mietzner, Ulrike (2000): Bildwissenschaftliche Methoden in der erziehungs- und sozialwissenschaftlichen Forschung. In: Zeitschrift für qualitative Bildungs-, Beratungs- und Sozialforschung, 2, S. 344-364.

Pilarczyk, Ulrike/Mietzner, Ulrike (2003): Methoden der Fotografieanalyse. In: Ehrenspeck, Yvonne/Schäffer, Burkhard (Hrsg.): Film- und Fotoanalyse in der Erziehungswissenschaft. Ein Handbuch. Opladen: Leske + Budrich, S. 19-36.

Plowman, Lydia (1999): Using Video for Observing Interaction in the Classroom. The Scottish Council for Research in Education. Online: http://www.scre.ac.uk/ spotlight/spotlight72.html [06.11.03].

Priem, Karin (2004): Pädagogische Räume – Räume der Pädagogik. Ein Versuch über das Dickicht. In: Mein, Georg/Rieger-Ladich, Markus (Hrsg.): Soziale Räume und kulturelle Räume. Über den strategischen Gebrauch von Medien. Bielefeld: transcript, S. 27-45.

Psathas, George (1990): The Organization of Talk, Gaze, and Activity in a Medical Interview. In: Psathas, George (Hrsg.): Interaction Competence. Washington: University Press of America, S. 205-230.

Richter, Dagmar (2000): Methoden der Unterrichtsinterpretation. Qualitative Analysen einer Sachunterrichtsstunde im Vergleich. Weinheim: Juventa.

Scheflen, Albert E. (1972): Die Bedeutung der Körperhaltung in Kommunikationssystemen. In: Auwärter, Manfred/Kirsch, Edit/Schröter, Klaus (Hrsg.): Seminar: Kommunikation, Interaktion, Identität. Frankfurt am Main: Suhrkamp, S. 221-253.

Stadler, Helga/Benke, Gertraud/Duit, Reinders (2001): Gemeinsam oder getrennt? Eine Videostudie zum Verhalten von Mädchen und Buben bei Gruppenarbeiten im Physikunterricht. In: Aufschnaiter, Stefan von/Welzel, Manuela (Hrsg.): Nutzung von Videodaten zur Untersuchung von Lehr-Lern-Prozessen: aktuelle Methoden empirischer pädagogischer Forschung. Münster: Waxmann, S. 203-218.

Schnettler, Bernt (2001): Vision und Performanz. Zur soziolinguistischen Gattungsanalyse fokussierter ethnographischer Daten. In: sozialersinn, 1, S. 143-163.

Stigler, James W./Gonzales, Patrick/Kawanaka, Takako/Knoll, Steffen/Serrano, Ana (1997): Methods and Findings of the TIMSS Videotape Classroom Study. Washington: Phi Delta Kappa.

Streeck, Ulrich/Dally, Andreas (1995): Inszenierungen, Interaktion und Kontextualisierungen im psychotherapeutischen Dialog. In: Buchholz, Michael B. (Hrsg.): Psychotherapeutische Interaktion. Qualitative Studien zu Konversation und Metapher, Geste und Plan. Opladen: Westdeutscher Verlag, S. 207-228.

Trier, Lars von (2001): Trier über von Trier. Gespräche mit Stig Björkmann. Hamburg: Rogner und Bernhard bei Zweitausendeins.

Ulrich, Gerald (1981): Videoanalyse depressiver Verhaltensaspekte. Studien zum nonverbalen Verhalten in einer Interviewsituation. Stuttgart: Enke.

Wagner-Willi, Monika (2005): Kinderrituale zwischen Vorder- und Hinterbühne. Der Übergang von der Pause zum Unterricht. Wiesbaden.

Wagner-Willi, Monika (2006): On the Multidimensional Analysis of Video Data: Documentary Interpretation of Interaction in Schools. In: Knoblauch, Hubert/Raab, Jürgen/Soeffner, Hans-Georg/Schnettler, Bernt (Hrsg.): Videoanalysis – Methodology and Methods. Qualitative Audiovisual Data Analysis in Sociology. Frankfurt am Main u.a.: Peter Lang, S. 143-153.

Wolf, Bernhard u.a. (2001): Erhebungsmethoden in der Kindheitsforschung. Aachen: Shaker.

Comics als Gegenstand qualitativer Forschung. Zu analytischen Möglichkeiten der dokumentarischen Methode am Beispiel der „Abrafaxe"

Olaf Dörner

Comics stellen ein spezifisches Medium dar, das durch eine narrative Struktur, die Sequenzialität von Bildern in Verbindung mit Schrifttextelementen gekennzeichnet ist (vgl. Grünewald 2000: 4). Charakteristisches Merkmal ist die Verflechtung von Bild und Schrift bzw. von bildlichen und sprachlichen Zeichensystemen, die an der jeweiligen Bedeutungskonstitution beteiligt ist. Eco spricht diesbezüglich von einer Semantik des Comics, die beim Leser ein spezifisches Wissen über Symbole erforderlich machen (vgl. Eco 1994: 127). Über diese spezielle Semantik und in der Gesamtheit aller Panels[1] eines Comics wird letztlich eine grafische Erzählung konstituiert. Sich dem Medium in analytischer Absicht zu nähern – es etwa auf biografische Entwürfe oder pädagogische Strukturiertheit zu untersuchen (vgl. exempl. Kade 1997) – bedeutet auch, sich mit dieser spezifischen Semantik auseinander zu setzen. Insofern sind folgende Ausführungen in erster Linie methodisch intendiert. Die dokumentarische Methode stellt einen möglichen analytischen Zugang dar. Inwieweit diese für die Analyse von Comics geeignet ist, soll im Folgenden nach einigen Bemerkungen zur Methode (1) am Beispiel der Abrafaxe[2] exemplarisch geprüft werden (2).

1 Zur Methode

Dem Verfahren der dokumentarischen Methode liegt in Anlehnung an Karl Mannheim ein Verständnis von Wissen zugrunde, wonach zwischen einem stillschweigenden bzw. atheoretischen Wissen und einem begrifflich-theoretischen Wissen unterschieden wird (vgl. Bohnsack 2003: 60): Atheoretisches

---

1   Mit ‚Panel' wird die kleinste selbstständige Einheit (Einzelbild) einer Comic-Bildfolge bezeichnet (vgl. Dolle-Weinkauf 1990: 331).

2   Bei den Abrafaxen (Abrax, Brabax und Califax) handelt es sich um die Hauptprotagonisten der erstmals 1957 erschienen DDR-Comic-Zeitschrift „Mosaik", die seit 1976 in Nachfolge der Digedags (Dig, Dag und Digedag) monatlich erscheinen. Sie stellen – wie die Digedags – drei Figuren dar, die nicht altern und ihre Abenteuer auf Reisen durch Zeit und Raum erleben. Das „Mosaik" gilt als die einzige Comiczeitschrift der DDR und ist der Comic-Sparte der Funnys zuzurechnen.

Wissen ermöglicht das Verstehen von Handlungen; Akteure verstehen unmittelbar bzw. intuitiv einander ohne Interpretation. Begrifflich-theoretisches Wissen dient der Interpretation von Handlungen; Akteure interpretieren einander, um sich bzw. Handlungen zu verstehen. Während das begrifflich-theoretische den Akteuren reflexiv verfügbar sein kann, bleibt das atheoretische Wissen eher im Verborgenen (implizit) und es ist schwierig, es begrifflich-theoretisch zu beschreiben. Es wird davon ausgegangen, dass atheoretisches Wissen wesentlich Handlungssinn und -praxen strukturiert. Während der methodische Zugang zum theoretischen Wissen relativ unproblematisch ist (man kann es z.b. erfragen), erschließt sich das atheoretische Wissen nur über die Rekonstruktion von konkreter Handlungspraxis. Das Verfahren der dokumentarischen Methode stellt eine Möglichkeit des Zugangs zu diesem Wissen dar. Im forschungspraktischen Vorgehen schlägt sich die Unterscheidung zwischen begrifflich-theoretischem und atheoretischem Wissen in den Arbeitsschritten der formulierenden und der reflektierenden Interpretation nieder (vgl. Bohnsack 2003: 134-139). Zunächst geht es um die Rekonstruktion dessen, was offensichtlich ist, und dann um die Rekonstruktion des Nicht-Offensichtlichen, das sich in Handlungen oder Äußerungen dokumentiert. Mögliche Untersuchungsgegenstände liegen in Form von Schrifttexten oder Bildtexten (Gemälde, Fotografien u.ä.) vor. Schrifttexte können zudem unterschieden werden in solche, die dem Forscher bereits als Schriften vorliegen (historische, literarische, biografische u.ä. Schriften) und in solche, die er selbst durch die Verschriftlichung von sozialen Prozessen erzeugt (verschriftlichte Feldbeobachtungen, Gruppendiskussionen, Interviews u.ä.). Bei Comics hat man es mit einem sozialen Gebilde zu tun, das als verknüpfter Schrift- und Bildtext vorliegt und – da Schrift und Bild zu einer narrativen Struktur verflochten werden – auch als Schrifttext in Form einer Erzählung erzeugt bzw. interpretiert werden muss.

Die Untersuchung der ausgewählten Passage erfolgte zunächst im herkömmlichen Sinn auf der Ebene ihrer allgemeinen Erzählstruktur. Im Rahmen der formulierenden Interpretation ging es um die Analyse des immanenten Sinngehalts; interpretiert wurde das, was in der Passage thematisch wird: Was ist zu sehen? Als was wird es identifiziert? Was wird erzählt? Vom immanenten wird der dokumentarische Sinngehalt unterschieden, der mit Hilfe der reflektierenden Interpretation rekonstruiert werden soll. Thematische Aspekte der Passage wurden auf ihren dokumentarischen Gehalt geprüft: Was bzw. welche Phänomene dokumentieren sich in thematisch relevanten Dingen? Rekonstruiert wurden die Erzählung, die narrative Dramaturgie und Phänomene, die sich in ihr dokumentieren.

Da es sich beim Comic um ein visuelles Medium handelt und die Ebene des Bildhaften an der Konstitution der Erzählung wesentlich beteiligt ist, erfolgte in einem weiteren Schritt die reflektierende Interpretation in Anlehnung an Arbeiten zur dokumentarischen Bild- und Fotointerpretation (vgl. Bohnsack 2001: 2003). Bohnsack schlägt eine Vorgehensweise vor, bei der von einer Eigenlogik des Bildes ausgegangen und die formale Komposition von Bildern rekonstruiert wird[3]. Die ausgewählte Passage wurde im Rahmen der reflektierenden Interpretation[4] also auch auf die formale Komposition (planimetrische Komposition, perspektivische Projektion, szenische Choreografie)[5] der Panels untersucht.

Im Folgenden sind Ergebnisse der formulierenden Interpretation zusammenfassend in Form der skizzierten Erzählgeschichte dargestellt (2.1). Im Anschluss folgen Ergebnisse der reflektierenden Interpretation; skizziert wird die narrative Dramaturgie (2.2). In einem dritten Schritt erfolgt schließlich eine ausführlichere Darstellung der Rekonstruktion der formalen Komposition. Von besonderem Interesse ist dabei das Verhältnis von formaler Komposition und narrativer Dramaturgie (2.3).

2 Exemplarische Analyse der Passage „Hundeschlitten"

Die Passage, im Folgenden „Hundeschlitten" genannt, ist der Episode „Start mit Hindernissen" der September-Ausgabe 2004 entnommen und nimmt eine

---

[3] Insbesondere in Anlehnung an die ikonografisch-ikonologische Methode Panofskys, die auf den Dokument- und Wesenssinn einer Epoche unterschiedlichster Medien zielt, und die Ikonik Imdahls, bei der die Bedeutung der formalen Komposition eines Bildes von Interesse ist. Die formale Komposition stellt die Basis für die Vermittlung jenes Sinnes dar, der durch das Bild und das ikonografische Wissen nicht vermittelt werden kann (vgl. Bohnsack 2003: 168). Auf der ikonischen Sinnebene erfolgt die Vermittlung im Bild, statt durch das Bild. Sinn wird unabhängig von Dingen außerhalb des Bildes konstituiert; er ist von der Perspektive des Betrachters unabhängig, ebenso von dessen Identifizierungsleistung auf der ikonografisch-ikonologischen Ebene. Sie zu rekonstruieren ermöglich den Zugang zum Eigensinn des Bildes. Bild wird dabei in Anlehnung an Imdahl verstanden als „ein nach immanenten Gesetzen konstruiertes und in seiner Eigengesetzlichkeit evidentes System" (Imdahl 1978: 190 zit. n. Bohnsack 2003: 162) verstanden.

[4] Die formulierende Interpretation von Bildern erfolgt auf der sog. vor-ikonografischen und auf der ikonografischen Ebene: Was ist zu sehen? Als was wird es identifiziert? Sie entspricht für die vorliegende Arbeit unter Hinzunahme der Erzählung (Was wird erzählt?) der formulierenden Interpretation im herkömmlichen Sinn.

[5] Zu den einzelnen Arbeitsschritten (vgl. Bohnsack 2003: 166-168): Bei der perspektivischen Projektion geht es um Räumlichkeit und Körperlichkeit durch die Wahl der Perspektivität. Ausgegangen wird davon, dass die Perspektivität im Bild die Perspektivität des Bildproduzenten und dessen Weltordnung dokumentiert. Zentrale Analysefrage ist, was perspektivisch in den thematischen Fokus gerät. Um szenische Konstellationen der in bestimmter Weise handelnden und sich verhaltenden Figuren in ihrem Verhältnis zueinander geht es bei der Analyse der szenischen Choreografie. Zentrale Analysefragen sind, wie Figuren positioniert und wie sie über Gebärden, Mimik und Sprache aufeinander bezogen sind. Bei der planimetrischen Komposition geht es um Strukturen des Bildes in der Ebene oder Fläche. Sie ist im Unterschied zur perspektivischen Projektion und szenischen Choreografie, die auf eine gegenständliche Außenwelt bezogen sind (wieder erkennendes Sehen), auf das Bildfeld selbst bezogen (sehendes Sehen). Somit stellt ihre Analyse eine Möglichkeit dar, die Eigenlogik des Bildes zu rekonstruieren. Zentrale Analysefragen beziehen sich auf Geometrien, die über dargestellte Figuren und Szenarien deutlich werden.

10

© Mosaik – Die Abrafaxe, Start mit Hindernissen, H, 345. 2004, S. 10

ganze Seite ein. Das aktuelle Erzählabenteuer spielt im zaristischen Russland (ca. zwischen 1910 und 1917). Die Abrafaxe bereiten sich auf ein Rennen rund

um die Welt vor, das sie mit einem Hundeschlitten bestreiten wollen. Dargestellt und erzählt wird die vergebliche Bemühung, den Schlitten bzw. vielmehr
die Schlittenhunde in Bewegung zu bringen. Die Hauptprotagonisten, die Abrafaxe, sind mit langen, an Kragen und Ärmeln mit Pelz besetzten Mänteln und
Fausthandschuhen bekleidet; über ihrer Schuhen tragen sie Gamaschen.

Die Seite bzw. das Meta-Panel wird in seinem formalen Aufbau durch insgesamt fünf Panels gegliedert, die in drei Reihen übereinander angeordnet sind.
Die obere Reihe ist zugleich das obere Querpanel, die mittlere besteht aus zwei
gleich großen Quadratpanels und die untere aus einem Hoch- und einem in der
Fläche größeren Querpanel. Insgesamt bilden die Panelreihen eine rechteckige
Fläche im Hochformat, die von unterschiedlich breiten Seitenrändern gerahmt
ist. Die geradlinigen Panelrahmen definieren die Zeitform der Erzählung (Prä-
sens). In den Panels sind sog. Sprechblasen zu sehen, in denen das ‚Gesagte'
bzw. die Sprache der Figuren dargestellt wird. Anhand der Sprechblasennasen
sind sie den jeweiligen Figuren zuzuordnen. Teilweise ragen sie über die Panelrahmen hinaus, teilweise werden sie durch Panelrahmen beschnitten[6]. Der Verlauf der Erzählung wird durch die Leserichtung von links nach rechts geleitet,
unterstützt durch die Reihenfolge der Sprechblasen (Schrifttext- bzw. Sprach-
verlauf). Das Lesen der Sprechblasen in einer anderen Reihenfolge würde dem
bildlichen Aufbau (Bildtextverlauf) der Einzelpanels entgegenstehen und für
den Betrachter keinen Sinn ergeben, der mit den Panelszenen harmoniert. Zumindest würde eine Entschlüsselung der Szenen erschwert werden.

2.1 Zur Erzählung (formulierende Interpretation)

Oberes Panel: Zu sehen sind (v. l. n. r.) Abrax, mehrere Hunde, die vor einen Schlitten gespannt sind, auf dem Brabax und Califax sitzend zu sehen
sind. Abrax ist wütend, droht und schimpft mit den Hunden: „Jetzt werden
hier aber andere Saiten aufgezogen, ihr faulen Kläffer! Ist das klar!" Diese
zeigen sich nur wenig beeindruckt, bleiben freundlich und blicken mehr oder
weniger aufmerksam auf den gestikulierenden Abrax. Ahnungs- und sorgen-
voll wendet sich Brabax an Califax, der wie er vom Schlitten aus das Geschehen beobachtet: „Ich fürchte wir legen hier einen glatten Fehlstart hin.
Kannst du dich nicht mal darum kümmern, Califax?" Mit seiner Bitte an Califax, so scheint es, möchte er es vermeiden, die Wut von Abrax mit seinen
Bedenken noch zu steigern und möglicherweise auf sich zu ziehen. Califax
lehnt resigniert ab: „Wollte ich ja. Aber Abrax will nicht."
Mittlere Panelreihe: Gezwungenermaßen wagt Brabax schließlich einen
Versuch: In den beiden mittleren Panels sind jeweils Abrax und Brabax in
einer kurzen, heftigen Auseinandersetzung zu sehen. Ahnend, dass der hinter

---

6   Gestaltung und Form der Sprechblasen werden im Folgenden vernachlässigt. Zur Funktion
     von Sprechblasen vgl. etwa Eco 1994: 127, Dolle-Weinkauf 1990: 332.

ihm auftauchende Freund seine Bemühungen anzweifeln wird, fragt Abrax
gereizt: „Ja? Ist irgendwas?!" Brabax versucht, ihn zu besänftigen, lobt seinen Freund und möchte dann jedoch einen Vorschlag machen: „Nein, nein.
Alles klar! Du machst das sehr gut! Aber ..." Abrax lässt ihn nicht ausreden,
nähert sich wütend an Brabax heran und fragt zornig: „Aber was?!" Erschro-
ckenen weicht Brabax zurück. Um sich vor weiteren Attacken zu schützen,
hält er die Hand vor den Mund und gibt zu bedenken: „Vielleicht wissen die
Hunde ja nicht, was wir von ihnen wollen?" Seine rechte Hand liegt liebevoll
auf dem Kopf des Leithundes, der ihn mit dankbarem Blick ansieht.
   Untere Panelreihe: Das nächste Panel stellt einen Szenenwechsel dar.
Califax, der die beiden Freunde beobachtet, fragt verständnislos: „Was soll
denn das jetzt vorstellen?" Visuell zu hören ist der skeptische Abrax: „Und
du glaubst, das bringt etwas?" Brabax kann sich durchsetzen. Im letzten Panel ist er zusammen mit Abrax zu sehen. Sie haben mit den Hunden die Rollen getauscht; beide sind vor dem Schlitten gespannt und die Hunde sitzen
auf dem Schlitten. Auf die Fragen seiner Gefährten reagiert er mit dem Verweis auf Expertenschaft: „Ja, der Fachmann nennt es vorbildrelevantes Trai-
ning." Califax, der sich nicht wie Abrax für den absurden Versuch gewinnen
lässt, mit den Hunden die Rolle zu tauschen, verlässt völlig entsetzt und wütend über diese absurde Verkehrung der Verhältnisse den Ort des Geschehens: „Die spinnen, die beiden! Mit denen kann man sich ja nicht in der Öffentlichkeit sehen lassen..."

2.2 Narrative Dramaturgie (reflektierende Interpretation 1)

Der narrative Aufbau der Passage hat eine dramatisch-ansteigende Form: Im
ersten Panel wird die Situation vorgestellt, im zweiten wird die Handlung gesteigert. Es bahnt sich ein Konflikt zwischen Abrax und Brabax an, der im
dritten Panel schließlich seinen Höhepunkt erreicht. Im vierten Panel wird im
Zusammenspiel der nicht dargestellten Figuren Abrax und Brabax mit der
dargestellten Figur Califax eine Spannung erzeugt. Der Betrachter wird über
das, was Califax sieht, im Unklaren gelassen. Im fünften Panel schließlich
wird die Verwunderung von Califax aufgeklärt, und es kommt zu einem
Bruch zwischen den Protagonisten. Auf der Ebene der narrativen Dramaturgie dominieren zwei Konflikte innerhalb der Gemeinschaft der Abrafaxe:
Erstens zwischen Abrax und Brabax und zweitens zwischen Abrax und Brabax einerseits und Califax andererseits. Form und Ausprägung dieser Konflikte dokumentieren Charakteristika der Protagonisten, die als Ergebnis der
reflektierenden Interpretation wie folgt skizziert werden können:
   Abrax erscheint sowohl unbeherrscht als auch fügsam, gegenüber den
Hunden und Brabax. Während er anfangs schimpft und den Hunden droht, legt
er sich ihnen später zu Füßen. Reagiert er zunächst gereizt auf das Eingreifen
von Brabax, fügt er sich schließlich dessen Vorschlag. Unbeherrschtheit und

Fügsamkeit in dieser Passage verweisen auf Charakteristika, wonach ihm die Rolle eines dominanten ‚Machers' zukommt, der Dinge spontan in Angriff nimmt, ohne sie gründlich zu überdenken. Auf Kritik reagiert er emotional. Erst im Scheitern lässt er Vorschläge von anderen nicht nur zu, sondern akzeptiert sie kritiklos. Selbst wenn sie noch so absurd sind, hilft er bei ihrer Umsetzung.

Die Figur ‚Abrax' fungiert als narratives Strukturierungselement, welches die Situation maximal eskalieren und maximal entschärfen lässt. In dieser narrativen Funktion dokumentiert sich ein Kontrastdenken im Sinne von ‚Ja-Nein', ‚Schwarz-weiß' bzw. ‚Entweder-Oder'. Eine differenzierte Haltung hingegen, ein ‚Dazwischen', lässt dieses Element nicht zu.

Brabax ist derjenige, der die Situation reflektiert, thematisiert, der eingreifen will und etwas vorschlagen kann, was schließlich umgesetzt wird. Er will einerseits Eskalationen vermeiden, andererseits sich selbst nicht primär als Schlichter einbringen. Strategisch prüft er zunächst, ob Califax in den Konflikt zwischen Abrax und den Hunden eingreifen möchte. Erst nachdem dieser ablehnt, übernimmt Brabax die Initiative indem er sich aufopfert. Zwar kann er den erwarteten Wutausbruch nicht vermeiden, schafft es aber dennoch durch sein vorsichtiges und sanftes Agieren, Abrax nicht nur zu beruhigen, sondern ihn auch für die Verwirklichung seines Vorschlages zu gewinnen. Im Bemühen, sowohl die Befindlichkeit von Abrax als auch die vermeintlichen Befindlichkeiten der Hunde zu berücksichtigen, kann er zwar vermitteln, jedoch nicht die Absurdität des Vorschlages erfassen.

Die Figur ‚Brabax' strukturiert die narrative Dramaturgie als vermittelndes Element, überführt jedoch die eskalierende in eine absurde Situation. Es dokumentieren sich zum einen ein ausgeprägtes Harmoniestreben und zum anderen Reflexions- und Differenzierungsvermögen. Da letztere jedoch auf die Idee von Harmonie fixiert sind, dokumentiert sich zudem die Vernachlässigung realer Umstände.

Califax ist bemüht, sich aus der eskalierenden Situation heraus zu halten. Er hat im Vorfeld versucht, sich einzubringen, wurde jedoch von Abrax abgewiesen. Er sieht sich nicht in der Lage, den zornigen Abrax zu besänftigen und befürchtet, wie Brabax, einen Wutausbruch, der sich nicht mehr nur auf die Hunde bezieht, sondern auch auf ihn. Entsprechend konsequent weist er das Ansinnen von Brabax zurück und resigniert. Er versucht, weder Abrax zu verstehen, noch Brabax zu verstehen. Dessen Vorschlag, die Hunde zu ziehen, statt umgekehrt sich ziehen zu lassen, empfindet er absurd, was er auch bekundet. Darin ist er konsequenter als in seiner Resignation. Im Unterschied zu Brabax bemüht er sich nicht um Einfühlsamkeit oder Verständnis. Er hält ein vermittelndes Eingreifen in diese Situation für sinnlos. Einer möglichen Lächerlichkeit setzt er sich nicht aus und überlässt die anderen sich selbst.

Die Figur ‚Califax' fungiert als narratives Strukturelement, welches zunächst im Hintergrund wirkt und so zur Entfaltung einer absurden Situation beiträgt, da sie zugelassen, und schließlich die Situation offensiv-pragmatisch entlarvt wird. Es dokumentieren sich ein Hang zum Pragmatischen sowie eine Haltung, wonach Harmonie nicht um jeden Preis erzeugt werden muss. Vielmehr können Konflikte auch aushalten und ihre Ungelöstheit akzeptiert werden.

Die rekonstruierten Aspekte verweisen auf Stärken und Schwächen, die den Protagonisten zugeschrieben sind (Stereotype). Sie ergänzen sich in ihrer Verschiedenheit gegenseitig: Das Draufgängertum von Abrax und dessen Kontrastdenken wird durch die Bedachtheit und Differenzierungsfähigkeit von Brabax kompensiert. Das Harmoniebedürfnis von Brabax und dessen mangelnder Realitätssinn wird durch die Fähigkeit, Konflikte aushalten zu können und dem Pragmatismus von Califax kompensiert. Es handelt sich um Eigenschaften, die die Einheit der Gemeinschaft fördern (Harmonie), aber auch stören können (Brüche)[7]. Auf der Ebene der narrativen Dramaturgie wird so eine spezifische Relation von Harmonie und Konflikt deutlich.

2.3 Formale Komposition und narrative Dramaturgie (reflektierende Interpretation 2)

Einheit und Brüche der Gemeinschaft werden mit Hilfe der formalen Bild-Komposition (auch des Sprachlichen in Form der Sprechblasen) gerahmt und strukturiert. Mit Blick auf das Meta-Panel dominiert die mittlere Panelreihe, nicht nur durch ihre zentrale Position, sondern auch durch die quadratische Form beider Panels, die im Vergleich zum ersten Panel flächenmäßig um die Hälfte kleiner sind sowie durch die Darstellungsperspektive, die sich von denen der übrigen Panels unterscheidet. Die Protagonisten sind in den mittleren Panels in der sog. nahen Normalperspektive zu sehen, hingegen im ersten und im letzten Panel in totaler Perspektive und im vierten Panel in naher Luftperspektive. Position, Form, Größe und Perspektive der mittleren Panels tragen dazu bei, dass die narrative Taktfrequenz erhöht wird und diese beiden Panels im Gesamtrhythmus der Erzählung einen Höhepunkt darstellen. Die Erzählung wird visuell nach dem ersten Panel schneller, erreicht ihren Höhepunkt in der zweiten Panelreihe und flaut in der unteren wieder auf einen gemächlichen Rhythmus ab. Sie korrespondiert somit auf der Bildebene mit der Dramaturgie auf der narrativen Ebene.

---

7   In früheren Analysen von Passagen aus Folgen von 1976 bis 1997 wurde die Funktion der Hauptprotagonisten als Träger von sich ergänzenden Handlungsdispositionen bereits rekonstruiert (vgl. Dörner 1998). Die Dreiheit der Protagonisten in Folgen bis 1990 stellte sich als eine Einheit der Tugenden ‚soldatische Vaterlandsliebe' (Brabax), ‚pragmatische Wissenschaftlichkeit' (Brabax) und ‚sorgende Mütterlichkeit' (Califax) dar. Diese Einheit basierte auf einer solidarischen Harmonisierung, die zwar Brüche zuließ, diese jedoch auch wieder zu versöhnen in der Lage war. In den Folgen ab 1990 nahm diese Harmonierung zugunsten einer protagonistischen Eigenständigkeit ab. Konflikte zwischen den Protagonisten werden seitdem nicht immer in Harmonie aufgelöst.

Die Betrachtung der Einzelpanels verdeutlicht, dass Aspekte der formalen Komposition sowohl mit der Dramaturgie eines Panels selbst, als auch mit der der folgenden Panels korrespondieren.

10

© Mosaik – Die Abrafaxe, Start mit Hindernissen, H. 345, 2004, S. 10

Oberes Panel (Panel 1): Durch die halbnahe Bodeneinstellung wird der Leser an die Situation heran geführt und als Beobachter integriert. Dieses Panel
enthält eine szenische Irritation in Form eines perspektivischen Knicks (1),
zweier planimetrischer Zentren (2) sowie zweier choreografischer Zentren
(3).

(1) Räumliche Tiefe wird hauptsächlich über eine sog. Luft- und Farbper-
    spektive erreicht: Das Figurenensemble hebt sich in Details, Farbe und
    Kontrast deutlich von der schneebedeckten Flächen- und/oder Baum-
    landschaft im Panelhintergrund ab. Darüber hinaus ist der Bildmittel-
    grund durch eine Räumlichkeit gekennzeichnet, die über die Verwen-
    dung einer Koppelung von Parallel- und Schrägperspektive erreicht wird.
    Im unteren Panelfeld dominiert eine fast gerade Linie. Verbindet man die
    markanten Punkte ‚Füße' und ‚Pfoten' so entsteht zunächst eine Linie
    zwischen den Punkten ‚rechter Fuß Abrax' und ‚linke Pfoten Leithund',
    die parallel zur Bildebene verläuft. Ihre Weiterführung über die Punkte
    ‚Vorderpfoten Schlittenhunde' und ‚Absätze Califax' erzeugt einen
    Knickpunkt zwischen dem Leithund und dem rechts daneben dargestell-
    ten liegenden und desinteressiert blickenden Hund. Die Parallelität zur
    Bildebene ist ab diesem Punkt aufgehoben. Es dominiert eine zweite Li-
    nie, die ‚Fuß'-Linie, die in einem Winkel von ca. zehn Grad zur Bild-
    ebene verläuft. Perspektivisch wird Räumlichkeit erzeugt. Der Schlitten
    ragt ab dem zweiten Hundepaar in den Raum hinein und wirkt vom Bet-
    rachter entfernter als Abrax und das erste Hundepaar. Der Panelvor-
    dergrund weist einen perspektivischen Knick auf (und teilt das Panel in
    zwei Hälften bzw. Szenen).
(2) Die planimetrische Komposition wird entscheidend durch Linien ge-
    prägt, die sich über die Figuren Abrax und Leithund (a) sowie Brabax,
    Califax und Schlitten (b) ergeben.
    (a) Grundsätzlich dominiert das Figurenensemble als ein Dreieck (ge-
        strichelte Schenkel), das durch die Körperneigungen der Figuren
        konstruiert ist. Die Linien, die sich über die Körperachsen der Figu-
        ren ‚Abrax' und ‚Leithund' ergeben, bilden zusammen mit der
        ‚Fuß'-Parallele ein fast gleichseitiges Dreieck (60°) Dominanter je-
        doch wirkt ein anderes Dreieck. Durch die markanten Punkte ‚rechte
        Hand Abrax' und ‚linker Zeigefinger Abrax' verläuft eine Gerade,
        deren Neigung zur ‚Fuß'-Parallele ca. 40° beträgt und somit einen
        spitzeren Winkel aufweist als die Oberkörperachse von Abrax. Zu-
        sammen mit der Geraden durch die Punkte ‚linker Zeigefinger
        Abrax', ‚linkes Auge Leithund' und ‚Rückenlinie Leithund' sowie
        der Fußparallele bildet sie ein spitzwinkeliges und unregelmäßiges
        Dreieck. Die Figur Abrax dominiert aufgrund der Gerade durch die
        markanten Punkte sowie deren Neigung im Verhältnis zur Figur
        Leithund.

(b) In der rechten Panelhälfte dominiert eine Parallelogramm-Gitter-Geometrie, die sich wesentlich über den Schlittenvorbau ergibt. Die vertikalen Achsen beider Schlittenholme bilden zwei parallele Linien in einem Winkel von ca. 80° zur Bildparallele. Beide schneiden die horizontalen Linien, die sich über die Querholme des Schlittenvorbaus sowie der ‚Fuß‘-Linie des Figurensembles ergeben. Insgesamt bilden diese Linien eine Parallelogramm-Leiter (vierfaches Parallelogramm), deren Fläche von den Figuren ‚Brabax‘ und ‚desinteressierter Hund‘ ausgefüllt ist bzw. deren äußere Geometrie beide Figuren rahmt. Auffällig ist das obere Teilparallelogramm, welches die obere Kopfpartie von ‚Brabax‘ rahmt. Die Zügel-Linie verkleinert den Rahmen auf die obere Gesichtspartie von Brabax. Die jeweiligen Verlängerungen der Querlinien nach rechts schneiden eine vertikale Linie, die sich über Längsachse des linken Schuhs von Califax bis über den Panelrand hinaus ergibt. Es entsteht so ein weiteres, jedoch trapezförmiges Viereck, das die Figur Califax einfasst. Deren obere Kopf-, einschließlich der dominanten Augenpartie wird ebenfalls durch ein Trapez gerahmt, welches sich über die oberen Querholmen des Schlittenvorbaus ergibt. Insgesamt werden zwei Viereck-Bereiche deutlich: Der Brabax-Bereich ist durch eine ausdrückliche Parallelogramm-Leiter-Geometrie gekennzeichnet und der Califax-Bereich durch eine nicht ausdrückliche Trapez-Leiter-Geometrie. Die Grenze zwischen beiden bildet der linke Schlittenholm. Die Figur Brabax wird durch ihre mittige Positionierung sowie durch die explizite Geometrie ihrer Rahmung innerhalb dieser Szene zentralisiert, im Unterschied zur Figur Califax, die durch ihre Randpositionierung und implizite Rahmung marginalisiert wird.

(3) Auf der Ebene der szenischen Choreografie ist in der linken Panelhälfte die Auseinandersetzung von Abrax mit den Hunden dargestellt. Abrax richtet sich in seiner wütenden Drohung an den Leithund, der, wie die übrigen Hunde, von Abrax' Attacke nur wenig beeindruckt ist. In der rechten Panelhälfte wendet sich Brabax, sprachlich bezugnehmend auf Abrax, besorgt an Califax. Der reagiert auf die Frage von Brabax, indem er sich ihm zuwendet und antwortet. Insofern ist die Szene dreigeteilt. Da die Beziehung zwischen Brabax und Califax eine auf Abrax bezogene Interaktion darstellt, kann hier jedoch von einer Teilszene ausgegangen werden. Das Panel enthält somit zwei choreografische Zentren: 1. Die zornige Drohung Abrax und 2. die Sorge und Resignation von Brabax und Califax.

Die formale Komposition erzeugt im ersten Panel zwei Szenen, deren Grenze das Lot durch den perspektivischen Knick-Punkt markiert. Diesseits und jenseits dieser ‚unsichtbaren‘ Teilung sind im Panel zwei choreografische Zentren und zwei prägende Planimetrien vorhanden. Die sich auf der Ebene der

Planimetrie dokumentierenden Dominanz- (,Abrax' und ,Brabax') und Mar-
ginalisierungsbereiche (,Schlittenhunde' und ,Califax') sowie deren Verhältnis zueinander korrespondieren mit dem Höhepunkt der Passage, der durch
die in der mittleren Panelreihe dargestellte Konfliktinteraktion zwischen
Abrax und Brabax gekennzeichnet ist.

Mittlere Panelreihe (Panels 2 und 3): Beide Panels thematisieren die Auseinandersetzung zwischen Abrax und Brabax, die innerhalb der Passage eine in
zwei Einstellungen bzw. situative Momente aufgeteilte Szene darstellt. Beide
Panels unterscheiden sich in ihrer formalen Komposition kaum. Dennoch erweisen sich die kleinen Unterschiede in Perspektive (1), Planimetrie (2) und (3)
szenischer Choreografie für die narrative Dramaturgie als wichtige Faktoren.

(1) Beide Panels werden wie die anderen in einer Luft- und Farbperspektive
     dargestellt: Die vordergründig dargestellten Figuren Abrax und Brabax
     heben sich in Detail-, Kontrast- und Farbdarstellung von der hintergrün-
     digen Winterlandschaft deutlich ab. Zudem sind sie für den Betrachter in
     einer nahen Bodeneinstellung dargestellt. Perspektivisch unterscheiden
     sich beide Panels insofern voneinander, als in Panel 2 Abrax gegenüber
     Brabax leicht vordergründig positioniert ist. Die Linien, die sich über die
     Gürtelschnallen sowie über die zentralen Punkte der Augenpartien beider
     Figuren ergeben, erzeugen eine leichte Raumflucht. In Panel 3 liegen
     diese Linien parallel zueinander; beide Figuren befinden sich auf glei-
     cher Panelhöhe.
(2) In beiden Panels dominieren auf der planimetrischen Ebene über die Fi-
     guren erzeugte Viereck-Geometrien, deren Formen durch die Körperach-
     sen der Figuren bestimmt werden. In Panel 2 werden über die Punkte
     ,Gürtelschnalle Abrax', ,Rechtes Auge Abrax', ,linkes Auge Brabax'
     und ,Gürtelschnalle Brabax' Linien erzeugt, über deren Schnittpunkte
     sich ein trapezförmiges Viereck ergibt. Auffällig ist die Lage der linken
     Viereckseite, die in einem Winkel von ca. 85° zur Bildparallele liegt, da-
     durch, dass ihre gegenüberliegende Seite in einem auffällig spitzeren
     Winkel (ca. 80°) zur Bildparallelen liegt. Die der Perspektive geschuldete
     Nicht-Parallelität beider Horizontallinien sowie die unterschiedlichen
     Neigungen der Vertikallinien geben dem Viereck eine ungleichmäßige
     Form. Im Schnittpunkt der Diagonalen ist die rechte (behandschuhte)
     Hand von Brabax dargestellt. Dieses Viereck ist von einem größeren
     Viereck ähnlicher Form gerahmt, welches über äußere Konturenpunkte
     der Figuren erzeugt wird. In Panel 3 erweist sich die Planimetrie wesent-
     lich gleichförmiger. Das dominierende und die Figuren in Beziehung
     setzende Viereck stellt sich nun als Parallelogramm dar. Aufgrund der
     Paralleldarstellung beider Figuren auf der perspektivischen Ebene liegen
     Ober- und Unterseite des Vierecks parallel zueinander. Beide Körper-
     achsen weisen eine veränderte Neigung von ca. 60° zur Bildparallele auf.

Dabei ist die Veränderung der Körperachsenneigung von Abrax deutlich größer als bei Brabax. Diese Veränderung der Form wird ebenfalls vom äußeren Viereck ‚mitgetragen'.

Insgesamt ist die mittlere Panelreihe auf der Ebene der Planimetrie durch eine zweifach verstärkte Viereck-Geometrie gekennzeichnet, deren Ungleichförmigkeit (Panel 2) im Verlauf der Szene zugunsten einer Gleichförmigkeit (Panel 3) aufgehoben wird.

(3) Die szenische Choreografie unterscheidet sich in beiden Panels durch die Qualität und Intensität der jeweiligen Interaktion zwischen Abrax und Brabax, die einem Frage-Antwort-Spiel gleicht. Insgesamt wird ein Verhältnis von Drohung und Besänftigung bzw. Vermittlung deutlich, das wesentlich über die Körperhaltungen erzeugt wird (leichte Neigung ‚Abrax' in Richtung ‚Brabax', stärkere Neigung ‚Brabax' in Richtung rechter Panelrand) sowie über die zentral positionierten abwehrenden Händen von Brabax. Panel 3 enthält zudem eine ausdrückliche Bezugnahme von Brabax auf die Schlittenhunde. Dessen linke Hand ruht zwischen den Ohren des Leithundes. In Panel 2 nimmt Abrax sprachlich und körperlich gegenüber Brabax eine drohend-abwartende Haltung ein, die deutlich Verteidigungswille und Angriffsbereitschaft signalisiert. Zugleich ist sie eine Reaktion auf das Gefühl, kritisiert zu werden. Brabax weicht körperlich erschrocken und abwehrend vor der Drohgebärde zurück. Auf der sprachlichen Ebene wird seine körperliche Haltung jedoch eher beschwichtigend und vermittelnd konnotiert. In Panel 3 nähert sich Abrax Brabax, der, immer noch zurückweichend, sich nun die rechte Hand schützend vor Brust-, Mund- und Kinnpartie hält. Sein zwischen Abrax und den Hunden vermittelnder Vorschlag wird sowohl auf der sprachlichen Ebene deutlich als auch auf der bildlichen. Insgesamt dominiert in beiden Panels auf der Ebene der szenischen Choreografie ein Verhältnis zwischen Drohung/Attacke und Besänftigung/Vermittlung.

Die formale Komposition der mittleren Panelreihe ist durch die Steigerung der bildlichen Intensität gekennzeichnet: Perspektivisch wird der Leser von Panel zu Panel an die Szene herangeführt, und szenisch wandelt sich das Interaktionsverhältnis ‚Drohung – Besänftigung' in ein Interaktionsverhältnis ‚Attacke – Vermittlung'. Diese Steigerung wird auf der planimetrischen Ebene in Form des Übergangs von einer ungleichförmigen zu einer gleichförmigen Viereck-Geometrie deutlich. Zudem dokumentiert sich gleichwohl auf der planimetrischen Ebene eine relative Harmonie in der heftigen Auseinandersetzung zwischen Abrax und Brabax. Die jeweiligen Seitenlinien der über beide Figuren erzeugten Vierecke verlaufen so, dass ihr gemeinsamer Schnittpunkt erst jenseits der Panelgrenzen liegt. Ihr Verlauf gleicht keinem Konfrontationskurs aufeinander zu, wie dies etwa bei den Schenkeln des Dreieckes ‚Abrax – Leithund' in Panel 1 der Fall ist. In Panel 2 mag dieser

Kurs aufgrund der Nichtparallelität beider Seiten noch deutlich sein, wenn auch wesentlich undramatischer als dies in Panel 1 der Fall ist. In Panel 3 dokumentiert die Parallelität weitaus prägnanter ein ausgewogenes Verhältnis der beiden Positionen, die zumindest nicht unvereinbar aufeinander treffen, sondern die Möglichkeit der Vereinbarkeit von Positionen symbolisieren. Der ‚Gleichklang' der Körperachsen beider Figuren verweist auf eine zurückweichende, nicht jedoch einlenkende Position von Brabax. Auf der Ebene der szenischen Choreografie wird diese Interpretation komplettiert. Die Harmonisierung des Konfliktes zwischen Abrax und Brabax erreicht in der mittleren Panelreihe ihren vorläufigen Stand in Form der Absicht, zwischen Hunden und Abrax zu vermitteln. Die formale Komposition der mittleren Panelreihe – die Steigerung der Bildintensität sowie der Harmonisierungsaspekt – korrespondiert mit dem Erzählhöhepunkt sowie mit dem Harmoniebestreben von Brabax und ist somit zentraler Bestandteil der narrativen Dramaturgie.

Untere Panelreihe (Panels 4 und 5): Das Verhältnis von narrativer Dramaturgie und formaler Bildkomposition wird auch anhand planimetrischer Elemente deutlich, die mit den in der Passage enthaltenen Konflikten und Harmonien innerhalb der Gemeinschaft „Abrafaxe" korrespondieren. Über die eingeleitete Harmonisierung des Konfliktes zwischen Abrax und Brabax in der mittleren Panelreihe wird ein weiterer Bruch in der Gemeinschaft vorbereitet, der sich letztlich als Konflikt innerhalb der Gemeinschaft „Abrafaxe" bzw. zwischen Abrax/Brabax und Califax äußert (untere Panelreihe). Der Bruch wird auf der Ebene der formalen Komposition über die Verflechtung der Panels 4 und 5 eingeleitet und (vorläufig[8]) vollzogen.

Dargestellt sind zwei Szenen: In Panel 4 die Verwunderung und Skepsis von Califax und in Panel 5 dessen Unverständnis und Abkehr von seinen Gefährten. Auffällig ist Panel 4, da es auf der Erzählebene im Unterschied zu den übrigen Panels der Passage rätselhaft ist. Die szenische Choreografie bleibt relativ unklar, und der narrative Sinn erschließt sich erst unter Einbezug des Panels 5. Deutlich wird eine perspektivische und szenisch-choreografische Verwobenheit beider Panels, deren zentrales Element ein Teilbereich des Panels 5 ist (1). Zudem korrespondiert eine gemeinsame Planimetrie mit den Konfliktthemen der narrativen Dramaturgie (2).

(1) In Panel 4 ist Califax in einer halbnahen und leichten Vogelperspektive dargestellt. Perspektivisch fallen zwei Linien auf, die in ihrer Verlängerung im Augenbereich des Leithundes in Panel 5 einen Schnittpunkt bilden: Die rechte Gesäßlinie und die Blicklinie ‚Ohr – Pupille' von Cali-

---

8   Wesentliches Kennzeichen der Episoden der Abrafaxe, sind Konflikte und Harmonisierungen innerhalb der Gemeinschaft. Insofern ist der Bruch in dieser Passage vorläufig; nachfolgende Passagen enthalten weitere Harmonisierungen und Konflikte.

fax. Perspektivisch wird eine Räumlichkeit erzeugt, die Panel 4 und den linken Bereich des Panels 5 verbindet. Auf der Ebene der szenischen Choreografie wird Califax' Verwunderung über etwas deutlich, dass sich, folgt man der Blickrichtung, rechts von ihm befindet. Das Objekt seiner Verwunderung selbst ist nicht erkennbar. Ebenso unklar ist, welcher Figur die rechte Sprechblase zuzuordnen ist. Sie scheint im Unterschied zur linken Sprechblase (von Califax) ,herrenlos' zu sein. Als Teil des Panelrandes dringt sie von außen geschlängelt in das Panel hinein. Unter Einbezug des Panels 5 löst sich die szenisch-choreografische Unklarheit auf. Eine Bezugnahme von Panel 4 auf das Panel 5 wird deutlich: Califax nimmt sowohl über seine Blickrichtung als auch über seine Frage Bezug auf das im linken Bereich des Panels dargestellte Geschehen.

In Panel 5 ist das Figurenensemble (Brabax, Abrax, Schlittenhunde, Califax) in einer Totalperspektive dargestellt. Räumliche Perspektivität wird aus dem rechten in den linken Bereich des Panels über die Linien erzeugt, die von den Punkten ,Ferse Califax', ,Schlittenkufe' und ,Unterarm Brabax' (untere Perspektivitätslinie) sowie ,Haarbüschel Califax' und ,Haare Brabax' (obere Perspektivitätslinie) gebildet werden. Szenisch-choreografisch ist eine Bezugnahme von Brabax auf Califax und eine von Califax auf Brabax/Abrax erkennbar. Dominant ist die letztgenannte, da über die Figur Califax eine perspektivische Hervorhebung (Position im Panel, Nähe zum Leser) erfolgt und szenisch-choreografisch die Panelszene und schließlich die Passage insgesamt beendet wird (Abkehr/Bruch von/mit der Gemeinschaft).

Ingesamt stellt sich in der unteren Panelreihe der linke Teilbereich des Panels 5 (5a) als perspektivisches und szenisch-choreografisches Bezugselement von Panel 4 und dem rechten Teilbereich des Panels 5 (5b) dar. Damit erweist er sich nicht nur als Koppelungselement der Panels. Auf der Ebene der formalen Komposition dokumentiert sich dieser Teilbereich als Element, das auf der Ebene der narrativen Dramaturgie mit einer Doppelfunktion versehen ist, die wiederum zur Sinnerzeugung auf der Erzählebene beiträgt.

(2) Auf der planimetrischen Ebene der unteren Panelreihe sind drei Geometrien von Bedeutung: Linien-, Dreiecks- und Vierecksgeometrie. In Panel 5 wird über die aufrechte Sitzposition sowie die mittige Anordnung des Leithundes eine senkrechte Linie gebildet, die das Panel zentral teilt und die Bedeutung des Bereiches 5a stützt. Generell dominieren zwei Dreiecke (A und B) die untere Panelreihe, deren spitzwinklige Bereiche jeweils im anderen Panel liegen. Dreieck A entsteht in Panel 4 über die senkrechte Körperachse von Califax und die Perspektivlinien (,Ohr – Pupille', ,Gesäß'). Diese schneiden sich auf der senkrechten Grenzlinie in Panel 5 im Augenbereich des Leithundes. Der spitzwinklige Teil des Dreiecks liegt somit im Panelbereich 5a und grenzt das Figurenpaar

‚Brabax/Abrax' ein. Dreieck B wird im Panelbereich 5b über die Figur Califax und über die Perspektivlinien (‚Haarbüschel Califax', ‚Oberer Schlittenquerholm' und ‚Schlittenkufe') des Panels 5 erzeugt. Der Schnittpunkt der Perspektivlinien liegt im Panel 4 und der spitzwinklige Bereich fokussiert die Gesichtspartie von Califax. Der mittlere Bereich des Dreiecks rahmt das Figurenpaar ‚Brabax/Abrax' sowie einige Hunde. Beide Dreiecke werden über die Perspektivlinien der Panels 4 und 5 gebildet und verfügen so über gemeinsame Seitenteile. Sie bilden eine Schnittfläche, die Califax (Panel 4) einerseits und Brabax/Abrax (Teilpanel 5a) andererseits betont.

Die Dreiecksgeometrien korrespondieren mit der narrativen Dramaturgie, indem sie das Verhältnis Califax – Brabax/Abrax thematisieren. Erstens sind beide Parteien in den Dreiecken jeweils entgegengesetzt angeordnet: In Dreieck A sind Califax im linken und Abrax/Brabax im rechten Dreieckbereich positioniert, in Dreieck B ist dies umgekehrt der Fall. Jedoch befindet sich das Figurenpaar ‚Brabax/Abrax' jeweils im spitzwinkligen Bereich der Dreiecke. Die so erzeugte visuelle Polarisierung beider Parteien korrespondiert mit der Konfliktanbahnung auf der narrativ-dramaturgischen Ebene. Die Darstellung von ‚Brabax/Abrax' im spitzwinkligen Dreiecksbereich markiert diese als Aufmerksamkeitsobjekt von Califax. Interessant ist darüber hinaus die Veränderung der Seitenlinien, die jeweils über die Figur Califax erzeugt wird. In Dreieck A noch senkrecht zur Panelebene dargestellt, verläuft die Califax-Seite in Panel 5 zu dieser in einem Winkel von ca. 55°. Die senkrechte Position der Seite in Panel 4 stützt die abwartende Haltung von Califax gegenüber seinen Gefährten auf der Ebene der narrativen Dramaturgie. Hingegen verdeutlicht die starke Neigung in Panel 5 die energische Abkehr Califax' von Brabax und Abrax.

Im Verhältnis zu den Dreiecksgeometrien dominieren die Vierecksgeometrien weitaus weniger, weswegen sie lediglich benannt werden sollen. Ein Viereck wird über ‚Califax/Panel 4' und ‚Califax/Panel 5' und ein anderes über das Figurenpaar ‚Brabax/Abrax' erzeugt. Das Califax-Viereck verdeutlicht den Übergang von einer noch abwartenden Haltung Califax' zu einer energisch abwendenden Haltung (rechte Seite im Winkel von ca. 45) stärker als die Dreiecksgeometrien. Sie definiert zudem den Hauptprotagonisten und das Hauptthema in der unteren Panelreihe. Die gleichförmige Vierecksgeometrie über ‚Brabax – Abrax – Hundezügel' nimmt die Geometrien der mittleren Panelreihe auf. Die im Verhältnis zur Califax-Geometrie geringe Größe marginalisiert jedoch die Beziehung von Brabax und Abrax und korrespondiert so mit der narrativen Dramaturgie der Panelreihe. Nicht zuletzt verweisen die Vierecksgeometrien auf die Möglichkeit, Brüche innerhalb der Gemeinschaft aufzulösen (in anderen Passagen).

3 Schluss

Ziel war es, die dokumentarische Methode als Instrument für die Analyse der spezifischen Comic-Semantik zu prüfen bzw. auszuloten. Gezeigt werden konnten die explizite Verflechtung von Schrift- und Bildsystemen zu einer Comic-Erzählung und Zusammenspiele zwischen narrativer Dramaturgie und formaler Bildkomposition, die im ‚Verborgenen‘ der Comic-Struktur zustande kommen. Explizite Strukturelemente in Verbindung mit impliziten Strukturierungsmerkmalen – und umgekehrt – konstituieren die Comic-Erzählung insgesamt. In der untersuchten Passage konnten diese insbesondere anhand der thematisierten Konflikte und Harmonien verdeutlicht werden. Form, Beschaffenheit und Ausprägung der Beziehungen innerhalb der Gemeinschaft „Abrafaxe" werden wesentlich durch die Eigenlogik der Panels gestaltet. In ihnen dokumentiert sich eine spezifische Comic-Semantik des „Mosaik". Ein wesentliches Merkmal dieser Semantik stellen Stereotype in Form der Hauptprotagonisten und deren Gemeinschaft dar. Das Muster ‚Harmonie – Konflikt – Harmonie – Konflikt …‘ in unterschiedlichen Ausprägungen und Konstellationen innerhalb der Gemeinschaft „Abrafaxe" ist wesentlicher Bestandteil der Verschränkung von narrativer Dramaturgie und formaler Komposition der Panels. Es wird durch dieses Zusammenspiel konstituiert. Nicht gezeigt wurde, inwieweit etwa kollektives Wissen der Autoren deutlich wird. Jedoch verweist das Muster ‚Harmonie – Konflikt‘ auf ein solches Wissen, welches mit weiteren Untersuchungen rekonstruiert werden kann. Angemerkt soll an dieser Stelle auch werden, dass die Ausführungen sich auf Ergebnisse einer Versuchsanordnung beziehen: Die Comic-Passage wurde zunächst auf der Erzählebene und dann auf der Bildebene untersucht. Zu überprüfen wäre, zu welchen Ergebnissen die Untersuchung in umgekehrter Reihenfolge führen würde.

Literatur

Bohnsack, Ralf (2001a): Die dokumentarische Methode in der Bild- und Fotointerpretation In: Bohnsack, Ralf/ Nentwig-Gesemann, Iris/ Nohl, Arnd-Michael (Hrsg.): Die dokumentarische Methode und ihre Forschungspraxis. Opladen: Verlag Barbara Budrich, S. 67-89.

Bohnsack, Ralf (2001b): „Heidi": Eine exemplarische Bildinterpretation auf der Basis der dokumentarischen Methode In: Bohnsack, Ralf/ Nentwig-Gesemann, Iris/ Nohl, Arnd-Michael (Hrsg.): Die dokumentarische Methode und ihre Forschungspraxis. Opladen: Verlag Barbara Budrich, S. 323-337.

Bohnsack, Ralf (2003): Rekonstruktive Sozialforschung. Einführung in qualitative Methoden, 5. Auflage. Opladen: Leske + Budrich.

Dolle-Weinkauf, Bernd (1990): Comic. Geschichte einer populären Literaturform in Deutschland seit 1945. Weinheim/Basel: Beltz Verlag.

Dörner, Olaf (1998): Comic-Helden als Vorbilder? Die Abrafaxe im Prozeß der gesellschaftlichen Transformation. Magisterarbeit. Universität Magdeburg.

Eco, Umberto (1992): Apokalyptiker und Integrierte. Zur kritischen Kritik der Massenkritik. Frankfurt am Main: Suhrkamp.

Grünewald, Dietrich (2000): Comics. Tübingen: Niemeyer

Kade, Jochen (1997): „Tatort" und „Polizeiruf 110". Biografien, Institutionen und Pädagogik zweier Kriminalserien des Fernsehens in beiden deutschen Staaten In: Behnken, Imbke/Schulze, Thomas (Hrsg.): Tatort Biographie. Opladen: Leske + Budrich, S. 136-157.

Die Funktion des Hässlichen. Jugendliche Selbststigmatisierungen im Fokus einer Biografie

Sonja Häder

1 Das Schöne und das Hässliche – Vorbemerkung

Zuschreibungen wie „schön" und „hässlich" drücken Wertungsbeziehungen aus und sind insofern in einem hohen Maße abhängig von sozial und kulturell bestimmten Vorstellungsmustern, sie gelten für bestimmte Zeiten, bestimmte Orte und bestimmte Gruppen. Wenn wir in Heinrich Manns „König Henri Quatre" lesen, dass „unter den Frauen … dieser Tafel nur Schönheiten" (Mann 1938: 247) saßen, dann kommen uns die Üppigkeiten des 16. Jahrhunderts in den Sinn, aber es fließt auch etwas davon ein, von dem wir meinen, es bleibt als Fixum bis in die Gegenwart hinein von Bestand. Eine Vorstellung, die an das klassische, an das griechische Ideal des Schönen in Menschengestalt anknüpft: ein bestimmtes Gleichmass der Gesichtszüge, eine Harmonie der Gliedmaßen und die Anmut eines Körpers. Nach dieser Vorstellung ist „schön" etwas, dass das ästhetische Empfinden von jemandem angenehm berührt und sein Wohlgefallen hervorruft (Klappenbach et al. 1977: 3287). Trapp beschreibt in seinen Betrachtungen zum „schönen Mann" Schönheit zu Recht als Phantasma, welches von Ganzheits- und Vollkommenheitsvorstellungen genährt werde und dem subjektiven Begehren entspringe (Trapp 2003). Als Gegensatz zum Schönen wurde lange Zeit, von der Antike bis über das 18. Jahrhundert hinaus, das Hässliche gefasst. In einem solchen Sinne ließe sich die folgende Beschreibung lesen, die im „Zauberberg" von Thomas Mann zu finden ist: „Er war ein kleiner, magerer Mann, rasiert und von so scharfer, man möchte sagen ätzender Hässlichkeit, daß die Vettern sich geradezu wunderten" (Mann 1924: 528). Ohne Frage, hier geht es um eine Person, die, wie es schon in den Wendungen Grimmscher Märchen heißt, „hässlich wie die Nacht" gewesen sein muss. In dieser Verwendungsweise steht „Hässlich" für das „Nicht-Schöne".[1]

Erst mit der Moderne gewinnt das „Hässliche" eine eigenständige Bedeutung und steigt auf zu einer wichtigen Kategorie innerhalb der Ästhetik (vgl. Weiße 1830, Rosenkranz 1990, Vischer 1898, Lipps 1903 und Adorno

---

1 Wenn hier von „hässlich" die Rede ist, dann geht es um das Adjektiv, „hässlich" also im Unterschied zu „schön". Den mindestens seit dem 16. Jahrhundert belegten parallelen Gebrauch des gleich lautenden Adverbs „hässlich" im Sinne von „gehässig", mit Bezug demnach auf „Sinn und Gesinnung [eines] Menschen" ist davon zu trennen.

1970). Karl Rosenkranz entwirft 1853 eine „Ästhetik des Hässlichen", in der er das „Hässliche" als das „Negativschöne" bestimmt, was ihm ein „Wohlgefallen [auch] am Hässlichen" erlaubt (Rosenkranz 1853). Nachdem im weiteren insbesondere marxistische Theoretiker wie Lukacs die Zunahme des Hässlichen seit der Romantik als Ausdruck kapitalistischer Krisen deuteten, verlangte Adorno schließlich, die Kunst müsse „das als häßlich Verfemte zu ihrer Sache machen, ... um im Hässlichen die Welt zu denunzieren" (Adorno 1970: 78f.).

Abgesehen davon, wie die Ästhetik als wissenschaftliche Disziplin ihr Verhältnis zum Schönen und Erhabenen bzw. zum Hässlichen jeweils bestimmt(e), mit dem Blick auf die Lebenswelten konkreter historischer Subjekte eröffnet sich eine andere Sichtweise. Schönheit gilt hierin – bei allen Variationen – als ein Kapital. Bourdieu (1997: 327f.) spricht in diesem Zusammenhang von der „Nützlichkeit" bzw. dem „‚Marktwert' der Schönheit". Hässlichkeit dagegen sei eher von Nachteil, zumindest aber nicht erstrebenswert, nicht selten sogar eine permanente Herausforderung, „in die Korrektur .... [des] physischen Aussehens zu investieren" (Bourdieu 1997: 328). Das gilt insbesondere für Frauen, weil Schönheit – historisch gesehen – im Unterschied zum erhabenen männlichen Geisteswesen als primär weibliche Eigenschaft gilt (Trapp 2003: 29ff.).

Präsentierte sich eine Frau gar der männlichen Öffentlichkeit, wie etwa als Tänzerin im romantischen Ballett, dann war die Schönheit sogar eine notwendige Voraussetzung. „Man darf nicht vergessen", so T. Gautier im Jahr 1837, „dass die erste Bedingung, die man von einer Tänzerin verlangen muss, die der Schönheit ist; sie hat keinerlei Entschuldigung, wenn sie nicht schön ist, und man kann ihr die Hässlichkeit ebenso vorwerfen, wie man einer Schauspielerin ihre schlechte Aussprache ankreidet." (Gautier zitiert nach Weickmann 2002: 336). Bis in die Gegenwart hinein geht es im lebensweltlichen Verständnis von „Schönheit" jedoch nicht allein um eine bestimmte natürlich gegebene körperliche Verfasstheit. Dem Individuum wird es nach verbreiteten Wertvorstellungen als Aufgabe zugeschrieben bzw. als „Verdienst" angerechnet, wenn es „Anstrengungen" aufbringt, um mittels der „Kunst des Schönermachens" bzw. mittels gewisser Verfeinerungen durch „Haltung" und „Benehmen" sich dem Zustand des „Schönen" nähern zu können (Bourdieu 1997: 329). „Schönheit" wird zum Zeichen, sie signalisiert soziale und moralische Distinktion.

Das Modell des Anerkannten unterliegt freilich Schwankungen und wechselhaften Konjunkturen. Dennoch scheint die normative Bedeutung des Schönen nicht gebrochen. Insofern drängt sich nach diesen Vorüberlegungen die Frage auf, wie es dazu kommt, dass sich eine gesellschaftliche Teilkultur radikal von vorherrschenden Schönheitsvorstellungen abwendet und gerade das als hässlich Verabscheute aufnimmt, um zu einem eigenen Ausdruck zu finden. Auf welche Weise wird in jugendlichen Subkulturen das Hässliche funktionalisiert, welche Funktion hat das Hässliche als Provokation?

2 Punk als Ästhetik des Hässlichen

Wie aus der Jugendforschung bekannt ist, besteht eine latente Funktion sub-
kultureller Szenen darin, die Widersprüche, die in einer Stammkultur unge-
löst bleiben, auf symbolische und expressive Weise zum Ausdruck zu bringen. Das trifft auch auf den Punk (Lau 1992: 9f.)[2] zu, der als Jugendsubkultur in Europa, speziell in Großbritannien, etwa in der Mitte der Siebzigerjah-
re seinen Anfang genommen hat. „Der Spiegel" titelte 1978 in einem der ersten in Deutschland erschienenen Berichte über die Sex Pistols und das neue
Phänomen „Punk. Kultur aus den Slums. Brutal und hässlich" (Spiegel 1978:
142). Die Konventionen missachtende Selbstinszenierung und die neue pro-
vokante Musik wurden rasch zu einem Faszinosum eigener Art: statt Perfek-
tion und Schönheit wurden Dilettantismus, technische Unzulänglichkeit und
ein schockierendes Aussehen zum Motto erhoben. Der Punk schien damit eine Möglichkeit zu bieten, die alte Teilung zwischen den virtuosen Könnern
und den Zuhörenden aufzuheben. Jeder kann es versuchen, jeder kann es tun,
hieß die Botschaft, und, wie es immer wieder unter den Anhängern heißt, im
Punk seinem „Lebensgefühl" Ausdruck verleihen.

Dieses „Lebensgefühl" korrespondierte mit einer generellen Verweige-
rungshaltung gegenüber der Gesellschaft mit ihren Perfektions- und Auf-
stiegsansprüchen, eine Gesellschaft, in der die Jugendlichen keine Zukunft
für sich sahen. „Dem Staat" begegneten sie ohnehin mit ausgeprägtem Miss-
trauen, und bürgerlichen Werten galt ihre Verachtung. Diese Haltung lebt
nicht von der Innerlichkeit. Im Gegenteil, sie drängt auf sichtbaren und dras-
tisch genauen Ausdruck, u.a. auch im Out-fit der Punks. Wie das in den Texten und der Musik Hörbare so muss die Abgrenzung vom Konventionellen
auch mit dem am Körper Sichtbaren in aggressiver Schärfe und Treffsicher-
heit formuliert werden. Dieser Stil kennt keine Verbindlichkeiten und stellt
auch keine Geschmacksbrücken für eine bürgerliche Öffentlichkeit her:
„Punks want to be hated" lautet das Motto der eigenen expressiven Selbstausgrenzung. Eine solche auf Dissenz und Schock ausgerichtete Ausgrenzung und Selbstinszenierung bedurfte ungewöhnlicher Mittel. Allein wegen
ihres bunt gefärbten „Irokesen", der durch Haut und Kleidung gezogenen Sicherheitsnadeln, den zum Schmuck erhobenen Rasierklingen, Hundewürgern
und Metallketten und nicht zuletzt aufgrund ihrer „Müll"-Kleidung bedeute-
ten die Punks eine Provokation. Selbst die Ratte auf der Schulter mutierte
zum schmückenden Wahrzeichen und Symbol: von der Gesellschaft als hässlich, schmutzig oder obszön Etikettiertes erhielt eine neue Bedeutung und

---

2 Zum Ursprung des Begriffes vgl. Lau 1992. Nach Lau wurden unter „Punk" ursprünglich
   randständige Personen mit einer unterschiedlich begründeten Außenseiterrolle zusammengefasst, bevor dann über die Musik eine Verbindung zum „Punk-Rock" bzw. zu subkulturellen Jugend- und Protestbewegungen von Jugendlichen hergestellt wird.

wurde somit Teil einer veränderten, eigenen Ästhetik, einer absichtsvollen „Ästhetik des Häßlichen" (Baacke 1993: 78).

In der DDR tauchten die ersten Punks (einschließlich eigener Bands) im Vergleich zu den westlichen Gesellschaften relativ zeitnah Ende der Siebziger, Anfang der Achtzigerjahre auf. Impuls gebend dafür war wiederum in erster Linie die Musik, diesmal von Punk-Bands wie den Ramones oder Sex Pistols, aber auch Zeitschriften, Journale und Filme trugen zur Länder übergreifenden Verbreitung des Punk bei. In ihrem Äußeren waren die Punks im Osten von ihren westlichen Vorbildern oft kaum zu unterscheiden. Abgewehrt wurde von den Punks in der DDR vieles: der vorgesehene Weg einer sozialistischen Normalbiografie, der dirigistische und bevormundende SED-Staat, eine duldsame und schweigende Bevölkerung, aber auch die oppositionellen Milieus mit ihren eher feinsinnigen Analysen, überlegten Argumenten oder künstlerischen Ansprüchen, zumal vieles davon notgedrungen konspirativ erfolgte. Anders die Punk-Szene, die schon von ihrem Selbstverständnis her eng geknüpft ist an den öffentlichen Raum: Provokation hinter verschlossenen Türen – das macht hier keinen Sinn. Auch die ostdeutschen Punks suchten zuallererst *öffentliche* Orte auf, an denen sie zusammenkamen und sich als Gruppe präsentierten und zugleich durch die aufwendig betriebene Selbstgestaltung das besondere Eigene zu zeigen. Mit den Worten eines Zeitzeugen: „Punk war für mich eine Möglichkeit, als Indianer durch Berlin zu laufen" (Gericke 1999: 100). Für diese Transformation zum Punk gehörten neben den grell gefärbten Irokesen, schwarz geschminkte Augen, die groben Schuhe und vor allem die zerrissene, mit eigenhändigen Beschriftungen und blinden Reißverschlüssen versehene „Klamotten". Als Accessoires wurde neben den Badges viel Ungewöhnliches genutzt und umgewidmet: Metallketten, Hundewürger, Vorhängeschlösser, Flaschenhälse und die besonderen Anstoß erregenden Sicherheitsnadeln, weil sie nicht nur durch die Kleidung, sondern auch durch die Haut gezogen wurden.

In vieler Hinsicht war es in der DDR ohne Frage schwieriger, das charakteristische Outfit zusammenzustellen oder aktuelle Aufnahmen der Punk-Musik zu beschaffen. Phantasie, Improvisations- und Organisationstalent waren bei den Jugendlichen des Ostens deshalb in spezieller Weise gefordert. Am Ende entwickelten die ostdeutschen Punks aber eine ganz ähnliche Stilsicherheit wie die Punks im Westen. Angesichts des geringeren Toleranzrahmens in der ostdeutschen Gesellschaft und angesichts des ausgeprägten politischen Argwohns seitens des Staates inszenierten die ostdeutschen Punks ihre Selbstausgrenzung aber unter besonderen Bedingungen, den Bedingungen einer „durchherrschten Gesellschaft". Die ostdeutschen Punks waren nicht allein Bürgerschreck, sondern sie warfen dem Staat in Form der öffentlichen Präsentation ihres Andersseins einen Fehdehandschuh zu, unabhängig davon, wie bewusst oder unbewusst das geschah. Der Staat aber nahm diesen Fehdehandschuh aufgrund des Ungewohnten irritiert, bald aber mit stärkster Abwehrhaltung auf. Für ihn handelte es sich fortan um „negativ-dekadente"[3] Jugendliche, die dem Ansehen der DDR schadeten und worauf er als erste Antwort nur Repression und Verfolgung wusste. Statt die Szenen dauerhaft und wirksam einzudämmen, führte auf Seiten der Punks die Erfahrung politisch motivierter Drangsalierung im Gegenzug zu einer verstärkten öffentlichen Präsenz, zur Radikalisierung ihres Stils und zur wachsenden Politisierung.

Nach einschlägigen Devianztheorien liegt im Falle der Punks aus der Bewertungsperspektive der Gesellschaft, hier exponiert des SED-Staates, zunächst ein Fall abweichenden Verhaltens vor. Folgt man dem Konzept der Selbststigmatisierung (Lipp 1975)[4], dann handelt es sich zwar in der Tat um randseitiges Verhalten, allerdings um eins, das sich absichtsvoll in den Ächtungskreis der Gesellschaft begibt und so die negativen Zuschreibungen symbolisch verstärkt (Lipp 1985: 80). Nach Erving Goffman müssen Personen, denen soziale Stigmata aufgeprägt werden, die sozialen Sanktionen, die Appelle eines Sollens in ihrem eigenen Selbst austragen. Obwohl das Individuum zwar das von ihm Verlangte verfehlt, kann es mittels der Selbststigmatisierung dennoch von seinem von außen so gesehenen „Versagen" relativ unberührt bleiben. Es schützt sich durch seinen Identitätsglauben, kann sich so als ein vollgültiges menschliches Wesen fühlen und empfindet hingegen die Gesellschaft als nicht sehr menschlich (Goffman 1992: 15). Selbststigmatisierung ist also kein individuell „masochistisches" Verhalten von Personen, die dazu neigen, sich selbst zu quälen, sondern „steht für Handlungsformen, die die »Leiden der Gesellschaft« … indizieren und eben diese, die sozialen Zwangsverhältnisse, zum Thema machen." (Lipp 1975: 27). Wobei es gerade die Provokationen, als ein Typus von Selbststigmatisierungen, sind, die „in die Tiefenstruktur sozialer (moralischer) Ordnungen selbst vorstoßen"; hier „steht die Identität der Gesellschaft schlechthin in Frage." (ebd.: 42).

Mit Blick auf die Biografie eines ostdeutschen Punk-Mädchens, deren Jugend mit dem letzten Dezennium der SED-Herrschaft zusammenfällt, soll nachfolgend der These von der Selbststigmatisierung exemplarisch nachgegangen werden. Das Interesse gilt der Rekonstruktion einer Biografie, die die Selbstdefinition der Protagonistin berücksichtigt, zugleich soll es ein Versuch sein, einem Strukturtyp der um die Mitte der Sechzigerjahre Geborenen auf die Spur zu kommen (Oevermann 1996).[5]

---

3   Begriffe, die vom Ministerium für Staatssicherheit (MfS) seit Ende der siebziger Jahre zur Kennzeichnung auffälliger Jugendlicher bzw. von Jugendsubkulturen genutzt werden. Vgl. Richtlinie 1/79 des Genossen Minister, GVS 1/79, zit. Franke 1982: 8f. Zur sprachlichen Vorgeschichte in den sechziger Jahren vgl.: Wierling 1993.

4   In Anlehnung an die Überlegungen von Erving Goffman zum Stigma nutzt Lipp (1975) erstmals als einen „Kunstbegriff" den Begriff der „Selbststigmatisierung".

5   Damit wird deutlich, dass es nicht um den bloßen Nachvollzug subjektiver Perspektiven gehen kann. Im Sinne der Methode der objektiven Hermeneutik ist also nicht eine „Metho-

3   Von Angela zu China

Angela kam 1965 in Ost-Berlin zur Welt. In ihren Erinnerungen taucht das Bild einer tristen und mit Angst besetzten Kindheit auf.

„Was soll ich über meine Kindheit sagen; meine Kindheit, also da kommt mir gleich die Galle hoch, muss ich ganz ehrlich sagen … Ich habe nach außen ein sehr gutes Elternhaus gehabt, nach außen hin, was denken denn die Nachbarn, immer schön freundlich, und immer schön ordentlich und das war gut, aber niemand durfte hinter die Kulissen gucken."

Das Mädchen ist überaus schüchtern. Zum Spielen auf die Straße geht sie aus Angst vor anderen Kindern selten. Ihre Schwester ist neun Jahre älter und lebt ihr eigenes Leben, Angela spielt darin keine große Rolle. Die Mutter ist Kindergärtnerin, der Vater „nennt sich" – wie Angela im Interview sagt[6] – „Maschinenbauingenieur". Das Familienleben wird ganz von dem autoritären und despotischen Vater bestimmt, die Mutter duckt und heißt gegenüber den Kindern jede Entscheidung des Vaters – und sei sie noch so hart und unverständlich – gut. Solange Angela noch der „kleine Liebling" ist, wird sie vom Vater vorgeführt, eine Rolle, die dem Mädchen Unbehagen bereitet.

„Als wir die kleinen Püppies waren zum Vorzeigen, da waren wir natürlich ach die Süßen, meine Schwester … ist älter, und da war ich dann immer die Niedliche und die Süße, und mich hat das so angestunken, die Rolle wollte ich nicht. Ich bin nicht der Typ, der auf so was steht, es mag ja welche geben, die das ausfüllt … Ich habe eigentlich schon frühzeitig gemerkt, dass ich anders bin als die andern".

In beiden Textsequenzen ist ein Muster thematisch, das Angelas Kindheit durchzieht und sich durch das Bestreben der Eltern charakterisieren lässt, nach außen sowohl das Gesamtwerk Familie als harmonisch und ordentlich zu präsentieren, als auch die beiden Töchter, insbesondere die jüngere, als schöne und niedliche Mädchen, süß wie Naschwerk, vorzuführen. Daneben die Wahrnehmung der Tochter, die sich in ihrer Familie fremd fühlt, aber sich auch außerhalb des Elternhauses kaum in der Lage sieht, soziale Kontakte aufzunehmen. Die Selbstbeschreibung als „Außenseiter" korrespondiert mit dem Familienleben hinter einer „Kulisse". Für die Rekonstruktion einer latenten Sinnstruktur gibt es bereits hier erste Hinweise auf eine nach Außen orientierte familiale Ordnungsvorstellung, in der die Kinder als Repräsentationsobjekte genutzt werden.

1971 kommt Angela in die Schule, und sie wird wie alle anderen Pionier. Ansonsten gibt es keine wesentlichen Veränderungen. Angela bleibt ängstlich, läuft am liebsten „am Rande", damit keiner „über sie stolpert", sich an

---

de des Sich-Einfühlens" gefragt, sondern eine Rekonstruktion von objektiven Sinn- und Bedeutungsstrukturen. Vgl. Oevermann 1996.

6   Interview mit Angela Kowalczyk, geführt am 2. September 2004, Transkript bei der Autorin. An dieser Stelle sei Dank gesagt für das gewährte Interview und die zur Verfügung gestellten Fotografien.

ihr stört. Ihre Leistungen bewegen sich im Mittelmaß, teils auch darunter. Die Lehrer aber honorieren das stille Verhalten des Mädchens, sie macht keine Probleme, und dass sie welche haben könnte, scheint niemandem in den Sinn zu kommen, obwohl sie von Mitschülern gehänselt wird und eine Außenseiterin bleibt.

„Hab da wirklich Jahre die Hölle ausgestanden. Meine Eltern hat das echt nicht interessiert, über so was wurde da nicht gesprochen, da wurde überhaupt nicht gesprochen. Ich weiß bis heute nichts über unsere Familie... (Und die Lehrer... hat das auch) einen Scheißdreck interessiert... Ja, das hielt sich eigentlich bis zur neunten, zehnten Klasse fast."

Erneut wird das Leiden des Mädchens angesprochen, auch die Kommunikationsprobleme innerhalb der Familie bzw. das Ignorieren auf Seiten der zweiten zentralen Sozialisationsinstanz, der Schule, sind als Themen wieder gegenwärtig.

Wenige Monate vor dem Ende ihrer Schulzeit, an der Jahreswende von 1980 zu 81, ereignete sich dann etwas, das als „kritisches oder signifikantes Ereignis" (Schulze 1993) oder – fasst man es mit Blick auf die Selbstdeutungen – als eine Art „Erweckungserlebnis" beschrieben werden kann. Eine Zäsur, die im Zeitraum von weniger als 13 Monaten Angelas Leben in eine deutlich andere Richtung, zwischendurch sogar in den *„Stasi-Knast"* führen sollte.

„Von 80 zu 81 ... da war ich auf dieser Silvesterparty und da tauchte dann eben, wir waren in so 'ner ganz normalen Clique, obwohl wir da auch schon vor den Bullen gerannt sind und alles, und jedenfalls kam da jemand ..., tauchte einer off und schmiss diese Kassettenrekordermusik raus und machte auf einmal Pistols ‚Anarchy in the UK' an und alle ‚I, was ist das denn' und ich äh, ... (sie macht ein hechelndes Geräusch nach), heute noch. Das ist wie so 'ne Droge, ich wusste nicht, was mit mir passiert ist, keine Ahnung, das ging auf einmal (los mit der Musik), ich hab gedacht, das ist es. So, da kam dieser Typ und jagt sich da noch 'ne Sicherheitsnadel durch und die Mädels, die kippten da reihenweise um und ich äh, das sieht toll aus, ganz Klasse! ... Mein damaliger Freund,... der hatte das mitgekriegt, ... was mit mir passiert ist, der hat gesagt, ich bring Dich lieber raus, bevor hier noch irgendwas kommt. In dem Moment erschien der mir so lächerlich, ich hab noch nie einen Menschen so, der war für mich unten durch, ich hab gedacht, mit was für'n Hansi bist Du denn hier zusammen?"

Die Punkmusik brachte im doppelten Sinne Bewegung in Angelas Leben. Zum einen erfasste sie eine starke innere Unruhe, ganz so, wie man es empfindet, wenn sich im Leben eine wichtige Entscheidung ankündigt. Äußerlich zeigte sich die Zäsur in den wochenlangen Streifzügen des Mädchens. Auf der Suche nach Punks und nach Möglichkeiten mit ihnen in Kontakt zu kommen, fuhr sie durch die Stadt. Stunden konnte sie damit zubringen, einem Punk hinterher zu fahren oder ihn aus der Ferne zu beobachten. Angela verlor dabei fast jedes Interesse an anderen Jugendlichen. So wie der „Hansi" des Silvesterabends schlagartig unmöglich geworden war, kündigte Angela die meisten ihrer früheren Bekanntschaften (mit Goffman [1992: 54] die „Prä-Stigma-Freunde") auf.

„Und da war dieses Feuer in mir erwacht, ich wusste nicht, wat mit mir passiert ist. Ich hab auf einmall über Sachen lachen können, wo ich vorher nicht lachen konnte, und hab mich wehren können. Ich hab gedacht, was ist denn mit Dir los? ... Und die erste Zeit war wirklich, das war zu schön. Da denke ich gerne dran ... Ich bin zu meiner Freundin nach Hause gehüpft, ... und hab in der Nacht geklingelt, ‚Du, ich hab 'nen Punk getroffen!‘ Die muss gedacht haben, jetzt hat sie völlig, völlig den Verstand verloren. Und, keiner wäre auf die Idee gekommen, dass ich kurze Zeit später dafür ... im Knast gesessen hätte.“

Wie in einem Zeitraffer überschlugen sich seit dem Silvesterabend die Ereignisse: Angela lernt die ersten Punks kennen und beschäftigt sich intensiv mit Punk-Musik. Sie zeigt sich selbstbewusster, sie lacht und wer ihr „*dumm kommt*“, wird scharf zurechtgewiesen. Bei dem rüden Umgang der Punks muss sie sich ihrer Haut erwehren können. Die Änderung zeigt sich auch in der Schule, jetzt, kurz vor dem Ende ihrer Schulzeit, legt sie sich noch einmal mit den Lehrern an, macht sich über FDJ und Staatsbürgerkunde lustig. Einzig vor ihrem Vater hat sie weiterhin Angst. Der Wandel ist dennoch weitreichend genug, sie fühlt sich wohl, man könnte sagen, sie ist euphorisiert, dabei durchaus wissend, dass die meisten anderen sie nunmehr für „*irre*“ halten. Dieser innere Wandel fällt zusammen mit einer Veränderung auch im Äußeren: sie wird sichtbar Punk. Ihre Möglichkeiten sind dabei begrenzt, sie hat keine Kontakte in den Westen, kein Geld, kann selber nicht nähen und „*bastelt*“ sich folglich – eine Formulierung, die auch bei anderen Punks regelmäßig auftaucht – ihr Outfit aus Altkleidersammlungen selbst zusammen. Sie reißt Kragen und Taschen an alten abgelegten Stücken ab und heftet Sicherheitsnadeln und Metallhaken daran. Um den Hals legt sie sich einen Hundewürger, und an einem Band trägt sie einen abgeschlagenen Flaschenhals. Die Augen umrahmt sie tiefschwarz, die Lippen schminkt sie auf gleiche Weise, die Haare färbt sie mit Plakat- oder Stempelfarbe – mal rot, mal grün. China verbucht mit diesem Wandel für sich einen Gewinn an Attraktivität und Schönheit, ihre an kleinbürgerlichen Geschmacksurteilen orientierte Umgebung kann jedoch nur das Gegenteil behaupten. Als eine Art Initiationsritus erhält sie in der Punkszene nunmehr auch einen neuen Namen.

„(Eines Tages fragte mich einer:) Du, haste eigentlich schon 'nen Namen? ... Dich nennen wir Sheena.“

Den Ramones Titel „Sheena is a Punk Rocker“ kannte sie zu dem Zeitpunkt noch nicht, sie nahm an, ihr neuer Name gehe auf das Land China zurück. Wie auch immer, bei der falschen Schreibweise ist es bis heute geblieben, sie hat den Namen seit dem nicht mehr abgelegt. Damals jedenfalls begründete er ihren Status als Teil der Ostberliner Punk-Szene.

„Und dann (wenig später), kamen ein paar Kumpels um die Ecke und haben mich als ‚China‘ angequatscht, und ich stand da und ... und da wusste ich, jetzt haste es gepackt. ... Da wusste ich, es ist okay.“

Mitten in dieser Metamorphose von Angela zu China ist die nachfolgende Fotografie entstanden. Es ist ein „Knipser“-Bild (Starl 1995: 12) und wurde

1981 von einem Freund Chinas in Ostberlin im Kulturpark Plänterwald aufgenommen.

Folgt man Goffmans (1991: 230) These, wonach die „Struktur unseres
Selbst unter dem Gesichtspunkt der Darstellung" verstanden werden kann, so
wird die Fotografie speziell für Jugendsubkulturen relevant, die mittels bestimmter Objekte ihren Stil symbolisch repräsentieren und sich darin zum
Ausdruck bringen (Clarke et al. 1979: 104f.). Oft handelt es sich dabei um
Repräsentationen, die mittels verbaler Darstellungen nur schwer oder gar
nicht zugänglich sind.

Abb. 1:   China 1981[7]

Auf dem im Original etwa 7 mal 10 cm großen schwarz-weiß Foto ist die 16-
jährige China auf einer Art Müllplatz zu sehen. Der erste spontane Blick fällt
auf den hellen Beutel in ihrer Hand, springt dann zum Gesicht des Mädchens,
um dort erst einmal zu verharren. Im Sinne von Barthes (1985: 36) ließe sich
darin ein „punctum", mit Loer (1994: 349 und 353f.) der Beginn eines ikonischen Pfades, entdecken, und da es anders als beim niedergeschriebenen Text
keine Anfangszeile einer ersten Sequenz gibt, kann hier mit der Betrachtung
des Mädchens begonnen werden. China schaut nicht in die Kamera, ihr Kopf
ist leicht seitlich gehalten, aber nicht nach unten geneigt. Fast hat es den Eindruck, dass sie das Kinn ein wenig nach oben reckt. Die Haare des Mädchens
sind kurz, die Frisur wirkt strubbelig, in der Mitte ist das Haar – nach Punk-
Art – in Büscheln zu einer Art Kamm hoch frisiert, und in die Stirn fällt eine
längere, einzelne Strähne, in der Szene spikey genannt (Lau 1992: 84). Sowohl diese als auch das hochgekämmte Haar sind dunkel eingefärbt. Der
Rest ist in der Naturfarbe, dunkelblond. Die Augen sind schwarz umrandet,

---

7   Im Original ohne Bildunterschrift.

die Lippen sehr dunkel, vermutlich auch schwarz, übermalt. China trägt eine Lederjacke mit Klappen auf den Achseln und am Ärmelbund, zu sehen sind überdies große und auffällig glänzende Knöpfe. Um den Hals hat sich das Mädchen lose ein dunkles Tuch gelegt, unter der Jacke scheint ein helles Oberteil mit einem bunten Muster hervor. Die Hose ist dunkel, wahrscheinlich schwarz, in ihren Einzelheiten kaum zu erkennen. Die Füße bzw. Schuhe sind ganz aus dem Blick. In der rechten Hand trägt China einen einfachen Plastikbeutel, er scheint nicht allzu schwer zu sein. Mit der linken Hand stützt sich die Hockende auf ihrem Oberschenkel ab. Platziert hat sich das Mädchen vor Mülltonnen, die so stehen, dass der im Bild eingefangene Ort nach hinten eine Begrenzung erfährt. Die unmittelbar hinter China stehende Tonne ist in aller Deutlichkeit zu sehen, sie ist offen, der Müll ragt schon über den Rand hinaus. Der Blick auf den Boden des Müllplatzes zeigt einen schäbigen Untergrund, er ist fleckig und verschmutzt. Insgesamt wirkt die Umgebung, auch durch das Vorherrschen der Grautöne, trist und schmuddelig. Hier wird Abfall entsorgt, das also was übrig oder verdorben ist, Dinge jedenfalls für die es keine Verwendung mehr gibt und die weggeworfen werden.

An diesen Ort nun hat sich China begeben und im Bild festhalten lassen. Ihr Aussehen gibt sie als Punk zu erkennen. Punk bedeutet wörtlich übersetzt „Abfall" – Müll neben Müll also? Nach der Inszenierungs- und Selbstdarstellungsabsicht der Akteurin ließe sich das wohl bejahen. Eine Außenseiterin bringt hier symbolisch einen Platz ins Bild, den die Gesellschaft einer randständigen Jugendlichen zuweist, den sie aber auch absichtsvoll aufgesucht hat. Eine Umgebung, die nicht sehr hoffnungsvoll stimmt, wäre da nicht der in die Ferne gerichtete Blick des Mädchens, der dem Bild mit seiner auch eigentümlich melancholischen Stimmung noch eine andere Dimension verleiht. Das Mädchen schaut nämlich konzentriert zu einem „fernen Punkt". Ihr Blick, wie auch ihre gesamte Körperhaltung haben etwas trotzig Abwehrendes und zugleich Entschlossenes. Auch wenn China in der Hocke ist, so wirkt sie nicht hilflos oder zusammengefallen, ihre Körperstellung ließe es zu, sofort aufspringen und eingreifen zu können.

Wird diese Fotografie in einem biografisch orientierten Forschungskontext genutzt, dann beglaubigt sie zunächst einmal die Insignien einer Punkerin. Darüber hinaus ist das Foto Zeugnis eines Selbstverständigungsprozesses, das aus der zurückliegenden Zeit selbst stammt, also nicht retrospektiv etwa im Dialog mit einem Interviewer hervorgebracht wurde. Insofern ist es „nah" an dem biografischen Zeitpunkt, wo das Individuum mit dem Eintritt in die Jugend, wie man weiß, lebenslaufbedingte Entwicklungsaufgaben zu bewerkstelligen bzw. sich mit seinen Selbstgestaltungsmöglichkeiten zu bewähren hat (Loch 1999).

China wählt am Knotenpunkt ihrer Biografie eine konventionelle Schönheitsvorstellungen ignorierende Präsentation am Rande der Gesellschaft: ihr

Leben folgt fortan einer neuen Weggabelung, sie will woanders hin – hierin liegt der biografische Sinn. Werden an dieser Stelle die Erkenntnisse aus der Auswertung der narrativen bzw. anderen verfügbaren schriftlichen Quellen (im Sinne einer Triangulation) zusammengeführt, dann wird umso mehr deutlich, dass aus der verbalen Artikulationsnot bzw. -begrenzung heraus eine Verlagerung der Kommunikation auf der symbolischen Ebene stattfindet. Deren Botschaft nach außen heißt: ich achte Eure Vorschriften nicht, Eure Regeln sind mir gleichgültig, ich unterscheide mich von Euch, und ich brauche Euch nicht. Im Kreis der Jugendszene hingegen weist sie sich durch die präsentierten und gemeinsam getragenen Stigmata als zugehörig aus.

Durch das Foto wird freilich mehr eingefangen, als das, was das Subjekt in es hinein geben will. Mit der Methodologie der objektiven Hermeneutik hieße das, nach der impliziten sozialen Struktur zu fragen (Oevermann 1993). Im Sinne der Methode Erwin Panofskys (1975 und 1985) geht es auf der ikonologischen Ebene um den „Wesenssinn" der Fotografie.

Auf einer solchen ikonologischen Ebene verweist das Bild exemplarisch gleichermaßen auf einen Zustand gesellschaftlicher Agonie wie auch auf den Selbstbehauptungswillen von Jugendlichen in der DDR, deren Loyalität zu Beginn der Achtziger immer stärker im Schwinden begriffen war und bei denen fürsorgerische Herrschaftsstrategien mittlerweile ins Leere liefen. In den sub- und gegenkulturellen Milieus formierten sich junge Menschen, die Entscheidungsfreiheit für sich beanspruchten. Der sozialistische Staat hatte vorgegeben, sie in eine lichte Zukunft und in den Fortschritt einer überlegenen Gesellschaft zu führen, herausgekommen war ein Sozialismus in kleinbürgerlichem Gewand, der auf der Stelle trat und hoffnungslose Tristesse verbreitete. Das sind Erfahrungsbestände, wie der Vergleich mit anderen Fotobeständen zeigt, die eine wachsende Zahl junger Ostdeutscher teilten (Pilarczyk).

4 „In mir war ein Rebell erwacht"

Mit ihrem neuen Selbstverständnis als Punk ging einher, dass China auch ihre politischen Ansichten offensiver vertrat. „In mir war ein Rebell erwacht", so beschreibt sie es später in einem autobiografischen Text (Kowalczyk 2001: 7).

1981 schloss sie die Schule ab und begann in einem Berliner Betrieb ihre Ausbildung zur Fachverkäuferin für Autoersatzteile. Hatte sie in den Jahren zuvor schon die „ideologische Erziehung" und das Reden vom „Sieg des Sozialismus" mit dem „Wohl aller Menschen" für eine Farce gehalten, war sie nunmehr entschlossen, auch das Hinweise aus autobiografischen Notizen, gegen das „immense Unrecht" im Lande etwas zu tun; sie wollte sich nicht mehr „am Denken hindern [lassen]." (Kowalczyk 1996: 10f.). Zudem trieben die zahlreichen Zuführungen[8] und Verhöre, denen sie seitens der Staatsmacht mittlerweile wegen ihres Aussehens ausgesetzt war, ihre Politisierung weiter voran. Von anderen Punks wusste sie etwa um die Schwierigkeiten, die es machte, mit unbotmäßigem Aussehen und Auftreten eine Lehrstelle zu bekommen, sie wusste um die besonderen Nöte derer, die den NVA-Dienst verweigerten oder in den Westen ausreisen wollten. Einige ihrer Freunde waren inzwischen zu Gefängnisstrafen verurteilt worden. In der Lehre hatte sie zudem große Schwierigkeiten, sie lief dort Spießruten und wurde wegen ihres Äußeren immer wieder angegriffen. In dieser angespannten Situation – die fragliche Silvesternacht liegt noch kein Jahr zurück – fasste sie den Entschluss, Flugblätter herzustellen. In diesen Flugblättern klagte sie die DDR als einen Staat an, der in Rüstung statt in Umweltschutz investiert und in dem Meinungsfreiheit und andere Menschenrechte missachtet werden.[9] Sie steckte die Flugblätter in Briefkästen der Nachbarschaft, andere legte sie während ihrer praktischen Ausbildung in die Einkaufstüten ihrer Kunden. Insofern hat es der Staatssicherheit keine besonderen kriminalistischen Fähigkeiten abverlangt herauszubekommen, wer hinter dieser Sache steckte. Am 28. Januar 1982 wurde sie – kurz vor ihrem 17. Geburtstag – verhaftet und für sieben Wochen in die Untersuchungshaftanstalt des Ministeriums für Staatssicherheit (MfS) gebracht. War diese offensichtliche Unvorsichtigkeit nun Dummheit oder auf die Spitze getriebene Provokation, führt die Selbststigmatisierung hier gar bis zur Selbstanzeige?

„Ich hätte eigentlich auch gleich an der Keibelstraße[10] anklopfen und sagen können: ‚Lasst mich rein!' Das wäre auf's Gleiche hinausgelaufen. Ich war so satt von all dem, mit der Lehre und jeden Tag das Gemeckere über mein Aussehen. Die Bullen dauernd mit ihren Fragen, das war alles so ein Stillstand. Es hat mich angekotzt, unendlich angekotzt, diese Scheiß-DDR."

China bekannte sich in den Verhören zu den Flugblättern, und ein Psychiater bescheinigte Haftfähigkeit und altersgemäße Reife, so dass einem Prozess nichts entgegenstand. Am 20. Mai 1982 wurde sie schließlich wegen „mehrfacher öffentlicher Herabwürdigung" der DDR mit Rücksicht auf ihre Minderjährigkeit zu einer zweijährigen Bewährungsstrafe verurteilt. Bei „schuldhafter Verletzung ihrer Bewährungspflichten" drohte ihr eine einjährige Freiheitsstrafe.[11]

Zu ihren Bewährungsauflagen gehörte es, sich von der Punk-Szene fernzuhalten. Psychisch angeschlagen, aber keinesfalls gebrochen, versuchte sie dem „Äußeren" nach zumindest an ihrem Lehrbetrieb, der zu ihrer Wiedereingliederung verpflichtet wurde, nicht mehr als Punk aufzufallen. Regelmä-

---

8   Bei „Zuführungen" handelte es sich um die zeitweise Mitnahme einer Person zu einem Polizeirevier (in aller Regel zum Zwecke von Vernehmungen).
9   Einzelne dieser Flugblätter sind im Archiv der BStU überliefert.
10   Hier befand sich die Untersuchungshaftanstalt.
11   Kopie des Urteils in: Angela Kowalczyk: Punk in Pankow, Anhang (ohne Seiten).

ßige so genannte Aussprachen dort, immer auch unter Beteiligung eines MfS-Mitarbeiters, erinnerten sie nachdrücklich an die drohende Gefahr einer Freiheitsstrafe, machten ihr aber auch die Ablehnung deutlich, die sie dort von allen Seiten erfuhr. Ganz ähnlich ging es ihr später an ihren wechselnden Arbeitsstellen, die durch die Kaderakten immer schon vorab über sie informiert waren. Auch ihr Vater drohte ihr, löse sie sich nicht von den Punks, sie wieder „in den Knast zu bringen." (Kowalczyk 1996: 66)[12]. Ihre Punk-Freunde wiederum befürchteten, dass sie in der U-Haft „weich geworden" sein könnte. Gezielt gestreute Gerüchte durch das MfS taten ihr Übriges. Es folgten schwierige Jahre. Als sie nach einer kurzen Liebe zu einem Punk 1986 ihren Sohn zur Welt brachte, sah sie sich erneut erpressbar. Die Jugendhilfe war über ihre Vergangenheit informiert, und die Fürsorgerinnen machten keinen Hehl daraus, dass auf sie „besonders Acht" gegeben werde. China befürchtete, man könne ihr das Kind wegnehmen, sie blieb weitgehend für sich, eine gewisse Vereinsamung ist nicht zu übersehen. An ihrer kritischen Haltung zur DDR hielt sie jedoch weiter fest, auch beharrte sie auf ihrer *Eigen-Sinn*igkeit. Punk sei eben ein „Lebensgefühl" und keine Mode – so die Selbstbeschreibung.

Abb. 2: China um 1990

---

12 In dem Sinne auch Ausführungen im Interview.

Die Herbstereignisse des Jahres 1989 hielt sie zunächst für eine Inszenierung der Staatssicherheit, erst mit dem offensichtlichen politischen Ende der DDR begriff sie, dass sich damit auch für ihr Leben neue Möglichkeiten eröffneten. Sie schöpfte wieder Hoffnung. „Im Inneren" unbeirrt immer noch ein Punk, wollte sie dies nunmehr auch wieder deutlich sichtbar nach außen zeigen: sie schnitt sich einen Irokesen und färbte ihn leuchtend rot ein. Fortan trug sie also eine Frisur, die gemeinhin als das aussagekräftigste und vor allem kurzfristig nicht reversible Kennzeichen der Punks gilt.

Auf der abgebildeten Fotografie ist eine auffällige junge Frau zu sehen, deren Kopfhaltung und Gesicht immer noch sehr viel trotzige Entschlossenheit zeigen. Nur der Blick ist anders geworden, etwas gedankenverloren und als würde sie beobachtet, schaut China nach unten.

Alles in allem gibt es von ihr aus diesen Jahren nur sehr wenige Fotografien, die beiden hier gezeigten rahmen Chinas Jugend: auf dem einen ist sie 16 Jahre alt, hat sich gerade dem Punk zu gewandt, auf dem anderen ist sie 25, jetzt eine Punk-Frau, die von sich sagt „*nichts hinnehmen, immer wehren*", misstrauisch sei sie bis heute und darauf angewiesen, sich immer selber „*aus dem Schlammassel*" ziehen zu müssen. Das „Stigma-Symbol"[13], wie es Goffman (1992: 59; 117) formuliert, muss sie nun nicht mehr verstecken, die „Schande als Teil der Biografie, die andere von [ihr] haben" (ebd.: 126) erfährt nun, zumindest in gewichtigen Teilen, eine gesellschaftliche Umbewertung. Dem diskreditierten Individuum gibt das die Chance, unter den veränderten Bedingungen diesen Status zu überwinden.

5 Zusammenfassung

Nimmt man den Ansatz ernst, wonach Biografien als Lern- und Bildungsgeschichten im Spannungsfeld individueller Voraussetzungen und gesellschaftlicher Determinanten zu verorten sind, dann rücken für die erziehungswissenschaftliche Biografieforschung solche Verfahren in den Vordergrund, die nicht bei der „Rekonstruktion des subjektiven Sinns der Befragten stehen bleiben, sondern … jene objektiven Bedingungen mit berücksichtigen, in die die biographische Handlungsmöglichkeiten eingebunden sind." (Krüger 1996: 46).[14]

Anhand des vorgestellten Falls sollte demonstriert werden, wie Individuelles, eine subkulturell eingebundene Jugendliche, und Gesellschaftliches, die moderne Fürsorgediktatur der SED, sich in den Konstellationen einer Le-

---

13   Nach Goffman übermitteln Symbole generell soziale Informationen, Stigma-Symbole sind dabei Zeichen, die besonders wirksam darin sind, Aufmerksamkeit auf eine prestigemindernde Identitätsdiskrepanz zu lenken.

14   Zu nennen wären narrationsstrukturelle Verfahren, das Konzept der objektiven Hermeneutik oder das daran angelegte Verfahren der strukturellen Rekonstruktion. Vgl. Krüger 1996: 46.

bensgeschichte wechselseitig miteinander verknüpft wieder finden lassen. Auf der biografischen Ebene ließ sich zeigen, dass die in Familie und Schule angebotenen Rollensets China die persönliche Autonomie verweigerten. Erst mit ihrem Punk-Sein verschaffte sie sich eine Möglichkeit, der Enge der Verhältnisse zu entfliehen und sich gegenüber den abverlangten Anpassungserwartungen zu verweigern. Darin bewies sie ihre Autonomie, gleichwohl setzte die Diktatur – darin liegt das systematische Dilemma – ihren Ansprüchen auf Selbstbestimmung und Selbstverwirklichung enge Grenzen. Über den Fall hinaus werden exemplarisch Erfahrungsgehalte erkennbar, die für die ostdeutsche Jugend der Achtzigerjahre immer mehr an Bedeutung gewannen. Der Stagnation setzen sie Unlust und Rückzug, später verstärkt ihr Aufbegehren, zuweilen auch Widerstand, entgegen.

Insofern dürfte deutlich geworden sein, dass es sich bei den Punks im Osten, ungeachtet aller möglichen deutsch-deutschen jugendkulturellen Ähnlichkeiten, um Lern- und Bildungsgeschichten handelt, die nur im Kontext der DDR-Gesellschaft rekonstruierbar sind. Biografisch wie auch für die entsprechenden Gruppen hatte die Zugehörigkeit zu einer Jugendsubkultur eine eigenständige und somit von westlichen biografischen Entwürfen oder Gruppenzugehörigkeiten deutlich andere Bedeutung.

Auf den Machtapparat der SED fixierte Herrschaftsanalysen verengen mitunter den Blick und betonen den Zwangscharakter einer „durchherrschten Gesellschaft", in der das Individuum schnell zum Spielball der Mächtigen degradiert wird. Schlägt man hingegen eine Perspektive ein, die dem „Ineinander von formeller Herrschaftsstruktur und informeller Beziehungsarbeit" (Lindenberger 1999: 17) folgt, rückt der Mensch als Akteur ins Blickfeld. Mit dem Konzept der Selbststigmatisierung liegt m.E. ein Ansatz vor, der zeigen kann, dass Abweichungen als Faktum nicht nur fremd-, sondern durchaus auch selbst bestimmt sind und darin ihre Funktion erfüllen.

Im Prozess der Selbststigmatisierung werden zum einen strukturelle Defizite der Gesellschaft benannt, der Gesellschaft wird sozusagen der Spiegel vorgehalten. Das Individuum aber erhält dadurch die Möglichkeit der Umwertung vermeintlichen Versagens in eine positive Bewältigung und Stärkung des Selbstwertes. Mit den Worten der Punks hieße das: „lieber tot, als DDR-rot." Auch wenn diese Selbstausgrenzung bei einigen tatsächlich in die Selbstzerstörung mündete (Alkohol spielte keine geringe Rolle), so weiß man doch, dass diese Rede von „lieber bin ich tot, als dass …" gemeinhin weniger die Todessehnsucht eines Individuums, als vielmehr seine Entschlossenheit, etwas *nicht* zu tun, zum Ausdruck bringt. Und in dieser Verweigerung liegt die Chance auf Behauptung.

Schon insofern handelt die Geschichte der ostdeutschen Punks nicht allein von Opfern, was die Gefängnisstrafen nicht relativieren soll, sondern zugleich von dem Versuch angesichts verregelter Lebenswege, eines „zuviel an Zukunft", das eigene Selbst mit selbst gewählten Ausdrucksmitteln zu behaupten.

Literatur

Adorno, Theodor W. (1970): Ästhetische Theorie. Frankfurt am Main: Suhrkamp.

Baacke, Dieter (1993): Jugend und Jugendkulturen. Darstellung und Deutung. Weinheim/München: Juventa Verlag.

Barthes, Roland (1985): Die helle Kammer. Bemerkungen zur Photographie. Frankfurt am Main: Suhrkamp.

Bourdieu, Pierre (1997): Die feinen Unterschiede. Kritik der gesellschaftlichen Urteilskraft, 9. Auflage. Frankfurt am Main: Suhrkamp.

Clarke, John/Hometh, Axel/Lindner, Rolf/Rainer Paris (Hrsg.) (1979): Jugendkultur als Widerstand. Milieus, Rituale, Provokationen. Frankfurt am Main: Syndikat.

Franke, Rainer (1982): Die Gewährleistung des ständigen Prozesses der Klärung der Frage „Wer ist wer?" in der inoffiziellen Zusammenarbeit mit negativ-dekadenten Jugendlichen. Fachschulabschlußarbeit, Ministerium für Staatssicherheit, Juristische Hochschule Potsdam, 22.02.1982.

Gericke, Henryk (1999): Schatten voraus! Punk, im Jahr zwölf nach Punk. In: Galenza, Ronald/Havemeister, Heinz (Hrsg.): Wir wollen immer artig sein... Punk, New Wave, HipHop, Independent-Szene in der DDR 1980-1990. Berlin: Schwarzkopf & Schwarzkopf.

Goffman, Erving (1991): Wir alle spielen Theater. Die Selbstdarstellung im Alltag. München/Zürich: Piper.

Goffman, Erving (1992): Stigma. Über Techniken der Bewältigung beschädigter Identität, 10. Auflage. Frankfurt am Main: Suhrkamp.

Klappenbach, Ruth/Steinitz, Wolfgang (1977): Wörterbuch der deutschen Gegenwartssprache, Band. 5. Berlin: Akademie Verlag.

Kowalczyk, Angela (1996): Punk in Pankow. Stasi-„Sieg": 16jährige Pazifistin verhaftet! Berlin: Anita Tykve.

Kowalczyk, Angela (2001): Negativ und dekadent. Ost-Berliner Punk-Erinnerungen. Berlin: Selbstverlag.

Krüger, Heinz-Hermann (1996): Bilanz und Zukunft der erziehungswissenschaftlichen Biographieforschung. In: Krüger, Heinz-Hermann/Marotzki, Winfried (Hrsg.): Erziehungswissenschaftliche Biographieforschung. Opladen: Leske + Budrich.

Lau, Thomas (1992): Die heiligen Narren. Punk 1976-1986. Berlin/New York: Walter de Gruyter.

Lindenberger, Thomas (1999): Die Diktatur der Grenzen. Zur Einleitung. In: Lindenberger, Thomas (Hrsg.): Herrschaft und Eigen-Sinn in der Diktatur. Studien zur Gesellschaftsgeschichte der DDR. Köln/Weimar/Wien: Böhlau, S. 13-44.

Lipp, Wolfgang (1985): Stigma und Charisma. Über soziales Grenzverhalten. Berlin: Reimer.

Lipp, Wolfgang (1975): Selbststigmatisierung. In: Brusten, Manfred/Hohmeier, Jürgen (Hrsg.): Stigmatisierung: Zur Produktion gesellschaftlicher Randgruppen, Band. 1. Darmstadt: Luchterhand, S. 25-53.

Lipps, Theodor (1903): Grundlegung der Ästhetik. Hamburg/Leipzig: L. Voss.

Loch, Werner (1999): Der Lebenslauf als anthropologischer Grundbegriff einer biographischen Erziehungstheorie. In: Krüger, Heinz-Hermann/Marotzki, Winfried

(Hrsg.): Handbuch für erziehungswissenschaftliche Biographieforschung. Opladen: Leske + Budrich, S. 69-88.

Loer, Thomas (1994): Werkgestalt und Erfahrungskonstitution. Exemplarische Analyse von Paul Cézannes »Montagne Sainte-Victoire« (1904/06) unter Anwendung der Methode der objektiven Hermeneutik und Ausblicke auf eine soziologische Theorie der Ästhetik im Hinblick auf eine Theorie der Erfahrung. In: Garz, Detlef/Kraimer, Klaus (Hrsg.): Die Welt als Text. Theorie, Kritik und Praxis der objektiven Hermeneutik. Frankfurt am Main: Suhrkamp, S.341-382.

Mann, Heinrich (1965): Die Vollendung des Königs Henri Quatre (zuerst 1938). In: Mann, Heinrich (Hrsg.): Gesammelte Werke, Bd. 7. Berlin/Weimar: Deutsche Akademie der Künste.

Mann, Thomas (1965): Der Zauberberg (zuerst 1924). In: Gesammelte Werke, Band 2. Berlin/Weimar: Deutsche Akademie der Künste.

Oevermann, Ulrich (1993): Die objektive Hermeneutik als unverzichtbare methodologische Grundlage für die Analyse von Subjektivität. Zugleich eine Kritik der Tiefenhermeneutik. In: Jung, Thomas/Müller-Doohm, Stefan (Hrsg.): „Wirklichkeit" im Deutungsprozeß. Verstehen und Methoden in den Kultur- und Sozialwissenschaften. Frankfurt am Main: Suhrkamp, S. 106-189.

Oevermann, Ulrich (1996): Konzeptualisierung von Anwendungsmöglichkeiten und praktischen Arbeitsfeldern der objektiven Hermeneutik (Manifest der objektiv hermeneutischen Sozialforschung). Frankfurt am Main. MS.

Panofsky, Erwin (1975): Sinn und Deutung in der Bildenden Kunst. Köln: DuMont Schauberg.

Panofsky, Erwin (1985): Zum Problem der Beschreibung und Inhaltsdeutung von Werken der bildenden Kunst. In: Panofsky, Erwin (Hrsg.): Aufsätze zu Grundfragen der Kunstwissenschaft. Berlin: Spiess, S. 85-97.

Pilarczyk, Ulrike: Jugend der 80er Jahre. Selbstbilder junger Fotografen in der DDR und in der Bundesrepublik, MS.

Punk: Kultur aus den Slums: brutal und hässlich. In: Der Spiegel 1978, 4, S. 142.

Rosenkranz, Karl (1990): Ästhetik des Hässlichen (zuerst 1853). Leipzig: Reclam.

Schulze, Theodor (1993): Autobiographie und Lebensgeschichte. In: Baacke, Dieter/Schulze, Theodor (Hrsg.): Aus Geschichten lernen. Zur Einübung pädagogischen Verstehens. Weinheim/München: Juventa Verlag, S. 135-173.

Starl, Timm (1995): Die Bildgeschichte der privaten Fotografie in Deutschland und Österreich von 1880 bis 1980. München/Berlin: Koehler & Amelang.

Trapp, Wilhelm (2003): Der schöne Mann. Zur Ästhetik eines unmöglichen Körpers. Berlin: Erich Schmidt.

Vischer, Friedrich Theodor (1898): Das Schöne und die Kunst. Zur Einführung in die Ästhetik. Vorträge. Stuttgart: Cotta, § 10: Das Hässliche, S. 173-199.

Weiße, Christian Hermann (1830): System der Ästhetik als Wissenschaft von der Schönheit. Leipzig: Hartman.

Wierling, Dorothee (1993): „Negative Erscheinungen" – Zu einigen Sprach- und Argumentationsmustern in der Auseinandersetzung mit der Jugendsubkultur in der DDR der sechziger Jahre. In: Krüger, Gesine (Hrsg.): WerkstattGeschichte 5. Hamburg: Ergebnisse-Verlag, S. 29-37.

Weickmann, Dorion (2002): Der dressierte Leib. Kulturgeschichte des Balletts (1580-1870). Frankfurt am Main: Campus.

III. Bildqualitäten und Bildaneignung

Fotografie als Quelle erziehungswissenschaftlicher Forschung

Ulrike Pilarczyk

Wenn Wissenschaftler/innen eine „neue" Quelle „entdecken", liegen die Gründe weniger innerhalb der Disziplin, sondern es sind gesellschaftliche Entwicklungen, die neue Fragen aufwerfen und damit neue Herangehensweisen in den Wissenschaften herausfordern. Zuweilen führt das sogar zu Paradigmenwechseln, wie das mit dem „iconic turn" zu beobachten ist. Die Bilder selbst, ihr Auftreten als Medien, der Umgang mit ihnen, ihre Kommunikation untereinander sind Ausdruck rasanter gesellschaftlicher Verschiebungen.

Klaus Mollenhauer verwies bereits in den 80er Jahren auf Bilder, die ihm als Quelle geradezu prädestiniert schienen, weil sich in ihren formalen Strukturen die „Regeln der sozialen Wirklichkeitskonstruktion" (Mollenhauer 1983: 41) verbergen. In der Bildästhetik vereinten sie Form und Inhalt, wodurch Vieldeutigkeit und Mehrperspektivität erreicht würde, weshalb sie Ausgangspunkte böten, um das vielfältige wechselseitige Eingebundensein von Individuum und Gesellschaft, Natur und Kultur zu repräsentieren. Außerdem öffnen, so Mollenhauer, „ästhetische Gegenstände, Kunstwerke also, gerade deshalb ... eine besondere Erkenntnisweise, weil sie das in diskursiver Argumentation kaum zu fassende Spiel des Subjekts mit seinen grammatischen Formen zur Darstellung" bringen (Mollenhauer 1986: 134). Das gilt uneingeschränkt auch für das ästhetische Medium Fotografie. Die Erziehungswissenschaftler/innen haben in den letzten Dekaden des 20. Jahrhunderts verstärkt ihre Aufmerksamkeit auf die Materialisierung und die Verkörperung von Kultur gerichtet; die Entdeckung von Kinderkulturen und Jugendkulturen im 20. Jahrhundert sollte drängende Probleme der Erziehung und Bildung analysieren und lösen helfen. Ausdruck finden diese Kulturen in eigenen Stilen – in Mode, Musik und Sozialformen des Auftretens. Habitus und Körper sowie Artefakte jeglicher Art und damit auch Medien gelten als kultureller Ausdruck. In Deutschland zeigt sich diese Aufmerksamkeit unter anderem in einer Renaissance historisch anthropologischer Sicht auf den Menschen und seine Kultur, in den frankophonen und anglophonen Ländern werden diese Debatten und Forschungen eher in den „cultural studies" betrieben, inzwischen etablieren sich daneben „visual studies".

Dass die Fotografie bisher nur zögerlich Eingang in die sozial- und erziehungswissenschaftliche Forschung gefunden hat, hat mit ihrer Komplexität, Technizität und ihrer Fähigkeit zu scheinbar realitätsgetreuer Abbildung zu tun, die den Blick auf die anderen quellenrelevanten Eigenschaften des ästhetischen Mediums verstellen.

Dabei hat die Fotografie mittlerweile in unserem Leben in allen gesellschaftlichen Bereichen Funktionen übernommen, in denen sich das Verhältnis der Menschen zur Welt ausdrückt. Das zeigt sich auch in ihrer engen Beziehung zu allen anderen modernen Massenmedien (Fernsehen, Buch, Plakat, Zeitung, Film, Computer und Internet). Längst steht die Fotografie nicht mehr als Medium für sich allein, sondern ist basales Medium der neuen Bildmedien.

Diese Omnipräsenz, gerade die Komplexität und ihr ungeheures Vermögen zur Informationsspeicherung machen sie zu einer exzellenten Quelle für historische, sozial- und erziehungswissenschaftliche Untersuchungen. Mit dieser Bildquelle kann nicht nur bekanntes Terrain neu erkundet werden, sie eröffnet aufgrund ihrer spezifischen Eigenschaften eigene erziehungswissenschaftliche Forschungsfelder, die hier nur angedeutet werden können:

- Jugend ist eines der zentralen Themen der öffentlichen Fotografie des 20. Jahrhunderts. Da diese Bilder zumeist von Erwachsenen stammen, können von den verwendeten Themen, Motiven und Stilen auf allgemeine, politische und pädagogische Auffassungen (und Erwartungen), die die Jugend betreffen, rückgeschlossen werden. Dieser Blick ist dann auch durch generationelle Differenzen bestimmt. Von daher eignen sich Fotografien sowohl gut für den Systemvergleich als auch zur Erforschung von Generationsverhältnissen innerhalb sozialer und politischer Systeme.
- Heranwachsende sind außerdem die am meisten fotografierten Objekte der privaten Fotografie. Das Neugeborene ist in der Familie oft genug der Anlass für den Kauf einer Kamera, allein die Motive und Handhabungen dieser Praxis wären viele Untersuchungen wert. Insbesondere Alben, die in der Regel von Erwachsenen fotografiert, angelegt und gestaltet werden, bieten eine weitere, vorwiegend biografisch angelegte Untersuchungsmöglichkeit. Wie das Heranwachsen der Kinder dargestellt wird, wie Familie im Prozess des Aufwachsens reflektiert wird, das fndet sich in Alben häufig über mehrere Jahre dokumentiert. Damit steht eine Quelle ähnlich wie ein Tagebuch zur Verfügung, mit dem Unterschied, dass es (zumeist) von Beginn an einen Adressatenkreis gibt.
- Die allgegenwärtigen fotografischen (öffentlichen und privaten) Bilder prägen und begleiten das Aufwachsen. Das Kinder- und Jugendbild, das beispielsweise die Werbebranche vermittelt und das von den Jugendlichen über Inszenierungen und Selbststilisierungen bearbeitet wird, ist ebenso ein Forschungsdesiderat wie das Kinder- und Jugendbild in Zeitschriften.

- Jugendliche, zunehmend auch Kinder sind selbst aktive Bildproduzenten – vor und hinter der Kamera. Das Fotografieren gehört spätestens seit der letzten Handy-Generation zur alltäglichen Kommunikation. Über Fotografien, die Kinder oder Jugendliche selbst gemacht haben, können ihre spezifischen Sichtweisen rekonstruiert werden, denn das Foto entsteht im Moment des Erlebens und bewahrt davon eine Spur. Gerade für erziehungshistorische Untersuchungen ist dieses Moment bedeutsam, da das Ereignis Teil der Quelle ist und – nicht wie ein Fragebogen oder ein Interview in der nachträglichen Reflexion erscheint. Von Kindern oder Jugendlichen fotografierte Aufnahmen sind daher wichtige Quellen, um die Perspektive des Kindes bzw. der Jugendlichen stärker berücksichtigen zu können. Die Quellenlage macht es außerdem möglich, Fragestellungen über längere Zeiträume und in verschiedenen Gesellschaftssystemen zu beobachten. Hier bieten sich nicht nur thematische und inhaltliche, sondern auch stilistisch-formale Vergleiche an.
- Die meisten Menschen, die im 20. Jahrhundert aufgewachsen sind, verfügen nicht nur über Erzählungen, in denen sie ihr Leben ordnen. Vielmehr messen viele von ihnen auch bestimmten Bildern (Fotografien) besondere Bedeutung zu, weil sie nicht nur an wichtigen Stationen des Lebens oder herausragende Ereignisse erinnern, sondern Erlebtes über große Zeiträume hinweg zumindest partiell nacherfahrbar machen. Diese Qualität der Fotografie ist für lebensgeschichtliche Untersuchungen noch kaum erschlossen.
- Fotografie bietet die Möglichkeit vergleichender, interkultureller Forschung, denn sie hat sich als ein universales visuelles Medium durchgesetzt. Man kann davon ausgehen, dass es mittlerweile einen Grundbestand an visuellen Codes gibt, der weltweit und weitgehend unabhängig von kulturellen und sozialen Differenzen verstanden wird. Neben der allgemeinen Verständlichkeit zeigen sich jedoch zugleich kulturelle Differenzen. Es gibt ein reiches, zum Teil schon archiviertes Quellenmaterial, das bisher noch nie vergleichend untersucht wurde; ein Feld, das die Volkskunde und die Ethnografie seit langem nutzen und das mit der Zunahme ethnografischer Methoden in den Erziehungs- und Sozialwissenschaften an Bedeutung gewinnt.
- Da bestimmte Themen wie Klassenfotos oder Aufnahmen zu Hause von Kindern und Jugendlichen kontinuierlich über einen Zeitraum von ca. einhundert Jahren gemacht worden sind, können Untersuchungen zu Erziehungsauffassungen, zur Rolle der Schüler/innen, der Lehrer/innen, der Räume und zur Präsenz und Entwicklung geschlechtsspezifischer Unterschiede tatsächlich über diese gesamte Zeit angelegt werden. Gerade diesbezüglich haben Fotografien den Vorteil, nicht wie Texte das Geschlecht der Protagonistinnen und Protagonisten verbergen zu können. Im Gegenteil bilden sie auch unbewusste Zuschreibungen sowie Praxen

von Mädchen und Jungen, Frauen und Männern ab. Diese sind in den Kleidungen, Frisuren, den Körperhaltungen, den Gesten und der Mimik präsent. Zuschreibungen manifestieren sich auch in der Präsentation durch den Fotografen bzw. Auftraggeber, in räumlichen Anordnungen, in Hierarchien. Eine geschlechtsspezifische Sichtweise ist nicht auf Untersuchungen, die dies explizit thematisieren, beschränkt, sondern für alle Untersuchungen unabweisbar.

So bieten sich für die historische und vergleichende Schul- und Institutionenforschung[1], ebenso für die Kindheits-, Jugend- und Familienforschung[2] in Bezug auf die Fotografie das gesamte Spektrum von historischen und systembezogenen Untersuchungen sowie Gesellschaftsvergleichen für jene Zeiträume an, seit denen erziehungswissenschaftlich relevante Situationen fotografiert wurden. Fotografien können dazu dienen, die atmosphärisch-räumlichen Bedingungen des Lernens, die meist unerwähnt bleiben, zu registrieren, außerdem dazu, die Aufführungspraxen der Schülerinnen und Schüler sowie der Lehrerinnen und Lehrer in diesen Institutionen zu beobachten.[3] Darüber hinaus lässt sich der Blick des Fotografierenden und seiner Auftraggeber auf die Schule und das Lernen rekonstruieren. Es zeigen sich in den öffentlichen Bildern wesentliche öffentliche, bildungspolitische und pädagogische Vorstellungen, die als Leitbilder fungieren können, in den privaten Bildern spiegeln sich dann nicht nur individuelle Erfahrungen, sondern auch die Reflexe auf diese Zuschreibungen. Die Quelle Fotografie eröffnet eigene Fragen, die sich mit herkömmlichen Quellen nicht bearbeiten lassen: Das ist hier vor allem die Frage nach dem Körper, d.h. nach der Bedeutung von Habitus und Körperausdruck, Gestik und Mimik innerhalb von Bildungs- und Erziehungsinstitutionen.

Die Bereiche, die durch Fotografien teilweise oder auch in wesentlichen Teilen erforschbar sind, lassen sich hier nicht vollständig beschreiben, sie wechseln mit den jeweiligen Forschungsinteressen und -konjunkturen, auf jeden Fall ist die Quelle komplex und für eine Vielfalt von Themen aussagekräftig.

Das heißt, das Medium Fotografie repräsentiert eine visuelle Quelle eigener Art, von deren spezifischen Eigenschaften im Folgenden die Rede sein soll: 1. wird das besondere Verhältnis der Fotografie zur Wirklichkeit erörtert, 2. Singularität und Konventionalität der Fotografie, 3. das Verhältnis von Intention und Zufall, 4. die Fotografie als ästhetisches Ausdrucksmedium, 5. Fotografie als Massenmedium. Abschließend sollen die spezifischen Eigenschaften der visuellen Quelle zusammengefasst und die Perspektiven

---

1   Zur Schul- und Institutionenforschung Pilarczyk 1997; Mietzner/Pilarczyk 2000.
2   Zur Nutzung von Fotografien im Bereich der Kindheits- und Jugendforschung Mietzner 2001; Mietzner/Pilarczyk 1999; Pilarczyk 2004a, b; 2005, 2006, 2007.
3   Zur körperlichen Präsenz von Lehrer/innen und Schüler/innen Heidemann 1996; Kaiser 1998.

diskutiert werden, die die neue Quelle in das erziehungswissenschaftliche Denken einbringt.

1   Fotografie und Wirklichkeit

Die Frage nach dem Verhältnis von Fotografie und Wirklichkeit schließt die Frage nach dem Begriff von Authentizität des fotografischen Bildes und der speziellen Konstruktivität einer Fotografie ein. Je nach Perspektive und dem Grundverständnis von Fotografie wird man entweder formulieren: Fotos sind ja eben nicht nur konstruiert, sondern auch Bild des So-Gewesenen. Oder: Fotos bilden eben nicht nur Gewesenes ab, sondern sind auch konstruiert.

Die Indexikalität des fotografischen Bildes ist eine Tatsache, sie hängt mit einer bemerkenswerten Verbindung des fotografischen Bildes zur Realität zusammen – die schmalen Lichtbündel, die von den Gegenständen ausgehend in die Kamera eingehen, sind Emanation des Realen, und das optische Bild ist somit Zeugnis dieser Verbindung. Diese Fähigkeit der Fotografie, visuell Wahrnehmbares in einem naturgesetzlichen Verfahren zu registrieren, macht sie zu einer außerordentlichen Quelle, allerdings nicht in dem Sinne, dass man meinen könnte, das fotografische Bild bilde die Realität authentisch ab (vgl. Winston 1998: 62-67).

Das Fotografieren entspricht auch nicht dem prozesshaften gestaltenden menschlichen Sehen, es handelt sich vielmehr um eine einäugige, starre, simultane Wahrnehmung, verzerrt durch das optische System des Fotoapparates. Teile der Wirklichkeit werden ausgeschnitten, das (fotografierte) Objekt wird, wie es Aaron Siskind einmal formulierte, „seiner normalen Umgebung entrissen, seinen bekannten Nachbarn entfremdet und in neue Beziehungen gezwängt" (Siskind 1950: 71) und in ein zweidimensionales Bild transformiert. D.h. durch das Fotografieren wird eine neue (fotografische, bildhafte) Realität geschaffen.

Dennoch bleibt Indexikalität herausragende Eigenschaft des Fotografischen mit weitreichenden medientheoretischen Konsequenzen. So sieht Beat Wyss (Wyss 2000: 6) den medialen Bruch in der Geschichte der Medien nicht zwischen linearer Schrift und simultan wahrzunehmendem Bild, sondern zwischen „festgeschriebenen" und „spurlosen" Zeichen. Wyss zieht die Grenze also nicht zwischen Wirklichkeit und Bild, sondern zwischen den Bildern, die sich noch auf die Wirklichkeit unmittelbar beziehen, und den Bildern, die ohne unmittelbaren Rekurs auf die Wirklichkeit neue Bilder generieren, wie das mit digitalen Medien möglich ist (Wyss 2000: 9), denn im digitalen Bild löse sich das Bild von den Erfahrungen und es werde eine neue Qualität von Wirklichkeit konstruiert (vgl. Baudrillard 2000).

Folgt man Gunter Waibl, so gibt es mehrere Wirklichkeitsverhältnisse in der Fotografie: Realität, die auf dem Foto sichtbar bleibt, das Foto als Realität und der fotografische Blick als Teilrealität. „Es kann sich nicht die Wirklichkeit selbst darstellen, weil unser Begreifen die Wirklichkeit mitbestimmt" (Waibl 1987: 4). Fazit: „Was Realität genannt wird, ist nichts anderes als eine bestimmte Art, die Welt zu sehen." (Ebd.) Die Welt ist den Menschen vor allem über den Umweg des Bildes, des Sich-ein-Bild-Machens erfahrbar.

Fotografie wird so zu einem Medium, in dem sich die heutige Weltauffassung reflektiert, sie enthält „Perspektiven des Wirklichen" (Liesbrock 2000: 38) und zwar nicht nur auf der Bildebene, sondern das fotografische Verfahren selbst ist Ausdruck zunehmender Technisierung von Tätigkeiten und der Virtualisierung von Erfahrungen.

Fotografische Bilder beziehen sich nicht allein auf fotografische Vor-Bilder, sondern auch auf innere bildliche Vorstellungen, nach Bernhard Waldenfels gibt es einen „Spalt zwischen Sehen und Wissen" (Waldenfels 1994: 233), der nicht durch Reflexion, auch nicht durch wissenschaftliche Reflexion, zu schließen sei. Die Unterscheidung enthält den Hinweis auf die Wechselbeziehung zwischen Erfahrungsbildung und Bildersehen, die als pädagogisch relevanter Prozess verstanden werden muss. Mit dieser Wechselbeziehung zwischen Bild und Bildung kann gleichzeitig auf die „Multivalenz" und „Polyreferenz"[4] beider Begriffe Bezug genommen werden. Außerdem muss man die Historizität auch des wissenschaftlichen Sehens in die Interpretation mit einbeziehen.

2 Zwischen Konvention und Singularität: Fotografie als Fotografie

Eine Fotografie kann leicht zugänglich und dennoch hochcodiert sein, sie kann einzigartig scheinen und doch konventionell sein. Obwohl doch jeder einzelne ins Foto gebannte Moment einzigartig ist, ähneln sich viele Aufnahmen. Das Geschaute und Fotografierte wird nach bekannten Mustern und Vorbildern sortiert und gestaltet, zugleich bleiben Blicke und manch eigentümliche Geste individuell und erinnern an die Einzigartigkeit dieser Situation und der Personen.

Im gleichzeitigen Auftreten von Singulärem und Konventionellem verbirgt sich Zeitgeschichte, die erschlossen werden kann. Die Tatsache, dass den Betrachtern viele Fotos „irgendwie" vertraut vorkommen, dass sie vage Vor-Bilder im Kopf haben und meinen, ein Bild schon irgendwo gesehen zu haben, ist ein Hinweis darauf, dass Fotografien gerade wegen ihrer Konventionalität über die Mikrogeschichte hinausweisen und Forschungen möglich machen, die eine größere Geltung beanspruchen können, so dass die mögli-

---

4 Vgl. H.-E. Tenorths Ausführungen zum Bildungsbegriff (2000): 95ff.

chen Erkenntnisse der fotografischen Bildinterpretation auf einen ganzen historischen Zeitraum zielen könnten.

Auch Fotografien von erziehungswissenschaftlich relevanten Sujets, vor allem von Kindern oder Jugendlichen oder von Erzieher-/Zögling-Situationen, gehören zu diesen vertrauten Sujets, ja bilden eigene Genres. Bisher gelang es jedoch meist nur thematisch zu begründen, woher dieses Genrehafte rührt, die visuelle Form oder die fotografischen Stile wurden dafür kaum untersucht. Die großen Genres der Kinder-, Jugend-, Familien- oder Schulfotografie sind zwar allgemein bekannt, doch ist diese aussagereiche Quelle noch kaum erschlossen, eine Differenzierung dieser übergreifenden Themen steht noch am Beginn.[5] Der Fotohistoriker Klaus Honnef hat sich anlässlich einer Ausstellung über das Kinderbild im 20. Jahrhundert der „fotografischen Gattung des Kinderbildes" gewidmet (Honnef 2000).[6] Dabei wird auch die motivische Verwandtschaft der Fotografie mit der Malerei deutlich; vor allem beschreibt er, wie sich standardisierte Bildformeln wandeln. Dabei spiegelt sich in der ästhetischen Veränderung der fotografischen Genres z.B. des Kinderbildes (Mietzner/Pilarczyk 1999) auch die Veränderung von kulturellen und pädagogischen Stilen und entsprechenden Sinnzuschreibungen. Insofern kann die Entwicklung der Kunst, der Fotografie samt der Alltagsfotografie analog zur Entwicklung des Geschichtsbegriffs verstanden werden.[7] Die Spur der Konvention und allgemeine Ergebnisse über den Einzelfall hinaus sind durchaus über die Interpretation einzelner Aufnahmen zu finden, die Verbreitung und Bedeutung einer Konvention können jedoch nur an größeren Beständen geprüft werden.

3 Intention und Zufall

Die Unberechenbarkeit des Verhältnisses von Intention und Zufall, Konventionalität und Singularität erschwert es, zu entscheiden, inwieweit Sujet, Motivik und Stilistik einer Fotografie stärker subjektiven oder stärker eher technischen Bedingungen folgen oder inwieweit persönliche Stile oder dem Zeitgeist entsprechende Entscheidungen dominieren.

---

5   Den Anstoß zu einer solchen ikonografischen Unterteilung gaben – konzentriert auf die Malerei – Konrad Wünsche und Klaus Mollenhauer sowie Theodor Schulze: Konrad Wünsche hat beispielsweise Gemälde zum Thema des „ersten Schritts" gesammelt, ein solches Untergenre ließe sich auch für die Fotografie feststellen; Klaus Mollenhauer hat zuerst in „Vergessene Zusammenhänge" (1983) auf das Themengebiet des Generationenbildes aufmerksam gemacht (S. 92-100). Theodor Schulze verfolgte ebenfalls auf die klassische Malerei konzentriert das Thema der „Paargruppe" (1993).

6   Für die Schweiz: Schürpf 1998.

7   Burgin 1977/1996b: 29-31. Diese Analogie galt sowohl für die Anfänge der Geschichtswissenschaft im 19. Jahrhundert und gilt weiter für die digitalen Medien in der Zeit der prozessierbaren Daten im 21. Jahrhundert.

Im Zusammenhang mit der Frage nach der analytischen Bedeutung der Quelle ist das Verhältnis von Bildintention und Zufall zentral, denn es ist – außer vielleicht beim Stillleben – unmöglich, jedes Detail des am Ende des fotografischen Prozesses entstandenen fotografischen Bildes zu kontrollieren bzw. vollständig intentional zu gestalten. Die Kamera ist als technisches Medium ein mächtiger Apparat, der nicht nur visuell Wahrnehmbares in fotografische Bilder prägt, sondern auch in der Lage ist, weitgehend selbstständig Bilder zu generieren, hinzu kommt, wie bereits erwähnt, dass die Bildproduktion bestimmten Konventionen folgt.

Es gilt, das Moment des Zufalls, das dem Foto anders als einem Gemälde inhärent ist, theoretisch nicht zu übersehen, denn es ist sogar so, dass das Zufällige einen besonderen Quellenwert darstellt. Für die Bildinterpretation kann das Moment des Unvorhergesehenen, das, was der Kontrolle der Fotograf/inn/en entging, besonders nutzbringend sein. Zeigen sich doch in den kaum beherrschbaren, versteckten Details oft genug wesentliche Informationen darüber, wie die fotografierenden und die fotografierten Individuen ihre Wirklichkeit formen.

Zum Beispiel kann eben gerade Mimik nicht völlig und vor allem nicht dauerhaft kontrolliert werden, der Eindruck wirkt dann gefroren oder verlegen und verkrampft. Oft können gestische und mimische Reaktionen der Abgebildeten als Kommentare zur kommunikativen Situation gelesen werden, das heißt, sie reagieren aufeinander und auf die fotografische Situation, wenn diese ihnen bewusst ist, hinzu kommen die nicht zu unterschätzenden bewussten und unbewusste Aktionen, sich ins Bild zu setzen.

Aus unseren Erfahrungen im Umgang mit der Quelle lassen sich prinzipiell vier Umgangsweisen mit dem Zufälligen modellieren, die je nach Status der Fotograf/innen, Anlass und Zweck der Fotografie differieren.

1. Zufälliges wird auf ein Minimum reduziert: Durch konzeptionelle Planung des Arrangements vor der Kamera (Inszenierung) und Motiv- und Ausschnittwahl, durch den durchdachten Einsatz der technischen Mittel und durch Nutzung von Korrekturmöglichkeiten bei der Entwicklung der Abzüge (Retusche) bzw. von Bildbearbeitungsprogrammen werden zufällig entstandene Bildwirkungen minimiert. Diese Gestaltungsbemühungen hinterlassen zumeist eine Spur im Bild, sie sind im Sinne intentionaler Gestaltung interpretierbar.[8]
2. Das Zufällige wird durch Selektion eliminiert: Es ist heute üblich, und zwar im Amateur- wie im Profibereich, zum gewünschten Thema sehr viel mehr Fotografien anzufertigen, als nachher verwendet werden. Aus

---

8   Dabei ist zu beachten, dass automatische Kameras zunehmend Gestaltungen ermöglichen, die früher nur dem professionellen Fotografen gelangen. Generell und für die Einschätzung der handwerklichen Fertigkeiten eines Fotografen insbesondere ist der historische Stand der Fototechnik mit zu bedenken.

der Menge der so entstandenen Aufnahmen werden diejenigen ausgewählt, die den ursprünglichen Intentionen des Fotografen oder seiner
Auftraggeber entsprechen. Nachvollziehbare Auswahlen sind ebenso als
intentional zu interpretieren. Während bei der analogen Fotografie für
die Selektion zumindest ein Kontaktabzug entwickelt werden musste, erlaubt die digitale Fotografie eine erste Auswahl sofort am Display des
Fotoapparates.

3. Das Zufällige wird als nicht störend hingenommen: Vor allem Knipser
    sind geneigt, Zufälliges zu akzeptieren, wenn das, was sie eigentlich ab-
    bilden wollten, in befriedigender Weise Bild geworden ist. Intentionalität
    liegt hier weniger im ästhetischen Ausdruck als in der Motiv- und Aus-
    schnittwahl. In der zufälligen Gestaltung und vor allem in der Auswahl
    von Fotografien für Familienalben sind auch unbewusste Strategien
    wirksam, die interpretierbar sind.

4. Mit dem Zufall wird gerechnet: Das gilt für künstlerisch arbeitende Foto-
    grafen insbesondere und auch für Amateure und für Bildjournalisten. Sie
    betrachten den Zufall als konstitutives, kreatives Element der Fotografie,
    dem sie das Hervorbringen anderer Sichtweisen, neuer Ideen, sogar den
    Konventionsbruch zutrauen. Diese nachträgliche Akzeptanz des Zufälli-
    gen muss als interpretierbarer Bildsinn gelten.

Diese hier grob skizzierten Umgangsweisen mit dem Zufälligen beziehen
sich auf den Entstehungszusammenhang, dessen Rekonstruktion gerade für
bildungsrelevante Fragestellungen außerordentlich wichtig ist, z.B. immer
dann, wenn Fotografie als ästhetischer Selbstausdruck interessiert. In dieser
Betrachtung wird Fotografie an den Schöpfer des Bildes und seine Intentionen, Befindlichkeit, Situation zurückgebunden.

Doch lässt sich die soziale Bedeutung einer Fotografie auf diese Weise
nicht vollständig erfassen, denn diese erschließt sich aus ihrer Verwendung
in sozialen Kontexten. Dabei zeigt sich allerdings, dass es für Fotografien
und den Gebrauch, den moderne Gesellschaften von ihr machen, geradezu
symptomatisch ist, dass sie mehrfach und in verschiedenen Kontexten verwendet werden und dass der in wechselnden Kontexten jeweils aktualisierte
Bildsinn teilweise oder gar völlig von der ursprünglichen Bildintention des
Fotografen und dem von ihm ursprünglich gemeinten Bildsinn abgekoppelt
sein kann.

Das ist möglich, weil am Ende des fotografischen Bildprozesses ein eigen-
ständiges, vom Bildautor gelöstes komplexes ästhetisches Produkt steht. Und so
wie auch beim Schreiben nachher das Schriftstück, der Text, von seinem Verfasser losgelöst eine eigene Existenz hat, steht auch das fotografische Bild prinzipiell zur Disposition. Im Unterschied zum Text ist beim fotografischen Bild
zumeist nicht abschließend geklärt, in welchem Verhältnis Zufall und Intention
Anteil an der Bildentstehung hatten. Ungeachtet dieser Unwägbarkeiten entfaltet das Bild bei Betrachtern eine Bildwirkung, die gerade nicht zufällig und

auch nicht ausschließlich individuell, sondern weitgehend durch formalästheti-
sche Kriterien und kulturelle Sehmuster bestimmt ist. Diese Bildwirkung lässt
sich zumeist sozial ganz unterschiedlich codieren. Der Eindruck von Bedrü-
ckung, der beim Betrachten eines ernsten Kinderporträts entstehen mag, kann –
wie es in der großflächigen Plakatwerbung aktuell geschieht – genutzt werden,
um weltweit auf Kinder in Not aufmerksam zu machen, auf Kindesmissbrauch
oder zur Rücksicht im Straßenverkehr mahnen.

Soll also Fotografie nicht ausschließlich als Selbstausdruck der Fotografen
verstanden, sondern in ihrer sozialen Wirksamkeit erfasst werden, ist sie im
Verwendungszusammenhang zu analysieren. Damit ist nicht nur der unmittelbare Kontext gemeint, in dem eine Fotografie verwendet werden kann, sondern
generell der Gebrauch, der von ihr gemacht wird, denn auch die Nutzung, die
Fotografien z.B. in Museen und Archiven erfahren, führt zu Bedeutungsverän-
derungen (Price/Wells 1997: 35f.). Ziel einer solchen Analyse ist dann nicht in
erster Linie, Spuren ursprünglicher Intentionen des Fotografen zu erkunden,
sondern den in der Verwendung gemeinten Bildsinn zu rekonstruieren und zu
überschreiten. Dies ist möglich, indem zunächst festgestellt wird, mit welchen
thematischen Inhalten und formalen Strukturen innerhalb einer aktuellen Verwendung (innerhalb von Text-Kontexten und Bild-Kontexten) der neue Bildsinn plausibel gemacht wird und welche Widersprüche sich aus diesem gemeinten Bildsinn zur komplexen Bildaussage finden lassen. Solche Widersprüche
führen uns häufig zum ikonologischen Gehalt der bildhaften Darstellung.

4   Fotografie als ästhetisches Medium

Der Gegenstandsbezug des fotografischen Bildes wird in der Regel leicht
entschlüsselt, weshalb Fotografien dazu verführen, ihre ästhetischen Qualitäten außer Acht zu lassen. Inhalte umfassen aber mehr als nur den Gegenstandsbezug, denn fotografische Bilder werden ähnlich wahrgenommen wie
andere, z.B. gemalte: Es werden nicht nur manifeste Gegenstände und konkret bestimmbare Personen gesehen, sondern dabei auch eine Bildform, Licht
und Schatten, Hinter-, Mittel- und Vordergrund, dominante Linien und andere kompositorische Details erfahren. Der Bildsinn ergibt sich eben nicht aus
den Bildgegenständen, sondern durch das Zusammenwirken von Bildkomposition und formaler Gestaltung.

Dennoch bleibt das Abbildhafte und das Zufällige der Fotografie eigen,
und es stellt sich die Frage, ob man Fotos wie künstlerische Werke der Renaissance untersuchen darf. Diese Frage ist nicht einfach zu beantworten,
denn es ist ja überhaupt fraglich, ob nicht generell bei moderner Kunst ikonografische und ikonologische Interpretationen verfehlt sind. Auf jeden Fall
verlangt die Vorstellung eines über die einzelne Fotografie und ihren engeren

Kontext hinausweisenden Bedeutungszusammenhangs im Sinne der von Panofsky aufgegriffenen Formel Karl Mannheims, der „Weltanschauung", einen erneuerten Ikonologiebegriff, der sich nicht auf den klassischen Kunstbegriff reduzieren lässt. Es bedarf sowohl eingehender Untersuchungen zur Historizität und Technizität des Mediums, seiner Genres und des Bildverstehens, um diesen Bedeutungszusammenhang besser erkennen und beschreiben zu können. Die menschliche Wahrnehmung jedenfalls trennt Inhalt und Form nicht, daher betrachten wir Fotos als Bilder und beziehen die Analyse auf Form und Inhalt, Motiv und Symbol, Gegenstand und Abstraktion, auf Bildnerisches wie Fotografisch-Technisches, auf das Bild wie auf seine Verwendung und Rezeption, auf sein Erscheinen, seinen Ort im Leben.

Was die Einbeziehung formaler Elemente in das ikonologische Bildsehen angeht, bietet sich die „Ikonik" Max Imdahls (Imdahl 1996: 84-110) als Richtung an. Sie berücksichtigt die Eigenschaft jeden Bildes, nicht nur gegenständlicher und szenischer Bedeutungsträger zu sein, sondern eigene Bedeutung auch in der „formalen, in sich selbst sinnvollen Ganzheitsstruktur" (Imdahl 1996: 93) zu vermitteln. Dies gilt auch für die Fotografie, die zwar, wie oben beschrieben, oft nicht vorab in allen Einzelheiten durchkomponiert ist, aber dennoch als Bild ganzheitlich wirkt und deren zufällige Kompositionen außerdem durch nachträgliche Selektionen bestätigt werden. In den in sich zusammenhängenden Bildstrukturen des fotografischen Bildes, den Linien, Flächenaufteilungen und in der Kameraperspektive, sind Raum-Zeit-Relationen formuliert. Das heißt, wie sich eine Fotografie auf Vergangenheit, Gegenwart oder Zukunft bezieht, verbirgt sich in erster Linie in ihren formalen Elementen.

Hinter dem Versuch, Fotografie theoretisch als Bild und als Medium zu begreifen, verbirgt sich die Frage nach dem Verhältnis von Fotografie zu Kunst, die nicht prinzipiell für die gesamte Bandbreite der Fotografie zu beantworten ist. Z.B. nimmt man zwar an, dass ein zufälliger Schnappschuss andere Bildeigenschaften hat als eine ausgeklügelte Profifotografie, das ist aber gar nicht zwangsläufig so, denn oft genug verblüffen uns die beiläufig entstandenen Bilder mit neuen Blicken auf die Welt. So lassen sich also zumindest aus der ikonologischen Interpretation besonders vieldeutig wirkender einzelner Aufnahmen und Serien bestimmter ambitionierter Bilder Hypothesen auf die Gestimmtheit einer ganzen Zeit formulieren. Es sind Aspekte von fotografischen Postulaten, einzelne Kommentare, Formfindungen, die dann an Geltungsbreite gewinnen, wenn sich diese Ausdrucksformen häufen.

So ist die Begründung einer Bildwissenschaft dann auch als Versuch zu verstehen, Veränderungen des Kunstbegriffs aufzunehmen und die visuelle Kultur nicht von vornherein entweder unter Fragestellungen der Kunst oder unter der Maßgabe des Profanen einzuordnen.[9] Bildwissenschaftliche Be-

---

9   Die Leistungen der aktuellen bildwissenschaftlichen Diskussion liegen im Aufgreifen der Beziehungen zwischen den bildlichen Repräsentationen, ihren Trägermedien, deren Mediengeschichte und der Seite der Erzeuger und Verarbeiter dieser Bilder. Vgl. dazu die Initi-

schäftigung scheint für die Fotografie deshalb notwendig, weil gerade bei ihr so deutlich ist, dass ihr ästhetisches Bezugssystem andere Bilder, auch bewegte Bilder, und selbst andere Medien wie Musik sind.

Gunter Waibl spricht bei der Fotografie in Anlehnung an Erwin Panofsky von einer „primären Sinnschicht", in der der „Phänomensinn" einer Fotografie entschlüsselt wird, während man durch das Erfassen der Bildoberfläche zu den tieferen Sinnschichten vordringe, zum transindividuellen Sinnzusammenhang, einer „sekundären Sinnschicht" (Waibl 1986: 8). Folgt man dieser Sehweise, so ist eine Übertragung, d.h. eine dem Medium angepasste Übertragung der Ikonografie und Ikonologie des ikonografischen und ikonologischen Sinnerschließens auf die Fotografie möglich. Die Rolle des spezifisch Fotografischen dabei betrifft vor allem die Technik, Schnitt, Rahmen, Form, Sujet, den sozialen Gebrauch der Fotografie, die Selektivität der Kamera, die Auftraggebersituation, die Verwendung und Rezeption. Dabei lohnen sowohl die Analyse des autonomen Einzelbildes – z.B. bei einem künstlerischen Foto – als auch die serielle Analyse, wenn Fragen nach der Rolle von Klischee und Konvention im Vordergrund stehen.

Durch serielle ikonografische Fotoanalysen bildet sich ein Verständnis der fotografischen Bildercodes heraus, die sich je nach Genre und Bildthematik, also für die einzelnen Forschungsrichtungen unterscheiden. Auch wenn sich Form und Bedeutungen der Fotografie schnell wandeln, gibt es gerade in der Genrefotografie eine Fülle von Zeichen, die für einen bestimmten Ausdruck stehen und die man ohne weiteres klassifizieren kann.

Diese Qualitäten der Fotografie, Fotografisches, Abbildhaftes und Hintergründiges auf der Bildoberfläche zu vereinen, fassen wir im Begriff des „fotografischen Bildes". Doch auch das, was mit „Fotografie" gemeint ist, bedarf in der Forschung einer Differenzierung. Die gebräuchlichen Termini deuten auf solche notwendigen Unterscheidungen: Schnappschuss, Dokumentarfotografie, „straight photography", künstlerische Fotografie, „bildmäßige Fotografie", Lomografie, wissenschaftliche Fotografie, Amateurfotografie, Pressefotografie usw. Mit dem Zweck der Fotografie hängen der Gebrauch und damit auch die wechselnden Bedeutungen, die sie annehmen können, eng zusammen (hierzu u.a. Tagg 1988). Man kann Fotografien auf ihre unterschiedlichen Informationen hin untersuchen: Auf die Produktionsintention und die fotografische Herkunft, unmittelbar auf die Bildthemen und -in-

---

ativen an der Berliner Humboldt-Universität am Kunstgeschichtlichen Institut von H. Bredekamp oder in Karlsruhe am Zentrum für Kunst und Medien (ZKM) bei H. Belting; zum Thema grundlegend Boehm 1994; Belting/Kamper 2000; Belting 2001. Es wurde ein Virtuelles Institut für Bildwissenschaft von Wilhelm Hofmann und Klaus Sachs-Hombach gegründet, das kommunikationstheoretisch orientiert ist, http://www.bildwissenschaft.org; Sachs-Hombach 2003, weiter zu den Bemühungen für eine interdisziplinäre Bildwissenschaft ders 2005. Im Internet wurde 2004 ein Forum „Sichtbarkeit der Geschichte" publiziert, herausgegeben von: Matthias Bruhn und Karsten Borgmann http://hsozkult.geschichte.hu-berlin.de/forum.

halte, auf ihre Bildästhetik bzw. den Stil sowie auf die Verwendung der Fotografien und natürlich auf ihre Rezeption.

5 Fotografie als Medium und Massenmedium

Fotografie zeichnet sich – wie im Vorangegangenen schon erwähnt – sowohl durch ihren medialen als auch durch ihren massenmedialen Charakter aus. Bei der Fotografie handelt es sich um ein technisches Medium, die Produktion des fotografischen Bildes verläuft weitgehend automatisiert.[10] Ein Teil der angesprochenen fotografischen Phänomene wie das Verhältnis der Fotografie zur Wirklichkeit, zum Zufall oder ihre Ästhetik hat mit diesen medialen Eigenschaften zu tun. Außerdem ist Fotografie ein Massenmedium, was sich u.a. in ihrer hohen Konventionalität und in ihrem spezifischen Charakter zwischen Öffentlichkeit und privatem Gebrauch zeigt. Das Verhältnis der Fotografie zum kollektiven Gedächtnis beruht auf diesem massenmedialen Charakter. Fotografien mit der Möglichkeit ihrer preiswerten, nahezu unbegrenzten Reproduzierbarkeit haben weltweite Verbreitung gefunden, hierin sind sie dem verwandten Medium Film ähnlich. Seit den zwanziger Jahren des 20. Jahrhunderts sind Fotografien und Apparate auch für private Nutzer erschwinglich geworden, und die Apparatur ist immer einfacher zu bedienen. Mit der Digitalisierung der Fotografie lassen sich die Aufnahmen nun sogar ohne den Zwischenschritt der Entwicklung ansehen und sofort nach Erstellung am Display selektieren. Das hat zur Folge, dass Fotos massenhaft, überall und zu jeder Zeit gemacht, betrachtet und ausgewählt werden. Wichtig ist in diesem Zusammenhang, dass die „gelöschten" Bilder zwar den Speicher der Kamera nicht mehr belasten, aber nicht zwangsläufig aus dem körperlichen Bildgedächtnis verschwinden, vielmehr scheint es so zu sein, dass sie unkontrolliert den Assoziationsketten hinzugefügt werden, die bei der nächsten Bildbetrachtung automatisch aufgerufen werden.

Es sind die wechselnden Moden, verschiedenen Stile und Entwicklungen, nicht nur in der öffentlichen Fotografie, sondern auch in der Familien- und Freundesfotografie, die einen spezifischen Quellenwert der Fotografie ausmachen. Diese Erscheinungen weisen nicht auf Singuläres, das die Fotografie unbenommen auch hat, sondern sie deuten auch auf etwas – jeweils zu bestimmendes – Allgemeines hin. Gerade die massenhafte Übernahme bereits vorhandener Stile, Motivtraditionen und Klischees stellt offensichtlich einen Akt der gesellschaftlichen Konsensbildung dar. Dies trifft auch – und gerade – auf die lebensgeschichtliche Familienfotografie zu, wie sie in Alben oder Fotoboxen präsentiert wird. In den gängigen Stilen, Motiven, Bildkon-

---

10   Hierzu und im Folgenden Krämer 2000: 11ff.

ventionen und in ihrer Adaption vermuten wir einen Ausdruck des „kulturell Unbewussten" (Bourdieu 1994: 76), der uns nicht nur zu den Spitzen künstlerischer Produktion führt, sondern eine Analyse der Ausdrucksformen alltäglicher Situationen und Erziehungsverhältnisse breiter Gesellschaftsschichten ermöglicht. Die Geschichte der Wandlungen dieser Klischees lässt sich ebenfalls aus den Bildern rekonstruieren, Klischeebilder wie auch deren Derivate, Gegenbilder und Brechungen werden über Print- und Fernseh- bzw. Filmmedien verbreitet (vgl. Pilarczyk 2004a).

Die Tatsache, dass fotografische Bilder überall sind und wir ihnen gar nicht entgehen können und das Bildsehen der Menschen heute durch sie wesentlich geprägt ist, weist einerseits auf Forschungsfelder, die sich insbesondere auf die Praxis des Fotografierens, auf den Gebrauch der Fotografien und ihre Funktionen richten. Sie kennzeichnet andererseits den Stellenwert des Visuellen in modernen Gesellschaften und damit stellen sich der Forschung medientheoretische Fragen. Diese Prozesse sind entscheidend für das Aufwachsen und lebenslanges Lernen, ihre Erforschung gehört zu den Aufgaben der Erziehungswissenschaften.

6   Zusammenfassung: Qualitäten der Quelle Fotografie

Im Folgenden soll der Quellenwert der Fotografie aus den spezifischen Eigenschaften des Mediums für erziehungs- und sozialwissenschaftliche Untersuchungen näher bestimmt und systematisch dargestellt werden:

1. Indexikalische Qualität: Wegen ihrer unaufkündbaren Referenz zur Realität ist die Fotografie nach wie vor eine ausgezeichnete Quelle für realienkundliche Untersuchungen. Registriert wird alles, was sich zum Zeitpunkt der Aufnahmen vom Objektiv erfasst werden kann: Räume, Objekte, Materialien, Einrichtungsgegenstände Kleidungsstile u.s.w. Auch die Körper der Menschen in bestimmten interpersonalen und sozialen Konstellationen und ihr Ausdruck werden erfasst – das „Zurschaustellen" ebenso wie der unbewusste, spontane, der fotografischen Situation geschuldete oder der habitualisierte Ausdruck in Mimik, Haltung und Gestik. Dabei ist für Fotografie typisch, dass sie neben dem Ereignis, das Anlass zum Fotografieren gab, gleichzeitig das Gewohnte und Alltägliche, unbeachtete Details, ritualisierte Selbstverständlichkeiten aufzeichnet. Die Fotografie speichert damit – im Unterschied zu literarischen Texten – auch das Profane, Details, das scheinbar Belanglose, das ansonsten dem Vergessen anheim fällt.
2. Perspektivische Normierungen: Fotografie bildet nicht Realität ab, sondern schafft eine neue (fotografische bildhafte) Realität. So ist der Körper im fotografischen Bild immer auch Ort diskursiver Zuschreibungen

politischer, sozialer, moralischer Art, je nachdem, welche Art von Fotografie (öffentlich, privat, institutionsöffentlich) als Quelle gewählt wird. Den Weg zu den ideologischen, kulturellen und sozialen Diskursen, denen die Fotografien angehören, öffnet der Verwendungskontext, über den der spezifische Beitrag, den Fotografien für die Wirklichkeitskonstruktion leisten, rekonstruiert werden kann. Sie können dann als Quelle für das in einer Gesellschaft Sichtbare oder sichtbar Gemachte dienen: für Vorstellungen und Manifestationen von Normalität, die Legitimierung von Wissen, für nationale, familiäre und institutionelle Traditionsbildung und natürlich auch für die Anschauungen vom Aufwachsen, von Jugend, Kindheit und vom Verhältnis der Geschlechter und der Generationen.

3. Historischer Wandel: Fotografien sind multifunktional, d.h. sie haben in allen Lebensbereichen Funktionen der sozialen, kulturellen und ästhetischen Wirklichkeitskonstruktion übernommen. Zu chronologischen Serien von thematischer Konzentration zusammengestellt, zeugen Fotos so von den zeitlichen Entwicklungen und Wandlungen der Lebenswelten, die mit herkömmlichen Quellen in dieser Weise nicht erfasst werden können.

4. Verschränkung der Perspektiven: Die Fotografie ist ein komplexes Medium, in dem über Themen und Inhalt, Form und Stil verschiedene Perspektiven gleichzeitig präsent sind: die Perspektive der Fotografen, der Abgebildeten, der Auftraggeber und Verwender, der Adressaten und immer auch die der jeweiligen Rezipienten. Die Komplexität des Mediums entspricht der Vieldeutigkeit lebensweltlicher Phänomene, die Konstruktionsweisen einer Fotografie deuten Konstruktionsmuster pädagogischer und sozialer Situationen und Verhältnisse an. Die im Bild verborgenen, verschränkten Perspektiven entsprechen der von der sozialwissenschaftlichen und historischen Forschung erwarteten Multiperspektivität, die umfassendere mehrperspektivische Untersuchungen ermöglichen, die über die Analyse von Bildinhalten und -themen hinausgehen.

5. Überdetermination: Fotografische Bilder sind mehrdeutig und überdeterminiert wie alle Bilder. Der Grund hierfür liegt in der Vielzahl visueller Zeichen, die in einem Bild vereint sind, in der Tatsache, dass sich ein Bild in seinen Einzelheiten und als Ganzes zugleich vermittelt, in der ästhetischen Qualität, bei der Inhalt und Form untrennbar zusammen als Bild gesehen werden und in den Regeln visueller Wahrnehmung. Die soziale Bedeutung einer Fotografie und auch, ob man sie z.B. indexikalisch auffasst oder bildhaft-symbolisch, ist abhängig vom Kontext, in dem sie genutzt und betrachtet wird.

6. Kommunikative Praxen: Als gesellschaftliches Kommunikationsmittel ist die Fotografie eine Quelle eigener Art. Sie ist nicht nur als Massenmedium Machtmittel und konstituierendes Bildmedium ganzer Mediensyste-

me (Printmedien, Fernsehen, Internet), sondern sie existiert zugleich als
soziale Praxis von Massen. Sie ist Konventionen prägend und etablie-
rend und hat zugleich den Konventionsbruch ritualisiert. Neue Stile in
der Künstlerfotografie, die Weiterführung von Motivtraditionen in der
privaten Fotografie, auch die einfachen Wiederholungen im Klischee
können als bedeutungsvolle Äußerungen innerhalb eines gesellschaftlichen Kommunikationsprozesses gesehen werden, in dem die relevanten
Themen und Konsens ausgehandelt und gewertet werden.

7. Form und ästhetische Wirkungen: Fotografien sind ästhetische Produkte,
   die auf die Rezipienten unmittelbar visuell wirken und als ästhetisches
   Ausdrucksmittel individuelle und kollektive kulturelle Sichtweisen vermitteln. Neben den Themen und Inhalten der fotografischen Bilder sind
   es besonders Bildatmosphären und Stile, die auf Mentalitäten und Selbstverständnis sozialer Gruppen verweisen. Fotografien können auch als
   Ausdruck einer zunehmend beobachteten Ästhetisierung aller Lebensbereiche verstanden und interpretiert werden. Performative Akte von Kindern, von Jugendlichen, Familien und Erwachsenen mit professionellen
   Erzieherfunktionen sowie deren ritualisierte Handlungen werden in Fotografien (und im Film) festgehalten. Sie sind deshalb eine geeignete
   Quelle, um Formen von Erziehung, intra- und intergenerationellen Umgang und Kulturen pädagogisch relevanter Gruppen zu erforschen.

8. Selbst- und Fremdrepräsentationen: Fotografien sind aber auch Quelle
   für die Haltungen der Fotografen und der Abgebildeten. Die Fotografinnen und Fotografen können sich mit ihrer Fotografie ausdrücken. Selbst
   die Abgebildeten können bis zu einem gewissen Grad die Fotografie be-
   einflussen, deshalb ist das Verhältnis zwischen der (Selbst)Präsentation
   des Fotografen und der Selbstpräsentation seines Sujets zu bestimmen.
   Die Funktion des Selbstausdrucks in privaten Aufnahmen, das Wechsel-
   verhältnis zu in der Öffentlichkeit präsenten Bildern mit eigenen Bildformeln kann hier beobachtet und analysiert werden.

Verallgemeinert heißt das: Der Quellenwert von Fotografie liegt darin, dass
im fotografischen Medium innere und äußere Bildungsrepräsentationen be-
lichtet sind. Das hängt zum einen mit dem Stellenwert zusammen, den Fotografien im privaten wie im öffentlichen Leben, historisch wie aktuell besitzen. Zum anderen hängt es mit der ihnen eigenen Visualität zusammen: Fotografien sind als visuelle Verknüpfung zwischen dem Außenbild der Gesellschaft und den Ausdrucksbildern von Personen aufzufassen. Je leichter und
schneller ihre Technik zu beherrschen ist, je unmittelbarer ihre Bilder eine
visuelle Reaktion auf einen Impuls sind, desto näher ist die Quelle auch an
den Lebensäußerungen der Menschen, wobei die Technik zugleich einen Abstand schafft. Doch führt der technische Ursprung der Bilder nicht zwangsläufig zur automatisierten Bilderzeugung, denn nicht sie entscheidet darüber,
ob man überhaupt fotografiert, was für abbildungswürdig gehalten wird, von

welchem Standpunkt aus man aufnimmt, was man mit dem Sucher ausschneidet. Und sie entscheidet auch nicht darüber, was man mit dem Bild macht.

In die Visualität der Fotografie gehen individuelle Erfahrungen ebenso ein wie über lange Zeit entstandene kultur-historisch geprägte Bildformeln. Der im Bild ausgedrückte Wunsch, die formulierten Ansichten, aber auch eine mögliche Bangigkeit zeugen oft von überzeitlichen Themen. Hoch komponierte Fotografien von Künstlerinnen und Künstlern gehen eher bewusst mit solchen Bildformeln um, die profanen Bilder spiegeln diese Themen auch, doch eher unbewusst. Es sind daher vor allem die Bilder der Kunst, die auf zentrale, virulente oder problematisch gewordene Auffassungen einer Zeit hinweisen.

Die ästhetische Form besitzt einen mit dem Bildinhalt untrennbar verbundenen Aussagewert. In der Bildästhetik haben – gewollt oder ungewollt – zeithistorisch relevante, subjektive wie gesellschaftlich verallgemeinerbare Vorstellungen über den zum Bild gemachten Gegenstand bzw. über das Thema ihre Form gefunden.

Mit der Fotografie, differenziert in Bild und Medium, können wir die Bilder erkennen, die heute medial im Umgang zwischen den Menschen und den Dingen kursieren, also als kommunikative Medien zu verstehen sind. Fotografische Bilder sind eben nicht als primäre Abbilder der Welt zu verstehen, sondern sie drücken in ihren symbolischen, motivischen, stilistischen und technischen Merkmalen die evolutionär vorgeformten, kultur-historisch erworbenen und subjektiv konstruierten Umgangsformen der Menschen mit den Dingen der Welt aus, das heißt Bilder repräsentieren immer Erfahrungen.

Durch den Mediencharakter der Fotografie ist immer auch technikgebundene Kommunikations- und Erinnerungskultur Teil der Untersuchungen. Zum einen lässt sich an der fotografischen Bildkultur erforschen, welche Bilder von wem überliefert werden, in welcher Art sie verbreitet werden und wie der Austausch der Bilder insgesamt zwischen der privaten, der institutionellen und der öffentlichen Sphäre verläuft. Zum anderen lassen sich an den Veränderungen dieser Bilder, die immer auch mit den Entwicklungen des technischen Trägermediums zu tun haben, kulturelle Verschiebungen beobachten. Dass sich die stereotypisierten Motive und Stile der Fotografien auch als „Kollektivvorstellungen" interpretieren lassen (Mannheim 1980, S. 231), kann entsprechend des bisher dargelegten Wissens über die technischen Bilder angenommen werden, jedoch weist diese Annahme noch über die bisher bekannten Untersuchungen hinaus. Dies ist aber das andere große Thema der medialen Fotografiekultur, die in ihr impliziten gemeinsamen Erfahrungen.

Fotografie stellt nicht nur eine einzige Quellenform dar, sondern wie Herta Wolf (2002) betont, gibt es ganz verschiedene Fotografien. Je nachdem ist das Medium stärker beeinflusst von der Konvention, je nach historischer

Zeit und Umständen der Produzentinnen und Produzenten enthalten die Fotografien eine höhere Übereinstimmung mit der Konvention oder stellen im Gegenteil gar einen Konventionsbruch dar. Je nach Zugehörigkeit zu einem bestimmten Mediensystem, beispielsweise zu einem Presseorgan, sind die Bilder Teil verschiedener Machtverhältnisse. In diesem kommunikativen System beziehen sich Bilder aufeinander; sie hängen von Vor-Bildern ab, auf die sie reagieren, die sie aufnehmen, nachbilden, transformieren oder konterkarieren und so auch die Bedeutung der Vor-Bilder permanent verändern (Pilarczyk 2004a). Um diese im fotografischen Bild und im Medium der Fotografie angelegte Komplexität entschlüsseln zu können, müssen diese Dimensionen der Quelle Fotografie den Forschungen zugrunde gelegt werden. Es gilt die Kriterien festzulegen, die Fotografien bzw. fotografische Bestände erfüllen müssen, um als Quelle dienen zu können und um dann auch die Reichweite der möglichen Interpretationsergebnisse einzuschätzen. Auf die methodischen Erfordernisse, die sich aus den Besonderheiten der Quelle Fotografie ergeben, soll an dieser Stelle nicht eingegangen werden, da sie den Rahmen dieses Beitrages sprengten. Dafür sei auf die ausführliche Diskussion methodologischer Grundlagen, methodischer Standards und Verfahren der seriell-ikonografischen Fotoanalyse (Pilarczyk/Mietzner 2005) verwiesen.

Mit der Berücksichtigung von Fotografien als Quelle gewinnt erziehungswissenschaftliche Forschung mindestens zwei neue Perspektiven: Zum einen ist dies der Einblick in die äußere Bildwelt, präformiert durch einen Fundus von uralten Bildern und immer neu formiert durch die technischen Medien. Damit werden sowohl das allgemeine Thema Bild selbst zum Subjekt der Forschung als auch die technischen Medien und vor allem die sozialen Funktionen dieser Bilder. Zum anderen ist es die innere Bildwelt, die zum Fokus der Forschung werden kann, die sich in äußeren Bildern, auch in fotografischen, äußert. Der Körper als Ort der inneren Bilder ist zugleich auch selbst bildliche Form in seinen mimetischen Äußerungen und fungiert als Schnittstelle zwischen den inneren und äußeren Bildern – als Ausdruck beider Bildformen. Diese Bildwelten, in denen Personen und Welt in der historischen Konstellation aufeinander bezogen sind, sind gleichzeitig Bildungswelten. In einer neuen Weise lässt sich diese Forschung als phänomenologische verstehen, und zwar insofern, als sie sich auf konkrete Erfahrung bezieht, diese jedoch als permanenten Wandlungsprozess begreift. Mit einem bildanalytischen Ansatz, wie ihn die seriell-ikonografische Fotoanalyse, aber auch die dokumentarische Methode (Bohnsack 2001) und auch andere methodische Verfahren, die mit bildlichem Material arbeiten, repräsentieren, ist nicht einfach eine neue Quelle in die erziehungswissenschaftliche Forschung eingeführt, sondern ein solcher Ansatz postuliert auch ein eigenes Verständnis von Kultur und Gesellschaft, von Subjekt und Welt: Im Bildermachen und Bildersehen vollzieht sich die aktive Auseinandersetzung des Menschen mit seiner Welt, im Wechselspiel mit persönlicher Wahrnehmung und anderen Bereichen der Wissensvermittlung sind Bilder an der Konstruktion der individuellen und gesellschaftlichen Wirklichkeit maßgeblich beteiligt. Diese Auseinandersetzung ist mit dem klassischen Bildungsbegriff zu fassen, da dieser sowohl die bildenden Einflüsse und die Selbstbildung umfasst, als auch einen bildnerischen, gestaltenden Umgang mit der Welt kennzeichnet. Und manchmal gerinnt in der Fotografie ein Augenblick zum Bild, in dem dies zusammentrifft.

Literatur

Baudrillard, Jean (2000): Denn die Illusion steht nicht im Widerspruch zur Realität. In: Belting, Hans/Kamper, Dietmar (Hrsg.): Der zweite Blick. Bildgeschichte und Bildreflexion. München: Fink, S. 263-272.

Belting, Hans/Kamper, Dietmar (2000) (Hrsg.): Der zweite Blick. Bildgeschichte und Bildreflexion. München: Fink.

Belting, Hans (2001): Bild-Anthropologie. Entwürfe für eine Bildwissenschaft. München: Fink.

Boehm, Gottfried (Hrsg.) (1994): Was ist ein Bild? München: Fink.

Bohnsack, Ralf/Nentwig-Gesemann, Iris/Nohl, Arnd-Michael (Hrsg.) (2001): Die dokumentarische Methode und ihre Forschungspraxis. Grundlagen qualitativer Sozialforschung. Opladen: Leske + Budrich.

Bourdieu, Pierre (^{5}1994): Zur Soziologie der symbolischen Formen. Frankfurt am Main: Suhrkamp.

Burgin, Victor (1977): Fotografien betrachten. In: Kemp, Wolfgang (1999): Theorie der Fotografie III. München: Schirmer Mosel, S. 251-260.

Heidemann, Rudolf (1996): Körpersprache im Unterricht, ein praxisorientierter Ratgeber. Wiesbaden: Quelle und Meyer.

Honnef, Klaus (2000): Von der Identität zum Symbol. Die fotografische Gattung des Kinderbildes. In: Murken, Christa/Weschenfelder, Klaus/Schad, Brigitte (Hrsg.): Kinder des 20. Jahrhunderts. Malerei – Skulptur – Fotografie. Köln: Wienand, S. 52-57.

Imdahl, Max (^{6}1996) (zuerst 1980): Giotto. Arenafresken. Ikonographie – Ikonologie – Ikonik. München: Fink.

Kaiser, Constanze (1998): Körpersprache der Schüler. Neuwied/Kriftel/Berlin: Luchterhand.

Kemp, Wolfgang (Hrsg.) (1999) (zuerst 1983): Theorie der Fotografie III 1945-1980. München: Schirmer Mosel.

Krämer, Sybille (Hrsg.) (^{2}2000): Medien, Computer, Realität. Wirklichkeitsvorstellungen und Neue Medien. Frankfurt am Main: Suhrkamp.

Liesbrock, Heinz (2000): Das schwierige Sichtbare. Perspektiven des Wirklichen in Fotografie und Malerei. In: Weski, Thomas/Liesbrock, Heinz (Hrsg.): How you look at it. Fotografien des 20. Jahrhunderts. Köln: Oktagon, S. 38-59.

Mannheim, Karl (1980): Strukturen des Denkens. In: Kettler, David/Meja, Volker/Stehr, Nico (Hrsg.) Frankfurt am Main: Suhrkamp.

Mietzner, Ulrike/Pilarczyk, Ulrike (1997): Fahnenappell – Entwicklungen und Wirkungen eines Ordnungsrituals. Fotografie als Quelle in der bildungsgeschichtlichen Forschung. In: Fotogeschichte 17, H. 66, S. 57-63 (a).

Mietzner, Ulrike/Pilarczyk, Ulrike (2000): Gesten und Habitus im pädagogischen Gebrauch. Ein historischer Vergleich der Entwicklung von Gesten und Körperhabitus im Unterricht der DDR und der Bundesrepublik Deutschland seit 1945. In: Depaepe, Marc/Henkens, Bregt (Hrsg.): The Challenge of the Visual in the History of Education. Paedagogica Historica: International Journal of the History of Education. Gent, S. 473-496.

Mietzner, Ulrike/Pilarczyk, Ulrike (1999): Kinderblicke – fotografisch. In: Liebau, Eckart/Unterdörfer, Michaela/Winzen, Matthias (Hrsg.): Vergiß den Ball und spiel' weiter. Das Bild des Kindes in zeitgenössischer Kunst und Wissenschaft. Köln: Oktagon, S. 74-82.

Mietzner, Ulrike (2001): Kaleidoskop der Erinnerungen. Kindheit in Fotografien. In: Behnken, Imbke/Zinnecker, Jürgen (Hrsg.): Kinder – Kindheit – Lebensgeschichte. Ein Handbuch. Velber: Kallmeyer.

Mollenhauer, Klaus (1986): Umwege. Über Bildung, Kunst und Interaktion. Weinheim/München: Juventa-Verlag.

Mollenhauer, Klaus (1983): Vergessene Zusammenhänge. Über Kultur und Erziehung. Weinheim/München: Juventa-Verlag.

Pilarczyk, Ulrike/Mietzner, Ulrike (2005): Das reflektierte Bild. Die seriell-ikonografische Fotoanalyse in den Erziehungs- und Sozialwissenschaften. Bad Heilbrunn/Obb.: Klinkhardt.

Pilarczyk, Ulrike (2005): Die mediale Konstruktion von Gemeinschaft. Jüdische Jugendfotografie 1924 bis 1938. In: Hotam, Yotam (Ed.): The Age of Youth. Jerusalem (im Druck 2007).

Pilarczyk, Ulrike (2006): Selbstbilder im Vergleich. Junge Fotograf/innen in der DDR und in der Bundesrepublik vor 1989. In: Niesyto, Horst/Marotzki, Winfried (Hrsg.): Bildinterpretation und Bildverstehen : methodische Ansätze aus sozialwissenschaftlicher, kunst- und medienpädagogischer Perspektive. Wiesbaden: VS-Verlag, S. 227-251.

Pilarczyk, Ulrike (2004a): Das Kind mit dem Teddy. Kinderbilder im 20. Jahrhundert. In: Zeitschrift für pädagogische Historiographie, Heft 1, S. 22-32.

Pilarczyk, Ulrike (2004b): Inszenierungen des Selbst in der digitalen Jugendfotografie. In: Holzbrecher/Schmolling, S. 79-88.

Pilarczyk, Ulrike (1997): Veränderungen des schulischen Raum-, Zeit- und Rollengefüges im Prozeß der Politisierung der DDR-Schule. Eine Oberschule in Thüringen 1950/51. In: Tenorth, Heinz-Elmar (Hrsg.): Kindheit, Jugend und Bildungsarbeit im Wandel. 37. Beiheft der Zeitschrift für Pädagogik. Weinheim/Basel, S. 115-143.

Price, D./Wells. L.: Thinking about Photography. Debates, historically and now. In: L. Wells: Photography. A Critical Introduction. London/New York 1997, S. 11-54.

Sachs-Hombach, Klaus (2003): Das Bild als kommunikatives Medium. Elemente einer allgemeinen Bildwissenschaft. Köln: von Halem.

Sachs-Hombach, Klaus (Hrsg.) (2005): Bildwissenschaft. Disziplinen, Themen, Methoden. Frankfurt am Main: Suhrkamp.

Schulze, Theodor (1993): Ikonologische Betrachtungen zur pädagogischen Paargruppe. In: Herrlitz, Hans-Georg/Rittelmeyer, Christian (Hrsg.): Exakte Phantasie.

Pädagogische Erkundungen bildender Wirkungen in Kunst und Kultur. Weinheim/München: Juventa-Verlag, S. 147-171.

Schürpf, Markus (ca. 1998): Schweizer Fotografen sehen das Kind. In: Hugger, Paul: „Der schöne Augenblick". Schweizer Photographien des Alltags. Zürich: OZV, Offizin Zürich o.J., S. 491-496.

Siskind, Aaron: Ein Symposion (1950). In: Kemp 1999, S. 71.

Tagg, John: The Burden of Representation: Essays on Photographies and Histories. London 1988.

Tenorth, Heinz-Elmar (2000): Bildung – was denn sonst? In: Dietrich, Cornelie/Müller, Hans-Rüdiger (Hrsg.): Bildung und Emanzipation. Klaus Mollenhauer weiterdenken. Weinheim/München: Juventa-Verlag, S. 87-101.

Waibl, Gunter (1986): Fotografie und Geschichte II. In: Fotogeschichte 6, Heft 22, S. 3-10.

Waibl, Gunter (1987): Fotografie und Geschichte III. In: Fotogeschichte 7, Heft 23, S. 3–12.

Waldenfels, Bernhard (1994): Ordnungen des Sichtbaren. Zum Gedenken an Max Imdahl. In: Boehm, Gottfried: Was ist ein Bild? München: Fink, S. 233-252.

Winston, Brian (1998): 'The Camera Never Lies': The Partiality of Photographic Evidence. In: Prosser, Jon (Hrsg.): Image-based Research. A Sourcebook for Qualitative Researchers. London: Falmer Press, S. 60-68.

Wolf, Herta (Hrsg.) (2002): Paradigma Fotografie. Fotokritik am Ende des fotografischen Zeitalters. Frankfurt am Main: Suhrkamp.

Wyss, Beat (2000): Jenseits der Fotografie. Das indexikalische Bild. Hors-texte. In: Fotogeschichte 20, Heft 76, S. 3-11.

Mädchen und Jungen in der Eliteerziehung des Nationalsozialismus. Eine Annäherung über Fotografien

Margret Kraul/Adrian Schmidtke

1 Einleitung

Mit unserem Thema greifen wir unterschiedliche Aspekte auf, die sich in der Frage bündeln, inwieweit Fotografien von Mädchen und Jungen aus der Zeit des Nationalsozialismus die zeitgenössische Erziehungsabsicht und deren Antizipation durch die Subjekte spiegeln. Den institutionellen Rahmen, innerhalb dessen wir Erziehungsverhältnisse analysieren, bilden die Eliteschulen des Nationalsozialismus, die Nationalpolitischen Erziehungsanstalten (Napolas); Gegenstand unserer Untersuchung ist die fotografische Sicht auf die Körper von Mädchen und Jungen. Unsere Analyseebenen – die Fotografien als Produkte, die Erziehungssituationen dokumentieren, und die Selbstdarstellung der Abgebildeten sowie die Sicht der Fotografen auf die Körper – sind eng miteinander verbunden: Dem Körper wurde in der Zeit des Nationalsozialismus besondere Bedeutung beigemessen, er wurde zum Projektionsobjekt nationalsozialistischer Ideologie, über ihn wurde die angestrebte Disziplinierung der jungen Menschen vollzogen. Fotografien, insbesondere professionelle Fotografien, können bei diesem Prozess als absichtsvoll und bewusst angefertigte Dokumente ideologischer Überzeugungen gelesen werden, die bestimmte Sichtweisen auf den Körper reflektieren. Sie können den Zugriff auf den kindlichen und jugendlichen Körper dokumentieren, die Art und Weise, in der die Körper der Educandi von der nationalsozialistischen Erziehung in den Dienst genommen werden sollten. Zugleich können sie als Momentaufnahmen die unmittelbare Einstellung der Subjekte widerspiegeln.

Den Hintergrund für unsere Untersuchung bilden damit drei Bereiche: die neuere Historiografie zur Pädagogik der NS-Zeit, vor allem zu den Napolas; Theorien zum Zusammenhang von Körper und Gesellschaft sowie eine methodisch geleitete Auseinandersetzung mit dem Medium der Fotografie und den Möglichkeiten zur Interpretation von Fotografien. Vor dieser Folie geht es darum, zu klären, welches spezifische Bild vom Körper auf den vorgestellten Fotografien zum Tragen kommt, inwieweit Körperhaltungen und Gesten der Mädchen und Jungen die Art und Weise reflektieren, in der sie von der nationalsozialistischen Erziehung in den Dienst genommen werden sollten, ob sich dabei die von der Ideologie geforderte Disziplinierung der Körper und die von der Historiografie herausgestellte Gewalttätigkeit des

Zugriffs auf den kindlichen und jugendlichen Körper belegen lässt und welche geschlechtsspezifischen Zuschreibungen wirksam werden. Schließlich kann geprüft werden, ob die Befunde aus der Fotografieanalyse den Erkenntnissen der Historiografie des Nationalsozialismus entsprechen oder sie weiterführen. Nach einer Skizzierung des Untersuchungsrahmens werden wir unsere Befunde exemplarisch an zwei ausgewählten Fotografien vorstellen.

2 Inhaltlicher und methodischer Rahmen

2.1 (Elite-)Erziehung und Körper im Nationalsozialismus

Die Pädagogik zur Zeit des Nationalsozialismus ist in der historischen Bildungsforschung vielfach und unter unterschiedlichen Aspekten analysiert worden: angefangen von dem Versuch, die Ungeheuerlichkeiten des Nationalsozialismus auf Verführung und einen totalen Bruch mit dem zuvor an Humanität ausgerichteten Denken zurückzuführen, über die ideologiekritische Aufarbeitung bis hin zu der These der Kontinuität der Denkmuster vorausgegangener Epochen. Fragt man ausschließlich nach der Intention pädagogischer Maßnahmen im Nationalsozialismus, so lässt sich nach wie vor festhalten, dass die ideologische Durchdringung nahezu sämtlicher Bereiche schulischer und außerschulischer Bildung vorgesehen war, mehr oder weniger versteckt in Sprache und Ritualen, offen in Luftschutzübungen und Wehrschulungen (vgl. Keim 1997: 124ff.). Eine „Ideologie der Kraftentfaltung" (Bernett 1988: 170) sollte das bis dahin mehr oder weniger gültige Primat der sittlichen und geistigen Menschenbildung ablösen (vgl. Steinhaus 1981: 72f.).

In diesem Kontext kam dem Körper besondere Bedeutung zu. Die Grundsätze des Nationalsozialismus mit dem unbedingten Glauben an die Überlegenheit der arischen Rasse und der Hochschätzung ihrer vermeintlich typischen Eigenschaften wie Willens- und Charakterstärke sowie körperliche Robustheit machten die Zucht „kerngesunder Körper" und die Stählung des Leibes zum primären Ziel (vgl. Hitler 1938: 452). Die körperliche Erziehung sollte Grundlage für eugenische und kriegerische Strategien sein. Der menschliche Körper wurde funktionalisiert; ideologische Charaktererziehung und Kriegsvorbereitung waren von der körperlichen Erziehung und der Indienstnahme des Körpers für den Staat nicht zu trennen.

Diese Indienstnahme des Körpers war in hohem Maße von geschlechtsspezifischen Zuschreibungen durchdrungen. Während dem männlichen Habitus eher „äußerliche und daher auf Kampf ausgerichtete Spannungszustände" zugesprochen wurden, unterstellte man dem weiblichen Habitus „innere Spannungen" und einen latenten „seelischen Druck", dem in den frauenspezifischen Ausprägungen von Leibesübungen durch das „Zusammenklingen aller leiblichen und seelischen Funktionen" Rechnung getragen werden sollte (Möckelmann 1943: 164). In der Körpererziehung der Jungen dominierte die Militarisierung von Unterrichts- und Erziehungsinhalten: Marschübungen, Schießen, Fechten, Boxen und Geländesport wurden zu wichtigen Unterrichtsinhalten, vor allem in den Napolas, die als totale Institutionen mit Zugriffsmöglichkeiten auf Körper und Seele ihrer Educandi konzipiert waren[1] und in denen der nachmittägliche „Dienst" den morgendlichen Unterricht ergänzte. Zweck dieser Erziehung war es,[2] zu einer „reflexartigen Suspendierung der Normen, die den Bestand zivilisierter Gesellschaften gewährleisten", zu führen, in letzter Instanz bis hin zu einer „generalisierten Gewalt- und Tötungsbereitschaft" (Schneider/Stillke/Leineweber 1996: 56). Dahinter verbarg sich das Ziel, die trennscharf gezogene Linie zwischen militärischer und ziviler Welt, Krieg und Frieden, Krieg und Bürgerkrieg zugunsten der Etablierung einer neuen trennenden Linie zwischen der sich totalisierenden Macht und den realen und imaginären Gegnern außerhalb und innerhalb des Machtapparates zu verwischen. Am Endpunkt totaler Erziehung wurde nicht der Befehlsempfänger geboren, sondern der „Befehlsträger" (Arendt 1990: 104), der so handelt, als läge ein Befehl vor, und in der Lage ist, zu handeln, um einem Befehl zuvorzukommen.

Die Intentionen nationalsozialistischer Erziehung hinsichtlich des Zugriffs auf Körper und Geist der Educandi sind jedoch nur die eine Seite der Medaille; in der pädagogischen Historiografie hat sich zunehmend die Erkenntnis durchgesetzt, dass sich ideologische Ziele keineswegs im Alltag bruchlos haben realisieren lassen. So gehen denn auch in historische Darstellungen bei weitem nicht nur Dokumente ein, die nationalsozialistische Vorstellungen von Erziehung beschreiben, vielmehr wendet sich der Blick der Alltagsgeschichte und den Verarbeitungen politischer Anforderungen durch die Subjekte zu, wie in der Einbeziehung autobiografischer Zeugnisse deutlich wird. Neben dieser verbalen Zugangsweise eröffnet der Blick auf die Körper der Educandi, denen in der Ideologie eine solch herausragende Stellung zuerkannt worden ist, eine weitere Perspektive. Körper und Körperhaltungen könnten Zeugnis subjektiver Verarbeitungen von Normen und Direk-

---

1 Der Begriff der „totalen Institution" wird hier von uns in Anlehnung an Goffman (1961) verwendet: Zentral ist totalen Institutionen, dass sie den von ihnen erfassten Menschen das Recht auf Individualität versagen. Schneider u.a. greifen diese These auf und stellen an Hand der Napolas dar, dass die Ausbildung der zukünftigen Elite vor allem über zerstörerische Eingriffe verläuft; auch die künftigen Herrscher unterliegen einer Logik der Destruktion, die sie fortgesetzt in die Rolle der Opfer bringt, da der Aufbau des Elitewesens zunächst die Zerstörung der bisherigen Persönlichkeit voraussetzt; wesentliches Strukturmerkmal der Napola ist die Verweigerung von Individualität ihrer Klientel gegenüber (vgl. Schneider/Stillke/Leineweber 1996, S. 47ff.).

2 In ihrer psychoanalytisch angelegten Untersuchung zur Biografie ehemaliger Napola-Schüler fragen Schneider/Stillke/Leineweber (1996), wie die Napolaner den Alltag an ihren Schulen erlebt haben. Darüber hinaus geht es ihnen unter generationenspezifischem Aspekt darum, zu untersuchen, wie die ehemaligen Napolaner ihre Erfahrungen verarbeitet und an ihre eigenen Kinder weitergegeben haben.

tiven sein. An exemplarischen Fotografien, die den Körperausdruck von Jungen und Mädchen festhalten, wird versucht, diese Überlegungen einzuholen und für die pädagogische Historiografie fruchtbar zu machen.

2.2 Körper, Erziehung und Gesellschaft

In der erziehungswissenschaftlichen Forschung hat bisher der Blick auf den Körper nicht im Zentrum der Diskussion gestanden hat, erst in neueren Untersuchungen wird dieser Zugang ausgebaut (vgl. Fuhs 2003; Fischer 2003). Das gilt auch für die Zeit des Nationalsozialismus, obwohl sich auf Grund der damals vertretenen Körperideologie und der angestrebten Disziplinierung der jungen Menschen über den Körper durchaus eine solche historiografische Betrachtung angeboten hätte.[3]

Reflexionen der Beziehung zwischen Körper und Geist, Erziehung und Gesellschaft finden sich unter (pädagogisch-)phänomenologischen sowie unter soziologischen Aspekten. Betont wird die „Ganzheit des Ich" (Macha/Fahrenwald 2003: 21), die Aufhebung der alten Dualität zwischen Körper und Geist. So wird in den Arbeiten Helmut Plessners (1965) die leibliche Erfahrung zur vermittelnden Instanz zwischen einem absolut gesetzten „freien Ich" und der Welt; bei Maurice Merleau-Ponty (1966) hingegen wird der Mensch in seiner Leiblichkeit aus seiner Beziehung zum Anderen, der Intersubjektivität, definiert; das Bewusstsein ist – wie Käte Meyer-Drawe in Weiterführung der Phänomenologie Merleau-Pontys ausführt – ein „leiblich inkarniertes endliches Bewusstsein [...], in dem sich Natur und Geist durchdringen, das also nie nur Idee noch Faktum ist" (Meyer-Drawe 2001: 137). In der Intersubjektivität, also im Handeln mit dem Anderen, wird Identität hergestellt; Realität entsteht dieser Sichtweise zufolge im wechselseitigen Aushandeln sozialer Bezüge.

Dieser Ansatz wurde in den vergangenen Jahren vor allem durch die Genderforschung erweitert. So versteht Judith Butler (1991; 1995) unter Rekurs auf Michel Foucaults Machtanalyse Körper und Geschlecht als Effekte historischer Macht-Wissens-Transformationen. Das Subjekt entsteht – wie bei Foucault (1976) – erst im Kontext gesellschaftlicher Diskurse, in Normierungs- und Regulierungsverfahren, die immer zugleich auch normativ gefärbte Handlungsanweisungen an das Subjekt beinhalten. Geschlecht, Identität und Leib sind Ort und Gegenstand performativer Diskurse, die als sinnlich erfahrene Normen in den Körper habitualisiert werden. Butler entlarvt damit die scheinbare Naturhaftigkeit des (geschlechtlichen) Körpers als diskursiven Effekt.

---

3   Die Bedeutung von Körper und Körperlichkeit in der Erziehung des Nationalsozialismus ist
     zwar vereinzelt – insbesondere mit Blick auf das Fach Sport – betrachtet worden (vgl.
     Czech 1994; Peiffer 1993; 2004; Bernett 1988), nicht aber in Verbindung mit der Frage,
     wie sich Erziehungsvorstellungen des Nationalsozialismus in den Körperhaltungen und den
     Habitus der Heranwachsenden niederschlagen.

Eine ähnliche, wenn auch in ihrer Konsequenz weniger radikale Überlegung liegt dem Habitus-Modell Pierre Bourdieus (1976) zugrunde. Der Habitus wird als System verinnerlichter Muster und der Leib als „Körper gewordene soziale Ordnung" (Bourdieu 1982: 140) begriffen. Die Verinnerlichung (Inkorporation) der geltenden Klassenzugehörigkeit oder Geschlechterordnung stellt sich dabei als eine tief sitzende, körperlich empfundene Verankerung des Individuums mit seiner Umwelt dar. Die Konstitution von sozialer Ordnung und individuellem Körper geschieht wechselseitig, d.h. die soziale Ordnung konstituiert den Leib ebenso wie der Leib die soziale Ordnung (vgl. Bourdieu 1985: 67ff.). In diesem Sinne wird Sozialisation als Prozess begriffen, der bei einem ähnlichen Umfeld einen ähnlichen Habitus erzeugt, der sich auch in Körperhaltungen niederschlägt (vgl. Tuider 2003: 54); der Körper ist der unmittelbare Ort erlebter Geschichte. Dieser Zusammenhang gilt auch für das Geschlecht, das als Ergebnis eines spezifischen, hegemonialen Musters verstanden wird, das permanent und unbewusst einverleibt wird und das Denken und Handeln bestimmt. „Der Geschlechtsstatus, der eine Strategie der Differenz und eine Position innerhalb der Geschlechterordnung meint, wird in den Körper eingeschrieben, um die Zugehörigkeit zu einer bestimmten Kategorie zu demonstrieren" (ebd.: 58). Der Geschlechtshabitus ist also der körperliche Ort des Geschlechterverhältnisses, das in den Leib eingraviert wird und sich in der Interaktion der Subjekte stetig perpetuiert.

Mary Douglas (1998) differenziert diese Beziehung zwischen Körper und Gesellschaft noch einmal aus der gesellschaftlichen Perspektive, indem sie auf unterschiedliche Gesellschaftsformen eingeht. Sie zeigt, dass in der durch soziale Kategorien bestimmten physischen Wahrnehmung des Körpers eine bestimmte Gesellschaftsauffassung zum Ausdruck kommt (vgl. ebd.: 99), identifiziert dabei aber verschiedene Gesellschaftstypen nach unterschiedlichem sozialen Druck, der durch sprachlich vermittelte Klassifikationsgitter in den einzelnen Gesellschaften vorherrscht. Je schwächer die sozialen Zwänge, die auf das Individuum wirkten, desto weiter sei der Spielraum für körperliche Ausdrucksmöglichkeiten, die keinem restriktiven, während des Sozialisationsprozesses verinnerlichten Verhaltenscode unterlägen; ein enges Klassifikationsgitter korrespondiere dagegen mit einer sozial restringierten Sprache und einer zunehmenden Nähe zu ritualisierten Verhaltensweisen (vgl. ebd.: 144f.).

Allen diesen Ansätzen ist gemeinsam, dass sie den Körper als Projektionsfläche und als Ausdruck bestimmter internalisierter Normen verstehen. Sie gehen von einer engen Verbindung zwischen Körper, Geist und Gesellschaft aus und nehmen an, dass sich Ziele der Erziehung in der Körperhaltung und in der Formierung des Körpers artikulieren und Einwirkungen auf den Körper umgekehrt auch in Geist und Seele der Person eingehen. Den Educandi wird zu einer bestimmten Zeit und unter spezifischen institutionellen Bedingungen ein bestimmter Körperhabitus eingeschrieben. Sozialisationsmuster (Bourdieu) und Disziplinierungsmomente (Foucault) – so die An-

nahme – schlagen sich in bestimmten Körperhabitus nieder. Unter Rekurs auf
Mary Douglas kann darüber hinaus vermutet werden, dass die Möglichkeiten
freier Körperexpression zur Zeit des Nationalsozialismus in institutionalisierten Kontexten stark eingeschränkt wurden. Körperhabitus – und damit verbunden Geschlechter- und Erziehungsverhältnisse im Nationalsozialismus –
werden im Folgenden über Fotografien von Jungen und Mädchen in einem
ausgewählten Bereich, den Napolas, vorgestellt.

2.3 Fotografien als Visualisierung des Körpers: methodischer Zugang

Ebenso wie der Blick auf den Körper in der erziehungswissenschaftlichen
Forschung bisher eher peripher war, so hat auch die Verwendung von Fotografien als Quelle bildungshistorischer Forschung – trotz einer allmählichen
Öffnung derartigen Zugangsweisen gegenüber – bisher eine eher marginale
Rolle gespielt. Dabei ist die Fotografieanalyse vielfältig einzusetzen: Zum
einen ermöglicht sie eine Art Beglaubigungseffekt anderer Quellen; zum anderen können Fotografien als eigenständige Quellen auch Hauptgegenstand
der Analyse sein, zeigen sie doch zugleich Intention und Wirkung, Repräsentation und Konstruktion von Erziehungsverhältnissen. Bilder und Fotos können sowohl eine signifikante Bild- und Körpersprache des Pädagogischen
beinhalten – etwa in der Darstellung von Tafel, Buch, Rohrstock, Lehrerges-
ten – als auch pädagogische Verhältnisse aufzeigen, z.B. Formierung und
Machtverhältnisse (vgl. Tenorth 1997: 51f.).
   Da Fotografien einen breiten Interpretationsspielraum zulassen, ist es geboten, zu ihrer Analyse eine überprüfbare und nachvollziehbare Methode zu verwenden. Als Zugangsweise wählen wir die ikonografisch-ikonologische Bildinterpretation, eine mit ihrem Ziel des „Verstehens" visueller Produkte letztlich
hermeneutische Herangehensweise, die sich in ihren einzelnen Schritten der
prä-ikonografischen Erfassung, der ikonografischen Beschreibung, der ikonografischen und der ikonologischen Interpretation (vgl. van Straten 1997:
15ff.) für unseren Gegenstand als besonders einschlägig erweist. So ist sie bereits von dem Begründer dieser Methode, Erwin Panofsky, auf die Analyse von
Gestik, Mimik und Körperhaltungen sowie auf die historische Kontextualisie-
rung hin konzipiert worden; Kriterien, die ihrer Anwendung in der pädagogischen Historiografie – speziell bei der Analyse von Körperhaltungen – entge-
genkommen. Die Methode beinhaltet zudem durch die exakte methodische
Trennung der einzelnen Interpretationsschritte ein hohes Maß an intersubjekti-
ver Überprüfbarkeit und Nachvollziehbarkeit.[4] Besonders hervorzuheben ist,

---

4   Dies gilt auch dann, wenn die vier Arbeitsschritte (siehe unten) im praktischen Verlauf ei-
     ner Bildinterpretation nicht eindeutig voneinander zu trennen sind. Diese Schwierigkeit ist
     bereits von Panofsky diskutiert worden und stellt im Übrigen ein grundlegendes Problem
     für jeden methodischen Ansatz zur Bildinterpretation dar (vgl. u.a. Rittelmeyer/Parmentier

dass in der ikonologischen Interpretation Kontextwissen, Bildaufbau, Widersprüche und Eigenarten des Bildes, die Rolle des Fotografen und der Abgebildeten aufeinander bezogen werden; die gesellschaftlichen und historischen Bedingungen, die die Darstellung beeinflusst haben könnten, werden damit einbezogen. Bei der Interpretation der Fotografien wird ferner zwischen der Bedeutung des „Bildes als Bild" und als Ausdrucksmedium einer bestimmten Epoche und der Ebene der – mehr oder weniger – intendierten Bildaussagen unterschieden. Und schließlich ist diese Methode als kunsthistorische Bildwissenschaft detailliert ausgearbeitet und erprobt (vgl. Mietzner/Pilarczyk 2005: 89ff.) und mit Modifikationen und Ergänzungen (vgl. Imdahl 1994) für Fragestellungen innerhalb der historischen Bildungs- und Erziehungsforschung fruchtbar gemacht worden (vgl. Pilarczyk/Mietzner 2002; 2000; Mietzner/Pilarczyk 1997). Im Folgenden werden zwei ausgewählte Fotografien aus dem Erziehungszusammenhang der Nationalpolitischen Erziehungsanstalten vorgestellt und unter dem Aspekt der Beziehungen zwischen Körper, Erziehung und Gesellschaft interpretiert.

3   Fotoanalyse: Mädchen- und Jungenerziehung in der Napola

Die beiden ausgewählten Fotografien sind jeweils auf ihre Art typisch für die Eliteerziehung von Mädchen und Jungen im Nationalsozialismus. Sie stehen nicht nur stellvertretend für die jeweilige Serie von Fotografien, der sie entnommen wurden, sondern vereinen in sich eine Vielzahl gestalterischer und ästhetischer Elemente, die, soweit wir dies nach der Lektüre von rund 2.500 Fotografien aus dem Kontext der NS-Erziehung beurteilen können, einschlägig für die professionelle nationalsozialistische Fotografie zum Thema „Erziehung" sind. Das sind zum einen bei der Fotografie der Jungen der bewusste Umgang mit einer bildstrukturierenden Planimetrie und die gezielte Unterordnung der Abgebildeten unter diese Bildordnung. Zum anderen zeigt sich auf der Fotografie der Mädchen die häufig anzutreffende Absicht, Geborgenheit und Sicherheit darzustellen und Mädchen gezielt in ein verklärt-romantisches Licht zu rücken. Beide Fotografien weisen zudem eine geradezu beispielhafte Komposition auf, die zufällige Elemente nahezu ausschließt, lassen aber dennoch auch Ambivalenzen und Widersprüche auf der Ebene der intendierten und nicht-intendierten Bildaussagen erkennen.

2001: 73ff.). Die drei (bzw. vier) Schichten der ikonografisch-ikonologischen Bildinterpretation werden nach Panofsky zwar im Modell getrennt voneinander betrachtet, sollten aber in der praktischen Umsetzung „zu einem einzigen organischen und unteilbaren Prozess verschmelzen" (Panofsky 1978: 49).

3.1 Fechtunterricht

Die erste Fotografie (vgl. Abb. 1a) zeigt zehn Jungen, bekleidet mit kurzen Hosen und mit Fechtwesten. In der Hand des angewinkelten rechten Arms hält jeder Junge einen Degen, der in einem Winkel von ca. 45° Richtung Boden zeigt. Unter den linken Arm haben die Jungen ihren Gesichtsschutz geklemmt. Sie sind in einer Diagonalen aufgereiht; ihr Blick ist vom Betrachter aus einheitlich nach links gerichtet. Im Hintergrund sind eine an der Wand hängende Fahne mit ‚S'-Rune und ein stilisierter Adler mit einem Hakenkreuz in den Krallen erkennbar, ebenso die Büste eines Kopfes. In der linken Bildhälfte befindet sich ein Fenster, durch das helles Licht in den Raum fällt. Links außerhalb der Fotografie könnte ein zweites Fenster sein.

Abb. 1:   Arthur Grimm: Schüler der Napola Potsdam bei Fechtunterricht (1937).

Der Bildmittelpunkt befindet sich ungefähr zwischen Herz und Helm des zweiten Jungen von vorne (vgl. Abb. 1b). Der Goldene Schnitt (GS), ein in allen Bereichen der Malerei und Fotografie gebräuchliches Bildgestaltungsmittel, liegt in der angespannten und geballten rechten Hand des ersten Jungen. Die Fotografie verfügt über drei markante Geraden (G_1, G_2, G_3), gebildet durch die Fußspitzen, die Ellenbogen und die Gesichter der Jungen, die in einem Fluchtpunkt zusammenlaufen, der außerhalb des linken Bildrandes etwa in Höhe der Bildmitte liegt. Durch die Verwendung eines Objektivs mit erweitertem Winkel sind die Fluchtlinien leicht verzeichnet und wirken gebogen. Da das Foto über keine große Tiefenschärfe verfügt, ist die Tiefenwirkung des Bildes sehr groß. Scharf wiedergegeben sind lediglich die ersten beiden Jungen, wobei insbesondere der erste Junge eine exponierte Stellung über die gesamte rechte Bildhälfte hin einnimmt.

Die Fotografie, die den Titel *„Schüler der Napola Potsdam beim Fechtunterricht"* trägt, ist Teil einer Serie, die Arthur Grimm, ein technisch äußerst versierter und innovativer Fotograf und Mitarbeiter Leni Riefenstahls, 1937 bei einer Fotodokumentation über die Napola Potsdam aufgenommen hat. Um welchen Schülerjahrgang es sich handelt, ist nicht zu erkennen, doch durch die perspektivische Verzeichnung aus einer niedrigeren Position des Fotografen wirken die Jungen größer als sie sind. Der starke Lichteinfall im Hintergrund kann im Sinne eines pseudo-religiösen Pathos als Symbol für die Auserwähltheit der Jungen gedeutet werden; deren Besonderheit wird durch die Disziplin des Fechtens, eine der Sportarten der Napolas, der traditionell der Nimbus des Elitären anhaftet, unterstrichen. Die Aufstellung der Jungen in einer Reihe verweist auf den Appell-Charakter des militärischen Antretens, dem immer ein überprüfendes Moment anhaftet: Neben der Staffelung und Bündelung der Einzelkräfte dient das militärische Antreten dem Überprüfen der Vollzähligkeit und der Suche nach Abweichungen in Haltung und Kleidung bei den Individuen. Dieser Aspekt, der die Individuen und ihre Körper auf ihre potenziellen Mängel hin einschätzt, ist hier offensichtlich bewusst eingesetzt, liegen doch aus derselben Serie auch Fotografien vor, die die Zöglinge z.B. beim Beobachten einer Demonstration durch den Fechtlehrer in einer halbkreisförmigen Anordnung darstellen. Auch beim Fechten hätte man sich andere Formationen vorstellen können, etwa das Händeschütteln nach dem Kampf im Kreis der anderen Fechtschüler, es bleibt aber beim „Antreten" in der Reihe. Die für die Zeit vor dem Zweiten Weltkrieg – nicht nur bei deutschen Fotografen, sondern auch im russischen Konstruktivismus sowie bei Vertretern der „Neuen Sachlichkeit" – typische Verwendung von Diagonalen bei der Bildgestaltung findet hier ihren Niederschlag (vgl. Sachsse 2003: 48ff.). Diese strenge Bildkomposition wird gestützt durch die Haltung der Jungen, ihren starr geradeaus gerichteten Blick, das wehrhafte Vorstrecken des rechten Ellenbogens und die geballte Faust mit dem Degen, die eine starke Entschlossenheit dokumentieren und auf militärische Elemente verweisen. Politisch eingebunden wird die Entschlossenheit durch die ‚S'-Rune, die vorrangig als Symbol der HJ galt, hier aber auch für den Einfluss der SS stehen kann. Hinzu kommen der über allem thronende Reichsadler und die Büste Adolf Hitlers im Hintergrund. Der Fotografie fehlt jede Form der Zufälligkeit; alle entscheidenden Bildelemente sind statischer Natur: Die Jungen stehen regungslos; die für die institutionelle und ideologische Einordnung so wichtigen Elemente im Bildhintergrund: Fahne, Büste, Reichsadler, die die Jungen allesamt überragen und als Symbol der Kontrolle gedeutet werden können, sind unbelebt. Das könnte auf eine Überbetonung ästhetischer Gesichtspunkte seitens des Fotografen hindeuten, gleichzeitig aber verstärkt die Unbelebtheit und Statik des Bildes die Entpersonalisierung der Jungen; sie werden in einer solchen Lesart zu statischen, gleichsam von der Macht und der Institution überwachten Bildelementen. Oder anders und mit Mary Douglas gesagt: Durch die strukturelle Engmaschigkeit und Lückenlosigkeit der Nationalpolitischen Erziehungsanstalten, anders als etwa in Landschulheimen, ist kein Raum zur Entfaltung einer individuellen Körpersprache gegeben. Die Jungen auf der Fotografie erscheinen funktionalisiert und sollen dieses im Sinne der NS-Ideologie wohl auch sein.

Nimmt man diese Elemente zusammen, so könnte man meinen, eine Dokumentation der Einbindung der Jungen mit ihren Körpern, ihren Gesten und ihrer Mimik in die nationalsozialistische Ideologie vor sich zu haben, die in sich geschlossen ist. Bei näherem Hinsehen zeigt sich jedoch ein Widerspruch zu dieser Annahme. Der Bildaussage der Entschlossenheit steht eine gewisse Verlorenheit des ersten Jungen gegenüber, die besonders deutlich wird, wenn man die gesamte linke Bildhälfte abdeckt. Die Tatsache, dass sämtliche Fluchtpunkte im diffusen Zwielicht zwischen den Fenstern liegen und nicht, wie so häufig in der Visualisierung von Jungen in der Zeit des Nationalsozialismus, in der Lichtquelle selbst, unterstützt den Zweifel. Zudem enthält das Bild bis auf die einheitliche Körperhaltung der Jungen und ihre uniforme Kleidung keinerlei Hinweis auf das für den Nationalsozialismus und vor allem für die Napolas so typische Moment der Gemeinschaft: Hier wirken die Jungen vielmehr – im Vergleich zu vielen anderen Fotografien – etwas auf sich selbst gestellt.

Wie aber kann der Eindruck der Verlorenheit in die Interpretation der Entschlossenheit in einem fest definierten institutionellen Rahmen eingebunden werden? Eine der Lesarten[5] ist im Kontext mit der elitären Erziehung in den Napolas zu sehen. Durch ihre „Erwähltheit" für die Napola, vielleicht sogar auch hinsichtlich ihrer Auswahl für dieses Foto sind die Jungen zwar bereits Elite; zugleich aber sollen sie durch die Erziehung in der Institution selbst erst zur wahren Elite werden. Zum Zeitpunkt der Fotografie ist noch völlig unklar, ob sie den Ansprüchen, die die Institution an sie stellt, gewachsen sind und im weiteren Verlauf ihrer Schulzeit an einer Napola gewachsen sein werden. Dieser Verlauf muss von außen überwacht werden. Die Symbole im Hintergrund verweisen deutlich auf die Überwachungsfunktion der Institution, und die etwas isoliert stehenden Jungen werden keineswegs so dargestellt, als ob sie sich – etwa durch die Bildung einer starken Gemeinschaft

---

5 Eine andere Lesart der vorliegenden Fotografie, die angedeutet werden soll, könnte den Blick des ersten Jungen als Blick auf etwas ferner Liegendes interpretieren, etwas, das nicht in das durch die Fotografie vermittelte System einzubinden ist, sondern sich auf einen Freiraum außerhalb des Systems konzentriert. Tatsächlich finden sich Anzeichen für ein solches angedeutetes „stilles Herausnehmen" in etlichen unserer Fotografien, bevorzugt in solchen, die weniger engmaschigen institutionellen Kontexten entstammen und weniger professionell gestaltet worden sind. Ein typisches Entziehen kann in diesem Zusammenhang z.B. das Wegdrehen des Kopfes sein oder ein mehrdeutiger Blick direkt in die Kamera, ein unangemessen fröhlicher Gesichtsausdruck wie auch eine übertrieben ernste Mimik. Im Kontext des vorliegenden Bildes spricht jedoch einiges gegen eine solche Lesart: neben der Gefahr einer zu einseitigen und spekulativen Sichtweise auf das Bild vor allem die Tatsache, dass der Fotograf dieses Fotos äußerst bewusst vorgegangen zu sein scheint, keine Zufallselemente einbezogen hat und eine solche Lesart seitens eines zeitgenössischen Rezipienten eigentlich nicht hätte zulassen dürfen.

in der Gruppe – diesem Moment entziehen könnten. Insofern erscheint auch die Verlorenheit im Blick des ersten Jungen als eine möglicherweise der Logik der Institution angemessene Bildaussage: Hilflosigkeit und Verlorenheit der Jungen ist gewolltes Element einer Erziehung, bei der sich die Jungen auf dem Weg in die Elite erst noch bewähren müssen, bei der ihre Persönlichkeit zunächst einmal der Ideologie geopfert wird, bevor man von ihnen erwarten kann, dass sie sich tatkräftig und in innerer Treue zu dem Führer mit der Ideologie identifizieren und entsprechend handeln. Das aber würde bedeuten, dass die Einzelnen, bevor sie ihre Tatkraft umsetzen können, gleichsam als Opfer eines durch die Institution gesteuerten Entwicklungsprozesses zu sehen wären.

Wir finden damit eine Fotografie vor, deren Aussage in Bezug auf die Darstellung der Jungen sich nicht eindeutig interpretieren lässt: Entschlossenheit und elitärer Habitus auf der einen Seite; Verlorenheit und Dominanz der Institution auf der anderen Seite. Es ist die Frage, wie diese Lesart mit der von uns postulierten Professionalität des Fotografen, die keine Zufälligkeiten zulässt, in Verbindung gebracht werden kann. Die Stimmigkeit der Fotografie in allen Bereichen und der Einsatz der üblichen Bildgestaltungsmittel führen uns zu der Vermutung, dass dem Fotografen, vielleicht sogar den Auftraggebern, diese Ambivalenz bewusst gewesen ist. Überprüft werden kann eine solche Lesart an anderen Quellen zur Historiografie. Gestützt auf einzelne biografisch orientierte Arbeiten (vgl. Schneider/Stillke/Leineweber 1997) und jenseits bekannter durchweg positiver Erinnerungen an viele Elemente der Formationserziehung (vgl. Kleindienst 2000; Lorenz 2003), eröffnet unsere Sicht eine erweiterte und zugleich modifizierende Sichtweise auf die Jungenerziehung in den Napolas, die als Indiz der Mehrdeutigkeit der Erziehung im Nationalsozialismus gelesen werden kann.

3.2 Antreten zum Morgenappell

Einen gänzlich anderen Blick auf die Körper der Educandi und das Zusammenwirken von Individuum und Institution eröffnet die zweite Fotografie (vgl. Abb. 2a). Sie zeigt eine Gruppe von Mädchen im Alter von etwa 11 bis 14 Jahren, die in zwei Reihen auf dem Hof eines alten Gebäudes angetreten sind. Einige der Mädchen sind durch ihre Nachbarinnen verdeckt, so dass sich ihre Anzahl nicht genau angeben lässt, vermutlich sind insgesamt 16 Personen auf der Fotografie zu sehen. Zwei Personen stehen außerhalb der Gruppe: eine etwas ältere Person, die der Gruppe leicht erhöht gegenüber steht, und eines der Mädchen. Die erhöht stehende Person wendet ihren Kopf in Richtung dieses Mädchens, das seinerseits, ebenso wie alle anderen, den Blick auf die erhöht stehende Person richtet. Alle Personen tragen Kleider mit folkloristischem, trachtenartigem Aussehen mit Schürzen und haben, bis auf die erhöht stehende Person, das Haar zu Zöpfen gebunden. Die Kleider ähneln sich vom Stil her; Unterschiede zeigen sich bei Mustern und Farben sowie der Ärmelform. Das Licht fällt schräg von links auf die Gruppe und beleuchtet die Oberkörper der Mädchen und ihr Haar. Auf der linken Seite wird die Fotografie durch eine Art mit Astwerk bewachsenem Torbogen begrenzt, der ungefähr drei Viertel des Raums einrahmt. Im Hintergrund tut sich ein großflächiger Platz oder Hof auf, der von einem alten Gebäude umschlossen ist. Viele Fenster des Gebäudes sind auf diesen Innenhof gerichtet, bis auf eines sind alle geschlossen. Etwas oberhalb des Bildmittelpunktes befindet sich eine hochformatige Hakenkreuzflagge.

Abb. 2:   Liselotte Purper: Antreten auf dem Innenhof. Napola Kolmar-Berg/ Colmarberg (1944)

© Deutsches Historisches Museum, Berlin

Die Fotografie ist durch mehrere markante Vertikalen und Diagonalen strukturiert (vgl. Abb. 2b). Alle Personen befinden sich in der unteren Hälfte des Bildes; das linke untere Viertel wird beinahe vollständig von den beiden gesondert stehenden Personen dominiert. Das Mädchen und die Frau befinden sich im Mittelpunkt des unteren Bildviertels ($^M/_2$; $^M/_2$'), und nehmen hier eine zentrale Bildposition ein. Der Fahnenmast der Hakenkreuzflagge steht in unmittelbarer Nähe zur bildhalbierenden Vertikalen (M), fast durchquert er den Scheitelpunkt des Torbogens. Die Horizontlinie, die den freien Innenhof begrenzt, befindet sich knapp oberhalb der unteren bildhalbierenden Vertikalen ($^M/_2$') und verläuft parallel zur Bildunterkante. Zusätzlich wird das Bild von mehreren Diagonalen strukturiert. Die Fußspitzen der vorderen Reihe der Gruppe verlaufen parallel zur Diagonalen D; auf dieser Linie befindet sich zudem der Kopf der erhöht stehenden Frau. Der Goldenen Schnitt (GS) befindet sich im freien Raum zwischen der Gruppe und den beiden abgesonderten Personen. In eigenartigem Kontrast zu diesen markanten Linien steht der runde Torbogen im oberen Viertel des Bildes.

Die Fotografie aus dem Jahre 1944 trägt den Titel *„Antreten auf dem Innenhof"*. Sie ist Teil einer Serie von Liselotte Purper über die Napola Colmarberg im damals besetzten Luxemburg, einem ehemaligen großherzoglichen Landsitz, der 1942/43 in eine Napola für Mädchen umgewandelt wurde. Eine weitere Fotografie zeigt vermutlich die gleiche Mädchengruppe, diesmal allerdings außerhalb des Gebäudes auf einer Wiese sitzend, beim *„Unterricht im Freien"* (vgl. Abb. 3). Auch hier sind Horizontale, Vertikale und der Kreis als zentrale Strukturmerkmale vorherrschend.

Abb. 3: Liselotte Purper: Unterricht im Freien. Nationalpolitische Erziehungsanstalt (NPEA), Colmarberg, Eliteschule für Mädchen (1944).

© Bildarchiv Preußischer Kulturbesitz, Berlin

Der Kreis steht in der Fotografie von Frauen und Mädchen während des Nationalsozialismus als Symbol für Geschlossenheit, Schutz und Weiblichkeit. Diagonalen als dynamisierende Bildelemente tragen zur Belebung bei, während Vertikalen und Horizontalen als Metaphern für Stabilität und Ordnung Verwendung finden. Auf dem von uns gewählten Bild sind alle diese Elemente gleichermaßen als Bildgestaltungsmittel eingesetzt. Die aufwändige Komposition verweist auf mehrere zentrale Bildgegenstände: Der geometrische Bildmittelpunkt befindet sich knapp unterhalb des Hakenkreuzes im Hintergrund. Der Blick des Betrachters fängt sich dennoch in der unteren Bildhälfte und schwankt zwischen den drei zentralen Elementen der Fotografie: der einzelnen Person am linken Bildrand, bei der es sich um die Gruppenführerin oder Klassenlehrerin handeln könnte, dem einzeln stehenden Mädchen, vielleicht Gruppen- oder Stubenälteste, und der Mädchengruppe. Diese Gruppe ist zentral, weil sie unmittelbar an das bildkompositorische Element des Goldenen Schnitts anschließt, also direkt „ins Auge fällt". Die Diagonale, die die Mädchen bilden, führt unmittelbar in den Raum hinter das einzeln stehende Mädchen, das dadurch wie aus dem Bild herausgehoben wirkt. Die Diagonale, die sich anhand der Fußspitzen der Gruppe zeichnen lässt, weist direkt über den Scheitel der erhöht stehenden Frau in Richtung Sonne. Nicht alle Gesichter der Mädchengruppe sind in gleicher Weise erleuchtet; überwiegend werden jedoch Gesicht und Oberkörper der Mädchen in ein gleißendes Licht getaucht. Dieser Effekt wird durch Belichtung und Blende – das Bild wirkt an diesen Stellen leicht überbelichtet und scheint daher zu „leuchten" – verstärkt. Bei dem einzeln stehenden Mädchen, dessen exponierte Position vor allem durch die Diagonalen D* und D** zustande kommt, wird durch die Sonne vor allem das Haar erleuchtet, was einen beinahe engelsgleichen Effekt hat. Das obere Bildviertel wird vom Halbkreis des Torbogens dominiert. Dieser gibt der gesamten Komposition Halt und schließt das Dreier-Ensemble der unteren Bildhälfte ab, vor allem aber trennt er den Bildvordergrund vom Bildmittel- und -hintergrund (freier Innenhof und Gebäude) ab.

Der Titel der Fotografie gibt das Sujet des Bildes wieder. Die Fotografin mildert jedoch das militärische Element des Antretens ab, vielleicht, weil sie die mit dem Antreten verbundene Überprüfung, um die es letztlich bei jeder Form des Appells geht, im Zusammenhang mit weiblichen Personen als unangemessen empfindet. Die Herauslösung der Fotografie aus dem militärischen Kontext des Appells gelingt vor allem dadurch, dass die Gruppe hier – anders als bei den Jungen auf der ersten Fotografie – eine schützende Funktion übernimmt. Diese Schutzfunktion wird durch den Torbogen verstärkt; naturnahe Elemente – Blätter, Zweige, Sonne, und als Bekleidung Trachten – verstärken den Eindruck der Geborgenheit und stehen gleichzeitig für die von den Nazis vertretene Konnotation von Weiblichkeit und Natur. Die Elemente des Schutzes wie die Einbeziehung der Natur bilden einen Gegenpol zu der drückenden Dunkelheit und dem durch die große Anzahl der Fenster vermittelten überwachenden Moment, die von dem Gebäude ausgehen. Die geschickte Ausnutzung des schräg einfallenden (morgendlichen?) Sonnenlichts gibt dem Bild die im Nationalsozialismus so beliebte und häufig anzutreffende mystische Komponente.

Verlässt man die Ebene der Bildbeschreibung und fragt nach intentionalen bzw. nicht-intentionalen Bildaussagen, so muss man zunächst den institutionellen Kontext in Betracht ziehen. Napolas für Mädchen waren zu jedem Zeitpunkt ihres kurzen Bestehens umstritten. Die Napola Colmarberg war die zweite und zugleich die letzte ihrer Art; offenbar war der NS-Führung die Vorstellung einer weiblichen Elite zu suspekt. Diese Ambivalenz gegenüber der Vorstellung einer weiblichen Elite scheint auch auf die Fotografie abzufärben. Kaum etwas erinnert an militärische Strukturen oder Drill, die Mädchen tragen keine Uniformen; vielmehr entsprechen die Trachten der offiziellen Kleidung. Die auf der Fotografie wiedergegebene Atmosphäre wirkt trotz des letzten Kriegsjahrs und der Ferne zur Heimat der meisten Mädchen – sie wurden aus allen Teilen des Landes rekrutiert – sicher, fast heimelig. Die strukturierende Geometrie des Bildes bindet die Mädchen ein und bietet ihnen eine scheinbar verlässliche visuell wahrnehmbare Ordnung und Sicherheit. Zugleich erscheinen sie den Strukturen, die auch für die Struktur der Napolas stehen, längst nicht so unterworfen zu sein wie die Jungen auf der ersten Fotografie. Vor allem der starke Lichteinfall bewahrt die Mädchen vor einer zu starken Einbindung in die planimetrische Komposition der Fotografie. Zudem erinnert nur wenig an den doppelten Elitegedanken der Jungenfotografie. Offenbar war die Fotografin (und/oder ihr Auftraggeber) darum bemüht, den Alltag an dieser Schule weder elitär noch von strengem militärischen Drill gekennzeichnet, wohl aber als strukturiert und sicher erscheinen zu lassen.

Besonderes Augenmerk kommt bei unserer Fragestellung den Körpern der Mädchen zu. Mit hoher Wahrscheinlichkeit ist es kein Zufall, dass das Alter der Mädchen kaum zu erkennen ist; die Adoleszenz als schwierige Übergangsphase voller Unsicherheit für die einzelnen wird damit ein Stück weit in den Hintergrund geschoben. Betont werden stattdessen angesichts der jugendlichen Suche und der Ungewissheit in dieser Phase Sicherheit und klare Strukturen. Zugleich werden die Körper der Mädchen von der Sonne hervorgehoben, so wie ja auch die im Nationalsozialismus vorgesehene Rolle der Frau als Mutter eine im Grunde zutiefst körperliche ist. Die Sonneneinstrahlung mystifiziert die Körper gleichsam. Damit werden der militärische Anstrich des Antretens und das idealtypische Bild von dem tatkräftigen und unternehmungslustigen BDM-Mädchen relativiert.

Nun handelt es sich bei diesen Mädchen auch nicht um gewöhnliche BDM-Angehörige, sondern um die zukünftige Elite der weiblichen Jugend, und gerade deren Kontur scheint unklar zu sein. Es fehlt die Härte und Entschlossenheit, wie sie bei den männlichen Protagonisten auf dem ersten Bild zu erkennen ist; die Unternehmungslust von BDM und Landjahr ist nicht auszumachen, Anspielungen auf Geist und Intellekt der Mädchen bleiben ebenso außen vor wie Hinweise auf die Ausgestaltung der Zukunft der weiblichen Elite. Die Mädchen wirken beinahe entrückt aus Zeit und Raum (1944!) in einen sicheren Ort, in dem sie zeit- und alterslos leben. Dieser Eindruck wird dadurch bestätigt, dass der Goldene Schnitt bei diesem Bild im freien Raum angesiedelt ist. Alles deutet darauf hin, dass die Napola ihren Schüler*innen* größere körperliche wie möglicherweise auch intellektuelle Handlungs- und Ausdrucksräume gelassen hat. Auch die relativ individuelle Ausprägung der Kleidung stützt einen solchen Befund.

Vielleicht – aber das ist Spekulation – war das der einzig gangbare Weg, die umstrittenen Napolas für Mädchen einer teils skeptischen, teils besorgten Öffentlichkeit zu präsentieren: harm- und in gewisser Weise belanglos, allen weltlichen Anhaltspunkten entrückt in einen fernen Schutz- und Sicherheitsraum geschoben und bewahrt. Diese Einschätzung wird durch die Lektüre der anderen Fotografien Liselotte Purpers aus diesem Kontext gestützt. Nirgends finden sich historische oder ideologische Anhaltspunkte, allein bei dieser Fotografie lassen das „Antreten" der Mädchen und die Hakenkreuzfahne als sichtbare Insignie der Macht einen Bezug zum historischen Kontext zu. Auffallend ist auch, dass die verzerrte Blickperspektive von unten, welche die Jungen auf der ersten Fotografie größer erscheinen lässt, als sie es sind, bei den Mädchen nicht eingenommen wird. Sie werden vielmehr von einem leicht erhöhten Standpunkt aus abgebildet, der als Abschwächung ihrer Funktion als zukünftige Elite gedeutet werden könnte. Wenn es eine Exklusivität gibt, die diesen Mädchen anhaftet, so ist es eine entrückte und gesellschaftlich ungefährliche.

4   Zusammenfassung und Ausblick

Welche Erkenntnisse haben wir mit der Interpretation der Bilder gewonnen? Die Intentionen nationalsozialistischer Erziehung hinsichtlich des Zugriffs auf den Körper der Educandi, die sich in der Programmatik des nationalsozialistischen Erziehungswesens deutlich abzeichnet (vgl. Reichsministerium für Wissenschaft, Erziehung und Volksbildung 1941; 1937; Möckelmann 1943; Friedrich 1943), lassen sich an Hand der Fotografien nur in modifizierter Form erkennen. Da ist zum einen die Fotografie der Jungen, die trotz des gesamten machtkündenden Arrangements in zweierlei Hinsicht die strikte Einbindung der Jungen in den Nationalsozialismus relativiert: Sowohl die Interpretation der relativen Vereinzelung der Jungen als Ausdruck dafür, dass sie auf dem Weg zur Elite zunächst auch die Rolle des Opfers durchlaufen müssen, als auch die Vermutung, dass einzelne trotz aller Disziplinierung sich der unmittelbaren Indoktrination entziehen können, stellen die unmittelbare Umsetzung der Ideologie in Frage. Diese Vermutung lässt sich aus weiteren Bildserien vor allem für weniger straff geführte Institutionen wie Landerziehungsheime bestätigen, scheint aber in Grenzen auch für Napolas zu gelten.

Bei den Mädchen sind Disziplin und Drill – zumindest hier – kaum erkennbar. Stattdessen bestimmen romantische Elemente, bis hin zur Verklärung der jungen Mädchen im Sonnenlicht, das Bild. Möglicherweise ist die Rolle von Mädchen und Frauen – bis auf die Mutterschaft – nicht festgelegt: Glaube und Schönheit, eine zeitlose Einbindung in die Natur, aber wohl auch in märchenhafte Elemente stehen der Einbindung in Disziplin und Drill entgegen. Durch die Zeitlosigkeit wird keine vorstrukturierte Zukunft antizipiert, eher scheint sich Ungewissheit zu verbreiten, zumindest aus der Perspektive der Fotografin, auf die ganze Serien ähnlicher Mädchenbilder zurückgehen. Bedenkt man, dass diese Fotografie 1944 entstanden ist, so liegt die Vermutung nahe, dass hier bewusst das konkrete politische Geschehen ausgeklammert wird; die Zukunft der hier abgebildeten jungen Mädchen ist ungewiss. Möglicherweise aber ist die Zeitlosigkeit in Verbindung mit den romantisch-verklärenden Elementen auch Spiegel weiblicher Eliteerziehung, die die Nationalsozialisten nicht recht nutzen konnten für ihre männlich konnotierte Ideologie.

Die Interpretation der beiden hier detailliert vorgestellten Fotografien, die in der fotografischen Sicht auf die Körper von Mädchen und Jungen wie auch in den Körperhaltungen eine gewisse Distanz zu machtvoll verkündeten ideologischen Forderungen herausstellt, deckt sich in weiten Teilen mit den Befunden, die sich aufgrund der Sichtung von bislang rund 2.500 Fotografien, die wir im Kontext unseres Forschungsprojektes eingesehen haben, abzeichnen. Damit verstärkt die Einbeziehung von Fotografien jene Ansicht in der pädagogischen Historiografie, die die Diskrepanz zwischen ideologischen Zielen und deren Umsetzung hervorhebt. Zugleich erweitert die Einbeziehung von Fotografien den Blick auf die Geschlechtsrollencharaktere von Jungen und Mädchen. Jungen in Verlorenheit und Vereinzelung zu sehen, entspricht keineswegs der gängigen Vorstellung, eine solche Fotografie kann vielmehr als Verweis darauf gelesen werden, dass die angestrebte Disziplinierung und Einreihung an Grenzen geraten kann. Bei den Mädchen hingegen steht offensichtlich im Jahre 1944 dieser Versuch gar nicht mehr an, hier wird bewusst das Spektrum möglicher Darstellungen erweitert: nicht mehr das frische tatkräftige Hitler-Mädel oder die Mutter mit Mutterkreuz sind es, sondern eben jener oben beschriebene romantisch verklärte naturverhaftete Mädchentyp in der Zeitlosigkeit kommt hinzu.

Fotografien stellen damit eine deutliche Bereicherung der Quellen zur Historiografie des Nationalsozialismus dar. Dabei muss man allerdings auch die Grenzen dieses methodisch mitunter schwierig zu handhabenden Mediums berücksichtigen. Die Gefahr einseitiger Interpretationen einzelner Fotografien scheint dann besonders groß zu sein, wenn bereits als gesichert geltende Hypothesen an Fotografien herangetragen werden und den ikonologischen Bildsinn überlagern. Problematisch ist es aber auch, Bilder als bloße Illustration zu nutzen und „in den Dienst" anderer Quellen zu stellen. Ego-Dokumente könnten unsere Interpretation der subjektiven Verarbeitung stützen, bei ihrer Interpretation ist jedoch auch ihre jeweilige Entstehungszeit als Faktor einzubeziehen, der für die Erinnerungen konstitutiv ist. Bei aller Begeisterung für die Erweiterung der Sichtweisen durch das Medium der Fotografie, ist daher immer auch ein Mindestmaß an Distanz vonnöten.

Literatur

Arendt, Hannah (1990): Eichmann in Jerusalem. Ein Bericht von der Banalität des Bösen. Leipzig: Reclam.

Bernett, H. (1988): Das Kraftpotential der Nation. Leibeserziehung im Dienst der politischen Macht. In: Herrmann, U./Oelkers, J. (Hrsg.): Pädagogik und Nationalsozialismus. Weinheim: Juventa, S. 167-194.

Bourdieu, Pierre (1976): Entwurf einer Theorie der Praxis auf ethnologischen Grundlagen der kabylischen Gesellschaft. Frankfurt am Main: Suhrkamp.

Bourdieu, Pierre (1982): Die feinen Unterschiede. Kritik der gesellschaftlichen Urteilskraft. Frankfurt am Main: Suhrkamp.

Bourdieu, Pierre (1985): Sozialer Raum und ‚Klassen'. Frankfurt am Main: Suhrkamp.

Butler, Judith (1991): Das Unbehagen der Geschlechter. Frankfurt am Main: Suhrkamp.

Butler, Judith (1995): Körper von Gewicht. Die diskursiven Grenzen des Geschlechts. Frankfurt am Main: Suhrkamp.

Czech, Michaela (1994): Frauen und Sport im nationalsozialistischen Deutschland. Eine Untersuchung zur weiblichen Sportrealität in einem patriarchalen Herrschaftssystem. Berlin: Tischler.

Douglas, Mary (1998): Ritual, Tabu und Körpersymbolik. Sozialanthropologische Studien in Industriegesellschaft und Stammeskultur. Frankfurt am Main: Fischer.

Fischer, W. (2003): Körper und Zwischenleiblichkeit als Quelle und Produkt von Sozialität. In: Zeitschrift für qualitative Bildungs-, Beratungs- und Sozialforschung 1/2003, S. 9-31.

Foucault, Michel (1976): Überwachen und Strafen. Die Geburt des Gefängnisses. Frankfurt am Main: Suhrkamp.

Friedrich, Franz ([3]1943): Sport und Körper: Die biologischen Grundlagen der Leibeserziehung. München: Knorr & Hirth.

Fuhs, Burkhard (2003): Dicke Kinder: Eine Internet-Recherche. Anmerkungen zu einem unterschätzten Körperdiskurs. In: Zeitschrift für qualitative Bildungs-, Beratungs- und Sozialforschung 1/2003, S. 81-104.

Goffman, Erving (1961): Asyle. Über die soziale Situation psychiatrischer Patienten und anderer Insassen. Frankfurt am Main: Suhrkamp.

Hitler, Adolf ([347-348]1938): Mein Kampf. 2 Bände in einem Band. München: Eher.

Imdahl, Max (1994): Ikonik. Bilder und ihre Anschauung. In: Boehm, G. (Hrsg.): Was ist ein Bild? München: Fink, S. 300-324.

Keim, Wolfgang (1997): Erziehung unter der Nazidiktatur. Band II: Kriegsvorbereitung, Krieg und Holocaust. Darmstadt: Wiss. Buchgesellschaft.

Kleindienst, Jürgen (Hrsg.) ([2]2000): Pimpfe, Mädels und andere Kinder. Kindheitserinnerungen, Deutschland 1933-1939. Berlin: JBK-Publ.

Lorenz, Hilke ([4]2003): Kriegskinder. Das Schicksal einer Generation. 4. Aufl., München: List.

Macha, Hildegard/ Fahrenwald, Claudia (2003): Körper, Identität und Geschlecht zwischen Natur und Kultur. In: Macha, Hildegard/ Fahrenwald, Claudia (Hrsg.): Körperbilder zwischen Natur und Kultur. Interdisziplinäre Beiträge zur Genderforschung. Opladen: Leske + Budrich, S. 15-41.

Merleau-Ponty, Maurice (1966): Phänomenologie der Wahrnehmung. Berlin: de Gruyter.

Meyer-Drawe, Käthe (^{3}2001): Leiblichkeit und Sozialität. Phänomenologische Beiträge zu einer pädagogischen Theorie der Inter-Subjektivität. München: Fink.

Mietzner, Ulrike/Pilarczyk, Ulrike (1997): Fahnenappell – Entwicklung und Wirkung eines Ordnungsrituals. Fotografie als Quelle in der bildungsgeschichtlichen Forschung. In: Fotogeschichte 66, S. 57-63.

Mietzner, Ulrike/Pilarczyk, Ulrike (2005): Zeitgeschichte vor ihrer Aufgabe. Fotografien als Quellen in der erziehungswissenschaftlichen und historischen Forschung. In: Historisches Forum 5/2005, S. 85-99.

Möckelmann, Hans (1943): Die Leibeserziehung der Mädel in den Entwicklungsstufen. Berlin: Weidmann.

Panofsky, Erwin (1978): Sinn und Deutung in der bildenden Kunst. Köln: DuMont.

Peiffer, L. (1993): „Soldatische Haltung in Auftreten und Sprache ist beim Turnunterricht selbstverständlich" – Die Militarisierung und Disziplinierung des Schulsports. In: Herrmann, U./Nassen, U. (Hrsg.): Formative Ästhetik im Nationalsozialismus. Intention, Medien und Praxisformen totalitärer ästhetischer Herrschaft und Beherrschung. ZfPäd., Beiheft 31, S. 181-197.

Peiffer, Lorenz (2004): Sport im Nationalsozialismus: zum aktuellen Stand der sporthistorischen Forschung. Göttingen: Die Werkstatt.

Pilarczyk, Ulrike/Mietzner, Ulrike (2000): Bildwissenschaftliche Methoden in der erziehungs- und sozialwissenschaftlichen Forschung. In: Zeitschrift für Qualitative Bildungs-, Beratungs-, und Sozialforschung 2000/2, S. 343-364.

Pilarczyk, Ulrike/Mietzner, Ulrike (2002): Das Visuelle in Bildung und Erziehung. Fotografie als Quelle in den Erziehungs- und Sozialwissenschaften. Habil. (unveröffentl.), Berlin.

Plessner, Helmut (^{3}1965): Die Stufen des Organischen und der Mensch. Berlin: de Gruyter.

Reichsministerium für Wissenschaft, Erziehung und Volksbildung (Hrsg.) (1941): Richtlinien für die Leibeserziehung der Mädchen in Schulen. Berlin: Weidmann.

Reichsministerium für Wissenschaft, Erziehung und Volksbildung (Hrsg.) (1937): Richtlinien für die Leibeserziehung an Jungenschulen. Berlin: Weidmann.

Rittelmeyer, Christian/Parmentier, Michael (2001): Einführung in die pädagogische Hermeneutik. Darmstadt: Wiss. Buchgesellschaft.

Sachsse, Rolf (2003): Die Erziehung zum Wegsehen. Fotografie im NS-Staat. Dresden: Philo Fine Arts.

Schneider, Christian/Stillke, Cornelia/Leineweber, Bernd (1996): Das Erbe der Napola. Versuch einer Generationengeschichte des Nationalsozialismus. Hamburg: Hamburger Ed.

Steinhaus, Hubert (1981): Hitlers pädagogische Maximen. „Mein Kampf" und die Destruktion der Erziehung im Nationalsozialismus. Frankfurt am Main: Lang.

Straten, Roelof van (^{2}1997): Einführung in die Ikonographie. Berlin: Reimer.

Tenorth, Heinz-Elmar (1997): Das Unsichtbare zeigen – das Sichtbare verstehen. Fotografien als Quelle zur Analyse von Erziehungsverhältnissen. In: Fotogeschichte 66, S. 51-56.

Tuider, Elisabeth (2003): Körpereventualitäten. Der Körper als kultureller Konstruktionsschauplatz. In: Macha, H./Fahrenwald, C. (Hrsg): Körperbilder zwischen Natur und Kultur. Interdisziplinäre Beiträge zur Genderforschung. Opladen: Leske + Budrich.

Filmerfahrung im biografischen Rückblick. Zur individuellen Aneignung audiovisueller Geschlechterbilder

Dagmar Beinzger

Einleitung

Audiovisuelle Massenmedien mit ihrer unüberschaubaren Bilderflut und den darin enthaltenen Botschaften sind in unserem Alltag allgegenwärtig. Sie gehören zweifelsfrei zu den maßgeblichen Sozialisationsinstanzen und sind damit für die Pädagogik von grundlegender Bedeutung. Wie groß ihr Anteil an Sozialisation und Identitätsbildung ist, lässt sich jedoch nur individuell untersuchen.

Die Medienpädagogik als eine Teildisziplin der Pädagogik beschäftigt sich seit den 50er Jahren mit den Auswirkungen bewegter Bilder – sprich Filmen – auf pädagogische Prozesse (Baacke 1997). Von der klassischen Filmanalyse kommend bedient sie sich dabei immer häufiger hermeneutischer Methoden, die die Inhalte von Filmen aus der Perspektive der RezipientInnen untersuchen. Denn allgemeine, wie auch wissenschaftlich fundierte Filmbetrachtungen sagen wenig über die konkreten Aneignungsprozesse der einzelnen RezipientInnen aus, die einer individuellen Logik folgen. Menschen interpretieren und verarbeiten Filmbilder vor dem Hintergrund der eigenen Erfahrungen; die eigenen Lebensumstände und die Tagesform aber auch das Geschlecht und die Biografie haben Einfluss darauf, welchen Sinn das Individuum aus Filmen extrahiert, welche Bilder also als bedeutend wahrgenommen werden und welche ohne innere Resonanz bleiben.

Umgekehrt nehmen Filme und ihre Bilder aber auch Einfluss darauf, wie und wo Menschen sich innerhalb der Gesellschaft verorten, wie sie sich zum Beispiel als Frauen oder Männer inszenieren. Die Bilder fungieren neben der Sprache als sozial signifikante Symbole und als Möglichkeit, komplexe Inhalte auszudrücken und Geschichten zu erzählen. Diese können Vorlagen und Orientierungshilfen bei der Konstituierung von Geschlechtsidentität liefern. Sie sind wichtige Impulsgeber dafür, was gesellschaftlich als geschlechtsangemessenes Verhalten, Denken und Fühlen gilt.

Daneben tragen sie mit der Verbreitung von Gemeinplätzen über weibliche und männliche Eigenschaften dazu bei, dass das soziale Geschlecht als natürlich erscheint. Die sich täglich wiederholenden Bilder und Geschichten liefern den Stoff, aus dem die Zuschauer und Zuschauerinnen sich ihre Alltagsmythen über das Wesen von Frauen und Männern bilden können (vgl. Schneider 1995: 139).

Die narrativen Möglichkeiten audiovisueller Medien eignen sich ganz besonders zur Kommunikation von Mythen, denn über die Sprache hinaus enthält die präsentative Symbolik der Bilder implizite Texte, die unmittelbarer wahrgenommen werden und im Gegensatz zur direkten verbalen Thematisierung an Emotionen und unbewussten Interaktionsformen anknüpfen. Die besondere darstellerische Potenz von Filmen liegt darin, Inhalte unter Umgehung der diskursiven sprachlichen Symbolisierung in präsentativen Symbolen zu kommunizieren.

Diese präsentativen Symbole bieten dem Publikum Übertragungsangebote und liefern Projektionsflächen für unbewusste Wünsche und Phantasien (vgl. Mikos 1994: 55). Gerade das macht sicherlich den besonderen Reiz von Filmrezeption und das Vergnügen daran aus.

In Bezug auf die in Filmen gezeigten Bilder von Frauen und Männern kann daher vermutet werden, dass sie unterschwellig und unter Umgehung des kritischen Bewusstseins an der Konstitution von Identität[1] und an Habitualisierungsprozessen, wie Bourdieu (1996) sie beschreibt, beteiligt sind.

Bei den Fragen nach den Einflüssen von massenmedial verbreiteten Bildern auf Individuen und Gesellschaft stehen daher auch immer wieder Aspekte der Geschlechterforschung zur Diskussion. Das Interesse konzentrierte sich hier lange Zeit auf die Analyse stereotyper Darstellungen von Frauen in Filmen und Zeitschriften; inzwischen rückt die Frage nach den Prozessen der Aneignung von Geschlechterbildern immer stärker in den Vordergrund (vgl. Klaus 1998). Wie sich der Literatur entnehmen lässt, wird der Einfluss von medienvermittelten Stereotypisierungen auf die Entwicklung von Geschlechtsidentität vermutet und verschiedene Studien liefern immer wieder Indizien für einen solchen Zusammenhang. Systematische Untersuchungen liegen jedoch nicht vor. Die zentrale gesellschaftliche Funktion der Massenmedien erfordert es aber, Klarheit über Rezeptions- und Aneignungsprozesse von Bildern und Narrationen auch auf der Ebene der Entwicklung von Geschlechtsidentität zu gewinnen, denn die Kenntnis der Bedeutung von medialen Bezugsgrößen für die Einzelnen oder für bestimmte Altersgruppen eröffnet Zugänge zu pädagogischen Handlungsfeldern und gesellschaftspolitischen Fragestellungen.

Im Folgenden soll eine Studie vorgestellt werden, die den Zusammenhang zwischen den im Medium Film konstruierten Geschlechterbildern und deren individueller Aneignung aus der biografischen Perspektive untersucht.

---

1   Siehe dazu ausführlich: Mühlen-Achs 1998:35-37

1 Fragestellung und Untersuchungsgegenstand

Ausgehend von der Perspektive der Geschlechterforschung, die Geschlecht als soziales, kulturelles und individuelles Konstrukt versteht, fragt die hier vorgestellte Untersuchung nach der Beteiligung von Filmen an der individuellen Herstellung weiblicher Geschlechtsidentität. Im Mittelpunkt steht die Analyse des Zusammenhangs zwischen individuellen Identifikationsstrategien mit Filmfiguren und der subjektiven Lebenswelt der Rezipientinnen. Der Untersuchungsgegenstand bezieht sich auf die Rezeption von Filmen mit fiktionalen Inhalten, also von Spielfilmen im weitesten Sinn, da sie besonders nachhaltig Geschlechterbilder zur Verfügung stellen, die als Identifikationsangebote und Subjektpositionen für die Ausgestaltung von Geschlechtsidentität herangezogen werden können. Wie sich die Vermittlung zwischen medialem Text und Individuum vollzieht, welche Faktoren daran beteiligt sind und welcher Stellenwert der Filmerfahrung im Prozess der Entwicklung von Geschlechtsidentität zukommt, wurde anhand biografischer Interviews untersucht. Sie zeichnen die Spuren nach, die Geschlechterbilder aus Filmen in den Biografien der Frauen hinterlassen haben und rekonstruieren die daraus selektierten Handlungs- und Interaktionsmuster. Diese wiederum werden in Bezug gesetzt zu den erinnerten Lebenssituationen und auf ihre Bedeutung für das Selbstbild hin untersucht.

Mit der Perspektive auf die drei für die Untersuchung maßgeblichen Facetten: Lebenskontext, Geschlecht und Biografie, können die Übernahmen von Subjektpositionen im Zusammenhang mit Filmen als sich verändernde aber doch einer lebensgeschichtlichen Strukturlogik folgende Prozesse nachvollzogen werden. Die Studie ist damit so angelegt, dass eine direkte Verknüpfung im Sinne einer eindimensionalen Wirkungsthese vermieden werden kann.

2 Methodischer Zugang

Bei dem methodischen Zugang nimmt die biografische Dimension eine zentrale Stellung ein. In Bezug auf Prozesse der Medienaneignung hat sich in der Medienrezeptionsforschung ein medienbiografischer Forschungsansatz entwickelt, der davon ausgeht, dass sich die aktuelle Auseinandersetzung mit Medien und Medieninhalten auf vorangegangenen Medienerfahrungen aufbaut. Medienbezogene Eindrücke werden als Wissensvorrat abgelagert, der zum einen lebenszeitlich spätere Aneignungsstile prägt, zum anderen seine Spuren bei der Konstruktion von Biografien hinterlässt (vgl.: Rogge 1982).

Diese Methode der Verknüpfung von Medienaneignung und Biografie ist für die Erforschung der subjektiven Bedeutung von Medienerfahrungen im biografischen Selbstverständnis von RezipientInnen aber kaum genutzt worden. Vielmehr gilt die Aufmerksamkeit den Anlässen und Formen der Mediennutzung in ihrer lebensgeschichtlichen Veränderung. Der Anspruch, die Bedeutung aller im Lebenslauf genutzten Medien zu erfassen führt dabei nicht selten zu einer additiven Deskription von Lebens- und Rezeptionssituationen, ohne deren Bedeutung für die biografische Konstruktion nachhaltig zu berücksichtigen.

Bezogen auf die konkrete Interviewsituation unterscheidet sich die medienbiografische Erhebung von rein biografischen Zugängen. Im biografischen Erzählen kommen Medien in der Regel nicht vor, da sie zum alltäglichen Handeln gehören. Werden Menschen jedoch auf einen Medienaspekt hin angesprochen, können sie sich meist spontan an Medienereignisse erinnern und aktivieren im Verlauf des Erzählens immer mehr Erinnerungen. Das Erzählen von Medienerinnerungen verläuft häufig assoziativ, es gibt dabei kaum ein Erzählschema im Sinne einer zeitlichen Abfolge der Begebenheiten. Darin liegt die Gefahr, den „roten Faden" zu verlieren und sich von den Assoziationen davon tragen zu lassen.

Vor diesem Hintergrund wurde für die vorliegende Fragestellung ein medienbiografischer Zugang entwickelt, der diesen Besonderheiten Rechnung trägt:

Durch die Konzentration auf die biografische Bedeutung von Geschlechterdarstellungen in Filmen erfährt die medienbiografische Methode eine notwendige Fokussierung. Diese Spezifizierung ermöglicht es, die Balance zwischen assoziativem Erzählen und der thematischen Stringenz zu halten, ohne die Offenheit für die Relevanzsetzung der Probandinnen zu verlieren. Auch das reine Aufzählen aller jemals genutzten Medien wird so vermieden (vgl. Ang 1997).

Um die Einordnung der Filmerfahrung in den individuellen lebensweltlichen und lebensgeschichtlichen Kontext zu gewährleisten, wurde ein Methodenmix aus mehreren aufeinander folgenden und aufeinander aufbauenden Interviewformen gewählt.

3 Anlage der Studie

Insgesamt wurden sechs Frauen im Alter von zweiundzwanzig bis fünfundvierzig Jahren befragt. Die Erhebung der Daten erfolgte in mehreren Schritten:

Ein standardisierter Fragebogen zur Person hielt die objektiven Daten der Interviewpartnerinnen in Form eines tabellarischen Lebenslaufs fest. Dieser Einstieg begünstigte zudem die Einstimmung auf die biografische Dimension des Interviews.

Daran schloss sich das narrative Interview an, das in Anlehnung an Schütze (1983) mit einer stimulierenden Erzählaufforderung eröffnet wurde, die eine ausführliche Stegreiferzählung der befragten Frauen einleitete. Auf die Erzählung folgte eine Phase des vertiefenden Nachfragens der angesprochenen Themen durch die Interviewerin und eine Bilanzierungsphase durch die Probandinnen.

Einen Tag nach der ersten Befragung fand ein zweites Interview statt, das jetzt jedoch einem Leitfaden folgte. Der Leitfaden diente als Gedächtnisstütze für die Interviewerin und ermöglichte eine grundsätzliche Vergleichbarkeit der Interviews. Der Zeitraum zwischen den beiden Terminen sollte den Probandinnen die Chance bieten, die durch das Interview angestoßenen Erinnerungen weiterzuverfolgen, sozusagen eine Nacht darüber zu schlafen. In der Erwartung, dass Filmerinnerungen nicht sofort präsent sein würden, sollte Zeit gegeben werden, Erinnerungen aufkommen zu lassen, die sich eventuell erst nach einer intensiveren Beschäftigung mit dem Erinnerungsimpuls einstellen.

Beim ersten Durchsehen der Interviews hatten sich neben den individuellen lebensgeschichtlich bedingten Deutungsmustern strukturelle Übereinstimmungen in Bezug auf die Wahrnehmung und Interpretation von Geschlechterbildern in Filmen abgezeichnet. Um diese Zusammenhänge differenzierter zu betrachten, wurden alle Probandinnen zu einer dritte Erhebungsphase in Form einer Gruppendiskussion eingeladen. Im Verlauf der Diskussion erweiterten die Teilnehmerinnen die Perspektive der persönlichen Erzählung auf die Ebene allgemeiner Beurteilungen filmischer Inhalte und deren Auswirkungen auf Lebensplanung und Partnerschaft. Im Spiegel der jeweils anderen Frauen analysierten sie ihr eigenes Medienverhalten sowie die Funktion von Filmen im eigenen Lebenszusammenhang und gelangten so zu – in ihrem Sinne – verallgemeinerbaren Aussagen.

Insgesamt hat die Methodenvielfalt bei der Anordnung der Untersuchung den Prozess autobiografischer Reflexion begünstigt und unterstützt, was im Verlauf der Datenerhebung an immer detaillierteren Erinnerungen und vor allem an zunehmend ausgeprägteren Verknüpfungen von Filmbildern und erinnerten Lebenskontexten durch die Interviewten erkennbar wurde.

4   Entwicklung des Analyseinstrumentariums

Um das so erhobene medienbiografische Datenmaterial zu analysieren wurde für diese Untersuchung ein Instrumentarium entwickelt, das das symbolische Zeichensystem und die subjektiven Aneignungsweisen unter handlungstheoretischer Perspektive miteinander verbindet.

Dazu wurden Ansätze, zum einen aus der Medienforschung zum anderen aus der Geschlechterforschung, im Sinne einer genderorientierten Rezeptionsforschung zusammengeführt.

Grundlegend für das Analyseinstrumentarium ist das Konzept der parasozialen Interaktion. Identitätsentwicklung, wie sie hier untersucht wurde, vollzieht sich in sozialen Interaktionen, zu denen auch die Auseinandersetzungen mit den Medienfiguren zu rechnen sind. Die Medienwissenschaft hat für das Phänomen, dass sich zwischen RezipientIn und Medienfigur eine Beziehung herstellt, den Begriff der parasozialen Interaktion (Horton/Wohl 1956) geprägt. Er besagt, dass zwischen den AkteurInnen im Medium und dem Publikum eine ähnliche Interaktion stattfindet, wie in einer face-to-face-Situation. Die Rollen der Film- oder Fernsehfiguren sind Repräsentativrollen, mit denen sich die ZuschauerInnen identifizieren können. Teichert (1973) bezeichnet diesen Vorgang unter Bezug auf den symbolischen Interaktionismus als „role-taking". Im dazu komplementären „role-making" (ebd.) können RezipientInnen ihre eigenen Handlungsrollen und -entwürfe zu den gezeigten Handlungsmustern in Beziehung setzen. Das verlangt von den RezipientInnen die Gleichzeitigkeit von Teilhabe und Distanz. Sie können so in der Rezeption ähnlich wie in außermedialer Interaktion konsistente Verhaltensmuster entdecken und für sich verfügbar machen. Medienrezeption ist damit in den Prozess der Entwicklung und Stabilisierung der Identität eingebunden.

Erweitert wird dieses Konzept durch die Perspektive der „Thematischen Voreingenommenheit" (Charlton/Neumann-Braun 1990). Hiermit lässt sich die Bedeutung des Lebenskontextes für die genderorientierte Analyse der Aneignung medial vermittelter Bilder erschließen. Im Rahmen dieses handlungstheoretischen Modells von Medienrezeption wird die Selektion bestimmter Aspekte in Filmen mit den jeweiligen relevanten Themen im Lebenskontext der Rezipierenden zusammengebracht. Diese Themen überlagern das Denken und Fühlen von Individuen und führen so zu Fokussierungen, die das Interesse an der Umwelt und damit auch am Medienangebot bestimmen. In den symbolischen Darstellungen der Medien können die RezipientInnen sich und ihr Thema spiegeln, es aus unterschiedlichen Perspektiven nacherleben und auf diese Weise bearbeiten.

Wichtig erscheint es jedoch, die geschlechtsspezifische Ausprägung thematischer Voreingenommenheit mitzudenken und zu erkennen. Hier erweist sich die Perspektive auf die gesellschaftliche Kontextualität, wie sie die Cultural Studies verfolgen, als weiterführend. Danach sind den Medienprodukten verschiedene Diskurse eingeschrieben, die im Prozess der Aneignung im Individuum einen Kampf um Bedeutung und damit um Macht führen. Ideologien werden in diesem Verständnis durch die Übernahme von Subjektpositionen angeeignet (Winter 1997). Fragen nach der diskursiven Herstellung von Macht und Hierarchie im Geschlechterverhältnis können so in die Forschung mit einbezogen werden (Hipfl 2002).

Darüber hinaus ist das Konzept des „Doing Gender" (West/Zimmermann 1978) als wesentlicher Schlüssel zur Erforschung des Zusammenhangs zwischen Medien und Geschlecht zu sehen. Es betont den aktiven und interaktiven Anteil des Individuums an der Herstellung seiner Geschlechtsidentität. Dabei greifen Menschen auf einen Fundus von symbolisch bedeutsamen Handlungen, Dingen und Darstellungen zurück, die unter anderem auch von den Medien bereitgestellt werden.

Die RezipientInnen werden als weibliche und männliche Subjekte vom Text angesprochen und verhalten sich den Inhalten gegenüber auch als Frauen und Männer. Sie fädeln sich in die Filmnarration ein, indem sie sich z.B. vorzugsweise mit gleichgeschlechtlichen Filmfiguren identifizieren. In der parasozialen Interaktion erproben sie die angebotenen Subjektpositionen, indem sie das Doing Gender der Filmfigur mitvollziehen. In Analogie zum Begriff der parasozialen Interaktion bezeichne ich dieses Handeln als „parasoziales Doing Gender."

Das Konzept des parasozialen Doing Gender ist geeignet, konkrete Rezeptionssituationen zu analysieren und die geschlechtstypischen Aspekte thematischer Voreingenommenheit sowie parasozialer Interaktion herauszuarbeiten. Die biografische Perspektive der Datenerhebung trägt der Komplexität von Geschlechtsidentität in ihrer Verwobenheit mit den Lebenskontexten (Dausien 2000) und den medialen Sozialisationsimpulsen Rechnung. Damit kann die Interdependenz zwischen Lebens- und Medienerfahrung als fortlaufender Prozess erfasst werden.

5   Untersuchungsergebnisse

Es hat sich gezeigt, dass die Handlungsmuster, die über Filmerfahrungen angeeignet werden, im weiteren Lebensverlauf nicht selten Brüche und Verwirrungen produzierten. Alle Interviewpartnerinnen benennen ein Spannungsverhältnis von Orientierung und Irritation, durch die Medienvorbilder. Einerseits boten die stereotypisierten Subjektpositionen zwar Sicherheit und Orientierung in Bezug auf die Frage nach akzeptiertem weiblichem Verhalten. Andererseits scheint die Internalisierung des Stereotyps von der passiven Frau die Probandinnen bei ihrer Lebensbewältigung zum Teil nachhaltig behindert zu haben.

Weiterhin auffällig war, dass in allen Interviews die frühen Filmerfahrungen, die sich auf die Alterspanne zwischen sieben und zwölf Jahren bezogen, im Vordergrund standen. Für diese Phase waren Erinnerungen an die Lebenssituation und die im Kontext der Filme bearbeiteten Gefühle sehr präsent. Mit der Pubertät verlieren Film- und Fernseherfahrungen in den Interviews an Bedeutung, die Ausgestaltung der Geschlechtsidentität geschieht jetzt eher in Auseinandersetzung mit realen Lebenserfahrungen. Die Filme und Subjektpositionen der Kindheit dienen nun dazu, sich von einem traditionellen Frauenbild abzugrenzen. Eine Interviewpartnerin, ich nenne sie Dorothea, beschreibt diese Veränderung:

> Ich kann eigentlich nur sagen, dass diese frühen Filme wie Sissi sehr prägend waren und dann nachpubertär 'ne sehr rebellische Zeit kam, wo ich dann so was wie diese Filme sehr abgelehnt hab', also so innerlich. Es gibt immer die zwei Pole: auf der einen Seite beeinflusst dadurch, wie Sissi zu sein aber dann gab's 'ne Riesen-Rebellion nach der Pubertät. Also nur noch Jeans anziehen und nix mehr wie Sissi.

Das Datenmaterial wird im Folgenden durch Fragen strukturiert, die aufeinander aufbauende Zugänge ermöglichen. Für die Auswertung der Daten lieferte das skizzierte Analyseinstrumentarium das Interpretationsschema.

5.1 Welche Fragen und Bedürfnisse richteten die Rezipientinnen an die Medien Film und Fernsehen?

Thematische Voreingenommenheit begreift entwicklungsbedingte sowie alltagsbedingte Bedürfnisse und Konflikte als entscheidende Faktoren für Auswahl und Deutung von Medienangeboten. Über diesen Zugang lassen sich folgende Bedürfnisse, die das Filminteresse in der Rückschau beeinflusst haben, aus dem Datenmaterial herausfiltern:

- Ein wesentliches Bedürfnis, das von den Interviewten an die Film- und Fernsehproduktionen herangetragen wurde, war die Suche nach Weiblichkeitsentwürfen, die Anknüpfungspunkte zum Selbstverständnis und zur eigenen Lebenssituation aufwiesen und daher als authentisch erlebt werden konnten.
- Ein weiterer Anknüpfungspunkt für das Interesse an Filmhandlungen war die Darstellung familialer Konstellationen, die mit den eigenen vergleichbar waren und die damit die Auseinandersetzung mit den eigenen Konflikten und Gefühlen ermöglichten.
  Dorothea gibt in ihren Reflexionen zu ihren Filmvorlieben Hinweise für eine solche entwicklungs- und alltagsbedingte Bedürfnislage:

  > Ja, was mich auch sehr berührt hat in den Sissi-Filmen war diese Heimeligkeit, diese tolle Familie und die Eltern von ihr, was ich nicht so hatte. Also, da sind so'n paar Sachen drin in den Filmen, die mir sehr gut getan haben, weil ich eigentlich in 'ner Familie groß geworden bin, wo nicht so nach mir geguckt worden ist, wo ich sehr frei gelassen war und eigentlich immer so die bemutternde Mutter gesucht hab', die ich zu Hause gar nicht hatte. Und das war in den Filmen mit der Magda Schneider und dem Knuth, diese Försterfamilie, das war so'ne tolle Atmosphäre, die immer für ihre Tochter da waren.

- Aber auch die Suche nach Entlastungen und die Möglichkeit zur Flucht aus schwierigen, unbefriedigenden Lebens- und Familiensituationen werden als Bedürfnisse formuliert. Hanna, eine weitere Interviewpartnerin, drückt es folgendermaßen aus:

also für mich war das Fernsehen oder so Filme so'n Abtauchen. Das war so mit acht, neun, auch früher schon. Also an sich dachte ich immer, ich würde höchstens leben bis ich 18 bin; ich hätte nicht gedacht, dass ich diese Familie überlebe. Und da haben mir so Filme bestimmt auch geholfen, also mich da so in die Phantasiewelt zu begeben und von Prinzen zu träumen.

- Der Wunsch, sich neue Lebenswelten zu erschließen und das Vergnügen am Glamour der Filmfiguren sind ebenfalls Motivationen bei der Medienauswahl. Claudia sagt z.B.:

da hab ich mich mit Sissi identifiziert, ach vor allem auf Grund dieser wundervollen Kleider.

Und Anna sagt, sie habe Abenteuerfilme gesehen

einfach zur Erweiterung dieses kleinen Zusammenhangs und um sich in andere Welten reinziehen zu lassen.

5.2 Welches Filmangebot fanden die Rezipientinnen vor und auf welche Weise haben sie sich die Medieninhalte angeeignet?

Hier erweist sich die Perspektive des parasozialen Doing Gender, das die Aneignung der Medieninhalte strukturiert, als bedeutsam. Wie in den Fallstudien deutlich wird, sind es besonders die Konstruktionen vom männlichen überlegenen Helden und Retter und der schönen Frau, die erobert oder gerettet wird, die das Geschlechterverhältnis der erinnerten Filme bestimmen und deren Mitvollzug eine starke Faszination auf die interviewten Frauen ausgeübt hat. Der Prozess der Aneignung dieser weiblichen Subjektpositionen weist über die Rezeptionssituation hinaus und schließt Phantasien und Tagträume zu dieser Form von Geschlechterinteraktion mit ein. Im Sinne eines Probehandelns hat z.B. Anna bestimmte Szenen, nämlich die, in denen „die Frau besonders hilflos ist und gerettet wird vom Mann", gedanklich immer wieder in der Rolle der hilflosen Frau durchgespielt:

Ich wiederholte immer wieder von neuem die Szene, die mir gerade besonders gut gefallen hat. Schon früher waren ja diese Arztsendungen so beliebt, wo der schöne attraktive Arzt im weißen Kittel die halbtote kranke Frau umsorgt und der, emotional ergriffen, doch die richtige Idee hat, sie zu retten und ihr am Bett das Händchen hält. (lacht) Und das ist dann 'ne hübsche Szene, die mir gefallen hat, und wenn ich dann nicht einschlafen konnte, hab' ich mir die dann wiedergeholt, diese Szene. Und immer wieder: Und dann hat er ihr das Händchen getätschelt und dann musste die Szene wieder von vorn anfangen, dass er die Tür reinkommt und sagt: Machen wir schon ... Kommt wieder die Tür 'rein: Machen wir schon ... und irgendwann bin ich eingeschlafen (lacht).

Auch Dorothea hat in Identifikation mit der Filmfigur Sissi eine Liebesbeziehung mit gelebt und im Anschluss daran Geschlechterinszenierungen in der Phantasie ausprobiert.

Also ich hab' eher mich da drin in der Identifikation in der Perspektive im Schmusen oder im Arm halten mit dem Karl-Heinz Böhm geträumt (lacht) und hab' dann auch so meine Tagträume gehabt als Sissi-Figur und wie ich dann dem Prinzen im Arm liege (lacht). Ich hab' als Kind sehr viel neue Geschichten erfunden. Also immer so Geschichten wo's nicht klappt mit dem Partner, also wo irgendwelche Trennungen sind und dann wieder Zusammenkommen, dann hab' ich das zehn Mal immer wiederholt, um den Genuss des Zusammenkommens zu erleben. (lacht).

5.3 Welche Spuren haben die Filmbilder in den Selbstbildern der Rezipientinnen hinterlassen?

In den Einzelinterviews wie auch während der Gruppendiskussion beschrieben die Probandinnen ein Spannungsverhältnis zwischen dem auf der einen Seite gesellschaftlich akzeptierten und durch die Geschlechterkonstruktionen in Filmen manifestierten Wunsch, sich in die Abhängigkeit eines männlichen „Retters" zu begeben und auf der anderen Seite der Haltung, selbstbestimmt und durchsetzungsfähig aufzutreten und für sich beispielsweise berufliche Positionen einzufordern. Der Wunsch nach Rückzug auf eine passive Frauenrolle wird von allen befragten Frauen negativ bewertet. Er wird mit einem unangenehmen Gefühl in Verbindung gebracht und als störend und behindernd empfunden. Eine kurze Sequenz beleuchtet diese Ablehnung:

Anna:

Wenn ich müde bin und genervt, dann hab' ich auch schon so Phantasien, dass ich denk: So, jetzt einfach nur warten bis er kommt, aber wenn ich dann ausgeschlafen bin, ... (lacht)

Dorothea:

Ja, ich kann das nur bestätigen, ich seh' das als so 'n Gefühl, wo 'ne Vorstellung da ist. Wo 'n Gefühl dran klebt, was ich einfach nicht loskriege, das Gefühl. Ich möcht das gern trennen, ich möcht das gar nicht haben. Frauen im Kino, die immer auf den Typ warten und hilflos sind, kann ich nicht haben, aber trotzdem gibt's so was ganz tief drinnen, wie dieses Klebegefühl da irgendwo an so 'ner Vorstellung: ja toller Mann, dann wäre das Leben in Ordnung, dann bist du was. Also ich ärgere mich über diese Klebedinger. Ja, mir ist es sehr bewusst, und trotzdem ist das Gefühl noch da, dass ich sage: „Pretty Woman" spricht was genau in der Richtung in mir an. Und ich würde dieses Gefühl gerne weg haben, das nicht mehr zu meiner wirklichen vollen Identität gehört, damit ich auch nicht mehr anfällig dafür bin.

Die befragten Frauen beschreiben zum einen das Verführerische der Rettungsfantasien, die sie vom Kampf um Selbstbestimmung und Akzeptanz zu entlasten verspricht. Claudia sagt dazu:

Also wenn's mir mal besonders schlecht ging, da hatte ich dann schon die Vorstellung:
Ach, wahrscheinlich ist es am besten, wenn ich mir jetzt irgend so 'nen netten Typen suche, der möglichst reich ist und dann hab' ich da irgendwie 'n Haus mit Garten und Kindern und dann hab' ich meine Ruhe, dann muss ich mich nicht mehr anstrengen. Es existierte so als Flucht.

Und an anderer Stelle:

Ich hatte extreme Schwierigkeiten, von zu Hause weg zu gehen. (...) und ich weiß nicht ob
ich gewartet habe oder worauf ich gewartet habe aber irgendwie, wenn ich jetzt gerade
drüber nachdenke, merke ich, dass mich auch irgendwas gehindert hat. Weil ich tatsächlich
immer gewartet habe, dass da jemand von außen kommt und mich rettet, irgendeine Figur,
an die ich mich in der Phantasie auch immer 'rangehängt habe. Das waren reale Personen,
das waren aber auch Personen aus Filmen. Und irgendwie dann zu sehen, okay da kommt
halt niemand, ich muss das alleine machen, das war auch schon ziemlich schwierig und das
ist auch das, was mich jetzt immer noch ein bisschen beutelt. Also, wenn jetzt irgendwelche Probleme mit der Wohnung auftauchen, wo ich dann denke, am liebsten würde ich
wieder in irgendeinen Schoß zurückkriechen und wieder klein sein und hasse es richtig,
dass ich jetzt ja eigentlich schon alt genug bin (seufzt, lacht). Ich weiß nicht, ich glaub' ich
bin es auch noch nicht los, dieser Wunsch ist noch sehr, sehr stark, du sagst Klebegefühl,
für mich ist es zumindest auch was ziemlich Unangenehmes, das Kraft frisst.

Zum anderen wird die Aufrechterhaltung der Vorstellung einer starken
männlichen Figur besonders im beruflichen Kontext als Behinderung der eigenen Kompetenzentfaltung wahrgenommen. Hanna resümiert:

Es macht mich verwirrt, ich komm' immer wieder an den Punkt, wo ich denk': Das gibt's
doch nicht, das kann nicht sein. Es ist so dieser Wunsch nach dem Retter, der da wahrscheinlich auch eine Rolle spielt und 'n Retter muss stark sein und ganz viel wissen. Das
ist der Traum vom Chef, der für einen sorgt, der alles ganz genau weiß. Und auf der anderen Seite bin dann auch immer ich, die ich eigentlich auch ganz gern Kontrolle hab' und
die auch sehr gern diese Chefposition erfüllt und es auch dem Mann gerne aus der Hand
nimmt alles, auf der anderen Seite kann ich mir das auch nicht zugestehen.

6 Zusammenfassung

Die Bedürfnisse und Fragen, die von den hier untersuchten Rezipientinnen
an die Medien Film und Fernsehen herangetragen worden sind und die das
Interesse an Geschichten bestimmen, werden in den Filmen in einer Form
widergespiegelt, die immer auch an Geschlechterdiskurse anknüpft. Die Subjektpositionen, die die Rezipientinnen durchweg einnehmen, entsprechen
dem hegemonialen Geschlechterdiskurs, der die weiblichen Figuren auf eine
eher untergeordnete, zweitrangige Position im Geschlechterverhältnis festlegt, die letztlich auf männliche Hilfe angewiesen sind, um ihr Leben zu bewältigen. Zum Teil wird dieser Diskurs durch den Lebenskontext gestützt,
zum Teil ist aber nur der Film als Lieferant von Geschlechterdarstellungen

erinnerbar. Die Subjektpositionen eines hierarchischen Geschlechterverhältnisses werden sozusagen nebenbei angeeignet, finden aber ihren Niederschlag umso nachhaltiger im Habitus. Selbst wenn die erworbenen Handlungsmuster als anachronistisch und paradox erfahren werden, können sie
nicht so leicht abgelegt werden.

Das Vertrauen darauf, dass die aktive Aneignung sich aus einer Vielfalt
von Subjektpositionen bedienen kann, um ein lebensgeschichtlich oder situa-
tionsabhängiges Thema zu behandeln, muss unter dem Aspekt des im Sub-
text der Filmgeschichten und Filmbilder immer wieder neu hergestellten hierarchischen Geschlechterverhältnisses kritisch gesehen werden.

6.1 Perspektiven für eine geschlechtsbewusste Medienpädagogik

Medienpädagogik will Medienkompetenz vermitteln. Medienkompetenz bedeutet aber nicht nur, sich medienkritisch zu äußern und die Technik zu beherrschen, sondern es bedeutet auch, den Spuren der Medienbilder in der eigenen Person nachzugehen, die medialen Diskurse als wirksame anzuerken-
nen und diesen bewusst eigene Entwürfe und Bilder – z.B. in medialen Ei-
genproduktionen – entgegenzustellen. Diese Eigenentwürfe brauchen im
Vorfeld eine Reflexion des Bestehenden, sonst werden die Videoclips und
Computeranimationen nur wieder Abbilder von altbekannten Stereotypen
sein. Wirklich eigene Sehnsüchte und Bedürfnisse bleiben so unter den gängigen Bildern und in hegemonialen Diskursen gefangen. Geschlechterreflektierende Medienpädagogik will die in den Medien eingeschriebenen Geschlechterbilder bewusst und bearbeitbar machen. Dies stößt in der medien-
pädagogischen Praxis nicht selten auf Widerstand, da eine solche Thematisierung zunächst als Bevormundung oder als aufgesetzt empfunden wird.

Wenn wir jedoch an den eigenen Erfahrungen der Einzelnen ansetzen,
kann eine Reflexion über mediale Geschlechterbilder und ihre individuelle
Relevanz ausgelöst und pädagogisch begleitet werden. Der medienbiografische Ansatz sowie das hier entwickelte Analyseinstrumentarium lassen sich
für eine solche Reflexion fruchtbar machen. Ich möchte das an vier Punkten
aufzeigen:

1. Dem Erzählen über sich ist das Erzählen über den Film vorgeschaltet, so
   dass eine entlastende Distanz zur eigenen Lebensgeschichte hergestellt
   werden kann. Trotzdem können Themen und Konflikte, die für die eigene Situation relevant sind, im Sprechen über den Film artikuliert und bearbeitet werden. Auch das Geschlechterthema muss nicht im Mittelpunkt
   stehen, es kann aber durchaus zentral werden. Medienbiografisches Erzählen ist also ein Reflexionsprozess, in dem, bedingt durch den unge-
   wöhnlichen Fokus, Dinge neu zugeordnet und Zusammenhänge neu gesehen werden können.

2. Die medienbiografische Methode bietet durch ihre grundsätzliche Offenheit die Möglichkeit, der Medienauswahl der Erzählenden mit Wertschätzung zu begegnen und die orientierende wie die irritierende Seite der Medienvorbilder zu Wort kommen zu lassen. Dabei bleibt auch Raum dafür, das Vergnügen und die Entlastung, die die Filmrezeption bereitstellen, zu benennen. Ein wertender pädagogischer Blick kann so vermieden werden zu Gunsten einer selbstreflexiven Auseinandersetzung mit der eigenen Medienaneignung.

3. Die individuelle Funktion der Medien im Alltag der RezipientInnen wird für sie selber und für die PädagogInnen nachvollziehbar. Das Analyseinstrumentarium, wie es hier vorgestellt wurde, sollte dabei offengelegt und mit den Interviewpartnerinnen gemeinsam bearbeitet werden. In diesem Zusammenhang ist es sinnvoll, die an die Medien heran getragenen Bedürfnisse zu bündeln, die Faszination von Beziehungsmustern zu thematisieren, die gesellschaftlich gängigen Normen und Werte zu benennen und der nachhaltigen Bedeutung dieser Muster für die Einzelnen nachzugehen. Die Chancen aber auch die Grenzen der Handlungsangebote können so ausgelotet werden. Darüber hinaus wird es möglich, die verschiedenen Diskurse zum Geschlechterverhältnis, die in den medialen Angeboten mit transportiert werden, zu extrahieren und sie so aus dem „Klebegefühl", wie Dorothea es nennt, herausholen.

4. Medienbiografien geben Auskunft über Unterschiede aber auch Gemeinsamkeiten bei der Rezeption von Filmen in verschiedenen Generationen. Der biografische Blick von PädagogInnen auf die eigene Mediensozialisation sowie auf die heutigen Mediensozialisationsverläufe kann helfen, Medienwelten, mit denen sich Kinder und Jugendliche heute identifizieren, zu akzeptieren und besser zu verstehen.

An den hier vorgestellten Interviews ist deutlich geworden, wie schwer es fällt, früh erworbene und fest verankerte Subjektpositionen und aus Filmen gewonnene Bilder aufzugeben, obwohl sie vielleicht mit dem idealen Selbstbild nicht mehr übereinstimmen. Hipfl fordert die Medienpädagogik in diesem Zusammenhang zu besonderer Achtsamkeit auf:

Eine medienerzieherische Bearbeitung ist daher nicht einfach eine Analyse von Vorlieben und Präferenzen, sondern es steht tatsächlich für die Betroffenen ein Aspekt ihrer Identität auf dem Spiel. Daher ist eine sehr sensible Vorgangsweise notwendig, die sich der emotionalen Involviertheit der Person bewusst sein muß (Hipfl 2002).

Der medienbiografische Methode sowie das angewandte Analyseinstrumentarium tragen durch ihren offenen und akzeptierenden Zugang der identitätsbildenden Funktion der Film-Bilder Rechnung.

6.2 Perspektiven für die Biografieforschung

Das Einbeziehen von Medienerinnerungen in den biografischen Forschungsprozess kann methodisch als Erinnerungsimpuls eingesetzt werden, zumal Medienerfahrungen eine immer größere Bedeutung für die Orientierung der Einzelnen erlangen.

Filmbilder erzählen Geschichten, die wir miterleben und die in unser biografisches Wissen eingehen. Dies geschieht auf zweifache Weise: Zum einen geht der Film als Geschichte an sich, die wir auf unsere je spezifische Weise interpretiert und selektiert haben, in unsere Erinnerung ein. Zum anderen verbinden wir mit Filmen immer auch Erinnerungen an die Situation, das Lebensgefühl, das wir zum Zeitpunkt der Rezeption empfunden haben. Über die erinnerten Filmbilder werden auch die Wünsche und Phantasien, die damit für die Einzelnen verbunden waren, wieder präsent. Damit sind Filmerinnerungen unmittelbare Auslöser eines biografischen Erinnerns, das zwar nicht immer der Kontinuität des Lebenslaufs folgt, dafür aber die emotionale Ebene der Erzählenden anspricht. Sie leiten über zu oft sehr authentischen Schilderungen von Gefühlen und Lebenssituationen. Über die Erinnerung an die in den Filmen erlebten Gefühle rücken die eigenen emotionalen Befindlichkeiten in der Rezeptionssituation wieder ins Bewusstsein und aktivieren weitere biografische Details.

Literatur

Ang, Ein (1997): Radikaler Kontextualismus und Ethnographie in der Rezeptionsforschung. In: Hepp, Andreas/Winter, Rainer (Hrsg.): Kultur – Medien – Macht. Cultural Studies und Medienanalyse. Opladen: Westdeutscher Verlag, S. 85-102.

Baacke, Dieter (1997): Medienpädagogik. Tübingen: Niemeyer.

Bourdieu, Pierre/Wacquant, Loic (1996): Reflexive Anthropologie. Frankfurt am Main: Suhrkamp.

Charlton, Michael/Neumann, Klaus (1990): Medienrezeption und Identitätsbildung. Tübingen: Niemeyer.

Dausien, Bettina (2000): „Biographie als rekonstruktiver Zugang zu „Geschlecht" – Perspektiven der Biographieforschung. In: Lemmermöhle, Doris u.a. (Hrsg.): Lesarten des Geschlechts. Opladen: Leske + Budrich, S. 96-115.

Hipfl, Brigitte (2002): Zur Politik von Bedeutung. Medienpädagogik aus der Perspektive der Cultural Studies. In: Paus-Haase, Ingrid/Lampert, Claudia/Süss, Daniel (Hrsg.): Medienpädagogik in der Kommunikationswissenschaft. Wiesbaden: Westdeutscher Verlag, S. 34-48.

Horton, Donald/Wohl, R. Richard: Mass Communication and Para-Social Interaction. Observations on Intimacy on a Distance. In: Psychiatry, 19, 1956, S. 215-229.

Klaus, Elisabeth (1998): Kommunikationswissenschaftliche Geschlechterforschung. Opladen: Westdeutscher Verlag.

Mikos, Lothar (1994): Es wird dein Leben! Familienserien im Fernsehen und im Alltag der Zuschauer. Münster: Waxmann.

Mikos, Lothar (1996): Parasoziale Interaktion und indirekte Adressierung. In: Vorderer, Peter (Hrsg.): Fernsehen als „Beziehungskiste". Opladen: Westdeutscher Verlag, S. 97-106.

Mühlen-Achs, Gitta (1998): Geschlecht bewußt gemacht. Körpersprachliche Inszenierungen. Ein Bilder und Arbeitsbuch. München: Frauenoffensive.

Rogge, Uwe (1982): Die biographische Methode in der Medienforschung. In: Medien und Erziehung, 3, S. 273-287.

Schneider, Irmela (1995): Variationen des Weiblichen und Männlichen. Zur Ikonographie der Geschlechter. In: Schneider Irmela (Hrsg.): Serien-Welten. Strukturen US-amerikanischer Serien aus vier Jahrzehnten. Opladen: Westdeutscher Verlag, S. 138-176.

Schütze, Fritz (1983): Biographieforschung und narratives Interview. In: Neue Praxis 3.

Teichert, Will (1973): Fernsehen als soziales Handeln II. In: Rundfunk und Fernsehen 21. 4, S. 356-382.

West, Candace/Zimmermann, Don, H (1987): „Doing Gender". In: Gender and Society, 2, S.125-151. Auch erschienen in: Lorber, Judith/Farell, Susan (1991): The Social Construction of Gender. Newbury Park, London, New Dehli: Sage, S. 13-37.

Winter, Rainer (1997): Culural Studies als kritische Medienanalyse: Vom „encoding/decoding"-Modell zur Diskursanalyse. In: Hepp, Andreas/Winter, Rainer (Hrsg.): Kultur – Medien – Macht. Cultural Studies und Medienanalyse. Opladen: Westdeutscher Verlag, S. 47-64.

Bilder als Medien der Selbstkonstitution von Kindern

Ursula Stenger

Ursprünglich wurde das Bild im Rahmen pädagogischer Forschungen zunächst im Anschluss an Mollenhauer als Quelle in bildungstheoretischer Absicht in die Pädagogik eingeführt. Man betrachtete Bildnisse aus der bildenden Kunst und zog daraus Erkenntnisse über erzieherische Verhältnisse, das Bild vom Kind, sowie seine Bildungsprozesse im jeweiligen historischen Kontext. Bilder können uns in Bezug auf die Grundfrage, was der Mensch ist und wie er lebt, weiterhelfen. Bilder der bildenden Kunst, ebenso wie Fotografien und Filme stehen in einer Bildtradition, die das Gesicht einer jeweiligen Kultur ausmacht.

Johannes Bilstein ordnet in einer, in der ZBBS erschienenen Sammelrezension (vgl. Bilstein 2004) zum Bildthema die nach Mollenhauer sich entfaltende Forschungslandschaft in drei Gruppen, deren zentrale Fragestellungen alle bereits bei Mollenhauer zu finden sind: Als erste Richtung bestimmt Bilstein den philosophisch bestimmten Diskurs zur Frage nach dem Bild, der mit Richard Rortys Slogan vom iconic turn beginnt, über Gottfried Boehms: „Was ist ein Bild?" (1995), die von Mollenhauer/Wulf herausgegebenen Band: „Aisthesis/Ästhetik" (1996) und Schäfer/Wulf: „Bild Bilder Bildung" (1999) zu dem von Fröhlich und mir herausgegebenen Buch: „Das Unsichtbare sichtbar machen" (2003) reicht. Hier geht es u.a. um die Themen der: „Potenz der Bilder, als Träger von Selbst-Thematisierungen"(Bilstein 2004: 119), sowie um die Rolle von Bildern in Prozessen der Subjektgenese. Als zweite Gruppe macht Bilstein die Diskussion über Bilder als Quellen historisch erziehungswissenschaftlicher Forschung aus, die Bilder jedoch auch nicht als bloße Illustrationen ansehen, sondern als „Einblicke und Hinweise in die Denkstrukturen und Weltordnungsmuster vergangener Zeiten" (ebd., 120) und das aus einem jeweilig ideengeschichtlich gefärbten Blick, der darin mitthematisiert wird. Der dritte Forschungsdiskurs wendet sich nach Bilstein anhand von Bildern genuin pädagogischen Problemstellungen zu. (ebd. 121) Hier geht es um die anthropologische Relevanz dessen, was sich im Bild als Bild zeigt. Bereits bei Mollenhauer stehen die Grundfragen nach Identitätsfindung und Weltaneignung im Mittelpunkt des Interesses, das immer auch in der Frage mündet, wie daraus ein Verstehen erwachsen kann, das in praktischen Kontexten auch relevant ist. Dieses Anliegen verbindet in meinen Augen viele der Arbeiten aus Gruppe 1 und 3, so dass eine exakte Trennschärfe hier kaum zu erreichen sein wird.

Im Zentrum meiner Überlegungen stehen folgende Fragen: Welche Rolle spielen Bilder in Prozessen der Enkulturation? Wie wachsen Kinder in die jeweilige Bilderwelt einer Kultur hinein, über die Werte, Denk- und Handlungsformen, Traditionen weitergegeben und zukünftige Perspektiven entwickelt werden? Wie aber vollzieht sich jene Erfahrung, über die diese Bilder gebildet werden? Ich gehe davon aus, dass es sich hierbei nicht nur um einen rezeptiven Akt, etwa der Bildbetrachtung handelt, der nur Nachvollzug bedeuten würde. Auf welchen Wegen aber kommen Menschen zu den Bildern, über die sie ihre Wahrnehmungen und Erfahrungen deuten, die für sie selbst, für das Verständnis, das sie von sich und der Welt haben, wichtig sind? Mich interessiert dabei insbesondere der Anfang, wie vollziehen sich Bildungsprozesse, die durch Bilder angeregt werden, die sich über die Bildung von Bildern vollziehen. In diesem Zusammenhang habe ich eine ca. 2-jährige Langzeitbeobachtung in einer Krippe durchgeführt, die Kinder im Alter von 10 Monaten bis zum Kindergarteneintritt mit 3 Jahren besuchen. Ich nahm 14-tägig, oft mit einer Mitarbeiterin einen Vormittag am Gruppengeschehen teil. Die teilnehmende Beobachtung wurde unterstützt durch Videoaufnahmen, Gespräche mit Eltern und Erzieherinnen, sowie die Analyse von Dokumenten.

1   Ein anthropologischer Bildbegriff

Das Bild, wie es hier verstanden werden soll, fasst eine ganze Erfahrung zusammen, verdichtet sie auf einen Punkt hin und strukturiert sie so. Bilder finden wir in der bildenden Kunst, wo über ein einziges Werk ein neues Bild vom Menschen gefunden werden kann. Aber auch in Geschichten verdichten sich Gestalten und Zusammenhänge zu Bildern. In der Literatur sind sie entfaltet, in Sagen und Märchen überliefert, sowie in Filmen, Hörkassetten und Videospielen weiterentwickelt: König und Königin, Hexen, Drachen, Zauberer und Zwerge bevölkern die Phantasien von Heranwachsenden und geben ihnen so Deutungsmuster für ihre Erfahrungen, die sie selbst ausgestalten beim Spielen und Bauen von Szenarien. Über die Identifikation mit ihren Helden wachsen ihnen selbst im gelingenden Fall ungeahnte Kräfte zu, auf diese Weise wirken Bilder auch im alltäglichen Handeln, indem sie dort zur Aufführung kommen. Aber auch eine persönliche Erfahrung eines Einzelnen oder der Fund einer Gruppe kann sich in ein Bild transformieren, ohne dass es zunächst in Form einer kulturellen Überlieferung vorliegt.

Historische Zeiten, Räume, ja komplexe kulturelle, wie persönliche Zusammenhänge sind uns über Bilder gegenwärtig. In diesem Sinne könnte man

die Pyramiden als Bild lesen wie den gotischen Dom oder moderne Sport-
arenen. Über die Identifikation mit bestimmten Bildern entstehen kulturelle
Traditionen. Bilder transportieren Werthaltungen, Handlungs- und Denkfor-
men. Doch wie kommen Kinder zu diesen Bildern? Sie können, was ihnen begegnet ja nicht nur einordnen in das, was sie schon kennen, geht man nicht wie
Carl Gustav Jung davon aus, dass uns die Bilder gleichsam als Archetypen ein-
geboren sind (vgl. Jung 1990). Gerade Säuglinge und Kleinkinder speichern
wohl Erfahrungen und deren Ergebnisse, können sich jedoch nicht bewusst erinnern, wie sie dazu gekommen sind. Dies ist auch ein enormer Vorteil, sind sie
deshalb eher bereit aus neuen Wahrnehmungen zu lernen und stehen so weniger in der Gefahr nur bereits Bekanntes wieder zu entdecken.

Merleau-Ponty spricht vom „Ereignis des Sehens", einem Austauschprozess des Menschen mit seiner Welt, der Augenblicke hervorbringt, in denen
der Mensch von der Sache, die ihn anspricht mit geformt wird (vgl. Merleau-
Ponty 1994: 192f.). Das Sehen von Bildern ist zugleich ein Gesehenwerden,
das eine anthropologische Grundlage nicht in der strikten Trennung von Subjekt und Objekt findet, „der Blick ist nämlich selbst Einkörperung des Sehenden in das Sichtbare, Suche nach sich selbst im Sichtbaren, dem es *zuge-
hört*" (ebd. 173). Bilder wahrnehmen bedeutet nicht nur, sie zur Kenntnis
nehmen. Wer ein Bild sieht, ist zugleich der vom Bild Gesehene, er ist „im
Bild". Die Wahrnehmung durchdringt die Oberfläche des Sichtbaren und bildet selbst die leibliche Verfasstheit aus, die dem Wahrgenommenen entspricht. Das spielende Kind etwa denkt nicht nur an seinen Helden, den Gei-
ßenpeter aus der Heidi, die wilden Hühner, Harry Potter oder Aragorn aus
dem Herrn der Ringe. Die Vorstellungswelt wird lebendig, Empfindungen
und Gefühle fließen ein in komplexe Prozesse der Konstitution ihrer Selbst,
ihrer Weise der Welterfahrung. Bilder wirken nicht nur, wo man bewusst an
sie denkt, sie bilden den Hintergrund von Handlungen, die vordergründig gar
nichts mit ihnen zu tun haben.

Wer wir sind, erfahren wir aus den Bildern, die für uns wegweisende
Bedeutung besitzen. Wir sehen also nicht das Bild als Objekt an, sondern wir
sehen die Welt und uns selbst gemäß dem Bilde, dem wir uns anverwandeln.
Bildend sind derartige Prozesse, insofern sie unser Bild von der Welt und
von uns selbst zu verändern vermögen. Mollenhauer hat dieses Phänomen
der ästhetischen Bildung so verstanden, dass Bilder Interpretationen des In-
nengrundes darstellen (vgl. Mollenhauer 1988: 451) bzw. dass sie da bildend
sind, wo sie unser Selbst zu verändern vermögen. Bilder sind somit auch
Selbstbilder, die wie die Psychoanalyse uns gelehrt hat, nicht nur ungebro-
chen abbilden, sondern auch verborgene Wünsche und Träume, verdrängte
und vergessene Themen sinnlich greifbar zur Darstellung bringen können
(vgl. Freud 1942; Bittner 2003; Bilstein 2003). Neue Bilder können für Kinder wie für Erwachsene, Sehgewohnheiten, wie auch bisherige Erfahrungs-
möglichkeiten in Frage stellen, bzw. neue eröffnen. Bilder stellen Erfah-

rungszumuten dar, sie verlangen von uns, die Subjektivität einzunehmen, die sie sinnlich präsentieren.

Bilder sind äußerlich sichtbar, stellen jedoch gleichzeitig jeweilige Innenverfasstheiten dar. Bilder sind innen wie außen, wie Bilstein (vgl. Bilstein 1999: 97) und Belting in seiner Bildanthropologie (vgl. Belting 2001: 20), sowie Wulf (vgl. Wulf 2005: 39) herausgearbeitet haben. Bilder werden hier in ihrer anthropologischen Bedeutung gesehen. Dieser von Bilstein, Belting, Wulf u.a. entwickelten Auffassung möchte ich mich anschließen, bzw. diese Gedanken für die Pädagogik aufgreifen, indem ich nach der Bildungsgeschichte von Kindern frage, insofern sie durch Bilder angeregt wird, sich über Bilder vollzieht. Wirklichkeit wird in dieser Auffassung nicht einfach als vorhandene genommen, sondern Wirklichkeit entsteht jeweilig in Prozessen der Verdichtung von Sinn, der Entstehung von Möglichkeiten sich selbst als Mensch zu verstehen und zu erfahren. Verweisen möchte ich zudem auf die Bildphilosophie von Heinrich Rombach, der die Bedeutung von Grundbildern entdeckt hat, die unser gesamtes Verständnis der Wirklichkeit tragen (vgl. Rombach 1991: 125) und dies für die Geschichte des Menschen, die er als Wandel in der Selbstauslegung begreift und der sich über Bilder vollzieht, herausgearbeitet hat. Im Bild legt sich Welt aus, über Bilder gelangen wir zu Welt und zu uns selbst.

2 Bildgenerierung in früher Kindheit

2.1 Wie entstehen Bilder?

Diese Frage stellt sich auch Peter Handke in seinem Roman „Der Bildverlust" (2003), in dem er das Bild-Werden ergründen will. Insbesondere sind es in Handkes Geschichte Bilder von Landschaften, die seine „Heldin" ergreifen. Doch wie wird eine Landschaft zu einem Bild? „Nicht, daß jene Gegenden „schön", „lieblich" oder gar „pittoresk" (also schon für sich gleichsam ein Bild von einer Gegend) waren, zählte für die spätere Bildsamkeit; vielmehr mussten sie ohne dein Wissen, in dich eine Fährte eingedrückt haben" (Handke 2003: 177). Eine besondere Form des Verweilens, des Einbezogenseins ist die Voraussetzung für eine mögliche Bildwerdung. Wie kann also aus einer gewöhnlichen Erfahrung ein Bild werden? Wie kann dieser Prozess noch besser verstanden werden?

In dem Feld, indem ich meine Beobachtungen angestellt habe – der Kinderkrippe – kann man sehen, wie die Entwicklung jedes einzelnen Kindes in ihrer Eigentypik und Eigenlogik über die Bilder verständlich wird, die für die jeweiligen Kinder wichtig sind.[1] Man kann jedoch auch wahrnehmen, wie ei-

---

1   An anderer Stelle, in dem von Wulf/Zirfas herausgegebenen Band: Ikonologie des Performativen (2005), habe ich die individuelle Entwicklung des Jungen Milan, vom Alter von 10

ne ganze Gruppe gleichsam in die Wirkmächtigkeit einer Sache gerät, die für sie so zum Bild einer gemeinsamen Erfahrung wird. Hier stecken Möglichkeiten der Bildung, die ich in ihrer positiven und Entwicklung ermöglichenden Bedeutung aufweisen möchte. Doch wie wird etwas zum Bild?

Zu dieser Frage werde ich zudem Ausführungen von Wulf und Zirfas, wie sie in dem von ihnen herausgegebenen Band „Ikonologie des Performativen" (Wulf/Zirfas 2005: 7-34; Wulf 2005: 35-50) entwickelt worden sind, hinzuziehen. Insbesondere wird hier gefragt, auf welche Weise sich die Konstitution von Wirklichkeit vollzieht. Wie wirken Bilder in menschlichen Handlungen und wie wiederum entstehen sie darin? „Bilder haben eine performative, Inszenierungen und Aufführungen menschlichen Verhaltens eine bildhafte Seite. Menschliche Performanz erzeugt Bilder und wird durch Bilder hervorgebracht." (Wulf/Zirfas: 7) Diese Bildbedingtheit des Handelns will ich im Alltag von Kindern aufspüren, will nachvollziehen, wie Bilder entstehen, die für sie eine wirkmächtige, bildsame Kraft besitzen.

Seinen Anfang hat das Projekt, von dem ich hier berichten will, an einem Tag genommen, als die ‚Großen' (2-3-Jährigen) wegen eines Ausfluges unterwegs waren und nur eine Gruppe von 5 Kindern im Alter von 14-20 Monaten mit der Erzieherin und einem Elterndienst einen Spaziergang zum beliebten „Sachen-Suchen" unternahmen. Viele Schneckenhäuser wurden am Wegrand gefunden und eingesammelt. Nicht nur leere, sondern auch bewohnte waren dabei, die das besondere Interesse der Kinder fanden, als anschließend die ‚Fundstücke' in der Krippe ausgebreitet wurden. Die Schneckenhäuser wurden intensiv betrachtet und auf Anregung der Erzieherin nach Art und Größe sortiert. Besonders fasziniert sind die Kinder von den lebenden Schnecken, die sie auf den nackten Arm gesetzt haben möchten. Lange und eingehend beobachten sie, wie die kleinen Tiere auf ihrer Haut langsam nach oben kriechen und dabei die Fühler herausstrecken. Die Erzieherin bemerkt das Angesprochensein der Kinder, begrünt mit den restlichen Fundsachen ein Einmachglas und setzt die Schnecken hinein. Daneben stellt sie ein Körbchen mit den verlassenen Häuschen, die noch nach Erde riechen. Am nächsten Tag werden die Schnecken spontan von den Kindern begrüßt und den anderen Kindern gezeigt, die am Vortag nicht dabei waren.

Wie entsteht aber der Fokus der Aufmerksamkeit auf die Schnecken? Die Schnecken sind beim Spaziergang zunächst durch ihre Menge aufgefallen. Ein Kind betrachtet genauer, wie eine Schnecke sich bewegt, andere folgen dem Interesse. Ein entscheidender Qualitätssprung aber ist es, sie in der Krippe zu betrachten, sie in Ruhe in die Hand nehmen zu können. Die Tiere sind lebendige Wesen, mit denen man nicht umgehen kann wie mit Feuerwehrauto und Murmelbahn. Sie sind fremd, anders, überraschend in ihren Bewegungen und beginnen die Kinder zu faszinieren. Kritisch ist zu Beginn

---

Monaten bis ca. 18 Monaten dargestellt und gezeigt, wie die sich für ihn als bedeutsam herauskristallisierten Bilder seine Fragen und Themen aufgreifen und deuten.

unseres Schneckenbesuches oft der Übergang, wenn Kinder aus anderen Bewegungsformen (mit dem Puppenwagen rennen, fangen spielen und rutschen etc.) und Lautstärken sich den Schnecken zuwenden. Bis die Annäherung geschieht, sind auch Ermahnungen notwendig: „Vorsicht! Langsam!"

Welche Arten von Erfahrungen lassen sich beobachten? Neben dem beiläufigen Vorübergehen und Hinsehen entstehen vielfältige Kommunikationsformen mit und über die Schnecke, um die sich in den kommenden Tagen immer wieder Gruppen von Kindern scharen. Sie nähern sich den Tieren vorsichtig, fast zärtlich, berühren sie sanft und beobachten die Bewegung der Fühler. Als Beispiel einer Begegnung mag folgende Szene von Elena (20 Monate) dienen, die die anderen 2 anwesenden Kinder vergisst und ganz in eine Erkundung der Schnecke eintaucht. Nicht jedes Handeln hat eine ostentative, inszenatorische, nach außen gewendete Seite (Bilder privat).

Elena hat zuvor schon lange die Tiere im Glas beobachtet. Nun greift auch sie hinein und setzt sich, wie sie es von den anderen schon gesehen hat, eine Schnecke auf den Arm. Ihr Gesichtsausdruck ist noch abwartend.

Elena lässt mit der rechten Hand die Schnecke los, bleibt aber zur Sicherheit in der Nähe. Die linke Hand ist ganz Untergrund, soll der Schnecke die Möglichkeit geben auf ihrem Arm nach oben zu kriechen. Und tatsächlich streckt sie nach einer Zeit des Wartens die Fühler aus und beginnt sich zu bewegen. Doch nicht wie erwartet nach oben, sondern nach der Seite: Elenas Augen sind nun weit offen, ebenso wie ihr Mund. Erstaunen – in kaum hörbares angespanntes Ausatmen ist zu vernehmen. Doch: Wird die Schnecke seitlich herunterfallen?

Nun hat Elena die Schnecke vorsichtig vom Arm genommen und hält sie jetzt zwischen den Fingern, um genauer betrachten zu können, wo genau und wie sich das Tier nun in sein Haus zurückgezogen hat. Ihre Körperhaltung, die Arme, wie ihre Kopf- und Mundstellung ist nicht mehr offen und ausladend, sie ist rundend auf die Schnecke im Zentrum bezogen, bilden gleichsam nach, was innen vermutet wird. Ihr Mund spitzt sich zu, als wolle er das Zusammenziehen des Körpers auf die Öffnung hin, in der die Schnecke verschwunden ist, nachvollziehen. Elena ist jetzt ganz konzentriert, will verstehen was sich da tut, wie jenes Verschwinden möglich ist.

Das Warten hat sich gelohnt. Obgleich ohne festen Untergrund, kommt wieder etwas Bewegung in den Schneckenkörper. Der rechte Arm von Elena geht nun entspannt nach unten. Die linke Hand traut sich den sicheren Halt der Schnecke zu. Ihr Mund öffnet sich zu einem Lächeln.

Elenas Begehr ist, die Bewegungssequenz in ihrer Form ganz zu verstehen und zu verinnerlichen. Das Gespräch mit der Schnecke vollzieht sich ohne Worte. Auch das Tier selbst ist ja stumm. Worte bilden sich erst, wenn sie mit anderen über die Schnecke spricht. Etwa, wenn sie das Ausstrecken der Fühler beobachtet, sagt sie dazu „Arm". Ihre Freundin Laura (16 Monate), selbst oft durstig, sorgt sich um ihr Wohlergehen und versucht wiederholt den Schnecken Mineralwasser aus ihrem Fläschchen ins Glas zu tropfen. Jedes Kind hat eine persönliche Erfahrung mit den Schnecken. Diese unmittelbare Erfahrung bildet den Kern des Projekts von dem aus und wohin zurück alle anderen Aktivitäten sich bilden. Sie bildet gewissermaßen das Innere, den Ursprung einer Erfahrung, die vielfältigen Ausdruck finden wird.

Warum aber soll hier davon gesprochen werden, dass in diesen Erfahrungen ein Bild entsteht? Bislang wurde die Aneignung von Bildern, das Aufneh-

men von Bildern aus der Außenwelt ins Innere hauptsächlich in Bezug auf
Kunstwerke (vgl. Boehm 1995, Belting 2001, Mollenhauer 1988 u.a.) untersucht, bzw. zumindest in Bezug auf bereits existierende Bilder, die etwa in Ritualen inszeniert und aufgenommen werden, indem sie nachgeschaffen werden
(Wulf u.a. 2005). Ich frage mich jedoch, wie entsteht ein Bild als Bild in alltäglichen Handlungen. Die historisch kulturelle Verdichtung, wie sie in Ritualen
wirksam ist, kommt hier nur über die Unterstützung der Erzieherin, die das Bild
als Bild erkennt und sein Erscheinen befördert, zur Geltung. Der Prozess der
Bildwerdung, wie er sich in vielfältig gestalteten, sich wiederholenden Szenen
wie der oben beschriebenen von Elena vollzieht, lässt sich jedoch analog der
Bildrezeption, wie sie von Boehm beschrieben wird, der nach der Macht des
Bildes fragt, sehen: „Die Macht des Bildes erwächst aus der Fähigkeit, ein un-
greifbares und fernes Sein zu vergegenwärtigen, ihm eine derartige Präsenz zu
leihen, die den Raum der menschlichen Aufmerksamkeit völlig zu erfüllen
vermag. Das Bild besitzt seine Kraft in einer Verähnlichung, es erzeugt eine
Gleichheit mit dem Dargestellten." (Boehm 1994: 330) Zweierlei wird hier angesprochen. Zum einen der Akt des Bild Sehens, von dem der Betrachter vollständig eingenommen wird. Dies wird auch von Wulf in dieser Form beschrieben als ein „Sich-Öffnen für seine Bildlichkeit und ein Sich-ihm-Überlassen".
(Wulf 2005: 38) Das Bild beansprucht den Sehenden ganz, sonst vermag er es
nicht zu sehen. Wulf beschreibt dies ferner ähnlich wie Boehm als einen mimetischen Prozess (vgl. ebd.), durch den das Bild inkorporiert und in die innere
Bilderwelt aufgenommen wird. Diese konzentrierte Hingabe an die Handlung
lässt sich auch bei den Kindern beobachten in diesen Situationen, die eine besondere Dichte und Intensität auszeichnet. Was aber bedeutet das von Boehm
oben angesprochene „ungreifbare und ferne Sein" (s.o.), das im Bild verge-
genwärtigt wird?

2.2 Das Bild als das Zeigende. Wie wirkt das Bild?

Das Bild bildet nicht etwas vorgängig Bestehendes, vermeintlich Reales ab,
indem es dieses darstellt. Das Bild vermag etwas zu zeigen, etwas hervorzubringen, das über das vermeintlich faktisch Gegebene hinausgeht. Die Kinder
haben zuvor auch schon Schnecken gesehen, wie sie Ameisen, Hunde, Vö-
gel, Bäume und Blumen wahrgenommen haben, die ihnen begegneten, an
denen sie jedoch vorübergingen. Die Art aber, wie sie nun die Schnecken sahen, durchbricht die Haut des oberflächlich Gegebenen und transformiert sie
in ein Bild. Sie sehen die Schnecke nicht mehr wie einen Gegenstand, wissen
nicht nur etwas über sie, sondern beginnen ihre Seinsweise, ihre Daseinsform
zu verstehen, indem sie sie mit ihrem Körper nachformen. Sie treten in einen
Raum, einen Horizont, ein „Feld der Sichtbarkeit" (Waldenfels 1995: 243)
indem sie nun die Bewegungsformen nachvollziehen. Das Sehen des Bildes
ist kein einmaliges Ereignis, findet aber auch nicht immer und gewisserma-

ßen zwangsläufig statt, wenn sie sich den Schnecken widmen. Es sind herausgehobene, innige Momente, in denen auch durch eine soziale Dynamik befördert die Bedeutsamkeit des Ereignisses erzeugt wird.

„Wie wirkten die Bilder? Sie erhöhten ihr den Tag. Sie bekräftigten ihr die Gegenwart. Sie lebte von ihnen" (Handke 2003: 21). Wer vom Bild erfasst wird, von dem geht, wie Handke es weiter ausführt, ein raumfüllendes Strahlen aus. Das „im Bild sein", von der Wirkung des Bildes berührt zu werden, stellt zwar eine persönliche Erfahrung dar, geht jedoch zugleich darüber hinaus (ebd.: 23-25).

Bald werden die Schnecken ein fester Bestandteil der Gruppe. Sie müssen beim Begrüßungslied auf Verlangen der älteren Gruppenmitglieder eigens benannt werden. Ein neues 11 Monate altes Kind wird sofort nach seiner Ankunft und Begrüßung auf die Schnecken aufmerksam gemacht. Die Kinder verlangen nachdrücklich, dass das neue Kind die Schnecken kennen lernt.

Nicht nur die Erzieherin mit ihren Angeboten befördert diesen Prozess, sondern auch die Wahrnehmung der anderen Kinder in ihren Handlungen mit der Schnecke steigert das Interesse immens. Bevor Kinder noch selbst sprechen können, nehmen sie wahr, wo im Raum etwas Spannendes, Aufregendes geschieht und wenden sich dem Zentrum des Geschehens zu. Sofort wissen sie, wann sie etwas anspricht, fesselt, befragt, erstaunt und sie sich intensiver damit befassen wollen, sie spüren derartige Zentren, in denen etwas entsteht, indem etwas sich zeigt. Die Schnecke wird zum gemeinsamen Identifikationspunkt, über den ein dichtes Erfahren von Wirklichkeit möglich wird. Es entsteht eine Art Sogwirkung des Geschehens, an dem jeder teilnehmen möchte.

Das innere Bild wird nun zudem in verschiedenster Weise wieder veräußerlicht, in zahlreichen Spielszenen und Handlungen. Ein großer Karton wird zum Schneckenhaus, in das sie hineinkriechen, sich zurückziehen, verstecken, herausschauen und wieder hervorkommen. Verschiedenste aus der Bibliothek organisierte Bilderbücher zum Thema Schnecke werden auf Verlangen der Kinder immer wieder angeschaut und vorgelesen. Ein Lied/Fingerspiel von der Schnecke wird zum „Hit".

Neben dieser eigentlichen Erfahrung mit den lebenden Schnecken macht die Erzieherin in den folgenden Wochen verschiedene Materialangebote: So bietet sie beispielsweise gefärbten Salzteig und ein Körbchen mit leeren Schneckenhäusern an. Die Kinder formen grob den Schneckenkörper und drücken die Häuschen hinein, bilden Fühler, indem sie Grashalme und Zahnstocher hineinstecken. Sie arbeiten lange konzentriert und ernsthaft. Im weiteren Verlauf des Projekts werden Schnecken gezeichnet, mit Ton, Erde und Teig gearbeitet. Die von den Kindern hergestellten Schnecken werden teilweise zum Spielen benutzt bzw. die gebackenen werden gegessen.

Das Bild führt sie zu spezifischen Wahrnehmungen, sie entdecken etwa, dass der Gartenschlauch sich zufällig in Schneckenform gelegt hat. Die Schneckenform scheint überall präsent zu sein.

2.3 Vom Bilden des Bildes

Aber was erfahren die Kinder durch die Begegnung mit den Schnecken? An dieser Stelle möchte ich die Aufzeichnungen der Erzieherin zitieren, die am Schneckenprojekt der Kinder beteiligt war.

„Was war es *wirklich*, was die Kinder so bewegt? --- *Selbsterkenntnis*

Kinder sehen, spüren, hören selbst, geben uns durch ihren Körperausdruck Mitteilung, die Augen leuchten, die Hände krümmen sich in der Weise der Schneckenrundung, der Mund formt das Wort „Necke" und eigentlich sind *wir* gefordert zu *staunen*, mit welcher Hingabe die innere Erkenntnis der Kinder nach außen dringt. Warum erscheint dieser Glanz auf dem Gesicht, in den Augen, in der Bewegung?" (Claudia Wilhelm)

Was geschieht eigentlich in jenem die Kinder ganz erfüllenden Umgang mit dem Tier? Was sagt die Schnecke den Kindern, die sie immer und immer wieder auf dem Arm haltend betrachten wollen, die auf den Tisch gelehnt und liegend, mit den Augen und dem Gesicht fast an den kriechenden Schnecken drankleben? Sie begeben sich in die von Merleau-Ponty beschriebenen wechselseitigen Austauschprozesse, vollziehen jene „Einkörperung des Sehenden in das Sichtbare." (Merleau-Ponty 1994: 173) Sie lassen die Schnecken in sich hinein und sind fasziniert von der langsamen und für sie deutlich nachvollziehbaren Bewegungsweise. Ihr plötzlicher Rückzug in ihr Schneckenhaus, wenn man ihr zu nahe kommt, sie stürmisch oder direkt berühren will, ist ein Phänomen, das die Kinder deutlich spüren. Die Schnecke reagiert und antwortet so auf die Art und Weise, wie die Kinder auf sie zugehen. Ähnlich wie Goethe einmal gesagt hat: „Wär' nicht das Auge sonnenhaft. Die Sonne könnt' es nie erblicken.", so gilt für die Kinder: Und werde ich nicht schneckenhaft,... Die Kinder werden schneckenhaft, indem sie vorsichtig und zaghaft werden, indem sie warten lernen, auf jenen Augenblick, der ihnen jene tiefe Freude beschert, in dem die Schnecke sich wieder hervorwagt und langsam, ganz langsam ihre Fühler ausstreckt. Dieses sich Hervorwagen und Aussetzen begeistert die Kinder, auch deshalb, weil es ohne ihr Zutun, ohne ihr Eingreifen geschieht. Von selbst belebt sich dieses Haus und bewegt sich mit der Schnecke. Um dieses immer wieder erfahren zu können werden die Kinder ruhig, gespannt und aufmerksam. Ganz leise warten sie auf den von ihnen ersehnten Augenblick, dass die Schnecke hervorkommt. Die Kinder, die der Schnecke in dieser Weise begegnen, lernen von ihr diese Umgangsweise, lernen auch etwas über sich selbst und ihr Sein in der Welt. Dieses ist u. a. charakterisiert durch Schutzbedürftigkeit, Wagnis und Achtung der Eigensphäre des Anderen. Werte des sozialen Umgangs werden den Kindern nicht nur durch die Erzieherin in Form moralischer Gebote in Worten nahe gebracht, sondern werden in der direkten Begegnung mit der Schnecke erfahren und dringen so in die Kinder ein. Das Bild der Schnecke wird Teil der Vorstellungswelt der Kinder, es formt ihre Gefühle und Empfindungen, legt ihnen Werte für den Umgang mit anderen nahe. Ein ansonsten oft lauter und äußerst bewegungsfreudiger Junge wird ganz still und feinfühlig im Umgang mit der Schnecke, lernt Möglichkeiten seiner selbst kennen, von denen keiner etwas ahnte. Das Bild berührt Tiefendimensionen des Menschen und vermag eine Form des Zeigens, die nur dem Bild zu Eigen ist. Bilder, wie die Schnecke sind Entdeckungen, Eröffnungen, die eingebunden sind in Geschichten, in Handlungssequenzen, die sie mit hervorbringen.

Es findet ein Prozess statt, der nicht nur weiter- und höher führende Schritte hat, sondern der sich, wie die Schnecke selbst, immer wieder neu aus dem Inneren gewinnt. Dieses Innere ist nicht das psychische Innenleben des Einzelkindes, sondern das wiederholte Aufbauen eines ‚Schnecken-Ichs‘, aus der Begegnung. Diese Verwandlung geschieht immer wieder neu. Sie bildet eben jene reale Selbsterkenntnis des Kindes, Selbsterkenntnis meint hier, dass das Kind durch die Begegnung etwas über sich erfährt (eben jenes Phänomen: Einrollung und Heraustasten und Ausstrecken der Fühler). Das schöpferische Moment in diesem Prozess besteht in der Neugewinnung und Neugeburt des Kindes aus der Begegnung, Auseinandersetzung und Gestaltung. Was bleibt ist eine reiche Erfahrung, eine Vermehrung der Bilder und der besondere Klang der Stimme der Kinder auch nach vielen Monaten, wenn sie am Weg eine Schnecke finden.

In der Begegnung und gestalterischen Bewusstmachung einer Schnecke, kann sich die Tiefe des Lebens offenbaren. „Nun, – ich kann (auch) in der Aktion SEHEN, SPÜREN, ERKENNEN und WAHRNEHMEN. Und liegt nicht gerade in dieser WAHR-NEHMUNG die eigentliche WAHR-HEIT" (Claudia Wilhelm).

2.4 Voraussetzungen und Konsequenzen

Die Entstehung des Bildes ist nicht nur ein Fund, sondern hat Voraussetzungen im pädagogischen Kontext. Von grundlegender Bedeutung in diesem Prozess ist eine Erzieherin, die wahrnimmt, was mit den Kindern passiert. Nur so kann sie Impulse geben, die weitere Entwicklungslinien ermöglichen. Ihr waches Interesse, ihr Blick befeuert die Kinder, sich weiter vorzuwagen, sich weiter zu interessieren. Wenn sie selbst den Blick von der Schnecke nehmen und auftauchen aus dieser Erfahrung, so spüren sie, ob die Erzieherin an der Erfahrung teilgenommen, den Kontakt gehalten hat. Dies hat einen fundamentalen Einfluss auf ihre weiteren von diesem Vertrauen und der Wertschätzung getragenen Handlungen.

Die Erzieherin wiederum lässt sich leiten von ihren eigenen Bildern, etwa dem, dass Kinder in der Natur entscheidende Erfahrungen machen können. Ein Bild vom Kind, das nicht nur Bildungsplänen zielgenau folgt, auch nicht nur den Weg zu Spielplätzen sucht, sondern offen ist für unvorhergesehene Bildungsgelegenheiten, die auch von den Kleinsten in die Gruppe eingebracht werden können, konstituieren dieses ganze Geschehen mit.

Zudem ist das Bild der Schnecke ein ästhetisch ansprechendes Thema, das in unserer Kultur eine lange Tradition hat. Ein anderes Tier, das die Kinder ebenfalls begeistert, wenn sie es im Garten finden, ist die Kellerassel. Mir ist jedoch nicht bekannt, dass irgendwo eine Erzieherin dieses Interesse nachhaltig unterstützt hätte.

Die Schnecke als Bild lässt uns Welt und uns selbst völlig anders erfahren als etwa der Drache (ein anderes für die Kinder äußerst faszinierendes Wesen). Die Schnecke lehrt uns Langsamkeit und Geduld, Empfindsamkeit und die Möglichkeit des Rückzugs ins Innerste, von wo aus langsam ein neuer Aufbruch, ein neuer Blick gewagt werden kann. Die Schnecke taucht bereits in alter Zeit als Form in der Kunst auf, später in Form der Volute als Teil der ionischen Säulen. Sie wird besonders wichtig im Barock, weiterentwickelt zum Labyrinth in Bau- und Gartenkunst. Sie ist ein Organ im Innenohr und das Symbol für Slow Food im Gegensatz zu Fast Food. Doch die Schnecke ist nicht nur späte, künstlerisch elaborierte, äußere Form, sondern eine spezifische Weise des Seins und Weltbegegnens, die Schnecke wird von den Kindern entdeckt als Möglichkeit ihr eigens Inneres zu bilden und dies in vielfältigen Tätigkeiten bildend.

Noch Wochen, nachdem das Projekt im eigentlichen Sinne beendet ist, und die Schecken im Garten wieder „freigelassen" worden sind, bringen einzelne Kinder Schnecken mit in die Krippe, scharen sich begeistert mehrere Kinder selbst um ganz kleine Schnecken. Geschwisterkinder formen und zeichnen Schnecken, und Eltern freuen sich über den ‚Fund' einer Schnecke im Blumenkohl und erzählen davon – etwas ist geschehen. Auch in anderen Zusammenhängen, viel später beim Malen und Arbeiten in anderen Medien kommt immer wieder für eine nach innen laufende Rundung das Bild: Schnecke.

3   Methoden des Zugangs zum Bild

Bilder, wie sie hier thematisiert sind, sind Teil des kollektiven Imaginären, wie es u.a. von Wulf (vgl. Wulf 2005) und Rombach (vgl. Rombach 1977) beschrieben worden ist. Diese Bilderströme sind in Bewegung, sie bilden die Motivation, den Hintergrund, die Tiefenschicht von Handlungen. Politische Entscheidungen, Krieg und Frieden, aber auch ökonomische Entwicklungen, Kaufentscheidungen von Einzelnen sind mitkonstituiert motiviert durch Bilder, die wir nicht im letzten erfassen können, da sie eine Wirkungsweise haben, die sich der rationalen, auf exakte Messbarkeit ausgerichteten Weltzuwendung entzieht. Identitätsentwürfe, individuelle und kollektive Entwicklungen, Berufswünsche Heranwachsender, ja gar die Partnerwahl wird mitgestaltet durch diese fluktuierenden Bilder, die in Form von Stars und Ikonen nicht nur im Alltag sichtbar, sondern auch in der Vorstellungs- und Gefühlswelt des Menschen wirksam sind. Wir sind diesen Bildern jedoch nicht einfach ausgeliefert, wir können sie wahrnehmen, ihre Wirkungsweise erforschen und mitgestalten an der Bilderwelt, in der wir und unsere Kinder leben. Doch wie ist es möglich, zugänglich zu machen, wie jene Bilder sich bilden? Die Kinder entwickeln ineinander verwobene Geschichten, Dramaturgien und Ereignisse, die auf Bilder als Verdichtungspunkte bezogen sind. Sie haben in diesem, von mir untersuchten Alter die Wirklichkeit nicht wie eine fest vor sich stehende Entität vor sich. Sie wissen nicht, was eine Schnecke, ein Berg, ein Haus, der St. Martin ist. Für sie ist Welt in jedem Augenblick noch in Bewegung, nicht mit fester Bedeutung ausgestattet, sondern zu entdecken, erforschen und das in stetem Bezug zum eigenen Sein. Welt ist im Entstehen, im Werden. Bilder sind erste sinnlich spürbare Interpretamente ihrer Erfahrungen, über Bilder gelangen sie zu neuen Möglichkeiten der Erfahrung, wie ich am Beispiel der Schnecke zu zeigen versucht habe. Welt wird je anders gesehen und erlebt. Wie aber können wir als Forscher diesen Prozess des Entstehens von Welt und Ich, der im eigentlichen Sinne ein Bildungsprozess ist, wahrnehmen?

Tragendes Element meiner Forschungen stellt die teilnehmende Beobachtung dar, wie sie im Rahmen der ethnografischen Forschung, etwa von Barbara Friebertshäuser, beschrieben worden ist. (vgl. Friebertshäuser 2003: 503-534) Nur durch die Teilnehmende Beobachtung ist es möglich, Einblick in die Prozesse zu bekommen, über die Kulturen sich konstituieren und ihre Formen und Inhalte tradieren. Dies macht den Kern meines Interesses aus: Auf welche Weise wachsen Kinder in die Bilderwelt unserer Kultur hinein, wie kommen sie zu den für sie persönlich bedeutsamen Bildern, die im ständigen Austausch und Wechselwirkung mit den Bildangeboten und Traditionen ihrer Umgebung stehen. Konstitutionsprozesse in Form von thematischen Fallstudien nachzuzeichnen, bildet das Hauptziel meiner Bemühungen. Teilnehmend muss die Beobachtung insofern sein, als die Herausgehobenheit einer Situation sich zeigt am Klang der Stimme der Kinder, an der Körperspannung, der Gestik und Mimik. Der Dichte als Spur folgen und so eine Sinnentstehung mitverfolgen zu können, verlangt vom Forscher permanent von vorgefertigten Erwartungen Abstand zu nehmen, um sehen zu können, was sich da bildet. Es entstehen Orte und Dinge des Begehrens, die Hinweise geben können auf die Entstehung von Bildern über die etwas ganz neu gesehen und erfahren werden kann.

Die Videoanalyse zentraler Szenen vermag hier entscheidende Schritte zu ermöglichen, denn die häufig nonverbalen Interaktionen der Kinder in ihrer Vieldimensionalität zu erfassen scheint ohne Videoanalyse fast unmöglich. In diesem Zusammenhang sind ständige begleitende Gespräche mit den Eltern der Kinder, sowie den Erzieherinnen von großer Bedeutung. Deshalb erschien es mir sinnvoll, die Beteiligten in gewisser Weise zu Mitforschern zu machen, auch mit den Erziehrinnen zentrale Videos durchzusprechen, um sich gemeinsam Fragen zu stellen, deren Antwort keiner der Beteiligten zu Beginn schon kennt.

Nimmt man die Eigenart der Bilder in den Blick, so kann zudem die Phänomenologie als Methode hilfreich sein. Wie oben entwickelt, macht das Zeigen, das Eröffnen eines Horizontes den Kern des Eigencharakters des Bildlichen aus. Diese Genese von Sinn ist auch das Thema der Phänomenologie, der es um die Konstitution von Ich und Welt geht, um die Horizonte, die es uns allererst ermöglichen überhaupt etwas wahrzunehmen. Dieses Zeigende in die Evidenz zu bringen, ist Anliegen phänomenologischer Forschung von Husserl über Merleau-Ponty, Rombach, Meyer-Drawe u. a.

Bilder sind nicht einfach dinglich vorhanden, sie eröffnen Weisen der Weltzuwendung, die uns je spezifische Erfahrungs- und Wahrnehmungsmöglichkeiten ermöglichen. Die Arbeit am Bild, am Bild ihrer Selbst und ihrer Welt, bildet in meinen Augen den Kern der Bildungsbemühungen von Kindern, die wahrgenommen, aufgegriffen beantwortet und bereichert werden sollten. Das Einführen in die reiche Bilderwelt einer Kultur ist ein zentrales Moment von Bildung. Auf diese Weise werden Werte, Handlungsmöglichkeiten und auch ein je spezifisches Lebensgefühl erzeugt.

Literatur

Belting, Hans (2001): Bild – Anthropologie. München: Fink.

Belting, Hans/Kamper, Dietmar (Hrsg.) (2000): Der zweite Blick. Bildgeschichte und Bildreflexion. München: Fink.

Bettelheim, Bruno (1993): Kinder brauchen Märchen. München: Deutscher Taschenbuch-Verlag.

Bilstein, Johannes (1999): Bilder-Hygiene. In: Schäfer, Gerd /Wulf, Christoph (Hrsg.): Bild – Bilder – Bildung. Weinheim: Deutscher Studien-Verlag, S. 89-117.

Bilstein, Johannes (2003): Freud, Jung, Lacan: Wo ist das Bild? In: Fröhlich, Volker/ Stenger, Ursula (Hrsg.): Das Unsichtbare sichtbar machen. Bildungsprozesse und Subjektgenese durch Bilder und Geschichten. Weinheim und München: Juventa-Verlag, S. 45-68.

Bilstein, Johannes (2004): Nicht mehr ganz so fremdes Terrain: Bildinterpretationen in der Erziehungswissenschaft- Rezensionsaufsatz. ZBBS, Heft 1, S.117-129.

Bittner, Günther (2003): Metaphern des Ich. In: Fröhlich, Volker/Stenger, Ursula (Hrsg.): Das Unsichtbare sichtbar machen. Bildungsprozesse und Subjektgenese durch Bilder und Geschichten. Weinheim und München: Juventa-Verlag, S. 87-102.

Boehm, Gottfried (Hrsg.) (1995): Was ist ein Bild? München: Fink, 2.Auflage.

Boehm, Gottfried (2004): Jenseits der Sprache? Anmerkungen zur Logik der Bilder. In: Maar, Christa/Burda, Hubert (Hrsg.): Iconic Turn. Die neue Macht der Bilder. Köln: Du Mont, S. 28-43.

Freud, S. (1942): Die Traumdeutung. In: Gesammelte Werke II/III. Frankfurt amMain.

Friebertshäuser, Barabara (2003). Feldforschung und teilnehmende Beobachtung. Friebertshäuser, Barabara/Prengel, Annedore: In: Handbuch Qualitative Forschungsmethoden in der Erziehungswissenschaft. Weinheim und München: Juventa-Verlag, S.503-535.

Fröhlich, Volker/Stenger, Ursula (Hrsg.) (2003): Das Unsichtbare sichtbar machen. Bildungsprozesse und Subjektgenese durch Bilder und Geschichten. Weinheim und München: Juventa-Verlag.

Handke, Peter (2003): Der Bildverlust. Frankfurt am Main: Suhrkamp.

Jung, Carl Gustav (1990): Archetypen. München

Maar, Christa/Burda, Hubert (2004): Iconic Turn. Die neue Macht der Bilder. Köln: Du Mont.

Merleau-Ponty, Maurice (1984): Das Auge und der Geist. Hamburg: Meiner.

Merleau-Ponty, Maurice (1994²): Das Sichtbare und das Unsichtbare. München: Fink.

Mollenhauer, Klaus/Wulf, Christoph (Hrsg.) (1996): Aisthesis /Ästhetik: Zwischen Wahrnehmung und Bewußtsein. Weinheim: Deutscher Studien-Verlag.

Mollenhauer, Klaus (1988): Ist ästhetische Bildung möglich? In: ZfPäd. Jahrgang 34, Heft 4, S. 443-461.

Rombach, Heinrich (1977): Leben des Geistes. Freiburg i. Br.: Herder.

Schäfer, Gerd/Wulf, Christoph (Hrsg.) (1999): Bild – Bilder – Bildung. Weinheim: Deutscher Studien-Verlag.

Stenger, Ursula (2002): Schöpferische Prozesse. Phänomenologisch-anthropologische Analysen zur Konstitution von Ich und Welt. Weinheim und München: Juventa-Verlag.

Stenger, Ursula (2002): Zur Bildungsfunktion von Bildern. In: Ethik und Unterricht, Heft 2, S. 15-20.

Stenger, Ursula (2003): Bild-Erfahrungen. In: Fröhlich, Volker/Stenger, Ursula (Hrsg.): Das Unsichtbare sichtbar machen. Bildungsprozesse und Subjektgenese durch Bilder und Geschichten. Weinheim und München: Juventa-Verlag, S. 173-192.

Stenger, Ursula (2005): Die konstitutive Kraft der Bilder. In: Wulf, Christoph/Zirfas, Jörg (Hrsg.): Ikonologie des Performativen. München: Fink, S. 203-218.

Waldenfels, Bernhard (1995): Ordnungen des Sichtbaren. In: Boehm, Gottfried (Hrsg.): Was ist ein Bild? München: Fink, 2. Auflage, S. 233-253.

Wilhelm, Claudia: Dokumentation des Schneckenprojekts (Unveröffentlichtes Manuskript).

Wohlfahrt, Günther (1994): Das Schweigen des Bildes. In: Boehm, Gottfried (Hrsg.): Was ist ein Bild? München: Fink, S.163-184.

Wulf, Christoph/Zirfas, Jörg (Hrsg.) (2005): Ikonologie des Performativen. München: Fink.

Wulf, Christoph/Zirfas, Jörg (2005): Bild, Wahrnehmung und Phantasie.. Performative Zusammenhänge. In: Wulf, Christoph/Zirfas, Jörg (Hrsg.): Ikonologie des Performativen. München: Fink, S.7-34.

Wulf, Christoph (2005): Zur Performativität von Bild und Imagination. Performativität-Ikonologie/Ikonik-Mimesis. In: Wulf, Christoph/Zirfas, Jörg (Hrsg.): Ikonologie des Performativen. München: Fink, S.35-50.

IV. Bildhaftigkeit von Sprache

Schrift und Bild – Frühe Weichenstellungen

Micha Brumlik

1 Bild und mündliche Überlieferung

Eine Mitte des fünften Jahrhunderts vorchristlicher Zeit entstandene Vase – gefunden in Palermo – zeigt eine Szene aus der Ilias, nämlich den Zweikampf zwischen Achilles und Hektor um Troilos, den jüngsten Sohn des Priamos, der von Achill nach einer Verfolgungsjagd umgebracht wurde (Schefold/Jung 1989: 164). Die Ilias (Voss 1960) selbst erwähnt dieses Ereignis in Vers 24.257 nur kurz, während andere Autoren berichten, wie Achill den Troilos, einen Sohn des Priamos, des Königs von Troia fängt und ihn schließlich in einem Alter, an dem er selbst später sterben wird, schlachten wird – ein Teil der Überlieferung vermutete, dass Achill in unerwiderter Liebe zu Troilos entbrannt war: „Er holte den auf seinem hohen Ross davonstürmenden Knaben" so paraphrasiert Karl Kerenyi diese Geschichte, „riß ihn an den Haaren herab und zerrte ihn zum Altar des Apollon Thymbraios, … Da eilten schon die Brüder dem Troilos zu Hilfe, Hektor voran. Sie vermochten die Abschlachtung nicht mehr zu verhindern." (Kerenyi 1966: 271).

Die griechischen Vasenbilder, wie sie uns aus vielen Museen bekannt sind, entstanden frühestens im achten Jahrhundert vor der christlichen Zeitrechnung und erlebten ihre auch künstlerische Blütezeit im fünften und sechsten Jahrhundert. Im achten Jahrhundert entstand wahrscheinlich auch – zuletzt durch die spektakuläre, aber letztlich unbefriedigende Verfilmung Wolfgang Petersens bekannt geworden – die „Ilias", also jener epische Bericht über nur wenige Wochen aus dem zehnjährigen Feldzug der vereinten Griechen gegen Troja.

Die wissenschaftliche Welt konnte in den letzten Jahren Zeuge eines erbitterten Streits zwischen Altertumsforschern werden, wie Gräzisten, Hethitologen, orientalistisch ausgebildeten Archäologen, ob die in der „Ilias" besungene Stadt Troja tatsächlich und auch in dieser Form und mit der im Epos besungenen Pracht existierte. Der Basler Gräzist Joachim Latacz hat in seinen Arbeiten den höchst aufwändigen Versuch unternommen, zu zeigen, dass Kernschichten der Ilias, die – wie gesagt – im achten Jahrhundert entstanden ist, bis ins 12. und 13. Jahrhundert vor der Zeitrechnung zurückreichen und dies unter anderem durch den berühmten Schiffskatalog, in dem

Namen erwähnt werden, die so im achten Jahrhundert nicht mehr bekannt
waren, belegt sowie durch Überlegungen zur Rolle des epischen Versmaßes,
des Hexameters, der keineswegs nur eine ästhetische Funktion hatte, sondern
vor allem die Aufgabe einer Erinnerungsstütze, einer Mnemotechnik (Latacz
2001: 297f.). Latacz ist auf dieses Argument notwendig angewiesen, weil er
anderweitig jene Lücke an Überresten einer materiellen Kultur, die zwischen
dem 12. und dem 8. Jahrhundert klafft, nicht schließen könnte.

Man muss sich freilich die kühne, für uns völlig undenkbar gewordene
Vorstellung vor Augen halten, dass eine narrative Erinnerung in relativ
strenger, kaum veränderter Form durch Hofsänger über vier Jahrhunderte
bewahrt wurde; doch immerhin: ethnologische Forschungen vor allem von
der westafrikanischen Küste an so genannten „griots" belegen, dass es derlei
tatsächlich gibt: ein Bardentum, das über Stunden und Tage an der Leitplan-
ke eines bestimmten Rhythmus und sich stets wiederholender Formeln eine
epische Geschichte wiedererzählt (Assmann 1992: 53) – und das ganz ohne
Schrift. Will man das Verhältnis von Bild und Text näher klären, ist es daher
unerlässlich, kurz auf die Entstehung der Schrift einzugehen.

2   Entstehung der Schrift und Beschriftung von Bildern

Buchstaben haben es im Unterschied zu Bildern und Hieroglyphen an sich,
dem, worauf sie verweisen, in keiner Weise ähnlich zu sein, in der nicht
mehr hieroglyphischen Buchstabenschriften des Alten Orients treten Signifikant und Signifikat deutlich und unübersehbar auseinander (Goody 1990,
Havelock 1990). Das geschriebene Wort „Haus" hat mit einem Haus eben-
sowenig Ähnlichkeit wie das geschriebene Wort „Straßenverkehr" mit dem
Straßenverkehr. Zwar gibt es auch onomatopoetische Worte wie etwa „Kike-
riki" für Hahn und „Wauwau" für Hund, Worte, in denen eine lautmalerische
Ähnlichkeit zum Vorschein kommt; gleichwohl hat sich die überwiegende
Mehrzahl aller gesprochenen Worte von derlei Ähnlichkeitsbeziehungen e-
benso gelöst wie die Buchstaben von ihren hieroglyphenartigen Vorformen.
Darüber hinaus verschärft das geschriebene, das aufgeschriebene Wort die
Distanz von Ding und Gegenstand, die schon im gesprochenen Wort waltet.
Denn im gesprochenen Wort bzw. in gesprochenen Sätzen entsteht noch im-
mer der Schein, als ob das, was da gerade angesprochen wird, im selben Au-
genblick auch irgendwie gegenwärtig sei. Aber: sobald dies gesprochene
Wort aufgeschrieben wird, und im „Aufgeschriebensein" eine eigene Exis-
tenzform gewinnt, wird unübersehbar, dass es eben nur ein geschriebenes
Wort ist, also ctwas, das auf etwas anderes verweist.

Die weltgeschichtliche Revolution der Einführung der Schrift im dritten
Jahrtausend vor der Zeitrechung im Zweistromland bedeutete also nichts we-

niger, als dass mit ihr auf den Zeichen unähnliches Abwesendes verwiesen werden konnte. In das, was wir als griechische Vasenkunst kennen, hat die Schrift im achten Jahrhundert Einzug gehalten und zwar in drei Phasen:

Die ältesten Zeugnisse kennen die Schrift als Namensindikator – der eingeritzte Name zeigt zunächst den Besitzer an, gelegentlich auch den Verwendungszusammenhang eines Gefäßes, etwa als Preis bei einem Symposion – in diesem Zusammenhang finden sich auch Zitate aus Dichtungen. Diese Schriftzeichen der ersten Phase wurden nach dem Brennen des Tons eingeritzt. Die zweite Phase – vor dem Brennen des Tons aufgemalt – folgt bereits einem Autorenprinzip und verewigen die Hersteller der Vasen. Erst die dritte Phase der Vasenproduktion – kurz vor Ende des siebten Jahrhunderts – zeigt mythologische Bilder und Geschehnisse, oft Götter und Göttinnen, ohne sie jedoch bereits in Episoden einer bekannten epischen Geschichte zu platzieren. Jetzt werden bekannte Szenen wiedergegeben und die Namensinschriften der Figuren bestätigen die auf den Vasen erzählte Geschichte. „Für die Deutung der Szene" so Luca Giuliani in seiner bahnbrechenden Arbeit zu „Bild und Mythos" sind die Namensbeischriften ein willkommenes Hilfsmittel, und als solche hat sie der Maler auch eingesetzt." Bedeutsam sei, so fährt Giuliani fort „daß das Bildmotiv selbst schon aus dem Rahmen einer deskriptiven Ikonografie herausfällt und dadurch Anspruch auf einen narrativen Inhalt erhebt. Die Beischriften bestätigen diesen Anspruch und weisen der Deutung (falls das noch nötig sein sollte) den Weg." (Giuliani 2003: 121). Hier erscheint die Schrift als Hilfsmittel – in einer anderen Kultur, der einige hundert Kilometer weiter östlich, an der östlichen Mittelmeerküste, bzw. dem Bergland von Judäa, in phönizisch – kananäischen Kultur, in jener Kultur, aus der in den nächsten Jahrhunderten die jüdische Religion hervorgehen sollte, wurde das Schriftprinzip radikaler gefasst.

3 Schrift und Gott

Mit Einführung der Schrift, also damit, dass Menschen sich in ihrem Symbolgebrauch auch auf Abwesendes beziehen können, fand eine Revolution statt. Die Schrift – so Jacques Derrida mit Freud – als die „Anwesenheit des Abwesenden" (Derrida 1972) ermöglichte so – etwa in der entstehenden jüdischen Religion – eine Gottesbeziehung, die sich radikal von allen vorherigen Gottesbezügen unterschied. Während bisher aller Gottesdienst im Versuch bestand, die Präsenz Gottes zu beschwören, erzwingt eine Religion des Buches, die Gottes Namen schreibt, aber nicht mehr weiß, wie er vollständig und „richtig" geschrieben wurde, einen neuen Begriff Gottes: als jenes, der sich jeder menschlichen Fixierung entzieht, der, der er sein wird, sein wird und deshalb nur in seiner Absenz anwesend und nur in seiner Abwesenheit gegenwärtig ist. Träger dieses Gedankens aber ist die Schrift, die aus Buchstaben besteht, die ihrerseits Wörter bilden, die ihrerseits nur in Texten vorkommen – geradeso, wie Wörter in der Regel nur im System einer Sprache erscheinen (Brumlik 2006). Die Kabbala ist dieser Logik gefolgt und hat die von dem nur in seinem geschriebenen Namen zugänglichen Gott geschaffene Welt schließlich selbst als Text verstanden. Der mittelalterliche Kabbalist Abraham Abulafia (1240-1291) hat diese Spekulation am weitesten entfaltet: „Das Geheimnis, das dem Heer aller Dinge zugrunde liegt" – schreibt Abulafia in seinem wahrscheinlich Ende des 13. Jahrhunderts verfassten Traktat „Ner Elohim" („Das Licht Gottes" – ist der

„Buchstabe, und jeder Buchstabe ist ein Zeichen und Hinweis auf die Schöpfung. So wie jeder Schreiber die Feder in seiner Hand hat und durch sie Tropfen aus der Materie der Tinte herabholt und in seinem Geist die Form, die er seiner Materie geben will, vorzeichnet, wobei die Hand wie die lebendige Sphäre ist und die unbelebte Schreibfeder, die ihr als Instrument dient, bewegt und sich mit ihr verbindet, um die Tropfen auf das Pergament zu gießen, welches den Körper darstellt, der zum Träger der Materie und Form disponiert ist – genauso verhält es sich bei der Schöpfung in ihren oberen und unteren Bereichen, wie der Verständige verstehen wird, denn es näher darzulegen ist nicht gestattet. Darum sind die Buchstaben als Zeichen und Hinweise gesetzt worden, um mit ihnen die Materie der Wirklichkeit, ihre Formen, die sie bewegenden Kräfte und Archonten und Aufseher, ihre Geister und Seelen zur Form zu bringen, und deshalb ist die Weisheit in den Buchstaben und den Sefiroth und den Namen und gesammelt und all diese sind wechselseitig auseinander zusammengesetzt." (Scholem 1973: 58f.)

4   Kritik der Schrift?

Die kabbalistische Spekulation Abulafias und seiner Nachfolger, die Schrift und Buchstaben eine herausgehobene Rolle bei der Konstitution der Welt zuschreiben wollten, wendeten sich dabei stets gegen eine sowohl von der platonischen Philosophie als auch vom christlichen Glauben propagierte Ablehnung von Buchstaben und Schrift. Berühmt sind Platons Ausführungen in seinem Dialog Phaidros geworden:

„Wer also eine Kunst in Schriften hinterläßt und auch wer sie aufnimmt" läßt Platon den Sokrates sagen „in der Meinung, daß etwas Deutliches und Sicheres durch die Buchstaben kommen könne, der ist einfältig genug und weiß in Wahrheit nichts von der Weissagung des Ammon, wenn er glaubt, geschriebene Reden wären sonst noch etwas als nur demjenigen zur Erinnerung, der schon das weiß, worüber sie geschrieben sind... Denn dies Schlimme „ fährt der platonische Sokrates fort „ hat doch die Schrift, Phaidros, und ist darin ganz eigentlich der Malerei ähnlich: Denn auch diese stellt Ausgeburten hin als lebend, wenn man sie aber etwas fragt, so schweigen sie ehrwürdig still. Ebenso auch die Schriften. Du könntest glauben, sie sprächen, als verstünden sie etwas, fragst du sie aber lernbegierig über das Gesagte, so enthalten sie doch nur ein und stets dasselbe. Ist sie aber einmal geschrieben, so schweift auch überall jede Rede gleichermaßen unter denen umher, die sie verstehen, und unter denen, für die sie sich nicht gehört, und versteht nicht, zu wem sie reden soll und zu wem nicht. Und wird sie beleidigt oder unverdienterweise beschimpft, so bedarf sie immer ihres Vaters Hilfe, denn sie selbst ist weder imstande sich zu schützen noch sich zu helfen." (Platon)[1]

Der platonische Sokrates hält dem aufgeschriebenen Wort, hält also Texten vor, Deutlichkeit und Sicherheit der Bedeutungen lediglich vorzutäuschen sowie, letztlich bei allem dialogischen Schein doch zu schweigen und somit beliebigen Deutungen offen zu stehen und somit missbräuchlich zu sein. Geschrieben Texte adressieren ihren Sinn zudem ganz ziellos, sie erreichen auch jene, denen es an und für sich gar nicht zukommt, angesprochen zu werden. Aufgeschriebene Texte werden somit – ihrer starren und fixierten Bedeutungen zum Trotz – zum Inbegriff der Unzuverlässigkeit, Ungenauigkeit und auch Wehrlosigkeit von Bedeutungen. Ernsthafte Menschen, so wird der platonische Sokrates später ausführen, werden ihre Worte auf keinen Fall schriftlich fixieren:

„Nicht zum Ernst also wird er (die Erkenntnisse) ins Wasser schreiben, mit Tinte durch das Rohr aussäend mit Worten, die doch unvermögend sind, sich selbst durch Rede zu helfen, unvermögend aber auch, die Wahrheit hinreichend zu lehren. Freilich nicht, sondern die Schriftgärtchen wird er nur Spiels wegen, wie es scheint, besäen und beschreiben. Wenn er aber schreibt, wie um für sich selbst einen Vorrat von Erinnerungen zu sammeln auf das vergeßliche Alter, wenn er etwas erreicht, und für jeden, welcher derselben spur nachgeht: so wird er sich freuen, wenn er sie zart und schön gedeihen sieht; und wenn andere sich mit anderen Spielen ergötzen, bei Gastmählern sich benetzend und, was dem verwandt ist, dann wird jener statt dessen seine Rede spielend durchnehmen." (Platon)[2]

Die massive Schriftkritik Platos ist bis in die Grundlagen des christlichen Glaubens eingedrungen. Der Apostel Paulus, der noch kein Christ, sondern ein an den Messias Jesus glaubender hellenistischer Jude gewesen ist, hat diese Schriftkritik in seinem berühmten Diktum im zweiten Korintherbrief 3,6 auf ihren Begriff gebracht: „Denn der Buchstabe tötet, aber der Geist macht lebendig." Paulus stellt das „Gramma" (den Buchstaben) dem „Pneuma" (dem Geist) gegenüber. Im Brief an die Römer (2, 27) stellt er zudem fest, dass geborene Juden unter „Gesetz" und „Buchstabe" stünden. Nimmt man Platos und Paulus Schriftkritik zusammen, so scheint von der schriftlich niedergelegten, offenbarten Weisung Gottes zu gelten, dass sie ebenso ungenau wie erstarrt, ebenso unverbindlich wie rigide wirkt. Im Gegensatz dazu scheint der Dialog, das enthusiastische Gespräch der Wahrheitsuchenden eine ebenso lebendige, wie verbindliche und präzise Gegenwart der Wahrheit oder Gottes hervorbringen zu können. Die merkwürdige Ironie, dass sowohl die platonischen Dialoge als auch das nach christlichen Glauben bekannte lebendige Wort Gottes sich ausschließlich und nur über ihre schriftliche Fixierung erhalten haben, konnte den Autoren dieser Auffassung noch nicht bekannt sein.

---

1   Platon, Phaidros, 275 d – 276 a ->
2   a.a.O. 276 b

Erst die Reformation Martin Luthers, die auf die Fundamente von Glauben und Gnade setzte, stellte gleichermaßen die „Heilige Schrift" – „sola scriptura" ins Zentrum ihres Bekenntnisses. Der Frage nach dem Verhältnis von göttlicher Offenbarung und von Menschen niedergeschriebenem und kanonisiertem Text soll hier nicht näher nachgegangen werden, vielmehr soll darauf hingewiesen werden, dass in den letzten Jahrzehnten ein Denken der Schrift und des Buchstabens die Philosophie seit ihren Anfängen revolutioniert und in der Sache die Spekulationen des Abraham Abulafia mit noch unabsehbaren Folgen bestätigt hat.

5 Unvordenklichkeit der Schrift

Diesen Gedanken hat der 1930 in Algiers geborene Jacques Derrida (Bennington/Derrida 1994) in ein nur an der Oberfläche aphoristisch und mäandernd wirkendes Werk umgesetzt, in dem ihm nicht weniger gelungen ist, als die mehr als zweitausend Jahre alte Besessenheit der abendländischen Philosophie vom unmittelbar präsenten (göttlichen) Logos in ihren inneren Widersprüchen nachzuzeichnen und auf ihrem Grund die Schrift, bzw. das systematisch verdrängte Prinzip der Schrift aufzufinden. In seinen allesamt 1967 erschienen Arbeiten zu „Schrift und Differenz", „Grammatologie" und zu „Stimme und Phänomen" (Derrida 1972, 1983 und 2003), die sich sowohl systematisch mit dem fortgeschrittensten bewusstseinsphilosophischen Entwurf, mit der Philosophie Edmund Husserls, als auch mit der Chiffre der Schrift in Freuds Theorie der Erinnerung bzw. der Abhängigkeit aller individuellen Erinnerung von der Schriftlichkeit der Biografie (Brumlik 2005) befassen, gelingt Derrida der Nachweis, dass ein Schriftlichkeitsprinzip auch dort waltet, wo Menschen sich am unmittelbarsten gegenwärtig wähnen: im Sprechen. Auch die Stimme, die Bedeutungen mitzuteilen vermeint, steht noch in der Unterscheidung von Signifikant und Signifikat, von – wenn man so will – lautlichem Zeichen und den durch sie bezeichneten Gegenständen oder Prozessen, auf die sie verweist.

„Inwiefern" fragt Derrida gegen Ende von „Die Stimme und das Phänomen" „ist die Schrift – der geläufige Name für Zeichen, die trotz der vollständigen Abwesenheit des Subjekts durch seinen Tod und über seinen Tod hinaus funktionieren- bereits in der Bewegung der Bedeutung im Allgemeinen, insbesondere des so genannten „lebendigen" Sprechens, impliziert?" (Derrida 2003: 125)

Schreiben ist stets ein Verweisen auf Anderes, die Evokation eines Abwesenden, der stets nur begrenzt gelingende Versuch, Abwesendes in die Anwesenheit zu bringen, in der Anwesenheit zu halten. Schreiben heißt aber auch, Zeichen festzuhalten, Zeichen, die endlich, verderblich und der Löschung anheim gegeben sind. Während Stimme und Sprache lebendig und präsent sind, (worin sie dem Bild gleichen) aber auch – wenn gesprochen – wieder verstummen, scheinen die Zeichen der Schrift das Vermeinte und Bedeutete auf Ewigkeit zu stellen, eine Ewigkeit, die sich als Buch und geschriebener Text denn doch als verletzlich und unzuverlässig erweisen kann. Schreiben das heißt letztlich von dem notwendig scheiternden Willen besessen zu sein, Bedeutungen zu verewigen. Ein Wille, zu dem es keine Alternative gibt.

6 Noch einmal: Bild und Schrift

Kehren wir vor diesem Hintergrund noch einmal zum griechischen Vasenbild und zu Platons Schriftkritik zurück. Es hat den Anschein, als ob das griechische Denken – wenn man so pauschalierend sprechen darf – der Schrift alleine ebenso wenig traut wie dem Bild. Hans Belting hat inzwischen darauf hingewiesen, dass Platons bekannter Kritik der Schrift eine ebenso scharfe Kritik des Bildes entsprach: und zwar deswegen, weil mindestens im platonischen Denken Abbild eines Menschen noch in unmittelbarer Verbindung damit stand, dass Abbilder vor allem von Verstorbenen angefertigt wurden und die nach Platons Überzeugung dem Wesen des Verstorbenen nicht gerecht werden konnte (Belting 2001: 173f.).

Platon jedenfalls schien ganz und gar auf das lebendige Gespräch zu setzen und konnte von dem Paradox, dass wir diese Theorie des lebendigen Gesprächs ohne das von ihm so misstrauisch beäugte Schreiben nicht kennten, gar nichts wissen. Die Vasenbildner hingegen schienen die Beschriftung ihrer Bildfiguren zunächst im gleichen Sinne als Gedächtnisstützen verwenden zu wollen, wie die Oralliteratur das hexametrische Versmaß. Mit der Verbreitung der Schriftkunst jedoch geraten die Vasenbilder zur bloßen Illustration und verlieren ihren eigenständigen Charakter, sie werden zum Zierrat, sie degeneriert und wird, wie Giuliani das ausdrückt, zu einer Schwundform. Obwohl die narrative Ikonografie Gedichte und Epen über Jahrhunderte als Steinbruch verwendet hat, scheint sich die Schrift schließlich von den Bildern erst emanzipiert zu haben, um sie dann geradezu zu überwältigen: „ Ihre Anziehungskraft" so Giuliani „hat sich langfristig auch als eine Gefahr erwiesen. Seitdem es möglich wurde, auf schriftliche Fassungen zurückzugreifen, hat sich die Anziehungskraft der Texte zusätzlich verstärkt und schließlich die Ikonografie so nahe an die Texte gebunden, dass die Bilder ihren Freiraum eingebüßt haben. Am Ende dieser Geschichte steht die Geburt der Illustration, einer neuen, so schließt Giuliani, „bis dahin unbekannten Bildgattung, die in der abendländischen Kunst noch eine lange, eigene Geschichte haben sollte." (Giuliani 2003: 291).

Literatur

Assmann, Jan (1992): Das kulturelle Gedächtnis. Schrift, Erinnerung und politische Identität in frühen Hochkulturen. München: Beck Verlag.

Belting, Hans (2001): Bild – Anthropologie. München. Fink Verlag.

Bennington, Geoffrey / Derrida, Jacques (1994): Jacques Derrida, ein Porträt. Frankfurt am Main: Suhrkamp.

Brumlik, Micha (2005): Geschriebenes Leben – Die Entstehung der Pädagogik aus dem Geist der Biographie. In: Ecarius, Jutta/Friebertshäuser, Barbara (Hrsg.): Literalität, Bildung und Biographie. Opladen: Verlag Barbara Budrich, S. 54-65.

Brumlik, Micha (2006): Schrift, Wort und Ikone. Wege aus dem Bilderverbot. 2. überarbeitete Ausgabe. Berlin: Philo Verlagsgesellschaft.

Derrida, Jacques (1972): Die Schrift und die Differenz. Frankfurt am Main: Suhrkamp.

Derrida, Jacques (1972): Freud und der Schauplatz der Schrift. In: Derrida, Jacques (Hrsg.): Die Schrift und die Differenz. Frankfurt am Main: Suhrkamp, S. 102-120.

Derrida, Jacques (1983): Grammatologie. Frankfurt am Main: Suhrkamp.

Derrida, Jacques (2003): Die Stimme und das Phänomen. Frankfurt am Main: Suhrkamp.

Giuliani, Luca (2003): Bild und Mythos. Geschichte der Bilderzählung in der griechischen Kunst. München: Beck Verlag.

Goody, Jack (1990): Die Logik der Schrift und die Organisation der Gesellschaft. Frankfurt am Main: Suhrkamp.

Havelock, Eric Alfred (1990): Schriftlichkeit. Das griechische Alphabet als kulturelle Revolution. Weinheim: VCH, Acta Humaniora.

Kerenyi, Karl (1966): Die Mythologie der Griechen: Die Heroengeschichten, Band 2. München: Deutscher Taschenbuch Verlag.

Latacz, Joachim (2001): Troia und Homer. Der Weg zur Lösung eines alten Rätsels. München/Berlin: Koehler & Amelang.

Schefold, Karl/Jung Franz (1989): Die Sagen von den Argonauten, von Theben und Troia in der klassischen und hellenistischen Kunst. München: Hirmer Verlag.

Scholem, Gershom (1973): Der Name Gottes und die Sprachtheorie der Kabbala. In: Scholem, Gershom (Hrsg.):Judaica. Studien zur jüdischen Mystik, Band 3. Frankfurt am Main: Suhrkamp, S. 58/59.

Voss, Johann Heinrich (1960): Homer, Ilias. München: Goldmann.

Zum Verhältnis von Bild und Sprache. Eine Annäherung in erkenntnistheoretischer Perspektive

Nicole Welter

Bilder haben in der erziehungswissenschaftlichen Forschung eine zunehmende Bedeutung, so dass im Anschluss an den ‚linguistic turn' der siebziger Jahre nun von einem ‚iconic turn' die Rede ist (vgl. Wulf 2001: 122).

In den letzten Jahren sind einige wegweisende methodologische und empirische Arbeiten zur erziehungswissenschaftlichen Nutzung von Bildmaterial erschienen (vgl. z.b. Mietzner/Pilarczyk 1998: 129-144; Ehrenspeck/ Schäffer 2003; zur grundlagentheoretischen Debatte vgl. den Sammelband: Schumacher-Chilla 2004). Hierbei konnte einerseits an kunsthistorische Methodologien und Methoden angeknüpft, andererseits konnte eine eigene erziehungswissenschaftliche Position entwickelt werden.

In diesem Beitrag möchte ich mich einem spezifischen Problem widmen, das keine im engeren Sinne methodische Fragestellung aufgreift, sondern in der das Verhältnis von Bild und Sprache grundsätzlich thematisiert und in seiner anthropologischen und erkenntnistheoretischen Dimension reflektiert wird. Diese grundlegende Problematisierung ist notwendig, da zwischen Bild und Sprache eine Differenz besteht, die zunächst unüberbrückbar scheint. „Nichtsprachliche Ausdrucksgestalten werfen aber ein ganz anderes methodisches Problem auf, das in der bisherigen Methodendiskussion viel zu wenig, wenn überhaupt beachtet wurde. Sie können nur in metaphorischem Sinne 'gelesen, werden, sie werden viel stärker sinnlich wahrgenommen als die schriftsprachlichen Texte." (Oevermann 2000: 108). Demnach ist eine für das Verhältnis von Bild und Sprache bzw. Text zentrale Frage die nach der Möglichkeit, Bilder in Sprache zu transformieren. Mit dem Begriff der Übersetzung oder Transformation ist schlicht die Frage nach der Annäherungsmöglichkeit von Sprache an das Bild gemeint. Das bedeutet, jede sprachliche Äußerung über ein Bild oder eine Verständigung durch das Bild, die in Sprachprozessen und nicht wiederum bildlich stattfindet, verstehe ich als Transformation oder Übersetzung von Bild in Sprache. Die exemplarische Auseinandersetzung in der methodologischen Diskussion um die Objektive Hermeneutik rekurriert besonders auf die Frage, inwiefern das Bild als Text verstanden werden kann. Die Überwindung dieses Problems gelingt mit der plausiblen Darlegung eines erweiterten Textbegriffs (vgl. Ackermann 1994: 201 sowie Haupert 1994: 281ff.). Weitgehend unthematisiert bleibt in der methodologischen Diskussion jedoch die Frage nach der Möglichkeit „‚das Leben der Bilder' zur Sprache zu bringen." (Ackermann 1994: 201). Das Zur-Sprache-Bringen des Bildes wird in diesem Artikel thematisiert, denn dieses Problem stellt sich allen wissenschaftlichen Methoden, die sich

sprachlich ausdrücken (der Sprachbegriff wird in diesem Kontext in verbal-
und textsprachlichem Sinne verstanden). Lessing hat als einer der ersten in
seinem Laokoon das Problem Bilder in Sprache auszudrücken, aufgegriffen
(vgl. Lessing 1964: 114ff.). Es bedarf neben der Betrachtung der Möglichkeiten ebenso der Bezeichnung der Grenze dieses Übersetzungsprozesses in
der wissenschaftlichen Reflexion.

Zunächst werde ich mich, vorrangig auf die Symboltheorie Cassirers re-
kurrierend, mit den Gemeinsamkeiten von Bild und Sprache im Modus des
Symbolischen beschäftigen. Danach werden die grundlegenden Unterschiede
von Bild und Sprache im Anschluss an die empirischen Studien Piagets und
Inhelders sowie der anthropologischen Reflexion Wulfs herausgearbeitet. In
den letzten beiden Kapiteln werde ich mich zwei Bereichen zuwenden, in
denen das Verhältnis von Bild und Sprache als Modi von Erkenntnis enthalten sind: Erstens wird der Biografisierungsprozess als Bildungsprozess und
das in ihm enthaltene Verhältnis von Bild und Sprache analysiert, und zweitens wird abschließend die Frage nach der Transformation von Bildern in
Sprache im Rahmen sozialwissenschaftlicher Forschung methodologisch in
einigen Grundüberlegungen erörtert.

1 Sprache als konstitutive Bedingung des Denkens

Wissenschaft vollzieht sich immer in einem reflektierenden Modus, sie sucht
nach einer Klarheit in ihren Erkenntnissen und bemüht sich um mögliche
Eindeutigkeit ihrer Aussagen. Die wesentliche Aufgabe der Wissenschaft ist
es, Erkenntnis zu gewinnen. Diese Erkenntnisgewinnung ist immer ein Prozess, der sich auf der Ebene des Bewusstseins bewegt. Eine andere ist ihr
nicht möglich. Wissenschaft vollzieht sich demnach in der denkenden Reflexion auf etwas im Modus der Sprache. Inwiefern davon auszugehen ist, dass
Denken immer sprachgebunden ist, hängt von dem zugrundegelegten Begriff
der Sprache ab. Der griechische Begriff ‚Logos‘ legt nahe, dass zwischen
dem Akt des Sprechens und dem Akt des Denkens eine grundsätzliche Identität besteht (vgl. Cassirer 1996: 196). Ein bewusstes Denken ohne Sprache
ist demnach unmöglich. Erst im Benennen wird die Vieldeutigkeit in Klarheit
gebracht und damit faßbar. Sprache wird damit nicht erst notwendig für den
Dialog, sondern der Denkakt des Einzelnen wird durch die Sprache in eine
neue Qualität überführt, und Sprache hat damit zugleich monologischen Charakter. Die Sprache selbst und ihre gesellschaftliche Aufgabe im Dialog ist
von den besonderen sozialen Verhältnissen der Sprachgemeinschaft abhängig (vgl. ebd.: 198). Cassirer sieht aber in der Sprache allgemein, dass sie im
ontogenetischen Werden des Menschen einen wesentlichen Einschnitt erzeugt. Cassirer beschreibt den Übergang des Kindes zur Sprache als Über-

gang in die kulturelle Welt: „Im ersten Begreifen der Symbolik von Sprache im Dasein des Kindes findet eine wirkliche Revolution statt. Von hier aus gewinnt sein ganzes inneres und intellektuelles Leben eine neue Gestalt. Diese Veränderung ließe sich in etwa als Übergang von einer eher subjektiven zu einer objektiven Haltung, von einer emotionalen zu einer theoretischen Einstellung beschreiben. Seine vagen unsicheren Wahrnehmungen und seine ungenaue Empfindung nehmen eine bestimmte Gestalt an. Man könnte sagen, sie kristallisieren sich um den Namen als festen Mittelpunkt, als Gedankenpunkt." (ebd.: 203). Cassirer beschreibt einen Prozess der Objektivierung. Das Kind erhält durch die Sprache die Möglichkeit, sich die Dinge symbolisch anzueignen und in dem kreativen Vorgang der Sprachaneignung seine Auseinandersetzung mit Wirklichkeit zu gestalten. Die Welt wird für den Menschen symbolisch handhabbar. Das, was ich mit eigenen Worten ausdrücken kann, habe ich verstanden. Sprache ist Freiheitsgewinn und Begrenzung zugleich. Der Freiheitsgewinn liegt in der Plastizität und dem produktiven Potenzial des Sprachprozesses. In der Sprache wird die Konkretheit der Wirklichkeit symbolisch in einen neuen Raum transferiert. Der Sprachraum ermöglicht Perspektivenwechsel, alternative Stellungnahmen und die Reflexion auf das eigene Selbst, eingelassen und enthoben zugleich aus der Faktizität der Alltagswelt. In diesem Prozess klassifiziert die Sprache durch Begriffe. Dennoch haben die Klassifikationen in der Sprache einen Bezug zur Sinneserfahrung und zur Anschauung. Das wird besonders deutlich in der Metaphorik der Sprache. Die Verbindung der Sinneserfahrungen miteinander und ihre Übersetzung in Sprache hängt, so Cassirer, von den gesellschaftlich-kulturellen und individuellen „Referenzrahmen" ab, in die Sprache gebunden ist. Im Akt des Benennens wählen wir aus der Vielfalt und Diffusität der Sinnesflut bestimmte feste „Wahrnehmungszentren" aus. (vgl. ebd.: 208). Die Sprache dient zur Orientierung und zur Organisation der Wahrnehmungswelt und ist gebunden an intellektuelle Prozesse (vgl. ebd.: 211).

Doch schon die Wahrnehmungs- und Denkvoraussetzungen menschlichen Seins, so konnte Kant zeigen, ermöglichen dem Menschen keine Erkenntnis des ‚Ding an sich‚. Die Welt ist in ihrem Sosein nicht erfahrbar, sondern unterliegt immer den spezifischen menschlichen Daseins- und Erkenntnisvoraussetzungen (vgl. Kant 1983: 77f. sowie Grondin 1994: 43). Die Sprache ist bekanntermaßen eine besondere erkenntnistheoretische Herausforderung (vgl. Braun 1996). Der Sprachvollzug selbst setzt in sich unhintergehbare Bedingungen voraus, wie die traditionelle Hermeneutik, die Sprachphilosophie und die Sprachwissenschaft verschiedener Couleur deutlich gezeigt haben. Johann Gottfried Herder und Wilhelm von Humboldt haben die Sprachen in ihren geschichtlich-kulturellen Gebundenheiten als Weltansichten erkannt (vgl. Herder 1966: 68ff. sowie Humboldt 2002: 20). Das bedeutet, in der Sprache selbst zeigen sich bestimmte Grundansichten von Wirklichkeit. Die Weltoffenheit wird in Weltperspektiven gebannt und bleibt dennoch gewahrt, da sich die Sprache selbst in einem dynamischen Prozess befindet. Sprache ist in die Zukunft hin offen. Die Sprachsubjekte sind jedoch nicht nur Nachahmer der geschichtlich-kulturellen Gebundenheit der Sprache, sondern wählen die jeweiligen Sprachzugänge aus und sind produktiv am Sprachprozess beteiligt. Das Erfassen der Welt vollzieht sich symbolisch und kreativ in Sprache. Im folgenden Abschnitt möchte ich die Gemeinsamkeiten des Bildes und der Sprache im Verständnis des Symbols herausstellen.

2 Annäherungen an Bild und Sprache als Symbolisierungsformen

Bild und Sprache sind nach Cassirer beides Kulturformen, d.h. menschliche Symbolisierungsformen. „Er (der Mensch) lebt nicht mehr in einem bloß physikalischen Universum, sondern in einem symbolischen Universum". Der Mensch ist das *„animal symbolicum"*. (Cassirer 1996: 51). Er ist demnach der Unmittelbarkeit der Wirklichkeit enthoben, er begreift die Welt in symbolisch verfasster Form. Sein Wirklichkeitsbezug ist per se ein gebrochener. Dies ist seine conditio sine qua non. Zwischen ihn und die Wirklichkeit schiebt sich das artifizielle Medium des Symbols. Weder beim Bild noch in der Sprache lässt sich von einem Abbild der Wirklichkeit sprechen, da der Vorgang der Transformation in Symbole ein produktiver Prozess des Individuums in seiner kulturellen Verfasstheit ist. Dieser Prozess verläuft zudem niemals rein rational, sondern ist gespeist von Gefühlen, Affekten und Bezüglichkeiten zur eigenen inneren Erlebniswelt sowie der gemeinsam geteilten sozialen Sinnwelt. Das Symbol ist immer schon Teil der menschlichen Bedeutungswelt.

Es steht nicht schlicht für etwas, sondern ist komplex und vieldeutig, da sich in ihm die individuellen und kulturellen Erlebnis- und Erfahrungswelten in ihrer Vieldimensionalität amalgamieren. Das Symbolische steht für die menschliche Kulturwelt schlechthin, Kultur ist nur möglich, weil der Mensch symbolisieren kann. Die Symbolisierung ermöglicht ihm die Distanzierung vom Konkreten, sie schenkt ihm Geschichte, weil er sich in der Symbolisierung durch die Zeiten Vergangenheit, Gegenwart und Zukunft bewegen kann, und er sich durch die symbolische Repräsentanz der Zeiten überhaupt seiner Geschichtlichkeit bewusst werden kann. Die Symbolisierungsfähigkeit in ihren verschiedenen Formen ist die unabdingbare Voraussetzung für den Menschen als Kulturwesen. Ohne Symbolik wäre das Leben des Menschen auf seine biologischen Bedürfnisse und seine unmittelbaren Interessen im bloßen Daseinsvollzug beschränkt. Eine besondere Aufgabe ist dem Menschen im Verstehen der Symbolsprache gestellt. Da das Symbol sich dadurch auszeichnet, dass es Bedeutungsgehalte impliziert, die entschlüsselt werden müssen, spricht Dilthey in seiner Grundlegung der Geisteswissenschaften zu Recht von den zentralen Kategorien „Sinn" und „Bedeutung" in der Auseinandersetzung mit der kulturellen Welt im Lebensvollzug (vgl. Dilthey 1993: 244). Die Interpretation der Bedeutungsgehalte und des Sinns hinsichtlich aller symbolischen Formen der kulturellen Welt gelten demnach für das Bild und den Text gleichermaßen. Cassirer unterscheidet in seiner Theorie nun verschiedene symbolische Formen. Hierbei fällt auf, dass er die Differenz zwischen bildhaften und sprachlichen Symbolisierungen nicht klassifiziert, sondern die Sprache als eigene Form neben die Kunst als symbolische Form stellt. Kunst bedeutet für ihn jedoch eine spezifische qualitative Darstellungsform, bei der er bildende Kunst, Literatur, Musik, Schauspielerei usw. in eine Kategorie fasst. Und dennoch lassen sich die Sprachen der verschiedenen Künste nicht wirklich ineinander übersetzen, da jede eine besondere Form der Symbolisierung ist und ihre eigene Dignität hat. Das Bedeutende an der Kunst im Unterschied zu anderen symbolischen Formen ist, dass Cassirer sie als eine Intensivierung der Wirklichkeit versteht. In der Kunst wird die Wirklichkeit in ihrer Tiefendimension der Konkretion erfasst.

Sprache und Wissenschaft versteht er dagegen als Abkürzungen der Wirklichkeit, das heißt, sie sind Abstraktionen. Die Differenzierung Cassirers zwischen Sprache und Kunst, ohne die Künste in sich und ihren Besonderheiten zu unterscheiden, kann in Frage gestellt werden. Für die vorliegende Fragestellung, inwiefern das Bild im Forschungsprozess sprachlich erfassbar ist, weist diese cassirersche Position jedoch auf zwei zentrale Aspekte hin. Erstens: Die jeweilige Symbolik ist einerseits eine bestimmte Form der Wirklichkeitsinterpretation und sie hat andererseits einen je spezifischen Bedeutungsgehalt. Das heißt Form und Inhalt müssen in der Forschung thematisiert werden, da sonst jeweils eine Besonderheit der symbolischen Welt verloren ginge. Zweitens muss bei der Interpretation des Bildes im Forschungsprozess zunächst analysiert werden, um welches Bildmaterial es sich handelt. Einen Bedeutungsgehalt weist das Bild bzw. das visualisierte Material immer auf, das heißt, es ist immer Symbol und niemals ein bloßes Abbild der Wirklichkeit, da es durch den Prozess der Herstellung Teil der kulturellen Welt wird und nicht nur Gesehenes wiedergibt. Bilder weisen zwar wahrnehmungsgesetzliche Gemeinsamkeiten auf, darüber hinaus sind sie in ihrem Bedeutungsgehalt jedoch strukturell verschieden. Das Bildmaterial, z.B. eine private Fotografie und ein gemaltes Kunstwerk, unterscheiden sich strukturell im Bedeutungskontext, in der Sinnlogik und in ihren Regeln und Gesetzlichkeiten (vgl. auch Ackermann 1994: 200f.).

Nachdem einige Gemeinsamkeiten von Bild und Sprache in ihrer Bedeutung als Symbol herausgearbeitet werden konnten, komme ich nun zu den Unterschieden. Hierbei wird ein zentraler Unterschied in den Fokus gerückt: Die Gleichzeitigkeit (Simultaneität) des Bildes und das Nacheinander (Sequenzialität) der Sprache.

3   Einige erkenntnistheoretische Differenzen von Bild und Sprache

Wulf verweist in seiner Einführung in die Anthropologie der Erziehung darauf, dass der Mensch durch seine Phantasie die Fähigkeit hat, Bilder in sich aufzunehmen, er bildet sie sich ein (vgl. Wulf 2001: 123f.). Die ursprüngliche Bedeutung des Begriffs der Einbildungskraft bezieht sich etymologisch genau auf diese Fähigkeit. Dadurch verliert der Mensch die Abhängigkeit von der Präsenz des Gegenstandes. Die Außenwelt wird in die Innenwelt hineingenommen. Dies geschieht jedoch im Erlebensmodus und in produktiver Eineignung. Das Bild ist somit konnotiert mit den Gefühls- und Sinngehalten, die im Akt der Einbildung statthaben. Piaget führt in seinem Werk „Die Entwicklung des inneren Bildes beim Kind" (Piaget 1990) die Entwicklungsprozesse der Gestaltung der inneren Bilder empirisch differenziert aus. Auch Piaget spricht dem inneren Bild Symbolcharakter zu. Die Bilder als innere Repräsentationen sind nach Piaget erst mit der Fähigkeit zur Symbolisierung im Alter von zwei Jahren nach der sensu-motorischen Phase möglich. Der selbstreflexive Prozess steht im Zusammenhang mit der Symbolisierungsfähigkeit. Das Kind kann sich selbst zur gleichen Zeit als ‚Ich' begreifen. Selbstreflexion und Symbolisierung finden entwicklungspsychologisch zeitgleich und korrelativ statt. Denn jetzt erst ist das Kind kognitiv in der Lage zur Objektkonstanz. Das bedeutet, Objekte oder Ereignisse können erinnert werden, ohne dass sie faktisch gegenwärtig sind. „Jede repräsentative Erkenntnis setzt die Anwendung einer symbolischen Funktion voraus, die übrigens besser ‚semiotisch' genannt werden sollte, denn sie deckt gleichzeitig die ‚Zeichen' ab, die willkürlich und gesellschaftlich sind, und die ‚Symbole,, die gleichzeitig motiviert und ebenso individuell, wie gesellschaftlich sind." (Piaget 1990: 497). Ein Denken ohne diese semiotisch-symbolische Grundstruktur kann nicht stattfinden. Piaget nennt zwei wesentliche Gründe, warum die Sprache im Sinne eines kollektiven Zeichensystems nicht ausreicht, um die Erfahrungswelt des Menschen zu erfassen. Aus diesem Grund muss sie durch ein System von bildhaften Symbolen ergänzt bzw. unterlegt werden (vgl. Piaget 1990: 497). Der erste Grund ist: All das, was in der jeweiligen Gegenwart gerade wahrgenommen wird, nämlich die Wahrnehmung dessen, was sich in der äußeren Umgebung und der eigenen Handlung vollzieht und von Bedeutung ist und damit nicht verloren werden darf, wird neben den verbalen Gedächtnisinhalten durch das System der bildhaften Symbole im Gedächtnis bewahrt. Die sprachliche Erinnerung wird durch die bedeutungsvollen Bilder in der Menge gesteigert. Die Sprache kann auf die Bilder zurückgreifen und sie sich im Prozess der bewussten Versprachlichung zugänglich machen. Die Sprache allein wäre zur Erfassung der augenblicksgebundenen Gegenwart nicht ausreichend (vgl. Piaget 1990: 498).

Zweitens ermöglichen individuelle Bilder ein Erfassen der individuellen Erfahrungen für die gesellschaftliche Sprache noch keine Worte hat. Die Bilder können in Sprache transformiert werden und das Individuum realisiert in der Sprachfindung metaphorische Sprachwelten, wobei die inneren, individuellen symbolischen Bildwelten bei der Konkretisierung helfen. Nach Piaget besteht die Funktion des Bildes darin zu ‚bezeichnen‘, während die Funktion des Begriffs darin besteht, zu interpretieren und zu verstehen. Ob man sich dieser Unterscheidung anschließen kann, bleibt fraglich.

Aber Piaget ist hier von Bedeutung, weil er auf einen wesentlichen Unterschied zwischen Bild und Sprache verwiesen hat, indem er die Gleichzeitigkeit des Bildes in seiner repräsentativen Funktion sieht. Denn ein zentraler Unterschied, der sich zwischen Bild und Sprache bezeichnen lässt, ist die Mehrdeutigkeit des Bildes im Zusammenhang mit seiner Gleichzeitigkeit. Die Mehrdeutigkeit selbst unterscheidet das Bild nicht strukturell von der Sprache, denn auch sie weist Mehrdeutigkeit auf und bedarf des Verstehens und der Interpretation. Die Problematik der Gleichzeitigkeit des Bildes und der Ungleichzeitigkeit der Sprache im Nacheinander geriert sich zu einer zentralen Differenz, die der Übersetzung des Bildes in Sprache eine besondere Aufmerksamkeit abringt. Dieses Problem verringert sich jedoch durch die Frage nach der Wahrnehmung des Bildes im Gesamt. Die Bildwahrnehmung setzt Reflexion voraus. Reflexion bedeutet zunächst schlicht, dass das Bild in den Fokus der Aufmerksamkeit rückt und der Gesamteindruck durch einen Denkaktvorgang so relationiert und differenziert wird, dass das Bild als Bild überhaupt erkannt wird. Das Bild kann nur erkannt werden, indem der Wahrnehmungsvorgang an Denkakte des Ordnens, Vergleichens usw. gebunden ist. D.h. im Wahrnehmungsvorgang selbst realisieren sich distinktive Denkakte, so dass überhaupt etwas als Etwas erkannt wird (vgl. zum distinktiven und diskursiven Denken: Dilthey 1993: 146ff.). Auch die Betrachtung der Gesamtkomposition kommt aus der Notwendigkeit, Einzelnes im Gesamt erkennen zu müssen, nicht heraus. Der Gesamteindruck wird im Wahrnehmungsvorgang durch ein intuitives Verstehen von Bedeutungen und Sinnzuschreibungen unterlegt, wobei dieses intuitive Verstehen geschichtlich-kulturelle Vorgaben und individuelle Erlebensmomente enthält (vgl. ebd.: 239ff.). Bei Herder, der eine bis heute höchst interessante phänomenologische Arbeit zur Sprache vorgelegt hat, in der auch der Wahrnehmungsvorgang thematisiert wird, ist die Reflexion im Sinne einer grundlegenden Eigenschaft des Menschen als Besinnung zu verstehen. Reflexion bezeichnet bei ihm zugleich eine Fähigkeit, die notwendig für Wahrnehmungsakte ist, indem aus der ununterschiedenen Masse der vorbeiströmenden Sinneseindrücke feste Elemente ausgesondert, isoliert und die Aufmerksamkeit auf sie konzentriert werden kann. „Er (der Mensch) beweiset Reflexion, wenn er aus dem ganzen schwebenden Traum der Bilder, die seine Sinne vorbeistreichen, sich in ein Moment des Wachens sammeln, auf einem Bilde freiwillig verweilen, es in helle, ruhigere Obacht nehmen und sich Merkmale absondern kann, dass dies der Gegenstand und kein anderer sei." (Herder 1966: 32). Die Gleichzeitigkeit des Bildes wird im Wahrnehmungsvorgang somit in ein Wechselspiel mit einer zeitlichen Sequenzialität der Wahrnehmungsobjekte korreliert. Zudem ist der Wahrnehmungsvorgang des Subjekts selbst geschichtlich, es kann keine ungebrochene Gleichzeitigkeit geben, denn der Betrachtungsaugenblick des Subjekts ist im nächsten Moment verzeitlicht, d.h. er ist zur Vergangenheit geworden und beeinflusst den gegenwärtigen Betrachtungsaugenblick. Die Gleichzeitigkeit ist in der Geschichte des Betrachters und im Wahrnehmungsakt in eine serielle zeitliche Ordnung des Nacheinanders überführt. Mit der Wendung auf das Subjekt möchte ich den Übergang zur pädagogischen Dimension, genauer auf die bildungstheoretische Dimension von Bild und Sprache einleiten.

4   Zum Verhältnis von Bild und Sprache im Biografisierungsprozess

Mit Wulf lässt sich das Faktum des Bild-Gedächtnisses in der Bedeutung für die Person folgendermaßen bezeichnen. „Erinnerungsbilder sind für den spezifischen Charakter einer Person bestimmend. Partiell sind sie verfügbar und gestaltbar; zum Teil entziehen sie sich der Verfügung durch das Bewusstsein. Viele entstammen der Wahrnehmung, andere gehen auf imaginäre Situationen zurück. Erinnerungsbilder überlagern neue Wahrnehmungen und gestalten diese mit. Sie sind das Ergebnis einer Selektion, in der Verdrängung und bewußt motiviertes Vergessen (im Sinne von Verzeihen) eine Rolle spielen. Erinnerungsbilder konstituieren die Geschichte eines Menschen." (Wulf 2001: 135/136).

Der Biografisierungsprozess vollzieht sich jedoch in der Narration, im sprachkonstruierenden Prozess des Subjekts, wobei emotionale, affektive, ästhetische und unbewusste Dimensionen in die Erzählung mit einfließen, und dennoch wird das Subjekt als Subjekt Herr über seine Biografie im reflexiven und reflektierenden Modus des sprachlichen Selbstbewusstseins. Marotzki zeigt in Anlehnung an seinen Entwurf einer strukturalen Bildungstheorie, dass das spezifische menschliche In-der-Welt-Sein gerade im selbstreflexiven Modus des Menschen liegt (vgl. Marotzki 1990: 59). Die jeweilige Selbst- und Welthaltung zeichnet diese Interpretation der Selbstvergewisserung aus. Der Mensch steht nicht nur in einem bloß Gegebenen, sondern interpretiert sich in seinen Bezügen zur Welt. Er verortet sich im Prozess der Reflexion und gestaltet in seiner Interpretation sein Verhältnis zu den Gegebenheiten der Wirklichkeit. Die gesellschaftliche Dimension im pädagogischen Kontext legt mit dem Begriff der Sozialisation den Fokus auf die sozialen Verhältnisse, in denen ein Mensch lebt, der Begriff der Erziehung ist der intentionale Aspekt der generativen Beziehung.

Bildung jedoch ist nur in der Dimension der Selbstbildung begreifbar. Das Individuum setzt sich im Bildungsprozess mit den ihm gegebenen und immer schon vorhandenen Lebensumständen auseinander und gestaltet sich relational zu diesen in seinem Selbstsein. Bildung ist immer schon auf Autonomie angelegt, weil nur das Individuum selbst diesen Prozess vollziehen kann. In den Erlebensprozess des Menschen fließen Erinnerungsbilder, die sich das Individuum als Erfahrungen aneignen muss, indem sie in eine bewusste Ebene übersetzt werden. Das Erinnerungsbild selbst ist immer schon an das Erlebnis gebunden, denn nur weil das Bild eine Bedeutung hat, obliegt es nicht dem Vergessen. Im Bildungsprozess muss sich das Individuum seine spezifischen Erinnerungsbilder vergegenwärtigen, um sie aktiv, reflexiv und reflektierend in seine Selbstvergewisserung zu integrieren. Das Bild, das der Sprache als vorgeordnet gilt, vorreflexiv ist und Strukturaspekte von Eindrücken enthält, die den Habitus einer Person mitbeeinflussen, ohne dass sie sich dessen bewusst sein muss, erfordert die Erhellung des Intuitiven zum Bewussten, um sich Handlungsalternativen zu erschließen. In dem Moment, wo die Routine am Außen oder in der Auflösung der Selbstverständlichkeit des Individuums gebrochen wird, muss die daraus entstehende Krise in einer neu gestalteten Handlung gelöst werden. Handlungsspielraum eröffnet sich gerade darin, dass immer schon intuitiv Gewusstes fragwürdig wird und eine neue Antwort ermöglicht. Die Erinnerungsbilder werden in diesem Akt in Sprache übersetzt, die sich der Komplexität des Bildes durch ihre Variabilität immer neu annähert. Dieser Vorgang der Versprachlichung der inneren Bilder ist ein notwendiger, da nur so Zusammenhänge in das Bilderbuch des Lebens gebracht und Sinn erschlossen und konstruiert werden kann.

Diese Sinnerschließung gestaltet sich aus der jeweiligen geschichtlichen Lebensposition des einzelnen und seiner perspektivischen Interpretation des zeitlichen Gestaltungsvollzugs seines Lebens als handelndes Subjekt im Kontext der sich vollziehenden Geschehnisse. Die Übersetzung in Sprache ermöglicht allererst einen reflexiven und reflektierten Zugang zur eigenen Biografie. Die Sinnkonstruktion und der reflexiv-reflektierende Zugang zu den Bildern übergibt das Subjekt in eine Selbstmächtigkeit gegenüber der eigenen Geschichte. Die sprachliche Reflexion ermöglicht Emanzipation. Die Integration in den Sinnkontext der eigenen Biografie vor allem auch durch Sprache ist unabdingbar, um das Subjekt vom Gefühl der Ohnmacht zu einer subjekthaften Selbstmächtigkeit zu befreien. Damit soll keineswegs die Dimension der Grenze dieses selbstaufklärerischen Prozesses vergessen werden, wie sie gerade von postmodernen Denkern in ihrer Kritik am autonomen Subjekt geübt wurde (vgl. z.B. Foucault 1999: 14f.). Dennoch scheint diese Selbstaufklärung im Sinne eines permanenten Annäherungsprozesses an die eigene Geschichte gerade im Biografisierungsprozess dokumentiert, da die

Individuen über den Sprachprozess Sinn und Kontinuität produktiv in ihre Lebensgeschichte bringen. Denn es geht nicht um die Findung objektiver Wahrheiten, sondern um die Konstitution von Sinn und Autonomisierung der Lebensgeschichte durch das Subjekt. Bildung als die zentrale Kategorie der Erziehungswissenschaft zeichnet sich besonders dadurch aus, dass sie mit der Idee des autonomen Subjekts in seinen welthaften Bezügen verschränkt ist.

Demnach kann auf eine sprachliche Annäherung an das Bild im Bildungsprozess nicht verzichten werden, da nur so ein autonomer subjekthafter Zugang zur selbständigen Lebensgestaltung in der Geschichte und der Zukunft möglich ist. Wulf betont das Risiko des Mitgerissen-Werdens von der Bilderflut, die auf den einzelnen einströmt und der er im Bildungsprozess habhaft werden muss, um in ihr nicht unterzugehen. Das Ausgeliefertsein an die Einflüsse von außen, wird durch die Fähigkeit zur Autonomisierung auf die Ebene der Subjekthaftigkeit gehoben. Neben der Erinnerung im Bezug auf die Vergangenheit weisen Dilthey und Adler (vgl. Dilthey 1993: 246 sowie Adler 1974: 19ff.) besonders auf den Modus der Zukunft hin, der der primäre zeitliche Modus sei, unter dessen Vorstellung und Zielorientierung im Selbstverständnis und im gestaltenden Akt des individuellen Lebens sich der subjektive Sinn überhaupt erst konstituieren lässt. Es existieren demnach nicht nur Erinnerungsbilder, sondern auch Zukunftsbilder, die in der Vorstellung dem Entwerfen von Lebensplänen dienen. Für die pädagogische Perspektive sind die Zukunftsentwürfe ebenso bedeutungsvoll wie die biografischen Konstruktionen der Vergangenheit, die häufig im Kontext des zukünftigen Lebensentwurfs gestaltet werden.

5 Vier methodologische Überlegungen zur Bildinterpretation

Abschließen möchte ich mit vier methodologischen Überlegungen und damit an die zentrale Frage dieses Artikels, der Transformation des Bildes in Sprache anknüpfen:

Erstens: Prinzipiell lässt sich sagen, dass es letztlich keinen Ausweg aus der Grundproblematik gibt und die Übersetzung des Bildes in Sprache gewagt werden muss. Forschung bedeutet Wissen-wollen und entkommt damit der Reflexion in Sprache nicht. Die Forschungssubjekte nähern sich den Gegenständen im Modus der bewussten Reflexion, die sich sprachlich vollzieht. Der Forschungsprozess selbst sowie die Objektivierung der Erkenntnisse finden in Sprache und Text statt. Die erkenntnistheoretische Problematik, die das Bild stellt, muss als vorausgesetztes Forschungsbewusstsein präsent sein, woraus im Idealfall eine Haltung der Pluralität der Zugänge resultiert, die einzeln begründet sein müssen. Das Problem der Mehrdeutigkeit und der

Gleichzeitigkeit des Bildes in der Transformation eines Nacheinanders der Sprache konnte relativiert werden, indem gezeigt wurde, dass der Wahrnehmungsakt selbst immer schon sequentielle Anteile enthält und das Bild im Reflexionsprozess in ein Nacheinander der Sprachsequenzen übersetzt. Jede methodische Entscheidung ist zugleich eine Reduktion der Komplexität der Bildimmanenz und führt zu einer Entscheidung der sequentiellen Ordnung, da das Bild immer in die Sprache des ‚Wissens‘ übersetzt wird, gleich welche Methode man zugrundelegt. Notwendig bleibt die Begründung des jeweiligen methodischen Zugangs. Das Zur-Sprache-Bringen des Bildes ist jedoch unumgänglich.

Zweitens: Der grundlegende Zugang zu dem visualisierten Material wird zunächst die Frage implizieren müssen, um was für ein Bildmaterial es sich handelt. Die Gemeinsamkeit der Wahrnehmung von Visualisierungen wird nämlich, wie wir an der Argumentation Cassirers gesehen haben, aufgelöst durch andere Kategorien, die das Bildmaterial differenzieren z.B. die Darstellungsformen der Kunst, die Wirklichkeiten intensivieren und in der Darstellung zugleich radikaler interpretieren sowie formale und inhaltliche Gesetzlichkeiten durchbrechen oder neu bestimmen oder im Gegensatz dazu, visualisiertes Material, das sich als Abbild der Realität versteht, und damit fiktional Quasi-Wirklichkeiten schafft, wie z.B. Fernsehnachrichten. Die Differenz zwischen Bild und Sprache wird erweitert zur Frage nach der Art des visualisierten Materials selbst.

Drittens: Der Zugriff auf das Bildmaterial impliziert auch eine pragmatische Entscheidung, die sich über die Forschungsfrage vollzieht. Die Frage nach dem „Was will ich wissen?" bestimmt den Horizont der Bildinterpretation und auch die Bestimmung der Sequenzen. Denn sequentiell ist jeder reflexiv sprachliche Zugang zum Bild. Die Komplexität und Mehrdeutigkeit des Bildes wird in der Methodik der rekonstruktiven Sozialforschung durch die Lesartenpluralität der Interpretationsgruppe per se eröffnet. In der offenen Diskussion der Forschungsgruppe vollzieht sich zugleich eine Pluralität der Wahrnehmungszugänge, die intuitive und deskriptive Momente enthält, die bei der Bildinterpretation die Argumentationen perspektivisch erweitern. Eine bedeutende Frage in diesem Kontext ist die Frage nach dem Umgang mit den im Bild enthaltenen möglichen Ambivalenzen. In der Formulierung einer Strukturhypothese in der Objektiven Hermeneutik Oevermanns zum Beispiel werden im Sinne des besten Arguments alternative Lesarten ausgeschlossen. Es ließe sich fragen, inwiefern sich alternative Lesarten bewahren lassen und in die Strukturhypothese integriert werden können oder ob sich das der Idee der Grundstruktur (im Sinne der latenten Sinnstruktur nach Oevermann) widersetzt.

Viertens: Eine weitere wesentliche Frage stellt sich bezüglich der für die Transformation in Anspruch genommenen Sprache erstens nämlich, inwiefern die Narration innerhalb des Biografisierungsprozesses nicht nur reflexiv auf die eigene Geschichte verweist, sondern immer auch Reflexion enthält, ohne deswegen Argumentation zu sein. Zweitens bleibt die Unterscheidung der Sprache in Narration und diskursive Begriffssprache fraglich, da auch diskursive Sprache häufig Metaphern und narrative Elemente enthält. Der Diskurs um die Sprache als Begriffssprache der ‚reinen‘ Vernunft und die Sprache als poetische Elemente enthaltende Annäherung an die Komplexität der Wirklichkeit führt zurück auf die Auseinandersetzung Kant-Herder und kulminiert sie in Nietzsches Versuch, das Bild in der Sprache zu wahren und lässt sich mit der offenen Frage schließen: Welche Sprache(n) brauchen wir zur Bildinterpretation?

Literatur

Ackermann, Friedhelm (1994): Die Modellierung des Grauens. Exemplarische Inter-pretation eines Werbeplakats zum Film „Schlafwandler" unter Anwendung der „objektiven Hermeneutik" und Begründung einer kultursoziologischen Bildher-meneutik. In: Garz, Detlef (Hrsg.): Die Welt als Text. Frankfurt am Main: Suhr-kamp, S. 195-225.

Adler, Alfred (1974): Praxis und Theorie der Individualpsychologie. Frankfurt am Main: Fischer-Taschenbuch-Verlag.

Braun, Edmund (Hrsg.) (1996): Der Paradigmenwechsel in der Sprachphilosophie. Darmstadt: Wissenschaftliche Buchgesellschaft.

Cassirer, Ernst (1996) (1944): Versuch über den Menschen. Einführung in eine Philo-sophie der Kultur. Frankfurt am Main: Fischer-Verlag.

Dilthey, Wilhelm (1993): Der Aufbau der geschichtlichen Welt in den Geisteswissen-schaften. Frankfurt am Main: Suhrkamp, 4. Auflage.

Ehrenspeck, Yvonne/Schäffer, Burkhard (Hrsg.) (2003): Film- und Fotoanalyse in der Erziehungswissenschaft. Ein Handbuch. Opladen: Leske und Budrich.

Foucault, Michel (1999): Die Ordnung der Dinge. 15. Aufl., Frankfurt am Main: Suhrkamp.

Grondin, Jean (1994): Kant zur Einführung. Hamburg: Junius.

Kant, Immanuel (1983): Kritik der reinen Vernunft. Kant-Werke, Band 3, Erster Teil, hrsg. v. Wilhelm Weischedel. Darmstadt: Wissenschaftliche Buchgesellschaft.

Lessing, Gotthold Ephraim (1964): Laokoon. Stuttgart: Reclam.

Haupert, Bernhard (1994): Objektiv-hermeneutische Fotoanalysen am Beispiel von Soldatenfotos aus dem Zweiten Weltkrieg. In: Garz, Detlef (Hrsg.): Die Welt als Text. Frankfurt am Main: Suhrkamp, S. 281-314.

Humboldt, Wilhelm von (2002): Ueber das vergleichende Sprachstudium in Bezie-hung auf die verschiedenen Epochen der Sprachentwicklung (1820). In: Flitner, Andreas/Giel, Klaus (Hrsg.): Schriften zur Sprachphilosophie. Werke in fünf Bänden, Bd. III, 9. Aufl., S. 1-25.

Marotzki, Winfried (1990): Bildungstheorie und Allgemeine Biographieforschung. In: Krüger, Heinz-Hermann/Marotzki, Winfried (Hrsg.): Handbuch erziehungswis-senschaftlicher Biographieforschung. Opladen: Leske und Budrich, S. 57-68.

Mietzner, Ulrike/Pilarczyk, Ulrike (1998): Die Bildungsbewegung im Medium der Fotografie. Jugend im Gebirge. In: Hellekamps, Stephanie (Hrsg.): Ästhetik und Bildung. Das Selbst im Medium von Musik, Bildender Kunst, Literatur und Fotografie. Weinheim: Deutscher Studien Verlag, S. 129-144.

Oevermann, Ulrich (2000): Die Methode der Fallrekonstruktion in der Grundlagenforschung sowie der klinischen und pädagogischen Praxis. In: Kraimer, Klaus (Hrsg.): Die Fallrekonstruktion. Sinnverstehen in der sozialwissenschaftlichen Forschung. Frankfurt am Main: Suhrkamp, S. 58-156.

Piaget, Jean/Inhelder, Bärbel (1990): Die Entwicklung des inneren Bildes beim Kind (1966). Frankfurt am Main: Suhrkamp.

Schumacher-Chilla, Doris (Hrsg.) (2004): Im Banne der Ungewißheit. Bilder zwischen Medien, Kunst und Menschen. Oberhausen: Athena Verlag.

Wulf, Christoph (2001): Einführung in die Anthropologie der Erziehung. Weinheim und Basel: Beltz und Gelberg.

Bildhafte Sprache und Sprache der Bilder

Metaphorische Redeweise in beruflichen Selbstbeschreibungen
von Zeitzeug/inn/en der Erwachsenenbildung

Dieter Nittel

Für Leo Kauffeldt zum 70. Geburtstag

1 Zufällige Entdeckungen als Forschungsanlass

Manchmal gehen Erziehungswissenschaftler nicht auf die Themen ihrer
Wahl zu, sondern die Gegenstände gehen auf sie zu; eine solche Konstellation zeichnet sich – wie aus den folgenden Aussagen unschwer hervorgeht –
auch zwischen dem Verfasser und dem hier diskutierten Inhalten ab:

Das auf dem pädagogischen Publikationsmarkt eher untypische Buch
„Jongleure der Wissensgesellschaft" (Nittel/Völzke 2002) zeigt, wie Kurslei-
ter/innen, disponierende Mitarbeiter/innen, freiberufliche Dozent/inn/en und
Leitungspersonal der Weiterbildung in einem quasi offenen Forum konkret
und anschaulich ihren individuellen Prozess der Verberuflichung darstellen
und Einblicke in ihren beruflichen Alltag geben. Die Lektüre der dort ver-
sammelten Einzelportraits vermittelt den Eindruck, dass die Praktiker/innen
der Weiterbildung in ihren Selbstzeugnissen sehr häufig auf Metaphern zurückgreifen. Der Mitarbeiter einer Volkshochschule vergleicht beispielsweise
seine berufliche Praxis mit der Tätigkeit eines Bauern: „So ist das eben mit
den Bemühungen des Erwachsenenbildners: Er sät, viel Saatgut fällt auf den
steinigen Boden und manchmal geht die Saat auf, und niemand erinnert sich
mehr an den, der gesät hat!" (Erich Schützendorf). Eine freiberufliche Päda-
gogin spricht mit Blick auf ihre bisherige Karriere von der Möglichkeit einer
großen Flexibilität, wobei sie das Bild „... wie ein Pullover, der mitwächst"
(Bettina Thöne-Geyer) benutzt. Ein als Berufs- und Karriereberater tätiger
Pädagoge grenzt sein eigenes Selbstverständnis von sinnstiftender Arbeit
vom so genannten „Misthaufen-Modell der Arbeit" ab (John Webb).

In einem anderen Vorhaben, dem 2001 begonnenen und 2004 abge-
schlossenen DFG-Projekt „100 Lebensgeschichten – eine Geschichte? Die
Entwicklung der hessischen Erwachsenenbildung aus der Sicht von Zeitzeugen" (vgl. Nittel 2001, 2002, 2003; Nittel/Seitter 2005; Maier 2003) sind cir-
ca 150 autobiografisch-narrative Interviews geführt worden. Auch in diesen
berufsbiografischen Selbstbeschreibungen ehemaliger Praktiker der Erwachsenenbildung kommen metaphorische Redeweisen gehäuft vor. Wie es
scheint, fungieren Metaphern nicht nur in schriftlichen Erfahrungsberichten, die
ja unter den Bedingungen eines ganz bestimmten Legitimations- und Selbstprä-

sentationskalküls entstehen, als Stilmittel der professionellen Selbstbeschreibung; vielmehr scheinen Berufspraktiker der Weiterbildung auch unter den Bedingungen einer Stegreiferzählung bildhafte Ausdrücke zu schätzen.

Während die allgemeine Erziehungswissenschaft (vgl. de Haan 1991; Oelkers 1991; Scheuerl 1959; Schulze 1990; Taylor 1984) und die Didaktik (vgl. Künzli 1985) eine ganze Reihe einschlägiger Arbeiten vorweisen können, steht die Beschäftigung mit dem hier zur Debatte stehenden Gegenstandsbereich „Bildhafte Sprache" von Seiten der Erwachsenenbildung noch aus. Abgesehen von einem kleineren Aufsatz von Wilhelm Mader (1991), liegen von keinem/keiner Vertreter/in der Erwachsenenbildung Arbeiten zur metaphorischen Sprechweise vor. Dies mag damit zusammenhängen, dass sich eher die Philosophie, die Sprachwissenschaft, die Linguistik oder die Theologie mit diesem Bereich beschäftigen. Auf hohem theoretischem Niveau, doch ohne einen ausgewiesenen empirischen Bezug, haben sich bislang nur die oben erwähnten Vertreter der allgemeinen Erziehungswissenschaft und der Didaktik für bildhafte Sprachformen interessiert. Hervorzuheben sind einige englischsprachige Publikationen (Muscari 1993; Holton 1994), die alle auf die positiven Effekte von Metaphern im Unterricht hinweisen. De Haan unternimmt in einem Aufsatz den Versuch, „die Beziehung zwischen dem Metapherngebrauch und dem Kategoriengefüge im pädagogischen Denken" zu erschließen (de Haan 1991: 361), und er kann zeigen, „dass Metaphern einen Text durchaus eindeutig machen, Konsistenz erzeugen und das Wissenschaftsverständnis erst artikulierbar machen" (ebd.: 373).

Von Aristoteles stammt das folgende Zitat, das auch heute noch zur Definition angeführt wird: „Eine Metapher ist die Übertragung eines Wortes (das somit in uneigentlicher Bedeutung verwendet wird), und zwar entweder von der Gattung auf die Art oder von der Art auf die Gattung, oder von einer Art auf eine andere, oder nach den Regeln der Analogie" (Aristoteles 1994: 67). Die Metapher gehört wissenschaftsgeschichtlich in den Bereich der Rhetorik; mit dieser Einbettung ist – insbesondere in der Erziehungswissenschaft, die selbst Reputationsprobleme hat – die Unterstellung eines niederen Rangs verbunden. „Der Raum der Metapher ist der Raum der unmöglichen, der fehlgeschlagenen oder der noch nicht konsolidierten Begriffsbildung" (Blumenberg 1971: 171). Insbesondere der Cartesianismus und verwandte Traditionen haben sich für die Vermeidung oder zumindest die Reduzierung von Metaphern auf ein minimales Maß ausgesprochen. Im hier vorliegenden Beitrag, mit dem eine erste vorsichtige Annäherung an ein für den Autor fremdes Thema unternommen wird, ist ein eher weiter Metapher-Begriff zugrunde gelegt: Wenn von metaphorischen Rede- oder Sprechweisen die Rede ist, so sind damit sowohl Metaphern im strengen Sinne von Aristoteles als auch Analogien oder Metonymien, mit der nicht personifizierte Objekte gleichsam vermenschlicht werden, gemeint. (Mit Blick auf das oben erwähnte Zeitzeugenprojekt hat ein Forscherkollege systematischer die Suche nach

Metaphern in autobiografischen Interviews aufgenommen und sie einer tiefer gehenden Analyse unterzogen; vgl. Schmitt 2006). Ohne auf die einschlägigen Schriften von Blumenfeld, Ricoeur und Ortega y Gasset oder auf die Arbeiten von Lakoff und Johnson zur Theorie der Metapher systematisch einzugehen, beschränke ich mich in diesem Text darauf, das Phänomen der metaphorischen Redeweise in autobiografischen Interviews unter dem Gesichtspunkt der erziehungswissenschaftlichen Professionsforschung zu diskutieren. Ich gebe einige Beispiele aus den oben erwähnten Interviews und spitze meine Zugangsweise auf die Frage zu, welchen Status Metaphern im Professionswissen einnehmen.

2 Einige Beispiele für metaphorische Ausdrucksweisen

In der Regel wird die Verwendung von Bildern bzw. Metaphern im Darstellungsvorgang des Interviews selbst nicht kommentiert. Metaphern werden im Fluss des Erzählens, Beschreibens und Argumentierens ganz selbstverständlich benutzt; sie gehören zu jenem unhinterfragten Korpus unseres Alltagswissens, den Alfred Schütz mit dem Terminus „natürliche Einstellung" versehen hat (Schütz/Luckmann 1979). Diese Einbettung schließt eine Ankündigungsstruktur im Sinne von „Aufgepasst – jetzt wähle ich eine bildhafte Ausdrucksweise" aus. Sofern eine solche Ankündigung im Material doch erfolgt, ist dies als Ausnahme von der Regel zu betrachten. In dem folgenden Beispiel berichtet ein in einer ländlichen Region aufgewachsener Informant, dass der größte Teil seiner Schulfreunde nach der Ausbildung aus dem Dorf weggezogen sei. Um die persönliche Relevanz dieses Sachverhaltes in Bezug auf seine Sozialbeziehungen zu betonen, wählt er das Bild des „Sitzenbleibens", das sowohl auf eine nicht vollzogene Klassenversetzung im schulischen Kontext als auch auf das Schicksal eines Mannes oder einer Frau verweist, der oder die bei der Partnerwahl leer ausgegangen ist. Der Erzähler sagt: „alle zogen weg (,) bildlich gesprochen .. ich blieb sitzen" (Interview Schwebel). Der Zeitzeuge akzentuiert das Bild des Sitzenbleibens, indem er die Worte „weg" und „sitzen" betont und laut ausspricht und durch die gesprächskommentierende Einlassung „bildlich gesprochen" eine Differenz zwischen der semantischen und der symbolischen Bedeutung der Phrase schafft. Er gibt damit nicht nur einen Einblick in seine damalige emotionale Konstitution, sondern deutet auch auf eine erzwungene Distanz zur Kultur der Peers hin.

In den von uns erhobenen Lebensgeschichten von Zeitzeugen der hessischen Erwachsenenbildung werden Metaphern benutzt, um sowohl Personen als auch Institutionen zu charakterisieren. So spricht etwa Karl Volker Schmitt, ehemals Leiter der Fort- und Weiterbildungsabteilung beim ZDF, an einer Stelle z.B. von „Orchideenmenschen", womit er besonders interessante, charismatisch wirkende Personen mit außergewöhnlichen Kompetenzen bezeichnet, von denen sowohl er als auch die Teilnehmer seiner Seminare profitiert haben. Er erinnert sich aber auch an einen „Goldfasan", einen Lehrer, der mit zahlreichen Ornamenten versehene NS-Uniformen trug und diese als Staffage seiner Selbstpräsentation einsetzte. Während der Ausdruck „Goldfasan" in der Zeit des Nationalsozialismus geprägt wurde und seine Nennung auf einen politischen Hintergrund hinweisen sollte, scheint die Metapher „Orchideenmensch" einen zeithistorisch neutralen Entstehungshintergrund aufzuweisen. In beiden Begriffen dient die Natur als Referenz für die Wortschöpfung, in dem einen Fall ist es die Fauna und in dem anderen Fall die Flora.

Die starke Affinität zur Natur bei der Verwendung von Metaphern unterstreichen auch andere Beispiele: Ein ehemaliger Mitarbeiter und späterer Leiter einer Volkshochschule, der auf besonders viele innovative Leistungen seiner produktiven Institution hinweisen will, bezeichnet seinen Arbeitsbereich als „botanischen Garten" (Interview Schwebel). Kurz vorher hat der gleiche Informant das Ergebnis seiner dreijährigen Personalentwicklungsarbeit als „buntes Beet" charakterisiert. In diesen Etikettierungen schwingt eine gewisse Ambivalenz mit: Denn einerseits hat der botanische Garten exotische Qualitäten, er weist, ebenso wie das bunte Beet, eine große Artenvielfalt auf, andererseits ist aber auch das Merkmal der Fremdheit, Unübersichtlichkeit und Unordnung inhärent.

In einem anderen Interview werden Einrichtungen der Erwachsenenbildung mit „Denkwerkstätten" (Interview Krebs) verglichen. Die Kategorie Denkwerkstatt ist eine neutrale Bezeichnung mit positiver Konnotation, sie entspricht in etwa den amerikanischen „Think-Tanks", bei denen es sich um aus Experten und Wissenschaftlern zusammengesetzte Organisationen handelte, die Aufträge für Wirtschaft, Politik und Militär ausführten. In einem weiteren Interview wird eine Analogie zwischen einer Zeitschrift und der Volkshochschule hergestellt: „… und deshalb glaube ich dass die Volkshochschulen wiederum auch so was sind wie Reader's Digest, aus allen Gebieten wählen sie etwas aus und bieten es an und deshalb sind sie interessant" (Interview Leyle). Je nachdem, welchem kulturellen Milieu der Leser angehört und an welchem Bildungsverständnis er sich orientiert, wird er den Vergleich mit dem Reader's Digest unterschiedlich bewerten: Ein Angehöriger der bürgerlichen Hochkultur, der lieber Zeitungsartikel im englischen Original liest und sich von keiner Instanz die Lektüre vorschreiben lassen will, begegnet dem Reader's Digest wenn nicht mit einem leisen Anflug an Geringschätzung, so aber doch mit einem gewissen Maß an Distanz. Für das eher kleinbürgerlich ausgerichtete Publikum erzeugt das Anliegen dieser Zeitschrift, eine aktuelle Zusammenstellung lesenswerter Artikel aus den unterschiedlichsten Quellen zu bieten, Aufmerksamkeit und vielleicht sogar ein gewisses Lektüreinteresse. Der Erzähler selbst versieht den Reader's Digest mit dem Attribut „interessant", womit er – was man bei einem ehemaligen VHS-Leiter unterstellen kann – ein positives Verhältnis zur Volkshochschule bekundet. Ein ähnliches Bild der VHS legt die Interviewpartnerin Schulze-Jander zugrunde, wenn sie von der Einrichtung als von einem „Kaleidoskop" spricht.

Eine freiberufliche Weiterbildnerin bezeichnet eine in den 1980er Jahren geschlossene Einrichtung des Zweiten Bildungswegs, die in der städtischen Öffentlichkeit noch heute als fortschrittlich gilt und stark von Frauen frequentiert wurde, als „Emanzipationsschleuder" (Interview Korn). Da man nicht mit Sicherheit sagen kann, ob die Zeitzeugin eher eine deskriptive oder eher eine ironisch-distanzierte Darstellungsabsicht verfolgt, ist an dieser Stelle die Deutung schwierig. Kaum noch fahrbereite Autos werden als „alte Schleuder" bezeichnet; Schleudern sind aber auch Geräte, die einen wichtigen Beitrag zur Vereinfachung der Hausarbeit leisten, und die Vorstellung von der Schnelligkeit des Schleudervorgangs könnte einen Hinweis auf die große Zahl der Absolventen bedeuten. Die Kombination von Emanzipation als Ausdruck eines durch Aufklärung erzeugten individuellen oder kollektiven Befreiungsprozesses und dem Schleudern als technischem Vorgang verleiht der Wortschöpfung m.E. einen tendenziell abwertenden Charakter.

Metaphern beziehen sich nicht nur auf soziale oder psychische Zustände und institutionelle Arrangements oder Situationen, sondern auch auf Prozesse und komplexere Mechanismen. In dem folgenden Satz versucht ein Erwachsenenbildner, Funktionär und Kommunalpolitiker einen bestimmten Finanzierungsmodus mit Hilfe einer metaphorischen Sprechweise zu erläutern, indem er sagt: „... der Staat füttert nur an und sagt dann, Kommunen macht weiter" (Interview Schmitt). Dieser Mechanismus beschreibt einen bestimmten Typ von Anschubfinanzierung und zugleich eine Form der Verantwortungsdelegation. Eine Metapher aus dem bäuerlichen Leben wird benutzt, um einen finanztechnischen Vorgang aus der Politik zu verdeutlichen.

Für Pädagogen dürfte es interessant sein, wenn Formen des individuellen und des kollektiven Lernens mit Hilfe metaphorischer Redeweisen dargestellt werden. Gerade komplexe soziale Mechanismen und Prozesse, die der unmittelbaren Beobachtung entzogen sind, scheinen für Metaphern besonders prädestiniert zu sein. In einem Interview wird das Lernen etwa mit dem Rudern verglichen: „Lernen ist wie Rudern gegen den Strom (,) wer damit aufhört fällt zurück (,) und davon bin ich also *voll* überzeugt" (Interview Soukop-Strunz). Interessant ist hier, dass die Informantin eine Gesetzmäßigkeit präsentiert und ein Bild benutzt, das wie ein empirischer Beleg dargeboten wird, aber dennoch den selbstsuggestiv wirkenden Kommentar „und davon bin ich also voll überzeugt" nötig hat. Kommentar und Metapher passen nicht so recht zueinander, und dies wiederum relativiert deren Plausibilität. Im folgenden Zitat wird ein Bildungserlebnis in eine uns allen bekannte Metapher

gekleidet: „... wo ich dann auch zum <u>ersten Mal</u> durch den Besuch von Seminaren (,) so .. ja noch nicht ein gesellschaftliches <u>Verständnis</u> (,) aber doch
so über den Tellerrand hinaus .. zu sehen gelernt habe" (Interview Schwebel). Bildung und Lernen als Fähigkeit, „über den Tellerrand zu blicken"
oder, wie es in einem anderen Interview heißt, als „Horizonterweiterung",
dies sind weit verbreitete sprachliche Muster, um das nur schwer Versteh-
und Nachvollziehbare für sich selbst und andere dennoch transparent zu machen. Das Bild „und dann ist der Knoten geplatzt" (Interview Finke) bezieht
sich auf den Vorgang des Lernens, wobei eine starke Indifferenz gegenüber
den Inhalten die Regel zu sein scheint. Auch kollektive Lernprozesse werden
im Gewand metaphorischer Redeweisen dargeboten. Ein ehemaliger VHS-
Leiter spricht z.B. davon, das „Team zum Laufen" gebracht zu haben (Interview Schwebel); hier nutzt er metaphorisch den Titel des in den 1980er Jahren viel gelesenen Buches mit dem Titel „Die Gruppe zum Laufen bringen"
(Langmaack/Braune-Krickau 1985).

3 Metaphorische Ausdrucksweisen und individuelle Professionalisierung: ein Fallbeispiel

In den lebensgeschichtlichen Interviews haben wir Anhaltspunkte für die
Annahme gefunden, dass nicht alle Befragten in der gleichen Häufigkeit Metaphern benutzen und eine ganz bestimmte Gruppe unter den Befragten verstärkt metaphorische Redeweisen als Stilmittel der professionellen Selbstbeschreibung einsetzt. Besonders häufig scheinen Metaphern in Interviews mit
Zeitzeugen aufzutauchen (diesen Befund gilt es noch zu verdichten), deren
Berufsbiografie stark von der Prozessstruktur der individuellen Professionalisierung beeinflusst wird. Der Begriff „individuelle Professionalisierung"
meint einen an das konkrete Individuum gebundenen Ausbildungsprozess,
der mit der (informellen) Vermittlung von pädagogischem Fachwissen und
einem gleichzeitigen persönlichen Reifungsprozess einhergeht und in einem
Statuserwerb der Leistungsrolle (entweder Hauptberuflichkeit oder Freibe-
ruflichkeit) seinen vorläufigen Höhepunkt findet. Individuelle Prozesse der
Professionalisierung weisen Anteile von zwei biografischen Prozessstrukturen auf (vgl. Schütze 1981): zum einen institutionelle Ablauf- und Erwar-
tungsmuster einer Berufskarriere und zum anderen gewisse, wenn auch nur
geringfügige Anteile biografischer Wandlung. Als individuelle Prozessvari-
ante schließt Professionalisierung spätestens in der Ausbildungsphase und im
Zuge der beruflichen Sozialisation zwingend die Aufschichtung pädagogischer und fachlicher Qualifikationen, Kompetenzen, wissenschaftlicher Wis-
sensformen, Techniken und Wertvorstellungen ein. Individuelle Formen der
Professionalisierung tragen zur Formierung einer auf dem Prinzip der Fach-

lichkeit beruhenden beruflichen Identität bei, so dass die Akteure/innen in der Lage sind, zentrale Facetten des durch den kollektiven Prozess der Verberuflichung errungenen gesellschaftlichen Mandats in Fachtermini sprachlich zum Ausdruck zu bringen und für ihre nicht existente formale Lizenz in Form eines Universitätsabschlusses funktionale Äquivalente zu finden. Von dieser Prozessstruktur sind demnach auch Personen betroffen, die nicht an einer Universität waren, sich aber durch andere Instanzen wissenschaftliches Wissen angeeignet haben.

Gerade die besonders engagierten Praktiker der Weiterbildung, die in Theorie und Praxis gleichermaßen zuhause sind, scheinen in hohem Maße disponiert zu sein, ihre beruflichen Erfahrungen in bildhafter Sprache zu rekapitulieren und anderen mitzuteilen. Um einen Eindruck von Personen zu gewinnen, die in extensiver Weise Metaphern nutzen und auf einen Prozess der individuellen Professionalisierung zurückblicken, soll ein Fallbeispiel vorgestellt werden:

Heidrun Michael-Anders[1] stammt aus einer Lehrerfamilie. Sie wurde aus dem Sudetenland vertrieben und der Vater und Ernährer der Familie verstarb sehr früh; diese Konstellationen bilden eine denkbar ungünstige Startposition für ihre Bildungs- und Berufslaufbahn. Schon früh orientiert sie sich an der Maxime der Mutter: „Was ihr einmal gelernt habt, kann euch keiner mehr wegnehmen." Ein Stipendium ermöglicht ihr den Besuch des Gymnasiums, das sie mit dem Abitur abschließt. Schon im Lehramtsstudium engagiert sie sich in diversen Organisationen, wie etwa der katholischen Kirche. Die Frühverrentung als Lehrerin bildet gleichzeitig den Startpunkt ihrer steilen Karriere in der Erwachsenenbildung, der sie in einer großen Hilfsorganisation, dem Grünen Kreuz, nachgeht.

E: „und hab da eigentlich fast von(-) Anfang an angefangen in der Ausbildung tätig zu sein
I: mhm
E: und da zuerst im Betreuungsdienst (,) das aber ehrenamtlich ja (,) also bis heute mach&ich s alles ehrenamtlich (,) und im Betreuungsdienst war mein Schwerpunkt eigentlich Unterkunfts- und soziale Betreuung das heißt also (,) Leute dafür auszubilden wenn aufgrund irgendwelcher größeren Naturereignissen&wenn man jetzt ans Hochwasser im vergangenen Jahr denkt&wenn Sie also Ihre Wohnung verloren haben (,) wo können Sie dann untergebracht werden und nicht nur wie werden Sie verpflegt sondern wie kann ich auch mit den ähm so umgehen dass sie in dieser schlimmen Zeit nicht noch mehr darunter leiden müssen sondern vielleicht sogar n kleines bisschen nicht nur abgelenkt sondern auch aufgebaut werden
I: mhm
E: das war(-) zuerst mein Ausbildungsschwerpunkt (,) danach dann(-) bin ich eben im Grünen Kreuz dann so Stüfchen für Stüfchen hinaufgekrabbelt vom Helferchen hinauf dann eben zur Bereitschaftsführerin wie es damals hieß Kreisbereit-

---

1 Der Name in diesem Fallbeispiel ist anonymisiert.

schaftsführerin Regionalbereitschaftsführerin und dann zur Landesbereitschafts-
führerin heißt heut Landesbereitschafts<u>leiterin</u>& n das mach&ich also im Moment immer noch und dann gings eigentlich zweigleisig (,) dann hab ich sowohl
in der(,) <u>Schule</u> ähm (,) <u>neben</u>bei einiges an Ausbildungen selbst mitgemacht
und dann anderen vermittelt so war ich&im Auftrag des hessischen Kultusminis-
teriums fünf Jahre lang tätig äh(-) um Schulleiter aller Schulformen auszubilden
(,) n zwar waren das welche die äh meistens entweder noch nicht lange Schulleiter waren oder aber welche die sich um eine Beförderungsstelle weiter bewerben
wollten"

Die Akteurin wandelt die Stufenmetapher ab, indem sie von „Stüfchen"
spricht, die sie „hinaufgekrabbelt" sei: von der Grünkreuz-Helferin zur Bereitschaftsführerin, von der Kreis- zur Regional- und von dort zur Landesbe-
reitschaftsführerin. Das plötzliche Evidentwerden von Kreativitätspotenzia-
len und die steile Karriere als Erwachsenenbildnerin bei gleichzeitiger Beendigung der Lehrerlaufbahn, die ihre schöpferischen Dispositionen eher behindert hat, deuten darauf hin, dass ihre lebensgeschichtliche Entwicklung
von einem biografischen Wandlungsprozess überformt worden ist. Ihre momentane Tätigkeit zeichnet sich dadurch aus, dass sie fortlaufend Führungs-
kräfteschulungen beim Grünen Kreuz plant, durchführt und evaluiert, und
dies – wie man aus späteren Textstellen leicht belegen könnte – auf höchstem
didaktischen Niveau. Ihre Tätigkeit in der Schule und ihr ehrenamtliches Engagement beim Grünen Kreuz vertragen sich irgendwann nicht mehr, und sie
entscheidet sich dann für das freiberufliche Engagement.

Die Informantin benutzt Metaphern auch an anderen Stellen: wenn sie
das Essverhalten der Teilnehmer beschreibt („Futter reinschaufeln"), Grün-
der und Leitfigur einer großen Organisation erwähnt („Hausgeist"), den Teilnehmern die Struktur eines groß angelegten Curriculums zu erläutern versucht („der Baum"), unterschiedliche Handlungskontexte beschreibt („diese
Schiene", „ne ganz andere Schiene"), Eigentümlichkeiten der eigenen Institution erklärt („ich sag immer unser Landesverband erinnert mich an eine alte
Kommode mit vielen Schubladen und jeder hat Angst die nächste Schublade
aufzumachen und mal rein zu gucken (,) es könnte ja sein dass da Sachen
drin sind die man gar nicht sehen will"), leidvolle Erfahrungen von Mitarbei-
tern zu verstehen versucht („die irgendwo dann in ein Loch fallen (seufzt)
weil(-) das Netz nicht da ist das sie auffängt") oder ihre eigene Rolle ironisch
paraphrasieren will („als fliegender Händler über Land gefahren").

Wir haben eine erste, allerdings sehr oberflächliche Probe aufs Exempel
unternommen und einen Vergleich mit einem Zeitzeugen angestellt, bei dem
alle Äußerungen darauf hindeuten, dass seine Berufsbiografie keinerlei Symptome oder Indizien eines individuellen Professionalisierungsprozesses aufweist. Willy Peters[2] ist ein ehemaliger Mitarbeiter einer Bildungsakademie,
der in der beruflichen Bildung gearbeitet hat und für junge Erwachsene zu-

---

2   Der Name ist anonymisiert.

ständig war. Im Verlauf des Interviews zeigt sich, dass er bereits bei der Kennzeichnung seiner Zielgruppe große sprachliche Probleme hat: Immer wieder spricht er von „den Leuten", womit er die Jugendlichen mit einem defizitären Sozialisationshintergrund meint. Nur vage vermag er deren Probleme sprachlich fassbar zu machen. Durchgehend zeigt er im Interview exorbitante Schwierigkeiten, seine beruflichen Erfahrungen zu verbalisieren, eine Sprache für seine pädagogischen Aktivitäten zu finden. In seinen beruflichen Selbstbeschreibungen findet man keine einzige Metapher und keinen Hinweis, der Rückschlüsse auf seine Professionalität zulässt.

Aus dem Vergleich der beiden Interview-Texte könnte man die Hypothese ableiten, dass die gesteigerte Nutzung von Metaphern auf gelungene Formen der individuellen Professionalisierung hindeutet. Ob die Annahme, dass gerade die reflektiert und verantwortungsbewusst tätigen Praktiker eine besonders starke Affinität zu Metaphern als Medium der beruflichen Selbstbeschreibung haben, bestätigt werden kann, ist auf der Grundlage dieses abgekürzten kontrastiven Vergleichs selbstverständlich nicht möglich. Weitere Vergleiche und die systematische Dokumentation metaphorischer Sprechweisen in den Interviews sind nötig, um die Plausibilität und Stichhaltigkeit der angedeuteten These zu überprüfen.

4 Metaphern – Teil des höhersymbolischen Professionswissens?

Die moderne erziehungswissenschaftliche Professionsforschung – und dabei habe ich die Vertreter sowohl der Schul-, Sozial-, Erwachsenen- als auch der Sonder- und Heilpädagogik im Blick – scheint gegenüber Metaphern und deren Rolle in beruflichen Selbstbeschreibungen noch keine klare Haltung entwickelt zu haben: Entweder legt sie eine eher indifferente Haltung an den Tag oder sie billigt ihnen keinen regulären Platz im Bereich des Professionswissens zu. Je höher einzelne Vertreter der erziehungswissenschaftlichen Professionstheorie die Relevanz wissenschaftlicher Anteile im Professionswissen (im Sinne der Verfügung von Theoriewissen) einstufen, desto vehementer scheinen sie sich gegen eine Vermischung von Professionswissen und Metaphern auszusprechen. Insbesondere Vertreter eines positivistischen Wissenschaftsmodells, das nicht richtig, aber ungeheuer erfolgreich ist, sprechen sich gegen die Nutzung von Metaphern aus. Bei „wissenschaftsorientierten" Vertretern der Professionstheorie herrscht die Ansicht vor, dass Metaphern das Verständnis erschweren und unnötige Redundanz erzeugen, so dass eine Überführung in eindeutig definierte Begriffe vonnöten sei. Bei alledem können sie sich auf prominente Gewährsmänner berufen, denn immerhin hat schon Aristoteles Metaphern als „ein Erfundenes, Erweitertes, Verkürztes,

Verändertes" (Aristoteles 1994: 54) bezeichnet. Vielleicht ist in der wissenschaftlichen Fachkultur latent nach wie vor die Überzeugung vorhanden, dass Metaphern eine Art Vorhof zur eigentlichen Begriffsbildung darstellen, wobei gewöhnlich ein lineares Modell zwischen profanem Alltags-, reflektiertem Berufs- und elaboriertem Wissenschaftswissen unterstellt wird. Diesem in letzter Konsequenz unterkomplexen Verständnis von Professionswissen soll hier ein anderes gegenübergestellt werden: Professionswissen gehört zur Kategorie des höhersymbolischen Wissens, es ist aber weder „reines" Wissenschaftswissen noch genuines Alltagswissen, vielmehr beschreibt es eine auf mittlerem Abstraktionsniveau liegende, nur schwer greifbare Grauzone von Orientierungen, Handlungsmaximen, praktischem Rezeptwissen und Legitimationsmustern. Unter Professionswissen wird eine amalgamierte Wissensform verstanden, die einerseits abgesunkenes, an die Erfordernisse beruflicher Routine angepasstes Wissenschaftswissen und andererseits reflektiertes berufliches Erfahrungswissen enthält. Professionswissen wird situations-, fall- und projektbezogen angewandt; es bleibt häufig implizit und weist einen esoterischen Charakter auf, weil es nur in bestimmten sozialen oder beruflichen Milieus verbreitet ist und nur dort verstanden wird.

Wie gelangt man nun über den engen Rahmen der Erwachsenenbildung hinaus zu einer Position, welche den Wert der Metapher im Raum der beruflichen Selbstbeschreibung schätzt, aber auch nicht überschätzt? Vor dem Hintergrund der bisherigen Darstellungen, die alle mit Blick auf empirisches Material erfolgt sind, erscheint es zunächst einmal gerechtfertigt, Metaphern in beruflichen Selbstbeschreibungen überhaupt den Status von Professionswissen zuzubilligen. Dies gilt insbesondere für all jene Berufskulturen, die – wie die Schule, die Erwachsenenbildung und die Sozialarbeit – auf einen recht kurzen Prozess der Verberuflichung zurückblicken können. Die überwiegende Mehrzahl der in dem oben genannten Zeitzeugenprojekt in den Blick genommenen Generation von Erwachsenenbildnern hat keine erziehungswissenschaftliche Ausbildung. Während die Akteure schon aufgrund ihrer fehlenden wissenschaftlichen Sozialisation kaum über routinisierte Praktiken bei der Generierung adäquater Kategorien verfügen, gelingt es ihnen jedoch über den Umweg der Metapher sehr wohl, charakteristische Erfahrungen in neuen sprachlichen Konstruktionen zu verarbeiten. Die Generierung einer Fachsprache „von unten" scheint über den Umweg der Metapher um ein Vielfaches einfacher als über das der heutigen Praktikergeneration zur Verfügung stehende Instrument der Wissenschaft. Der Konstruktion von Analogien und metaphorischen Redeweisen, in denen singuläre Erfahrungen verdichtet und in eine allgemeine Form transformiert werden, liegen kreative Leistungen und innovative Potenziale zugrunde, die es zu würdigen und zu nutzen gilt.

Zwischen Metaphern als Medium der beruflichen Selbstbeschreibung und dem Professionswissen gibt es viele Affinitäten wie etwa die, dass sowohl die eine als auch die andere Wissensform auf einem mittleren Abstraktionsniveau angesiedelt ist, so dass eine Distanzierung vom Einzelfall und von der singulären Situation möglich ist, ohne dass der Bezug zur diesbezüglichen Praxis verloren geht. Ihre Affinität gegenüber dem Professionswissen unterstreichen Metaphern durch die Gleichzeitigkeit von zwei auf den ersten Blick widersprüchlichen Funktionen: Einerseits haben sie einen stark individualisierenden Effekt, weil sie innere Zustände und Prozesse nuancenreich vermitteln können, und andererseits sind sie eben keine reine „Privatsache", sondern in Sozialisationsprozessen eingeübte Sprachspiele. Metaphern sind Seismografen des Neuen und in eben dieser Funktion für den Professionellen von großer Bedeutung: Sie können die mehr erspürte als gewusste neue Wirklichkeit zugänglich machen, indem sie dem Praktiker helfen, einen ersten Schritt in die sich erst noch formierende Wirklichkeit zu tun und damit die Flüchtigkeit und Emergenz des Geschehens einzufangen. Die bildhafte Sprache und die Sprache der Bilder ermöglichen uns, über Phänomene zu reden, die im unbestimmten Zwischenbereich von vergangener Zukunft und zukünftiger Gegenwart angesiedelt sind. Gerade weil es pädagogische Praktiker ständig mit Uneindeutigkeit und Ungewissheit zu tun haben, erfüllen die von Natur aus uneindeutigen und redundanten Metaphern wichtige Aufgaben: Sie helfen das Unaussprechbare, das sinnlich nicht Beobachtbare auszusprechen und zu kommunizieren, etwas (vorläufig) zu bestimmen, auf den Begriff zu bringen und es gleichzeitig in der Schwebe zu lassen. Die Leistung von Metaphern in professionellen Selbstbeschreibungen erstreckt sich also vor allem auf die Erweiterung sprachlicher Ausdrucksmöglichkeiten.

Bei alledem gilt es die komplexen Merkmale von Metaphern im Auge zu behalten: Metaphorische Sprech- und Ausdrucksweisen im Kontext beruflicher Selbstbeschreibungen sind anspruchsvolle sprachliche Zeugnisse, denn sie vereinen abstrakte und konkrete Gehalte. Wilhelm Mader spricht Metaphern „als Findung und Erfindung von Sinn" (Mader 1991: 162) sogar eine existentielle Bedeutung zu. Metaphorische Sprech- und Ausdrucksweisen von Pädagogen sind viel zu interessant, um sie nur, wie in der Vergangenheit häufig geschehen, auf ihre didaktische Funktion, „das Nicht-Vermittelbare dennoch vermittelbar zu machen", einzuschränken. Sie erfüllen vielfältige rhetorische Funktionen und transportieren Ironie, Distanz, Witz und kreative Potenziale. Neben diesen Eigenschaften beinhalten sie als sprachliche Ornamente aber auch ästhetische Komponenten, sie erzeugen Aufmerksamkeit und bringen Abwechslung in die von Stereotypen nicht immer freien beruflichen Selbstbeschreibungen. Die erziehungswissenschaftliche Professionsforschung sollte sich davor hüten, sich als bloße Sammel- und Fundstelle von Metaphern zu begreifen. Wer sich als Erziehungswissenschaftler auf das Gebiet der Metaphorik wagt, bewegt sich auf unsicherem Grund. Es ist in der Funktion der Metapher begründet, „dass sie etwas Vorgreifendes, über den Bereich des theoretisch Gesicherten Hinausgehendes hat und diesen orientierenden, aufspürenden, schweifenden Vorgriff verbindet mit einer Suggestion von Sicherungen, die sie nicht gewinnen kann. Als Erklärung erscheint, was doch nur Konfiguration ist. Die Funktion der Metapher wird aus dieser Dualität von Risiko und Sicherung begreifbar. Sie nutzt die Suggestion der Anschaulichkeit und ist dadurch nicht nur Vorstufe oder Basis der Begriffsbildung, sondern verhindert sie auch oder verleitet sie in Richtung ihrer Suggestion" (Blumenberg 1987: 212). Metaphern sind einerseits Wegmarken der Erkenntnisbildung, verhüllen andererseits aber auch Erkenntnis, weil die Evidenz des Aha-Erlebnisses den Blick hinter die Begriffsfassade blockiert. Die Unvereinbarkeit von wissenschaftlicher Strenge und Metaphorik macht die metaphorische Ausdrucksweise gegenüber dem Berufswissen zwar anschlussfähig, doch dieser Umstand ersetzt keineswegs die „Anstrengung des Begriffs" und weitere Versuche, die Reflexivität des Professionswissens zu steigern. Wer die Metapher aus erziehungswissenschaftlicher Sicht zum Gegenstand macht, achtet ihre Dignität und versucht nicht, sie als Vorstufe oder Medium der wissenschaftlichen Begriffsbildung zu instrumentalisieren. So gesehen besitzen Metaphern eine „Eigensinnigkeit", die sie vor einer Nostrifizierung schützt. Oelkers hat darauf hingewiesen, dass die Metaphernwelt der pädagogischen Kommunikation „immer mehr ist als nur ästhetischer Sprachgebrauch. Sie unterstellt Wirklichkeit, eine solche freilich, die sich empirisch weder beschreiben noch handhaben lässt. Derartige Realitätsimplikationen sind gefährlich, wenn man das Spiel des Metaphergebrauchs durchschaut. Die Kommunikation verliert ihre Sicherheit und die pädagogische Kommunikation ihren Wirklichkeitsbezug. Sie muss nun lernen, dass alle derartigen ‚Bezüge' nur Bilder sind, die eine diffuse Wirklichkeitserfahrung gestalten sollen. Die Theorie jenseits dieser Bilder muss die Stelle der Wirklichkeitsannahmen neu besetzen, nämlich von vornherein plural und uneinheitlich" (Oelkers 1991: 121). Aber dennoch: In Metaphern steckt ein großes Potenzial, neue Erkenntnisse zu stiften und die Selbstverständigung über berufliche Fragen anzustoßen; gleichzeitig darf nicht ignoriert werden, dass Metaphern nicht nur Sinnhorizonte öffnen und Verstehen ermöglichen, sondern auch Dinge zudecken, verhüllen und Phänomene verschließen. Dass Metaphern als Medium der beruflichen Selbstverständigung unerlässlich sind, mutet schon allein deshalb nicht trivial an, weil diese Behauptung die hierarchische Vorstellung von der Überlegenheit des wissenschaftlichen Wissens als tragende Säule des Professionswissens erneut obsolet macht.

Es spricht, so das Fazit, vieles dafür, die Metapher als Medium der beruflichen Selbstbeschreibung sehr viel ernster zu nehmen, als dies im Moment der Fall ist und auch in der Vergangenheit so war. Reizvoll wäre es beispielsweise zu rekonstruieren, mit welchen Metaphern die Praktiker in den verschiedenen pädagogischen Provinzen Phänomene des Lernens, Verlernens, Nichtlernens und Umlernens metaphorisch beschreiben. Bevor metaphorische Sprech- und Denkweisen als Teil des Professionswissens anerkannt und integriert werden, müssten sie zunächst identifiziert und aufgespürt werden, wobei die qualitative Bildungsforschung (vgl. die verdienstvollen Bemühungen und zahlreichen Arbeiten von Rudolf Schmitt) mit Sicherheit mit einer wohlwollenden Aufmerksamkeit und Sympathie seitens der Berufspraxis rechnen könnte.

Literatur

Aristoteles (1994): Poetik. Griechisch/Deutsch. Stuttgart: Reclam.

Blumenberg, Hans (1971): Beobachtungen an Metaphern. In: Archiv für Begriffsgeschichte. Band XV, Bonn: Bouvier, S. 161-214.

Blumenberg, Hans (1987): Die Sorge geht über den Fluss. Frankfurt am Main: Suhrkamp.

De Haan, Gerhard (1991): Über Metaphern im pädagogischen Denken. In: Oelkers, Jürgen/Tenorth, Heinz-Elmar: Pädagogisches Wissen. 27 Beiheft der Z.f.Päd., S. 361-376.

Holton, Gerald (1984): Metaphors in Science an Education. In Taylor, William (Hrsg.): Metaphors in Education. London: Heinemann, S. 91-113.

Künzli, Rudolf (1985): Ort und Leistung der Metapher im pädagogischen Verständigungsprozess. In: Peterson, Jörg (Hrsg.): Unterricht: Sprache zwischen den Generationen. Kiel: Verlag Wissenschaft und Bildung, S. 355-372.

Langmaack, Barbara/Braune-Krickau, Michael (1985): Die Gruppe zum Laufen bringen. Weinheim, Basel: Beltz.

Mader, Wilhelm (1991): Metaphern des Alterns – Alter als Metapher. Zum Verhältnis von Wissenschaft und Metaphorik. In: Friedenthal-Haase, Martha u.a. (Hrsg.): Erwachsenenbildung im Kontext. Bad Heilbrunn/Obb: Klinkhardt, S. 161-174.

Maier, Cornelia (2003): Individuelle Spielräume und institutionelle Vielfalt. Erste Befunde des Forschungsprojekts „100 Lebensgeschichten – eine Geschichte? Die Geschichte der hessischen Erwachsenenbildung aus der Sicht von Zeitzeugen". In: Grundlagen der Weiterbildung – Zeitschrift (GdWZ), Heft 4, S. 191-195.

Muscari, Paul G. (1973): Metaphorical Language and its Place in the School. New York University, Ph.D. Dissertation.

Nittel, Dieter (2001): „100 Lebensgeschichten eine Geschichte?" Die Entwicklung der hessischen Erwachsenenbildung aus der Sicht von Zeitzeugen – Eine Projektskizze. In: Hessische Blätter für Volksbildung, Heft 1, S. 69-83.

Nittel, Dieter (2002): Berufliche Selbstbeschreibung im Medium von Praxisberichten. In: Hessische Blätter für Volksbildung, Heft 2, S. 137-153.

Nittel, Dieter (2003): Spuren demokratisch-staatsbürgerlichen Handelns. Illustriert am Beispiel von Material aus dem Projekt „100 Lebensgeschichten – eine Geschichte? Die Entwicklung der hessischen Erwachsenenbildung aus der Sicht von Zeitzeugen." In: Dewe, Bernd/Wiesner, Gisela/Wittpoth, Jürgen (Hrsg.): Erwachsenenbildung und Demokratie. (Beiheft zum Report). Bielefeld: Bertelsmann, S. 198-205.

Nittel, Dieter/Seitter, Wolfgang (2005): Biographieanalyse in der Erwachsenenbildungs-Forschung: Orte der Verschränkung von Theorie und Empirie. In: Zeitschrift für Pädagogik, Heft 4, S. 513-528.

Nittel, Dieter/Völzke, Reinhard (Hrsg.) (2002): Jongleure der Wissensgesellschaft. Neuwied, Kriftel: Luchterhand.

Oelkers, Jürgen (1991): Metapher und Wirklichkeit: Die Sprache der Pädagogik als Problem. In: Oelkers, Jürgen/Wegenast, Klaus (Hrsg.): Symbol – Brücke des Verstehens. Stuttgart u.a.: Kohlhammer, S. 111-124.

Scheuerl, Hans (1959): Über Analogien und Bilder im pädagogischen Denken. In: Zeitschrift für Pädagogik, Heft 2, S. 211-223.

Schmitt, Rudolf (2006): „Was ihr einmal gelernt habt, kann euch keiner mehr wegnehmen" – Metaphern in der Biographie einer Erwachsenenbildnerin. In: Nittel, Dieter/Maier, Cornelia (Hrsg.): Persönliche Erinnerung und kulturelles Gedächtnis. Einblicke in das lebensgeschichtliche Archiv der hessischen Erwachsenenbildung. Leverkusen: Budrich, S. 359-370.

Schütz, Alfred/Luckmann, Thomas: (1979): Strukturen der Lebenswelt Bd. 1. Frankfurt am Main: Suhrkamp.

Schütze, Fritz (1981): Prozessstrukturen des Lebensablaufs. In: Matthes, Joachim u.a. (Hrsg.): Biographie in handlungswissenschaftlicher Perspektive. Nürnberg: Nürnberger Forschungsvereinigung.

Schulze, Theodor (1990): Das Bild als Motiv in pädagogischen Diskursen. In: Lenzen, Dieter (Hrsg.): Kunst und Pädagogik. Erziehungswissenschaft auf dem Weg zur Ästhetik? Darmstadt: Wissenschaftliche Buchgesellschaft, S. 97-119.

Taylor, William (Ed.) (1984): Metaphors of Education. London: Heinemann.

Metaphern als Ausdruck ästhetischen Erfahrungspotenzials

Friederike Fetting

Die Frage nach der Bedeutung und dem Interpretationsgehalt von sprachlichen Bildern, von Metaphern in narrativen Interviews ist im Zusammenhang mit dem Forschungsvorhaben zur „Ästhetischen Bildung im Medium des Theaters" entstanden[1]. Die Bestimmung von Funktion und Bedeutung ästhetischer Medien, genauer der Bedeutung von produktivem ästhetischen Handeln wie zum Beispiel dem Theaterspielen, ist im Rahmen biografischer Bildungsforschung bisher selten thematisiert worden[2].

Die Theaterpädagogik ist ein relativ junges Praxisfeld im Bereich der ästhetischen Medien, das sich erst in den letzten zwanzig Jahren sowohl institutionell als auch von den Vermittlungsinhalten und -formen stark ausdifferenziert hat. Dem Theaterspiel wird grundsätzlich eine hohe bildende Wirkung zugeschrieben, die aber kaum genauer spezifiziert oder gar empirisch nachgewiesen wurde. Die Frage nach der Erfahrung der Spieler und Spielerinnen, speziell nach der ästhetischen Erfahrung des Theaterspielens und nach dem möglichen Einfluss auf den Bildungsprozess ist für mein Vorhaben von zentralem Interesse.

In den Vorstudien zum Projekt habe ich mit älteren Spielerinnen aus verschiedenen theaterpädagogischen Projekten narrative Interviews durchgeführt. Die Einstiegsfrage in die jeweiligen Interviews galt den Beweggründen für die Teilnahme in den Gruppen oder Projekten. Daraus entwickelte sich dann durch Nachfrage die Schilderung der Mitarbeit an den einzelnen Inszenierungen. Bei diesen Probeinterviews handelt es sich also nicht im strengen Sinn um biografische Interviews.

Bei ersten Überlegungen zu einem geeigneten Interpretations- und Auswertungsverfahren lieferte die dokumentarische Methode für das oben skizzierte Forschungsinteresse mit der analytischen Kategorie der Fokussierungsmetapher wichtige Orientierung für einen möglichen Interpretationsan-

---

1   Seit April 2005 DFG gefördertes Forschungsprojekt an der Uni Siegen
2   Erst seit den letzten Jahren gibt es Studien wie zum Beispiel die von Brüdigam (2003), die Biografieanalyse und Filmanalyse zusammenführt. Forschungsarbeiten, die die Bedeutung des produktiven ästhetischen Handelns biografieanalytisch in den Blick nehmen, sind mir nicht bekannt.

satz (Bohnsack 2003[5]), denn sie verweist auf die grundsätzliche Bedeutung der Metapher als konstruktive Repräsentation biografischer Erfahrungs- und Wissensstrukturen (siehe auch Straub/Sichler 1989, Schmitt 1995). Während die dokumentarische Methode im Zusammenhang mit Gruppendiskussionen der Rekonstruktion sozialer Phänomene bzw. der Rekonstruktion *von Handlungspraxis im sozialen Erfahrungsraum* dient, geht es im o. g. Forschungsvorhaben um die Rekonstruktion des *ästhetischen Erfahrungsraums* und seine Bedeutungszuschreibung im Prozess der Biografisierung. Es stellt sich die Frage, wie dieser Erfahrungsraum organisiert ist? Welche Denk- und Wahrnehmungsstrukturen transportieren die Metaphern? Die folgenden Beobachtungen und Überlegungen zur Bedeutung der Metaphern in der Darstellung des ästhetischen Erfahrungsraumes werden in drei Schritten entfaltet:

- Metaphern des Theaterspielens in narrativen Interviews
- Metaphern als Ausdruck ästhetischer Wirkung
- Metaphern als Seismografen der Selbst- und Weltreferenz

1 Metaphern des Theaterspielens in narrativen Interviews

Die Ausführungen stützen sich auf Interviews von zwei Spielerinnen im Alter von Mitte bis Ende sechzig: Margarethe und Irmgard. Beide haben über mehrere Jahre an Theaterprojekten unter verschiedener Leitung mitgewirkt. Margarethe ist seit dieser Zeit nicht mehr in ihrem Beruf als Kindergärtnerin tätig und wie auch Irmgard nicht mehr in Familienarbeit eingebunden. Die ausgewählten Interviews sind beispielhaft, weil sie durchgehend zwei unterschiedliche, aber sehr geläufige Metaphern benutzen. So spricht Margarethe im Laufe ihres Interviews mehrfach vom Theater spielen als einem In-eine-andere-Rolle-schlüpfen:

„...es wurzelt eigentlich in der Kinderzeit, in der Freude am Verkleiden, im in eine andere Rolle schlüpfen. Und das ging dann weiter in Ausbildung und Beruf in Rollenspielen, in den Spielen mit den Kindern von meinem Beruf her. Äh, ich schlüpfe in eine andere Rolle. Ich hab auch gerne Kaspertheater gespielt, auch sehr gerne gesehen, auch sehr gerne eingesetzt als pädagogisches Mittel, dieses Wissen. können ...Die brave alte Frau kann ganz brav sein auf eine Weise oder auf die andere, und verschiedene äh Aspekte rausholen, wo, ich lerne mich dabei auch besser kennen, was mir noch nicht bewusst geworden ist, oder einfach mal, wie sehen mich andere; wenn ich in 'ne andere Rolle schlüpfe, kann ich sehen, wie andere mich sehen oder kann ich es mir vorstellen. ...Und dies äh mag ich eben, einmal in ne ganz andere Rolle zu schlüpfen, äh und zum anderen auch mich zu spielen, und das auszuspielen, was ich im normalen Leben nicht agieren kann."[3]

---

3   Diese und alle folgenden Zitate entstammen den transkribierten Interviews, die als Originalmanuskripte bei der Interviewerin und Autorin liegen.

Die Metapher des Schlüpfens als Beschreibung des Theaterspielens ist eine häufige alltagssprachliche Wendung und ihre Bildhaftigkeit ist leicht zu überhören oder zu überlesen. Es handelt sich also um eine so genannte schale oder tote Metapher, die rhetorisch ihre Kraft eingebüßt hat, aber gerade als konventionalisierte Redeweise auf ein allgemeines Erfahrungskonstrukt hinweist und als solches nicht nur das Denken, sondern auch das Handeln beeinflusst. Sowohl die Vertreter der dokumentarischen Methode wie Bohnsack und seine Mitarbeiter, aber auch die amerikanischen Linguisten und Philosophen Lakoff und Johnson gehen von einer Homologie von Sprache und Handeln aus, in denen schale oder tote Metaphern nicht reflektiertes, vorbewusstes Wissen und alltägliche Konzepte sowohl für unser Denken als auch Handeln transportieren (Lakoff/Johnson 2000[2]).

Die Metapher des „Schlüpfens" aber birgt bei genauem Hinschauen kein eindeutiges Konzept: ein Küken schlüpft aus dem Ei, ein Schmetterling schlüpft aus seiner Puppe, ein Mensch schlüpft in seine oder aus seinen Kleidern. Das Verb „schlüpfen" lässt offen, ob das Subjekt sich im Wesen verändert oder nicht. Ein Mensch, der seine Kleider nach Belieben an- und ablegt, verändert sich nur äußerlich, aber nicht im Wesen, seine Persönlichkeit bleibt unangetastet. Im Fall des Kükens und des Schmetterlings hingegen entsteht im Vorgang des Schlüpfens etwas in seinem Wesen Neues.

Übertragen auf das Theaterspiel heißt das, dass das Verhältnis von Person und gespielter Rolle, von Spieler und fiktiver Figur sehr unterschiedlich akzentuiert wird: Wird die Rolle als ein Kleid angesehen, das man sich nur überstreifen muss, so wird der Spieler, die Spielerin selbst von der Rolle nicht beeinflusst, sie bleibt etwas Äußerliches und steht nicht zwingend mit dem Wesen, der Geschichte, dem Charakter des Spielers in einer Wechselwirkung. In diesem Sinn wird in Alltagsreden Theaterspielen auch häufig mit Verkleiden gleichgesetzt. Aber die Rolle kann auch als eine Umhüllung begriffen werden, in der aus dem Bestand persönlicher Erfahrungen, Eindrücke und Geschichten etwas Neues entsteht, so wie es der Regisseur George Tabori formuliert: *„Für einen wahren Schauspieler nämlich ist Spielen ebenso authentisch wie Sein, er bleibt er selbst, wird es nur noch mehr. Die Rolle ist nicht eine Negation, die dem Selbst von außen aufgezwungen wird, sondern ein neues Selbst, das unter den vielen Gestalten, die das Selbst ausmachen, entdeckt wird"* (Tabori 1991: 121).

Lässt sich nun ein bestimmtes Konzept des In-eine-andere-Rolle-Schlüpfens für die Spielerin Margarethe verifizieren? Dazu ist noch einmal in eine bestimmte Passage des Textes zu gehen, in der sie die Auseinandersetzung mit ihrer Rolle als einer verwirrten alten Frau im Altersheim beschreibt[4]:

---

4   Grundlage der Inszenierung und Rollenarbeit ist das Stück von Felicia Zeller „Meine Mutter war einundsiebzig und die Spätzle waren im Feuer in Haft" Verlag Autorenagentur GmbH, Frankfurt am Main 1992

„Ja, ja. Und da war sicherlich 'ne ganze Menge auch von mir drin. 'ne andere Frau hätte
sie wahrscheinlich anders gespielt. ... Ich hab sie wirklich erst nur als durchgeknallt, dum-
mes Zeug redende, wirre – kranke, alte, senile Person gesehen und hab nachher dann eben
– eben durch das Spiel, weniger durch den Text als durch das Spielen – gesehen, was es für
'ne Frau war und was die wohl – für'n Leben über äh gelebt hat oder was das Leben aus
ihr gemacht hat. ---- Und hab ihre Angst nachgespürt und das äh eben an diesem Käfig, das
war voll 'ne beängstigende Situation und dieses Erleben und -- (holt tief Luft) das finde ich
schon äh – ja, das bringt – mich auch in die Lage mir vorzustellen, wie wie geht es so 'ner
Alten, so 'nem alten Menschen in der Lage, dass sie nicht mehr komplette Sätze sprechen
kann, dass sie ver vergisst zwischendurch, was sie gesagt hat, dass sie in andere Zeiträume
äh sich versetzt fühlt, dass es hin und her pendelt, einmal kommt was von der Kindheit,
dann kommen schlimme Erlebnisse – ihr Unvermögen, das äh – äh zu sortieren und oder
oder zu reflektieren – ich denk, das hat mir sehr viel Verständnis für für äh – für ganz alte
Menschen gebracht, alt bin ich ja selber, aber so richtig greise Menschen."

Einerseits erkennt Margarethe, dass die Figur, die Rolle Anteile eigenen Erlebens enthält, trotzdem bleibt bei allem Verständnis eine Distanz wie zwischen zwei Menschen. Die Spielerin *sieht auf* die Figur, sie blickt auf die zu
spielende Situation, stellt diese Situation vor sich hin. Die Figur, die Rolle
bleibt aber etwas ihr nicht Eigenes. Und auch wenn die Spielerin von einer
intensiven Gefühlsregung wie der Angst spricht, die sie nachzuempfinden
versucht, bleibt sie auf der Ebene der Figur: Das Nachspüren ändert ihren
Blick auf die „Alte" und nicht auf sich selbst. Die Metapher des Schlüpfens
weist also in diesem Zusammenhang auf ein Konzept des Theaterspielens
hin, das weniger als eine Befragung, als eine Reflexion der eigenen Gefühle,
Einsichten, Erfahrungen begriffen wird, denn als eine Möglichkeit die
Spannbreite seiner Sichtweisen auf etwas um die eine oder andere neu hinzu-
kommende Perspektive zu erweitern.

Im Weiteren ist noch auf eine andere häufig verwendete Metapher zu
verweisen, die die zweite Spielerin Irmgard benutzt: Theaterspielen bedeutet
für sie „aus sich herauszugehen". Irmgard empfindet die regelmäßigen Thea-
terproben als eine Herausforderung, denn „es wird vor allen Dingen etwas
von mir erwartet, was ich gar nicht kann. So aus mir herausgehen." Wenn
man aus sich herausgehen könnte wie aus einem Haus, dann könnte man sich
selbst anschauen, Abstand nehmen und sich zu sich selbst in Beziehung setzen. Man verließe ein klar abgegrenztes, bekanntes Terrain, um sich neu zu
verorten. Lakoff und Johnson fassen eine derartige räumliche oder präpositionale Metaphorik unter den Begriff der Orientierungsmetapher, da sie ein
Konzept räumlicher Beziehungen wiedergibt. Diese präpositionale Metaphorik wird von der Spielerin Irmgard im Laufe des Gesprächs mehrfach genutzt: So erhält sie die Aufforderung sich im Spiel richtig „einzugeben". Und
sie fordert sich selbst auf, sich über Kritik oder störende Bedingungen während der Proben „hinwegzusetzen", sich mit der widerständigen Thematik
der Stücke „auseinanderzusetzen". Das Bemühen um Positionierung, das
Finden eines Standpunktes ist diesen sprachlichen Wendungen gemeinsam
unterlegt. Die These lässt sich dahingehend erweitern, dass es Irmgard durch

das Spielen um einen Prozess des sich nach außen hin kenntlich Machens, um Selbstbehauptung geht. Denn auf die Forderung „sich richtig einzugeben", folgt ihre Erkenntnis:

> „ … da habe ich das überhaupt erst gelernt, dass man also, also nicht davon ausgehen kann, na ja, der andere wird schon verstehen, was du meinst, äh, sondern dass ich davon ausgehe, der andere versteht das gar nicht, und ich muss es ihm auf mehr oder weniger drastische Weise klarmachen, dass ich das so will, basta."

Das Spielen ermöglicht ihr eine für sie neue Erfahrung, die mit der Einsicht verbunden ist, dass ein Verstehen nicht voraussetzungslos gegeben ist, sondern dass man durch Mimik, Gestik, Stimme das zu Sagende verstärken muss, um die eigene Intention deutlich zu machen. Damit wird das Spielen hier für sie ein Erproben, ein Erlernen einer neuen Verhaltensweise.

Zusammenfassend lässt sich sagen, dass die metaphorischen Konzepte implizit Erwartungen oder Einschätzungen über die Wirkungsweise des Theaterspielens auf die eigene Person enthalten: Zum Beispiel kann es im Fall von Margarethe Sichtweisen erweitern oder im Fall Irmgard Verhaltensdispositionen ändern. Allerdings sind diese Metaphern nicht Ausdruck einer sich ändernden Selbstwahrnehmung, auf diesen Aspekt soll im dritten Abschnitt noch näher eingegangen werden.

2 Metaphern als Ausdruck ästhetischer Wirkung

An dieser Stelle erfolgt ein Exkurs, um bei Klaus Mollenhauer anzuknüpfen, der der Metapher im Zusammenhang mit der ästhetischen Bildung einen besonderen Stellenwert beimisst. In seinen Aufsätzen über „Ästhetische Bildung zwischen Kritik und Selbstgewissheit" (Mollenhauer 1990a) und über „Die vergessene Dimension des Ästhetischen in der Erziehungs- und Bildungstheorie" (Mollenhauer 1990b) geht er davon aus, dass sprachliche und auch nicht sprachliche Metaphern Ausdruck der Selbstwahrnehmung und des Selbstempfindens im Moment der Produktion oder Rezeption ästhetischer Zeichen sein können. Sie geben in einer ganz bestimmten Weise Auskunft über das Verhältnis des Ich zu sich selbst. „Jeder" so schreibt er „*kennt die Schwierigkeit, eigenes ästhetisches Erleben in Worte zu fassen, die als wirklich angemessen akzeptiert werden können, also einerseits hinreichend genau sind, andererseits eingewöhnte Deutungskonventionen nicht einfach reproduzieren*" (1990b: 14) Mollenhauer bringt ein sehr eindrückliches Beispiel für das, was er meint: Als Kleist das Bild „Ein Mönch am Meer" von C. F. Friedrich sieht, beschreibt er die ästhetische Wirkung des Bildes mit den Worten „als ob einem die Augenlider weggeschnitten wären." Ästhetische Zeichen, wie ein Bild oder aber auch eine Aufführung, sind kognitiv lesbar, werden aber – das dokumentiert die Metapher – zugleich auch empfunden. Das heißt übertragen auf das Theaterspiel, Gestik und Mimik können gedeutet und begrifflich beschrieben werden, sie lösen aber gleichzeitig auch unmittelbare Empfindungen aus. Von einem Einwirken auf das Selbstempfinden, sei es beim Spieler oder Zuschauer, kann dann mit Mollenhauer dann gesprochen werden, wenn der Spieler oder Zuschauer sich in seinen Aussagen auf eine Befindlichkeit seiner selbst bezieht *„als eines empfindenden, eines sich selbst wahrnehmenden Wesens, das sich sein Wahrnehmen zum Bewusstsein bringen kann"* (1990b: 14). Das heißt, der Spieler in einer Theateraufführung oder der Zuschauer nehmen sich bewusst als jemand wahr, auf den das Theaterereignis eine wie auch immer zu beschreibende Wirkung auslöst.

Mollenhauer baut mit diesen Gedanken auf die Überlegungen des Philosophen Josef König auf, der in seinem Aufsatz „Über die Natur der ästhetischen Wirkung" (König 1978) allgemeine Wirkungen von ästhetischen Wirkungen unterscheidet. Alle Ausdrücke, die ästhetische Wirkungen beschreiben sind metaphorisch. – Das heißt aber nicht, dass alle Arten von Metaphern Ausdruck einer ästhetischen Wirkung sind. – Allgemeine Wirkungen äußern sich und lassen sich beschreiben als eine nachvollziehbare, beobachtbare Veränderung des Zustandes einer Sache, einer Situation oder einer Person wie zum Beispiel einer Spielerin. Es sind konkrete Auswirkungen fest- und darstellbar. Die Beschreibung ästhetischer Wirkung hingegen bleibt auf der Bedeutungsebene. Der die ästhetische Wirkung Empfangende und Beschreibende ist nämlich *nicht* der Wirkung *ausgesetzt*, sondern *erkennt* das *Wie* der Wirkung. In der metaphorischen Beschreibung findet dieses Erkennen über das *Wie* der Wirkung statt. Dabei ist nicht allein der Inhalt des verwendeten sprachlichen Bildes wichtig, sondern vielmehr der *Bau* der Metapher. Ein Beispiel:

Man kann sagen: „Das Bild erschlägt mich." Und man kann sagen: „Das Bild erscheint mir als wolle es mich erschlagen." Der Gehalt der Metapher ist gleich, vom Bau her aber unterscheiden sie sich. Im ersten Satz wird Auskunft gegeben über die Auswirkung des Bildes auf den (Gemüts-) Zustand des Sprechenden. Der Sprechende ist Objekt der Wirkung. Im zweiten Satz verändert sich die Perspektive: Der Sprechende ist Beobachter, der eine Wirkung auf sich konstatiert, er wird nicht zum Objekt der Wirkung. Sein distanzierter Blick auf das, was das Bild in ihm hervorbringt, macht die ästhetische Wirkung aus. Mit König und Mollenhauer wird deutlich, dass nicht nur der semantische Gehalt, sondern auch die Syntax einer Metapher für ihre Interpretation von Bedeutung sein kann.

Die von den interviewten Spielerinnen verwendeten konzeptuellen Metaphern thematisieren mögliche Wirkungen, aber nicht „ästhetische Wirkungen" des Theaterspielens, denn sie sprechen ja über tatsächliche oder erwartete Auswirkungen oder Folgen des Theaterspielens auf ihre Einstellungen und Verhaltensweisen. Metaphern als Ausdruck einer ästhetischen Wirkung, die auf eine distanzierte Selbstwahrnehmung rückschließen lassen, sind wider Erwarten in den Interviews nicht zu finden. Was meint das? Was bedeutet ihre Abwesenheit?

3 Metaphern als Seismografen der Selbst- und Weltreferenz

Sich im Empfinden selbst anzuschauen, wie es die Metapher der ästhetischen Wirkung zum Ausdruck bringt, erfordert ein Loslassen von sich, um einen Abstand zu erhalten, von dem aus man sich wahrnehmen kann, und um sich nicht zum Objekt seiner Empfindungen machen zu lassen. Dieses Abstandnehmen von sich – seinen Empfindungen, Bedürfnissen, Gefühlen – ist gleichzeitig wiederum Voraussetzung, um sich auf Vorgänge außerhalb seiner selbst wie das Spielen einlassen zu können, das Spiel um des Spielens willen zu betreiben und sich selbst dabei zu vergessen. Selbstvergessenheit im Sinne eines Abstandnehmens von sich wird als ein konstitutiver Erfahrungsmodus für Bildungsprozesse angenommen und auch als Begründung für die bildende Wirkung des Theaters herangezogen (siehe grundlegend Hentschel 2002: 248). Der Erfahrungsmodus der Selbstvergessenheit kann der Beginn, der Ausgangspunkt dafür sein, sein Ich- und Weltverhältnis anders wahrzunehmen und in der Folge neu zu definieren. In Anlehnung an Marotzkis Entwurf einer strukturalen Bildungstheorie (Marotzki 1990) kann eine grundlegende Veränderung dieses Verhältnisses ein Wandlungsprozess genannt werden, in dessen Verlauf neue dominante Ordnungsstrukturen geschaffen werden, eine Transformation der Welt- und Selbstreferenz. Marotzki lenkt das Interesse auf jenen Punkt, an dem Lernprozesse in Bildungsprozesse umschlagen. Lernprozesse sind für ihn ausgehend von Gregory Batesons Lernmodell jene Phasen, in denen Sinneswahrnehmungen und die darauf aufbauenden Erfahrungen strukturiert werden. Diese kognitiven Organisationsprinzipien bilden sich in sozialer Interaktion aus und bringen Interpunktionsweisen, man kann auch sagen Deutungsmuster, hervor, die für eine gewisse Zeit eine Rahmung bilden, innerhalb deren Lernprozesse stattfinden. Die Art und Weise des Lernens wird durch einen solchen Rahmen festgelegt. Lernen innerhalb dieses Rahmens hat akkumulierende Funktion, es vermehrt in quantitativer Weise das Wissen. Nur Lernprozesse, die diesen Rahmen transformieren, sind dann Bildungsprozesse zu nennen (Marotzki 1990: 32ff.).

An diesem Punkt ist noch einmal zu meinen am Anfang zitierten Spielerinnen zurückzukehren, um in Erinnerung zu rufen, welche Erfahrungen, Einsichten und Erkenntnisse sie mit der Verwendung der Metaphern des Spielens als einem aus sich Herausgehen oder als einem In-eine-andere-Rolle-Schlüpfens verbinden: Im Fall von Margarethe geht es darum neue Sichtweisen zu erkunden, im Fall von Irmgard neue Verhaltensweisen auszuprobieren und zu ändern. Mit Bateson und Marotzki gesprochen: In den Metaphern äußert sich die latente Auffassung, Theater als einen Lernraum zu nutzen, in dem zum alten Erfahrungsbestand neues Wissen, neue Verhaltensweisen, erweiterte Perspektiven hinzugefügt werden können. Von einer Veränderung, einer Transformation der Selbst- und Weltreferenz kann hier jedoch nicht die Rede sein. Vielmehr scheinen die verwendeten Metaphern als Rahmung zu fungieren, innerhalb dessen das Theaterspiel als ein Medium für (selbst-)bestimmte Erfahrungs- oder Lernziele begriffen und genutzt wird.

Es schließt sich nun die Frage an, wie hermetisch diese Rahmung ist. Wie nachhaltig strukturieren die in den Metaphern enthaltenen, kondensierten Vorstellungen den Erfahrungsraum Theater vor? Kann diese vorstrukturierte Erfahrung aufgebrochen werden? Gibt es – um mit einem Buchtitel Waldenfels' zu sprechen – „Bruchlinien der Erfahrung"?

Waldenfels differenziert zwischen einer starken und einer schwachen Variante der Erfahrung. Starke Erfahrungen sind – analog zum Wandlungsprozess – jene, die „uns und unsere Welt verändern" (Waldenfels 2002: 30). Unter Schwächung einer Erfahrung versteht er den Vorgang des ordnenden Deutens, das auf vorhergehende Deutungskonzepte aufbaut: *Etwas* wird *als etwas* gedeutet. „Die Schwächung der Erfahrung steigert sich ins Extrem, wenn das Als eingefroren wird in Klischees oder Schablonen, die wie fertige Bildstocks oder Bildvorlagen verwendet werden, und wenn es sich in Stereotypen, also in feststehende Typen, verwandelt. … Das *als etwas* verfestigt sich zu einem *etwas*" (2002: 31).

Im Gegensatz zu den genannten Bildvorlagen oder Metaphern ist in den Interviews eine Äußerung der Spielerin Irmgard auffallend, weil in dieser das Theaterspielen nicht *als etwas* gedeutet und in ein metaphorisches Konzept gepackt wird:

„Und als wir das dann aufgeführt haben, … und wir hatten alle natürlich einen ziemlichen Bammel, da löste sich aber das Spielen in dem Moment, als wir merkten, das Publikum geht derart mit und lacht sich eins und lacht sich eins. Es hat also, es schien uns auf einmal so einfach alles. Wir haben einfach nur gespielt. Und das Publikum hat sich gefreut und, oder hat nachgedacht. Und das ist ja immer sehr wichtig, so der Kontakt zum Publikum.– Ja, und so hat alles geklappt. Das gehört also so – zu – den sehr schönen Erinnerungen, die ich habe in der Zeit. Das werd ich nie vergessen. Die Möhren, die ich aus meiner Tasche hervorholte, langsam (gedehnt) erst eine, und Erna hatte vorher am Ständer ganz verzweifelt ihre Möhre gesucht. Ja, und dann holte ich so langsam eine nach der anderen und warf sie dann so. Und dann Ernas Gesicht. Und jedes Mal, wenn wir über dieses Theater denken, dann ist Möhren die Überschrift (lacht), das war so lustig. Das war, das war richtig lustig. Ja.– Ja, jetzt habe ich also weit ausgeholt."

In dieser Darstellung des Spielens ist das Spiel nichts anderes als das, was es in diesem Moment ist. Irmgard redet nicht von dem Spiel *als etwas*. Es geht nur um den Vorgang des Spielens selbst, der sie erfüllt, und nicht um einen möglichen Nutzen oder eine mögliche Folge bzw. Auswirkung des Theaterspielens auf die eigene Person. Das Spiel wird von Irmgard auch nicht in seiner *Wirkung als etwas* wahrgenommen und damit Ursache einer ästhetischen Wirkung. Sie ist keine Beobachterin ihrer Selbst, die die Wirkung des Spiels in diesem Augenblick auf sich konstatiert. In diesem Moment zählt nur das Spiel. Dieser besondere Einschnitt auf der Ereignisebene hat seine Entsprechung in der sprachlichen Präsentation. Der Darstellungsmodus ändert sich. Gleichsam im Zeitlupentempo und in Nahaufnahme fixiert sie in der Erinnerung einen kurzen Interaktionsmoment des szenischen Spiels, gestaltet in der Erzählung plastisch den Moment der „Möhrenübergabe" an die Spielpartnerin. Für den Moment gelungener Verständigung mit dem Publikum und im Spiel entwirft sie ein sprachlich individuelles szenisches Bild, löst sich von ihrer bisher verwendeten Metaphorik, die genau den Wunsch nach dem Sich-verständlich-Machen markiert. Bohnsack und seine Mitarbeiter haben unter dem Begriff der Fokussierungsmetapher darauf hingewiesen (Bohnsack/Marotzki/Meuser 2003: 67), dass Passagen von „hohem Detaillierungsgrad" und szenischer Dichte Ausdruck eines „dramaturgischen Höhepunkts" in Gesprächen, insbesondere in Gruppendiskussionen sind. Fokussierungsmetaphern indizieren auf diese Weise zentrale Orientierungen, kollektive Orientierungsmuster eines gemeinsamen Erfahrungsraumes der Diskussionsteilnehmer. Die Passage der „Möhrenübergabe" weist eine derartige szenische Dichte im Sinne der Fokussierungsmetapher auf. Jedoch ist das sprachliche Bild im Kontext des Interviews kein Hinweis für eine zentrale Denk- oder Einstellungsweise, sondern vielmehr für eine für die Spielerin Irmgard gänzlich neue Erfahrungsqualität.

Die eigene Person tritt hinter ihre Erwartungen, Bedürfnisse und Empfindungen zurück. Insofern beschreibt Irmgard einen Moment der Selbstvergessenheit, ohne ihn als solchen zu benennen. Es kann nicht die Rede davon sein, dass die Wahrnehmung von sich selbst, also die Selbstreferenz sich grundsätzlich ändern. Vielmehr schildert Irmgard anschaulich eine Situation eigener Unbestimmtheit. Das Verhältnis zu sich selbst ist in diesem Moment offen.

Die Rahmung hat hier einen Spalt, in dem das Verhältnis des Ich zu sich selbst undefiniert bleibt. An dieser Stelle artikuliert sich auf sprachlicher Ebene jener Zustand ästhetischer Erfahrung im Theater, den die Theaterwissenschaftlerin Fischer-Lichte als Schwellenerfahrung benennt. Jener von ihr der Ethnologie entliehene Begriff meint die Transformation desjenigen, der eine Erfahrung durchlebt. Schwellenerfahrung ist ein Zustand des „Zwischen: zwischen unterschiedlichen Zuständen eines Bedeutungssystems, zwischen unterschiedlichen Wahrnehmungsmodi, zwischen unterschiedlichen Möglichkeiten einer Praxis" (Fischer-Lichte 2003: 143). Fischer Lichte bezieht den Begriff hauptsächlich auf das Geschehen im Zuschauer. Ich möchte den Begriff aber in dem hier verhandelten Zusammenhang auch für die Produzentenebene geltend machen. In jener metaphorisch gestalteten Textpassage holt die Spielerin Irmgard den von ihr durchlebten Schwellenzustand erzählerisch noch einmal ein. Und dabei wird deutlich, dass Metaphern also nicht nur (kollektive) Einstellungs- und Wahrnehmungsmuster markieren können, sondern sie zeigen darüber hinaus auch genau den Ort der Offenheit für mögliche Veränderungen an und können damit auf entscheidende Momente in biografischen Bildungsprozessen hinweisen.

Literatur

Bohnsack, Ralf (2003): Rekonstruktive Sozialforschung. Opladen: Leske + Budrich.

Bohnsack, Ralf/Marotzki, Winfried/Meuser, Michael (Hrsg.) (2003): Hauptbegriffe Qualitativer Sozialforschung. Opladen: Leske + Budrich.

Brüdigam, Ulf (2003): Zur Verbindung von Film- und Biographieanalyse im Rahmen ethnographischer Feldforschung. In: Ehrenspeck, Yvonne/Schäffer, Burkhard (Hrsg.): Film- und Fotoanalyse in der Erziehungswissenschaft. Opladen: Leske + Budrich, S. 267-287.

Fischer-Lichte, Erika (2003): Ästhetische Erfahrung als Schwellenerfahrung. In: Küpper, Joachim/Menke, Christoph (Hrsg.): Dimensionen ästhetischer Erfahrung. Frankfurt am Main: Suhrkamp.

Hentschel, Ulrike (1996): Theaterspielen als ästhetische Bildung. Über einen Beitrag produktiv künstlerischen Gestaltens zur Selbstbildung. Weinheim: Juventa Verlag.

König, Josef (1978): Die Natur der ästhetischen Wirkung. In: Patzig, G. (Hrsg.) Vorträge und Aufsätze. Freiburg München: Alber.

Lakoff, George/Johnson, Mark (2000): Leben in Metaphern. Konstruktion und Gebrauch von Sprachbildern. Heidelberg: Carl-Auer-Systeme.

Marotzki, Winfried (1990): Entwurf einer strukturalen Bildungstheorie. Weinheim: Deutscher Studienverlag.

Mollenhauer, Klaus (1990a): Ästhetische Bildung zwischen Kritik und Selbstgewissheit. In: Z.f.Päd., 36, S. 481-494.

Mollenhauer, Klaus u. a. (1990b): Die vergessene Dimension des Ästhetischen in der Erziehungs- und Bildungstheorie. In: Lenzen, Dieter (Hrsg.): Kunst und Pädagogik, Erziehungswissenschaft auf dem Weg zur Ästhetik? Darmstadt: Wiss. Buchgesellschaft, S.3-18.

Schmitt, Rudolf (1995): Metaphern des Helfens. Weinheim: Beltz Verlag.

Straub, Jürgen/Sichler, Ralph (1989): Metaphorische Sprechweisen als Modi der interpretativen Repräsentation biographischer Erfahrung. In: Alheit, Peter/Hoerning, Erika Maria (Hrsg.): Biografisches Wissen. Frankfurt, N.Y.: Campus Verlag.

Tabori, George (1991): Betrachtungen über das Feigenblatt. Ein Handbuch für Verliebte und Verrückte. München: Hanser.

Waldenfels, Bernhard (2002): Bruchlinien der Erfahrung. Frankfurt am Main: Suhrkamp.

Die Autorinnen und Autoren

Beinzger, Dagmar, Dr., Jg. 1956, Diplom-Pädagogin, Diplom-Medienwissenschaftlerin, Leitung des Audiovisuellen Zentrums der Pädagogischen Hochschule Heidelberg; Arbeitsschwerpunkte: Bildung und Erziehung im Elementar- und Primarbereich, Medienpädagogik, Genderforschung, Rekonstruktive Forschungsansätze; Homepage: http://www10.ph-heidelberg.de/org/allgemein/261.0.html?&no_cache= 1&sword_list[]=beinzger

Bohnsack, Ralf, Dr. rer. soc., Dr. phil. habil., Dipl.-Soziologe, Universitätsprofessor, Jg. 1948, Leiter des Arbeitsbereichs Qualitative Bildungsforschung, Freie Universität Berlin; Arbeitsschwerpunkte: Rekonstruktive Sozialforschung; praxeologische Wissenssoziologie; Dokumentarische Methode; Gesprächsanalyse; Bildinterpretation; Evaluationsforschung; Milieu-, Jugend- und Devianzforschung; Homepage: www.fu-berlin.de/qualitativ sowie www.ces-forschung.de

Bremer, Helmut, Dr., Jg. 1959, Privatdozent am Fachbereich Erziehungswissenschaft der Universität Hamburg, z.Zt. Vertretung der Professur für Religions- und Kirchensoziologie an der Universität Leipzig; Arbeitsschwerpunkte: Bildungsforschung, (Weiter-)Bildung und soziale Ungleichheit, Lernprozesse und Habitus, Religionssoziologie, Milieu- und Habitusanalyse und ihre Methoden (vor allem: lebensgeschichtliche und themenzentrierte Interviews, Gruppendiskussion und Gruppenwerkstatt); Homepage: http://www.uni-leipzig.de/~prtheol/relsoz/index.htm/

Brumlik, Micha, Dr. Jg. 1947, Professor für Theorien der Bildung und Erziehung am Institut für Allgemeine Erziehungswissenschaft der Johann Wolfgang Goethe Universität; Arbeitsschwerpunkt: Pädagogische Ethik, moralische Sozialisation, Ideengeschichte der Pädagogik; Homepage: http://www.uni-frankfurt.de/fb/fb04/personen/brumlik.html

Dörner, Olaf, Dr., Jg. 1969, wiss. Mitarbeiter am Lehrbereich Erwachsenenbildung/ Weiterbildung an der Fakultät für Pädagogik der Universität der Bundeswehr München; Arbeitsschwerpunkte: Erwachsenenbildung, Regulative der Teilhabe an Erwachsenen-/Weiterbildung, qualitativ-empirische Weiterbildungsforschung (ExpertInneninterview, Dokumentarische Methode); Homepage: http://www.unibw.de/paed/ebwb/

Fetting, Friederike, Dr., Jg.1960, Wissenschaftliche Assistentin am FB 2 für Erziehungswissenschaft, Schwerpunkt Allgemeine Pädagogik an der Universität Siegen, Arbeitsschwerpunkt: Theaterpädagogik, Ästhetische Bildung, Biografieforschung; Homepage: http://www2.uni-siegen.de/~fb02/people/fetting/index.htm

Felden, Heide von, Dr. phil. habil., Jg.1955, Univ.-Professorin für Erziehungswissenschaft mit dem Schwerpunkt Erwachsenenbildung am Pädagogischen Institut der Johannes Gutenberg Universität Mainz; Arbeitsschwerpunkte: Historische und empirisch-qualitative Bildungsforschung, Biographieforschung, Genderforschung. Homepage: http://www.uni-mainz.de/FB/Paedagogik/Erwachsenenbildung/100_DEU _HTML.php

Friebertshäuser, Barbara, Dr., Professorin für Allgemeine Erziehungswissenschaft an der Johann Wolfgang Goethe-Universität Frankfurt am Main; Arbeitsschwerpunkte: Empirisch-pädagogische Geschlechterforschung, Qualitative Forschungsmethoden, Statuspassagen und Rituale im menschlichen Lebenslauf, Frauen-/Menschenrechte und Asyl; Homepage: http://www.uni-frankfurt.de/fb/fb04/personen/friebertshaeuser.html

Häder, Sonja, PD Dr. phil. habil., Jg. 1955, wissenschaftliche Mitarbeiterin am Lehrstuhl für Allgemeine Erziehungswissenschaft an der TU Dresden; Arbeitsschwerpunkte: Historische Bildungs- und Sozialisationsforschung, DDR-Wissenschaftsgeschichte, Biografieforschung; Homepage: http://www.tu-dresden.de/erzw/php/mitarbeiter_detail.php?detail=76

Kade, Jochen Dr. phil. habil., Dipl.Hdl., Professor für Erziehungswissenschaft mit dem Schwerpunkt Erwachsenenbildung an der Johann Wolfgang Goethe-Universität Frankfurt am Main; Arbeitsschwerpunkte: Theorie der Erwachsenenbildung und des lebenslangen Lernens; erziehungswissenschaftliche Biographie- und Teilnehmerforschung; videobasierte Kurs- und Interaktionsforschung; Pädagogik der Medien; erziehungswissenschaftliche Zeitdiagnose. Homepage: http://www.uni-frankfurt.de/fb/fb04/personen/kade.html; E-Mail: kade@em.uni-frankfurt.de

Kleynen, Thomas, Jg. 1978, Doktorand und Lehrbeauftragter an der Universität Siegen, Stipendiat der Friedrich-Ebert-Stiftung; Arbeitsschwerpunkte: Erziehungswissenschaftliche Geschlechterforschung/Gender Studies, Rekonstruktive Sozialforschung, Bildungsgangforschung; Homepage: http://www.uni-siegen.de/fb2/mitarbeiter/kleynen.html?lang=de

Klika, Dorle, Dr. phil, Jg. 1953, Professorin für Erziehungswissenschaft/ Schwerpunkt Allgemeine Pädagogik an der Universität Siegen; Arbeitsschwerpunkte: Historische und systematische Bildungsforschung; erziehungswissenschaftliche Biographieforschung,Genderforschung; Homepage: http://www.inedd.uni-siegen.de/abteilung1/mitarbeiter/professoren/dorle-klika.html

Kraul, Margret, Dr., Jg. 1945, Professorin für Pädagogik/ Schulpädagogik an der Georg-August-Universität Göttingen; Arbeitsschwerpunkte: Allgemeine Pädagogik, Geschichte der Pädagogik und historische Bildungsforschung, Schulforschung, Geschlechterforschung, Biographieforschung;
Homepage: http://www.uni-goettingen.de/de/sh/34558.html

Langer, Antje, Dipl. Päd., Jg. 1973, wissenschaftliche Mitarbeiterin am Institut für Allgemeine Erziehungswissenschaft an der Universität Frankfurt am Main; Arbeitsschwerpunkte: empirische Geschlechterforschung, Körpersoziologie, qualitative Forschungsmethoden und Diskursanalyse;
Homepage: http://www.uni-frankfurt.de/fb/fb04/personen/langer.html

Marotzki, Winfried, Dr., Professor für Allgemeine Pädagogik am Institut für Erziehungswissenschaft der Otto-von-Guericke-Gesellschaft Magdeburg; Arbeitsschwerpunkte: veränderte Lernstrukturen und Bildungsmuster in der Wissensgesellschaft, qualitative Bildungs-, Beratungs- und Sozialforschung, Medienbildung und Sozialisation in medialen Umgebungen;
Homepage: http://www.uni-magdeburg.de/iew/

Michel, Burkard, Dr. Jg. 1968, Professor für Werbung und Marktkommunikation an der Hochschule der Medien Stuttgart, Arbeitsschwerpunkte: Rezeptions- und Wirkungsforschung, Milieutheorie, Bildsemiotik, qualitative Sozialforschung;
Homepage: www.hdm-stuttgart.de

Nentwig-Gesemann, Iris, Dr. phil., Jg. 1964, Professorin für Bildung im Kindesalter an der Alice-Salomon-Hochschule Berlin; Arbeitsschwerpunkte: Frühpädagogik, Bildungsforschung, rekonstruktive Sozial- und Evaluationsforschung (v.a. dokumentarische Methode, Gesprächs-, Video- und Fotoanalyse);
Homepage: www.asfh-berlin.de

Nittel, Dieter, Dr., Jg. 1954, Professor für Erwachsenenbildung/Weiterbildung an der Johann Wolfgang Goethe-Universität Frankfurt, Institut für Sozialpädagogik und Erwachsenenbildung; Arbeitsschwerpunk: Erwachsenenbildung/Weiterbildung, Biographie- Profession- Innovations- und Organisationsforschung;
Homepage: http://www.uni-frankfurt.de/fb/fb04/personen/nittel.html

Nolda, Sigrid, Dr., Professorin für Erwachsenenbildung an der Universität Dortmund; Arbeitsschwerpunkte: Videographien von Kursen der Erwachsenenbildung, Pädagogik der Medien, Selbstdarstellungen von Institutionen der Erwachsenenbildung, Rezeption referenzwissenschaftlicher Theorien in der Erwachsenenbildung, Darstellungen von Erwachsenenbildung in den Medien;
Homepage: http://www.fb12.uni-dortmund.de/archiv/isep/nolda.htm

Pilarczyk, Ulrike, Privat-Doz. Dr., Jg. 1956, Universität Potsdam, Institut für Erziehungswissenschaft; Arbeitsschwerpunkte: Bildanalytische Forschungsmethoden in der Erziehungswissenschaft, historische Sozialisationsforschung;
Homepage: http://www.uni-potsdam.de/studium/vvz/26_p_erziehungswiss. html

Schäffer, Burkhard, Dr., Jg. 1959, Professor für Erwachsenenbildung/Weiterbildung an der Fakultät für Pädagogik der Universität der Bundeswehr München; Arbeitsschwerpunkte: Medienpädagogik und Erwachsenenbildung, Weiterbildungs- und Medienforschung im Kontext demographischen Wandels, Rekonstruktive Sozialforschung (Gruppendiskussionen, Foto- und Videoanalysen, dokumentarische Methode); Homepage: http://www.unibw.de/paed/ebwb/

Schmidtke, Adrian, Dr. disc. pol., Jg. 1972, Pädagogisches Seminar der Universität Göttingen; Arbeitsschwerpunkte: Historische Erziehungs- und Bildungsforschung, Qualitative Forschungsmethoden (Bild- und Diskursforschung), Theorie der Erziehung, Bildung und Sozialisation und Geschlechterforschung; Homepage: http://www.uni-goettingen.de/de/sh/34723.html.

Stenger, Ursula, Dr., Jg. 1964, Juniorprofessorin für Pädagogik an der Kunstakademie Düsseldorf; Arbeitsschwerpunkte: Kindliche Bildungsprozesse, Ästhetische Bildung und Sprachbildung, Pädagogische Anthropologie und Phänomenologie, Elementar- und Primarpädagogik; Homepage: http://www.kunstakademie-duesseldorf.de/cms/?id=114

Stoetzer, Katja, Erziehungswissenschaftlerin (Dipl-päd.), Jg. 1976, Stipendiatin der DFG im Graduiertenkolleg „Technisierung und Gesellschaft" der TU-Darmstadt; Arbeitsschwerpunkte: Biographieforschung, visuelle Medien und Methoden, Raum, Bildinterpretation; Homepage: www.raumbiographie.de

Teiwes-Kügler, Christel, Dipl.-Sozialwiss., Jg. 1955, Lehrbeauftragte Institut für Politische Wissenschaft, Universität Hannover; Arbeitsschwerpunkte: Typenbildende Habitus- und Milieuforschung in verschiedenen gesellschaftlichen Feldern (Kirche, Gewerkschaft, Bildungsinstitutionen), Soziale Ungleichheit und Bildung, Qualitative Methoden der Sozialforschung: Lebensgeschichtliche Interviews, Mehrstufige Gruppenerhebungen (Gruppenwerkstatt), Collagentechnik, Hermeneutik der Milieu- und Habitusanalyse. Homepage: www.ipw.uni-hannover.de

Welter, Nicole, Dr. Jg. 1971, Wissenschaftliche Mitarbeiterin an der Humboldt Universität zu Berlin, Institut für Erziehungswissenschaften/Historische Erziehungswissenschaft; Arbeitsschwerpunkte: Historische Sozialisationsforschung, Bildungstheorien, Pädagogische Anthropologie; Homepage: http://www2.rz.hu-berlin.de/histpaed/HistEWI/personal/welter.htm